HANDBOOK OF CYBER SECURITY LAW

网络安全法适用指南

主编 /
马民虎
——西安交通大学信息安全法律研究中心主任、中国网络空间安全协会网络空间安全法律与公共政策专业委员会主任委员

副主编 /
崔聪聪
——北京邮电大学互联网治理与法律研究中心副主任、中国网络空间安全协会网络空间安全法律与公共政策专业委员会秘书长

黄道丽
——公安部第三研究所副研究员、公安部第三研究所网络安全法律研究中心主任

中国民主法制出版社
全国百佳图书出版单位

图书在版编目（CIP）数据

网络安全法适用指南/马民虎主编. —北京：中国民主法制出版社，2017. 11

ISBN 978-7-5162-1708-5

Ⅰ. ①网… Ⅱ. ①马… Ⅲ. ①计算机网络—科学技术管理法规—法律适用—中国—指南 Ⅳ. ①D922. 170. 5

中国版本图书馆 CIP 数据核字（2017）第 290501 号

图书出品人：刘海涛
出 版 统 筹：乔先彪
责 任 编 辑：逯卫光

书名/网络安全法适用指南
WANGLUOANQUANFASHIYONGZHINAN
作者/马民虎　主编

出版·发行/中国民主法制出版社
地址/北京市丰台区右安门外玉林里 7 号（100069）
电话/（010）63055259（总编室）　63057714（发行部）
传真/（010）63056975　63056983
http：// www. npcpub. com
E-mail：mzfz@ npcpub. com
经销/新华书店
开本/16 开　787 毫米×960 毫米
印张/23. 75　字数/360 千字
版本/2018 年 1 月第 1 版　2020 年 9 月第 5 次印刷
印刷/北京中兴印刷有限公司

书号/ISBN 978-7-5162-1708-5
定价/58. 00 元

编写说明

《中华人民共和国网络安全法》（本书简称《网络安全法》）是我国指导、规范和保障网络安全工作的基本法，是贯彻落实“总体国家安全观”的网络空间主权宣言，是构建网络空间命运共同体的法治要求，是实现网络强国战略的法治举措。《网络安全法》的适用，首先要深入领会习近平新时代社会主义法治思想，牢牢把握新时代的矛盾焦点，以国际视野看待我国的网络安全威胁，站在中国立场分析国际网络治理关系，正确处理好安全与发展之间的关系，依法理解运营商遵从法规与维护用户数据安全之间的内在需求，这对准确理解网络安全的精髓，推进国家治理体系和治理能力现代化，实现中华民族伟大复兴的中国梦，保障网络安全活动参与者的合法权益，意义重大。

《网络安全法适用指南》立足于《网络安全法》的立法宗旨，恪守法律适用的基本框架，既有对整体法的立法背景、理念和基本原则的展开论述，又有对具体条文的解释学分析，力求言简意赅，便于管理部门、企业、律师、法官等网络参与者的实际使用。本书从构思到成稿经历了非常艰巨的创作过程，感谢宋燕妮、李欲晓的指导和支持。

本书由西安交通大学信息安全法律研究中心马民虎教授领衔创作，北京邮电大学互联网治理与法律研究中心崔聪聪副主任和公安部第三研究所网络安全法研究中心黄道丽主任共同确定大纲，最后由崔聪聪博士统稿，具体分工如下。

导言：黄道丽；

第一章：马民虎、党家玉、梁思雨、赵婧琳；

第二章第一节：陈晓桦、胡文华；

第二章第二节、第五节：赵光；

第二章第三节：张健、胡文华；

第二章第四节：陈晓桦、何治乐；

第二章第六节：张健；

第三章第一节、第六节、第七节：黄道丽；

第三章第二节：何治乐；

第三章第三节：黄道丽、胡文华；

第三章第四节：赵丽莉、胡文华；

第三章第五节：方婷；

第三章第八节：原浩；

第四章第一节：崔聪聪；

第四章第二节：赵光、弟莉莉；

第四章第三节：马宁；

第四章第四节：马宁、方婷；

第四章第五节：马宁、张若琳；

第四章第六节：原浩；

第五章：方婷；

第六章第一节、第二节、第四节、第五节、第六节：崔聪聪；

第六章第三节：马可、赵光；

第七章第一节、第二节、第四节：李海英；

第七章第三节：程程；

第八章：方婷；

第九章：王玥、赵光；

第十章：果园；

第十一章第一节：缐金伟；

第十一章第二节：原浩；

第十一章第三节：黄道丽、原浩、冯潇洒；

附录一：何治乐；附录二：冯潇洒、梁思雨；附录三：胡文华；附录四：冯潇洒；附录五：马民虎、李菁菁、左晓栋等；附录六：黄道丽、何治乐、原浩。

本书编写时间仓促，书中难免出现疏漏乃至错误之处，恳请读者批评指正！

编者

2017 年 10 月

目　录

Contents

导　言

一、立法背景

自20世纪80年代以来，网络技术的快速发展和广泛应用，引发了一场新的全球性产业革命，网络空间逐渐被视为继陆、海、空、天之后的“第五空间”。信息化成为当今世界发展的主要趋势，也成为推动经济发展和社会变革的重要力量。然而，信息化带来的网络安全威胁范围和内容也不断扩大和演化，全球网络安全形势与挑战日益严峻，正如尼古拉斯·尼葛洛庞帝在《数字化生存》中所言，“每一种技术或科学的馈赠都有其黑暗面”。世界各国纷纷将网络安全提升到国家战略高度，目前有七十多个国家制定了网络安全方面的国家战略，各国网络安全相关政策立法也呈爆发趋势。全方位、更立体、更具弹性与前瞻性的网络安全政策立法体系正在构建。

在2015年颁布《美国网络安全法》（Cyber Security Act of 2015）之后，美国接连通过多部网络安全政策法规，以加强美国网络安全和抵御网络攻击的能力，包括2016年通过的《信息自由法案促进法》（FOIA Improvement Act of 2016）、国防部《安全漏洞披露政策》（Vulnerability Disclosure Policy）、《波特曼-墨菲反宣传法案》（Portman-Murphy Counter-Propaganda Bill），2017年的《国家网络事件响应计划》（The National Cyber Incident Response Plan）、《2017NIST网络安全框架、评估和审查法案》（NIST Cybersecurity Framework, Assessment, and Auditing Act of 2017）和司法部《在线系统漏洞披露计划框架》（A Framework for a Vulnerability Disclosure Program for Online Systems）。此外，2017年5月11日，美国总统特朗普签署了第一份网络安全行政令——《增强联邦政府网络与关键性基础设施网络安全》的总统行政令（Presidential Executive Order on Strengthening the Cybersecurity of Federal Networks and Critical Infrastructure），其中要求美国采取一系列措施来增强联邦政府、关键基础设施和国家这三个领域的网络安全。

欧盟一直致力于实现统一的、高水平的网络与信息系统安全，在2016

年7月通过第一部网络安全法案——《网络与信息系统安全指令》，并要求欧盟成员国必须在21个月内将其转化为国内法。英国于2016年年底颁布史上最严协助执法法——《调查权利法案》（Investigatory Powers Bill），旨在进一步厘清执法机构在通信及通信数据拦截、获取、留存及设备干扰等方面的权力，由此帮助执法机构调查犯罪和防控恐怖主义。

俄罗斯于2015年发布新版战略《俄罗斯联邦信息安全学说》，这也是自2000年以来俄罗斯首次对国家信息领域战略的更新，提出了俄罗斯面临的10个方面的信息安全威胁。此外，2017年7月，俄罗斯发布《俄罗斯联邦信息基础设施安全法》，该法明确了俄罗斯联邦关键信息基础设施安全保障领域的联邦执行机关，并明确构建关键信息基础设施分级标准、标准指标以及分级制度来确保俄罗斯关键信息基础设施的安全。

我国同样面临着更为复杂的安全威胁。国内网络安全威胁和风险日益突出，并日益向政治、经济、文化、生态、国防等领域传导渗透；境外敌对势力把我国作为网络意识形态渗透与攻击的重点；网络空间主导权争夺激烈，而数据跨境流动的监管缺失直接威胁我国网络主权和国家司法权力架构；多网域“跨际”和“供应链渗透”威胁着工控、能源、交通、金融、电力等关键信息基础设施的安全；境内大规模个人信息泄露事件不断发生，网络诈骗、非法入侵、系统攻击等更加频繁，严重威胁社会公共安全和个人的合法权益。

“没有网络安全就没有国家安全，没有信息化就没有现代化”，国家加快开启了网络强国建设的顶层设计和一系列战略部署。2014年2月27日，中央网络安全和信息化领导小组正式成立，这标志着我国正式将网络安全提升至国家安全的高度，构筑全方位的网络与信息安全治理体系成为我国网络安全保障工作的重中之重。2016年7月，中共中央办公厅、国务院办公厅发布《国家信息化发展战略纲要》（以下简称《纲要》）。作为规范和指导我国未来10年国家信息化发展的纲领性文件，《纲要》进一步调整和发展了中期国家信息化发展战略，其中要求以信息化驱动现代化，加快建设网络强国。2016年12月27日，我国《国家网络空间安全战略》正式发布，这是我国第一次向全世界系统、明确地宣示和阐述我国对于网络空间安全和发展的立场与主张，在我国网络空间安全领域具有里程碑意义。2017年3月1日，外交部和国家互联网信息办公室共同发布《网络空间国际合作战略》，全面宣示了我国在网络空间国际治理问题上的基本原则和行动要点。这三个战略开启了我国网络空间治理的全新范式，为我国网络安全相关政策和法律的出台指明了方向。

纵观我国网络空间领域的立法进程，2012 年是一个重要分水岭。2012 年之前颁布施行的信息安全立法，涉及了法律、行政法规、部门规章、地方法规及规范性文件等多个层次：从涉及的领域来看，具体包括网络与信息系统安全、信息安全系统与产品、信息内容安全、保密及密码管理、计算机病毒防治等多个领域；从权利（力）角度来看，主要包括政府维护信息安全的职责、企业权益保障和个人信息权利保护等。这些法律相比于国际立法，内容相对滞后，且各法律文件之间相互独立，呈碎片化，由此构建的信息安全立法框架显然无法有效地应对日渐严峻的网络安全威胁。能源、交通、金融、电力等国家关键信息基础设施建设、管理法制不健全，信息安全技术研究和产品开发政策法律保障乏力，在发生重大、突发事件和紧急状态情况下，应急响应缺乏法律保障，应急预案、违法犯罪信息和安全测试等可以用于社会安全防范的信息难以共享，严重影响了网络空间的快速反应能力、安全保障能力和统一调配能力。

面对严峻的网络安全形势，社会各界普遍认为，仅对原有法律的解释、修订或增补，难以把握好安全与发展之间的关系，不利于国家总体安全战略目标的实现，我国亟需制定综合性“网络领域基本法”，应当明确规定网络与信息安全的基线，为部门、地方的立法和政策的制定、调整和完善提供法律依据。2013 年下半年，网络安全立法提上日程。2014 年 4 月，全国人大常委会年度立法计划正式将《网络安全法》列为立法预备项目，由此开启了我国国家网络安全立法的新进程。2015 年 7 月 6 日，作为网络安全基本法的《网络安全法（草案）》第一次向社会公开征求意见；2016 年 11 月 7 日，第十二届全国人民代表大会常务委员会第二十四次会议表决通过了《网络安全法》，并于 2017 年 6 月 1 日正式施行。《网络安全法》的实施，标志着我国网络空间法制化进程的实质性展开，为我国有效应对网络安全威胁和风险、全方位保障网络安全提供了基本法律支撑。

二、立法理念

“法律制定及运用之最高原理，谓之法律之理念；法律之理念，为法律的目的及手段之指导原则”。法律理念是对法律的本质及其发展规律的一种宏观的、整体的理性认知和把握。法律理念比法律观念、法律概念和法律意识等的层次更高，可为法律制定和实施提供科学指导。现代法的法律理念包括了正义、民主、平等、法治、权利、安全、效益和可持续发展等。

随着网络信息技术的不断发展，我国国家关键基础设施越来越依赖网络，关键信息基础设施关涉国家安全和社会稳定，是网络安全的重中之重。习近平总书记审时度势，提出了“坚持总体国家安全观，走中国特色国家安全道路”的新观点，强调国家的安全发展要同时兼顾外部安全与内部安全、国土安全与国民安全、传统安全与非传统安全、发展问题与安全问题、自身安全与共同安全。“总体国家安全观”强调了更深、更高、更全面的综合安全，创造性地提出了富有中国特色的国家安全价值观念、工作思路与机制路径。

“总体国家安全观”为我国《网络安全法》的制定和实施工作提供了科学的理念指导，符合“总体国家安全观”要求的网络安全是国内外复杂开放环境下的网络安全，不是碎片化、局域化、区域化的网络安全。《网络安全法》继承了既重视发展问题，又重视安全问题；既重视自身安全，又重视共同安全的核心理念，统筹把握国家安全与网络安全、网络安全与信息化发展、国内治理与国际合作等关系，体现了整体、动态、开放、相对、共同的网络安全观，为新时期网络安全工作指明了方向。

三、立法定位

科学的立法定位是搭建立法框架与设计立法制度的前提条件，立法定位对于法的结构确定起着引导作用，为法的具体制度设计提供法理上的判断依据。2015 年 7 月 6 日，全国人大常委会发布的《关于〈中华人民共和国网络安全法（草案）〉的说明》中确立了“坚持从国情出发、坚持问题导向和坚持安全与发展并重”的立法三原则。在坚持问题导向原则的指导下，该说明特别强调：“本法是网络安全管理方面的基础性法律，主要针对实践中存在的突出问题，将近年来一些成熟的好做法作为制度确定下来，为网络安全工作提供切实法律保障。对一些确有必要，但尚缺乏实践经验的制度安排做出原则性规定，同时注重与已有的相关法律法规相衔接，并为需要制定的配套法规预留接口。”由此可以看出，《网络安全法》是定位于网络安全管理的基础性“保障法”。

第一，该法是网络安全领域的基础性法律。基础性法律的功能不是重在解决具体问题，而是为问题的解决提供具体指导思路。问题的解决要依靠相配套的法律法规，这样的定位不可避免地会出现法律表述上的原则性，相关主体只能判断出网络安全管理对相关问题的解决思路，具体的解决办法有待其他法律法规进行细化。

第二，该法是网络安全保障法。2010 年之后各国陆续出台的第二代网络安全政策立法普遍体现出安全保障法的特征，即以发现、消除网络安全威胁和风险，提升恢复能力为轴心。“发现”强调网络安全漏洞的掌控、网络安全威胁和风险信息的实时全面共享、侦查、监测预警和供应链安全等；“消除”强调及时动态地研判处置网络攻击，实施精准打击的同时允许有条件的攻击反制；“恢复”侧重网络安全态势感知和网络攻击之后的应对恢复，保护有关各方的合法权益，提升各方对国家安全和社会稳定的信心。

第三，该法是网络安全管理的法律。《网络安全法》与《国家安全法》、《反恐怖主义法》、《刑法》、《保守国家秘密法》、《治安管理处罚法》、《关于加强网络信息保护的决定》、《关于维护互联网安全的决定》、《计算机信息系统安全保护条例》、《互联网信息服务管理办法》等法律法规共同组成我国网络安全管理的法律体系。因此，须做好《网络安全法》与不同法律之间的衔接，在网络安全管理之外的领域也应尽量减少交叉与重复。

四、立法机制

面对网络空间安全的综合复杂性，特别是国家关键信息基础设施面临日益严重的传统安全与非传统安全的“极端”威胁，网络空间安全风险“不可逆”的特征进一步凸显。在开放、交互和跨界的网络环境中，实时性能力和态势感知能力成为新的网络安全核心内容。在这样的背景下，传统上将风险预防寄托于惩治的立法理念将面临挑战。

为实现基础性法律的“保障”功能，《网络安全法》以“预防和控制”性的法律规范替代传统单纯“惩治”性的刑事法律规范，从政府、企业和个人等多方主体参与综合治理的层面，明确了各方主体在预警与监测、网络安全事件的应急与响应、控制与恢复等环节中的过程控制要求，同时不断加大对相关违法行为的处罚力度，维护网络空间安全和秩序，已开始摆脱传统上将风险预防寄托于事后惩治的立法理念，预防、控制、合理分配安全风险，其配套制度的制定与出台正在不断夯实这一“预防、控制与惩治”立法架构。

五、立法特点

（一）战略入法

目前，网络安全已经上升到国家核心战略层面，成为国家安全的基础性保障。在认识到当前网络安全动态、开放、相对、共同的特征后，《网络安全法》践行总体国家安全观，从宏观层面明确提出国家制定并不断完善网络安全战略，明确保障网络安全的基本要求和主要目标，提出重点领域的网络安全政策、工作任务和措施。《网络安全法》第二十四条进一步明确提出国家实施网络可信身份战略，支持研究开发安全、方便的电子身份认证技术，推动不同电子身份认证之间的互认。在鉴别用户身份的基础上，把个人、机构和设备有机地结合在一起，以保证用户交易时的安全，整合互联网资源，建立由政府主导、市场经济主体推动的可信身份制度，促进网络空间身份管理的发展，将可信身份在基本法层面上升到国家战略高度，为出台相关政策措施提供了法律依据。

（二）立法首次采用“关键信息基础设施”概念

关键信息基础设施保护制度是《网络安全法》核心制度。近年来，世界主要国家和地区都陆续出台了国家层面的关键信息基础设施保护战略、立法和具体的保护方案，以美国为主的西方国家都将关键信息基础设施的保护视为网络安全的最核心部分。

《网络安全法》在“网络运行安全”一般规定的基础上设专节规定了关键信息基础设施保护制度，首次从网络安全保障基本法的高度提出关键信息基础设施的概念，并提出了关键信息基础设施保护的具体要求。

《网络安全法》中明确界定了关键信息基础设施概念的本质，即“一旦遭到破坏、丧失功能或者数据泄露，可能严重危害国家安全、国计民生、公共利益”，并规定关键信息基础设施的具体范围由国务院另行制定。这表明，作为网络安全领域的基本法，应当尽可能确保《网络安全法》的稳定性而不宜进行过于细化的条款设定这一立法需求。而关键信息基础设施的范围将基于国家安全和社会运行的风险评估进行不断调整，即其认定范围遵循动态调整机制。

关键信息基础设施安全保护办法是《网络安全法》中预留接口的下位法，也是法律中唯一明确规定“由国务院制定”的行政法规。我国关键信息基础设施法律制度在法律调整的社会关系及调整对象上更具复杂性。政治、法律传统等国情的差异导致我国关键信息基础设施保护制度的构建不能简单照搬外国的经验，应坚持国内经验总结和国外经验借鉴相结合，建立符合我国国情且具有较强操作性的关键信息基础设施保护制度，同时也科学合理地推动网络安全等级保护制度的演进与变革，实现制度间的互补和融合，降低关键信息基础设施运营者的守法成本和行政执法成本。

（三）多层次责任主体的双面规范架构

习近平总书记在主持“4·19”座谈时明确指出：“维护网络安全是全社会共同责任，需要政府、企业、社会组织、广大网民共同参与，共筑网络安全防线。”为了切实形成全社会共同维护网络安全的强大合力，《网络安全法》构建了政府、组织和个人的多层次责任主体架构，针对不同责任主体给予相对应的发展和保障措施。

从政府层面，《网络安全法》覆盖国家网信部门、国务院电信主管部门、公安部门、关键信息基础设施安全保护工作部门、国务院标准化行政主管部门、县级以上地方人民政府有关部门等主体。《网络安全法》一方面明确网络安全监管体制，理顺各部门之间的权力范围，赋予其维护网络安全、惩治网络违法犯罪的权力；另一方面，通过强化法律责任和社会监督，限定权力边界，推进国家治理体系和治理能力现代化。

从组织层面，《网络安全法》覆盖网络运营者、网络产品和服务提供者、关键信息基础设施运营者、个人和组织、电子信息发送服务提供者、应用软件下载服务提供者、网络安全服务机构、网络相关行业组织、研究机构、企业、高校、大众传播媒介等主体，一方面明确特定组织的网络安全保护义务和合规要求，强化社会责任，实施信用惩戒，加大对组织违法行为的处罚力度；另一方面，鼓励支持企业创新，加强政企合作，支持企业、研究机构、高等院校、行业组织等参与标准制定，支持开展网络安全相关教育与培训，支持多种方式培养网络安全人才，促进经济社会信息化健康发展。

从个人层面，《网络安全法》一方面保护个人依法使用网络的权利，赋予其社会监督权利，突出未成年人保护，全生命周期强化个人信息保护；另一方面，倡导社会主义核心价值观，行刑衔接划定个人实施网络安全活动的界限，规范个人网络信息内容，创设从业禁止规定，加大对个人违法行为的处罚力度。

《网络安全法》对多层次责任主体的双面规范有助于各级政府和各行

业、各领域加强对网络安全保护、网络安全教育、网络安全宣传、网络安全产业的统筹规划；有助于促使全社会提升对网络安全保护工作重要程度的认知，系统和全面认识网络安全保护工作体系、工作内容和工作措施，提升开展网络安全保护工作的能力；有助于个人提高网络安全意识，增强自我保护能力，降低个人实施危害网络安全行为的可能性，提升全社会网络安全保护水平。

第一章

总　　则

核心内容

1. 《网络安全法》的立法目的
2. 《网络安全法》的适用范围
3. 网络安全管理工作的方针和原则
4. 网络安全管理工作体制
5. 网络行为规范
6. 国际网络治理体系

本章综述

总则是整部《网络安全法》的灵魂所在，确立了我国网络安全保障的根本目的和基本原则，明确了我国网络空间治理的政策定位和发展策略。在总则中，《网络安全法》将保障网络安全，维护网络空间主权和国家安全、社会公共利益，保护公民、法人和其他组织的合法权益，促进经济社会信息化健康发展作为网络安全立法的核心价值和根本目的。同时，以法律的形式确立了国家网络安全保障工作的基本原则和政策方针：坚持安全与发展并重的安全保障原则，遵循积极利用、科学发展、依法管理、确保安全的政策方针。在国家网络安全保障的具体策略方面，总则规定国家制定并不断完善网络安全战略，采取措施监测、防御和处置网络安全风险和威胁，依法惩治网络违法犯罪活动，通过提高全社会网络安全意识和水平，形成全社会共同参与促进网络安全的良好环境。同时，积极开展网络安全治理的国际交流与合作，建立多边、民主、透明的网络治理体系。在鼓励合法使用的前提下，《网络安全法》总则建立了我国网络安全保障的基本规则框架，明确了包括政府、网络运营者、行业组织以及公民、法人和其他组织等主体在内的权利义务关系。此外，《网络安全法》总则特别强调对未成年人的保护工作，支持研发有利于未成年人健康成长的网络产品和服务，依法惩治利用网络从事危害未成年人身心健康的活动。

第一节 立法目的

适用要点

1. 保障网络安全
2. 维护网络空间主权
3. 维护国家安全和社会公共利益
4. 保护公民、法人和其他组织的合法权益
5. 促进经济社会信息化健康发展

法律制定的过程是将国家特定的立法目的转化为客观文字的过程，因此，明确立法目的是制定法律的第一步。立法目的是法律的灵魂，应当贯穿整个法律制定全过程，否则，最终通过的法律会与最初的预设有所偏差，影响后续法律实施的效果。《网络安全法》第一条明确了本法的立法目的：为了保障网络安全，维护网络空间主权和国家安全、社会公共利益，保护公民、法人和其他组织的合法权益，促进经济社会信息化健康发展，制定本法。

一、保障网络安全

作为网络安全领域的基本法，《网络安全法》确立“保障网络安全”的立法目的具有重要意义。《网络安全法》颁布之前，国内多部法律法规使用了“网络”“信息网络”“计算机信息系统”“网络信息安全”“互联网安全”“网络安全”等概念，但缺乏对上述概念内涵和外延的系统界定，未形成保护网络安全的整体制度体系。《网络安全法》在界定“网络”的基础上，即由计算机或者其他信息终端及相关设备组成的按照一定的规则和程序对信息进行收集、存储、传输、交换、处理的系统，明确了“网络安全”的内涵，即通过提升网络安全意识和采取必要措施，提高网络安全保护能力和水平，以防范对网络的攻击、侵入、干扰、破坏和非法使用以及意外事故等网络安全威胁，保障网络处于稳定可靠运行的状态，保障网络数据的完整性、保密性、

可用性。就被保护的对象而言，“网络安全”不仅包括互联网安全，还包括通信网、局域网、工业控制系统安全，也包括网络和系统承载的应用、数据的安全等。就网络运行状态和保护措施而言，网络安全涵盖网络运行安全和网络信息安全以及各类防（监测预警）控（应急处置）网络安全威胁和风险的手段和措施。

二、维护网络空间主权

网络空间主权包含对内、对外两个层面：对内是指国家独立制定法律和政策，对网络设施、网络空间的行为和信息依法进行管理的权力，国家自主处理国内外网络事务不受他国干涉的权力；对外是指国家有权对来自境外的危害网络安全的行为进行惩治，对他国的网络攻击采取自卫措施以及参与互联网国际治理、共同维护网络空间安全的权力。

《联合国宪章》确立的主权平等原则是当代国际关系的基本准则，覆盖国与国交往各个领域，其原则和精神也应该适用于网络空间。从 20 世纪 90 年代后期起，从“去主权化”到“再主权化”，国家主权随着跨境数据流动、跨境执法的深入得到了日益广泛的承认，各国开始在不同程度上、以不同形式在该空间行使主权。2003 年，联合国信息社会世界峰会通过《日内瓦原则宣言》，明确“互联网公共政策的决策权是各国的主权”。2013 年 6 月，第 6 次联合国大会通过联合国“从国际安全的角度来看信息和电信领域的发展政府专家组”所形成的决议，决议第二十条规定：“国家主权和源自主权的国际规范和原则适用于国家进行的信息通信技术活动，以及国家在其领土内对信息通信技术基础设施的管辖权”。该条的本质在于确认网络空间的国家主权。

美国颁布了《网络空间国家安全战略》《网络空间可信身份国家战略》《网络空间国际战略》《网络空间行动战略》《网络安全信息共享法案》《美国自由法案》等，以加强对网络安全的维护和保障。欧盟颁布《网络安全国家战略：一个开放、安全和可靠的网络空间》《通用数据保护条例》《网络与信息系统安全指令》等，强调各国在网络安全领域的管理和合作。英国通过《预防恐怖主义法》，修订《计算机滥用法案》，出台《国家安全战略及战略防务与安全审查 2015：一个安全和繁荣的英国》《国家网络安全战略（2016—2021）》《调查权力法案》等，强化政府对于网络安全领域及网络恐怖主义的治理。俄罗斯通过《2020 年前俄罗斯联邦国际信息安全领域国家政策框架》《俄罗斯联邦关键信息基础设施安全法》《网络隐私保护法》《个人数据保护法》《俄联邦信息安全学说》（新版）等。在新版《俄联邦信息安全学说》中，提出要“保卫俄联邦网络空间的主权，实行独立自由的政策”[①]。与此同时，各国相继成立国家计算机应急响应小组（CC），建立“网络部队”，加强网络空间管理的人才储备。由此可见，加强对本国网络空间的管理，维护本国网络空间安全和利益是各国的通行做法，网络空间主权的确立是历史发展的潮流。

2015 年 7 月 1 日通过的《国家安全法》在国内法层面首次明确了“网络空间主权”概念，是我国国家主权在网络空间领域的体现、延伸和反映。《网络安全法》在立法目的中明确“维护网络空间主权”，进一步为我国行使网络空间主权提供了法律保障。随着《国家安全法》《网络安全法》的施行，我国将根据宪法和法律法规管理我国主权范围内的网络活动，保护我国信息设施和信息资源安全，采取包括经济、行政、科技、法律、外交、军事等一切措施，坚定不移地维护我国网络空间主权，坚决反对通过网络颠覆我国国家政权、破坏我国国家主权的一切行为。

三、维护国家安全和社会公共利益

国家安全是指国家政权、主权、统一和领土完整、人民福祉、经济社会可持续发展和国家其他重大利益相对处于没有危险和不受内外威胁的状态，以及保障持续安全状态的能力。维护国家安全，就是要防范、制止和依法惩治任何利用网络进行叛国、分裂国家、煽动叛乱、颠覆或者煽动颠覆人民民主专政政权的行为；防范、制止和依法惩治利用网络进行窃取、泄露国家秘密等危害国家安全的行为；防范、制止和依法惩治境外势力利用网络进行渗透、破坏、颠覆、分裂活动。

网络已成为公共基础设施，关涉不特定多数人的利益，因此承载着巨大的社会公共利益。维护社会公共利益，就是要保障每一个人都有接入网络和享受便利服务的权利，同时要保障网络特别是确保关键信息基础设施运行的安全，保障网络中存储、处理和传输信息的真实性、准确性和完整性，确保网络产品和服务不中断，防止网络安全事件危害公众的健康和安全，维护社会公众的共同利益。

---

① 夏聃：《保障俄联邦国家信息安全的战略升级——俄新版〈信息安全学说〉解读》，《中国信息安全》2017 年第 2 期。

网络空间的违法行为，如网络诈骗、网络盗窃、侵害公民个人信息、传播淫秽色情和暴力等有害信息、黑客攻击、侵犯知识产权等，一方面侵害公民、法人和其他组织的合法权益，另一方面，严重危害社会公共秩序，不仅会降低公众利用网络的信心，还会直接破坏网络空间的安全运行。《网络安全法》通过没收违法所得、罚款、关闭网站、吊销相关业务许可证或者吊销营业执照以及行业禁入等措施，旨在防范和打击各种网络违法犯罪行为，以此保护公民、法人和其他组织合法权益。

四、促进经济社会信息化健康发展

习近平总书记指出，安全和发展是一体之两翼、驱动之双轮。安全是发展的保障，发展是安全的目的。2015 年 6 月 24 日，第十二届全国人大常委会第十五次会议上《关于〈中华人民共和国网络安全法（草案）〉的说明》中提出：“第三，坚持安全与发展并重。维护网络安全，必须坚持积极利用、科学发展、依法管理、确保安全的方针，处理好与信息化发展的关系，做到协调一致、齐头并进。通过保障安全为发展提供良好环境，本法注重对网络安全制度作出规范的同时，注意保护各类网络主体的合法权利，保障网络信息依法有序自由流动，促进网络技术创新和信息化持续发展。”

《网络安全法》明确“促进经济社会信息化健康发展”，有利于在制度设计上平衡好网络安全成本和企业发展的关系，《网络安全法》在要求网络运营者承担网络安全保障义务的同时，也规定了网络安全支持与促进。该立法目的的表述，体现了正确处理安全与发展关系的精神，对于《网络安全法》以及网络安全法律体系建设都具有重要意义。制定《网络安全法》配套法规、规章和规范性文件，也要正确理解该立法目的，妥善处理、科学平衡安全与发展的关系。

正如习近平总书记所说：“中国互联网蓬勃发展，为各国企业和创业者提供了广阔的发展机遇和市场空间。中国开放的大门永远不会关上，利用外资的政策不会变，对外商投资企业合法权益的保障不会变，为各国企业在华投资兴业提供更好服务的方向不会变。只要遵守中国法律，我们热情欢迎各国企业和创业者在华投资兴业。我们愿意同各国加强合作，通过发展跨境电子商务、建设信息经济示范区等，促进世界范围内投资和贸易发展，推动全球数字经济发展。”《网络安全法》明确提出“促进经济社会信息化健康发展”，体现出我国推动网络经济创新发展，促进共同繁荣的决心，也有助于国际社会正确认识以及认同我国《网络安全法》。

法条链接目录

1. 中华人民共和国网络安全法
2. 中华人民共和国国家安全法
3. 国家网络空间安全战略

第二节 适用范围

适用要点

1. 法律空间效力的确定
2. 《网络安全法》的适用范围

《网络安全法》的适用范围，是指《网络安全法》的空间效力，即在什么地域内对什么主体适用，解决的是国家管辖问题，也是网络空间主权的具体落实问题。法律的空间效力涉及各国管辖权的冲突与协调，在国家、地区之间交往频繁和密切的情况下，这个问题更加重要。网络空间的跨国、跨地域特征，需要明确一国法律的适用范围。《网络安全法》第二条规定了属地管辖：在中华人民共和国境内建设、运营、维护和使用网络，以及网络安全的监督管理，适用本法。

一、法律空间效力的确定

法律的空间效力是指法律生效的地域，世界各国的实践中先后采用过四种效力原则：一是属地原则，即在本国领土范围内适用；二是属人原则，即适用于本国公民；三是保护原则，即适用于一切侵害本国国家或公民利益的行为；四是折中原则，即在属地原则的基础上，结合属人原则、保护原则，确定法律适用范围。折中原则是世界各国普遍采用的方式。

在我国，法律规定的空间效力大致有以下几种情况。《刑法》第六条规定了属地管辖权：凡在中华人民共和国领域内犯罪的，除法律有特别规定的以外，都适用本法。凡在中华人民共和国船舶或者航空器内犯罪的，也适用本法。犯罪的行为或者结果有一项发生在中华人民共和国领域内的，就认为是在中华人民共和国领域内犯罪。第七条规定了属人管辖权：中华人民共和国公民在中华人民共和国领域外犯本法规定之罪的，适用本法，但是按本法规定的最高刑为三年以下有期徒刑的，可以不予追究。中华人民共和国国家工作人员和军人在中华人民共和国领域外犯本法规定之罪的，适用本法。第八条规定了保护管辖权：外国人在中华人民共和国领域外对中华人民共和国国家或者公民犯罪，而按本法规定的最低刑为三年以上有期徒刑的，可以适用本法，但是按照犯罪地的法律不受处罚的除外。第九条规定了普遍管辖权：对中华人民共和国缔结或参加的国际条约规定的罪行，中华人民共和国在所承担条约义务的范围内行使刑事管辖权。

二、《网络安全法》的适用范围

对于在我国境内建设、运营、维护和使用网络以及网络安全的监督管理等活动，应遵守《网络安全法》的各项规定。基于防控和惩治来自境外的网络入侵、攻击以及传播有害信息等网络违法犯罪行为的需要，《网络安全法》作了以下规定：（1）第五条规定："国家采取措施，监测、防御、处置来源于中华人民共和国境内外的网络安全风险和威胁，保护关键信息基础设施免受攻击、侵入、干扰和破坏，依法惩治网络违法犯罪活动，维护网络空间安全和秩序。"（2）第五十条规定："国家网信部门和有关部门依法履行网络信息安全监督管理职责，发现法律、行政法规禁止发布或者传输的信息的，应当要求网络运营者停止传输，采取消除等处置措施，保存有关记录；对来源于中华人民共和国境外的上述信息，应当通知有关机构采取技术措施和其他必要措施阻断传播。"（3）第七十五条规定："境外的机构、组织、个人从事攻击、侵入、干扰、破坏等危害中华人民共和国的关键信息基础设施的活动，造成严重后果的，依法追究法律责任；国务院公安部门和有关部门并可以决定对该机构、组织、个人采取冻结财产或者其他必要的制裁措施。"

在《网络安全法》具体适用过程中，国外使领馆、远洋船舶、航空器、外太空等对象作为特殊领域应加以注意。首先，根据国际惯例和我国相关规定，我国对中华人民共和国的船舶、航空器以及驻外使领馆享有管辖权，因此，我国《网络安全法》可延展适用至上述地区或者空间；其次，随着通信卫星以及其他太空设备等太空资源的逐渐开发和利用，使其已经与导航、通信、遥感、监测等领域不断融合，太空设备很可能成为一系列网络攻击的潜在目标，太空领域网络安全隐患也将会成为国家、地区或国际问题。因此，《网络安全法》也需对太空领域加以保护。

法条链接目录

1. 中华人民共和国网络安全法
2. 中华人民共和国刑法

第三节　网络安全管理工作的方针和原则

适用要点

1. 网络安全管理工作的方针
2. 网络安全管理工作的原则

从技术理性的角度来看，任何技术的发明都是客观的，但对于技术的利用是主观的。网络技术既可以被善意地用于信息交流、共享等，也可以成为不法分子窃取信息、入侵、攻击、敲诈勒索的工具。网络安全管理是充分发挥网络积极作用、最大限度减少网络滥用行为的重要举措。《网络安全法》第三条规定："国家坚持网络安全与信息化发展并重，遵循积极利用、科学发展、依法管理、确保安全的方针，推进网络基础设施建设和互联互通，鼓励网络技术创新和应用，支持培养网络安全人才，建立健全网络安全保障体系，提高网络安全保护能力。"网络安全管理工作的方针和原则，是网络安全管理工作开展的指导思想，只有遵循这些方针和原则，才能保证网络安全管理工作一直保持在较为合理的"中轴线"上。

一、网络安全管理工作的方针

在坚持网络安全和信息化发展并重的基本原则下，《网络安全法》明确了网络安全管理工作的方针：积极利用、科学发展、依法管理、确保安全。明确了"十六字"方针对网络技术的立场和网络安全管理工作方向，对我国网络安全技术发展、网络空间安全保障具有重要指导作用。积极利用是指应正确认识和评估网络的正、负作用，主动应对网络带来的挑战，克服各种不适应，利用网络的信息交流和知识共享的工具属性，充分发挥其促进技术创新、经济发展、文化繁荣和社会进步的积极作用；科学发展是指在研判、尊重网络运行和发展规律的基础上，以“网络安全为人民、网络安全靠人民”为出发点和目的，强化顶层设计和规划，通过发展解决安全问题，做到以安全保发展、以发展促安全；依法管理，就是要明确政府、企业和个人等网络空间各主体的权利（力）、行为边界，积极推进网络空间法治化进程，做到科学立法、严格执法、公正司法、全民守法；确保安全，就是要增强网络安全意识，加大投入，提升网络安全保障能力和水平，确保网络的运行安全、数据安全和内容安全，做到及时处置网络安全威胁、发生网络安全事件后迅速恢复。

二、网络安全管理工作的原则

（一）适度安全原则

网络的开放性和自身固有的脆弱性，使国家安全、社会公共利益以及个人权利面临着来自各方面的威胁，国家应在技术允许的范围内保持适当的安全要求。所谓适度安全，一方面要求遵循比例原则，即安全保护立法的范围、采取的措施和手段，要和网络应用的重要性相一致；另一方面要考虑成本，即网络安全的投入成本要和信息系统和应用的重要性一致，为了安全而不计成本地投入的观念不可取。

（二）积极预防原则

积极预防原则，是指网络空间各主体采取各种技术防范措施，完善各项管理制度，规范网络安全教育，以法的强制性防范网络产品和服务在研发和应用过程中的各种安全风险。正如与传统安全一样，信息安全风险具有“不可逆”的特点，信息安全法律必须采取预防为主的法律原则。但是由于信息安全威胁的全局性特点，其法律原则更应当采取积极主动的预防原则。从发现威胁、降低风险、控制风险的各个环节构建信息安全法律保障能力。

（三）重点保护原则

网络空间安全涉及范围比较广泛，确定网络空间安全的关键环节，强化对关键环节的保护，是实现《网络安全法》目的的根本保证。近年来，世界各国都在加强对关键基础设施的保护，制定了比较详尽的法律。我国《网络安全法》在第三十一条规定，对关键信息基础设施实行重点保护。近年来，欧盟提出欧洲关键基础设施和其成员国关键基础设施的概念，认为同时影响到两个成员国以上安全的基础设施为欧洲关键基础设施，并基于这样的认识，于2004年10月发布了《关于反恐中关键基础设施保护通报》。2005年11月，欧盟委员会采用了《欧盟关键基础设施保护计划项目绿皮书》，2007年2月作出了“关于建立恐怖主义和其他安全威胁预防、预警和后果管理的特别计划”的决定。近年来，美国的网络安全治理也着重强调数字基础设施是美国的重要战略资产，国家应当基于安全需要，优先保护数字基础设施。

（四）“谁主管、谁负责”与“协同”原则

“谁主管、谁负责”原则体现了网络空间需要合理分配网络信息安全风险的特点，要求互联网的建设、使用单位对由本系统造成的损害，或者严重影响社会公共安全、秩序的事件承担责任。《网络安全法》中关键信息基础设施主管部门的职责、网络运营者对其收集和处理的个人信息确保安全的规定，是“谁主管、谁负责”原则的体现。欧盟“关于建立欧洲网络信息安全文化”的决定要求每一个参与者都是保证安全的重要角色。倡导参与者根据其职责，了解相关安全风险、预防性措施，并承担相应责任、采取措施提高信息系统与网络的安全。

“协同”原则是应对网络信息安全复杂性和艰巨性挑战的必然选择。网络空间的安全问题的深度和广度不断拓展，传统现实社会的行政管理和执法分工需要做重大调整乃至革新。依靠一个职能部门的单一力量不能有效地防范和应对信息安全的挑战，必须坚持“既有分工又有协作，共同防范和应对网络信息安全”的原则。

网络安全立法必须将“谁主管、谁负责”原则与“协同”原则有机结合起来，既有分工又有合作，应当明确相关部门的职责，同时也应当明确部门之间协同治理网络空间的法律机制，以保障国家能够及时、有效地维护网络安全。以网络安全监控执法为例，需要公安、国家安全、通信监管部门、网络运营者各司其职、协同进行。

法条链接目录

1. 中华人民共和国网络安全法
2. 中共中央关于全面深化改革若干重大问题的决定

第四节　网络安全管理工作体制

适用要点

1. 我国网络安全管理工作体制的发展进程
2. 《网络安全法》中确立的网络安全管理工作体制

管理体制，是指某一系统中的组织结构和任务分配，即该系统由哪些部门组成，以及这些部门的具体任务、职权是什么，完成任务、落实职权的手段是什么。网络安全管理工作体制就是在网络安全管理工作中，中央、地方、各部门在其中的管理范围、权限职责和利益关系。由此可以看出，网络安全管理工作体制的核心是网络管理机构的设置、各机构职权的分配和不同机构之间的协调关系。网络安全管理工作体制设置得合理与否，直接影响到我国网络安全管理工作的效率和效能。《网络安全法》第八条规定，国家网信部门负责统筹协调网络安全工作和相关监督管理工作。国务院电信主管部门、公安部门和其他有关机关依照本法和有关法律、行政法规的规定，在各自职责范围内负责网络安全保护和监督管理工作。

一、我国网络安全管理工作体制的发展进程

我国通过法律法规加强对网络空间的管理始于20世纪90年代。1994年《计算机信息系统安全保护条例》和1997年《计算机信息网络国际联网安全保护管理办法》都规定由公安部负责计算机信息系统安全保护工作和国际联网的安全保护管理工作。2007年，《信息安全等级保护管理办法》授权公安机关负责信息安全等级保护工作的监督、检查、指导。国家保密工作部门和密码管理部门分别负责与保密、密码相关的工作。国务院信息化工作办公室及地方信息化领导小组办事机构负责等级保护工作的部门间协调。

2000年，《电信条例》规定国务院信息产业主管部门依照本条例对全国电信业实施监督管理。2010—2013年，通过《通信网络安全防护管理办法》《规范互联网信息服务市场秩序若干规定》《电信和互联网用户个人信息保护规定》，确定由工信部及各省、自治区、直辖市通信管理局负责网络安全防护、网络信息服务活动和用户个人信息保护。

2014年，国务院授权重新组建的国家互联网信息办公室负责全国互联网

信息内容管理工作，并负责监督管理执法。2016 年颁布的《互联网直播服务管理规定》《移动互联网应用程序信息服务管理规定》《互联网信息搜索服务管理规定》《互联网新闻信息服务单位约谈工作规定》《互联网用户账号名称管理规定》《即时通信工具公众信息服务发展管理暂行规定》，2017 年颁布的《互联网跟帖评论服务管理规定》《互联网论坛社区服务管理规定》《互联网用户公众账号信息服务管理规定》《互联网群组信息服务管理规定》《国家网络安全事件应急预案》《互联网新闻信息服务管理规定》《互联网新闻信息服务许可管理实施细则》《网络产品和服务安全审查办法（试行）》都规定由国家互联网信息办公室负责相应的网络安全监督管理。

而在具体的部门规定中，2004 年《互联网等信息网络传播视听节目管理办法》、2005 年《互联网新闻信息服务管理规定》、2007 年《互联网视听节目服务管理规定》、2011 年《互联网文化管理暂行规定》分别授权国家新闻出版广电总局、国务院新闻办公室、文化部主管负责相关网络管理工作。

由上述法规可以看出，我国对于网络安全管理部门职权设置较为分散，各部门之间缺乏统筹和协调，在实际执法中不仅降低了行政效率，还增加了企业合规成本。授权的规范性法律文件效力层级较低，多为行政法规和部门规章，一方面使得执法缺乏权威性，另一方面惩处手段单一，执法威慑力不足。

二、《网络安全法》中确立的网络安全管理工作体制

《网络安全法》第八条规定，国家网信部门负责统筹协调网络安全工作和相关监督管理工作。国务院电信主管部门、公安部门和其他有关机关依照本法和有关法律、行政法规的规定，在各自职责范围内负责网络安全保护和监督管理工作。该项规定确定了国家网信部门的统筹协调职责，使得各部门执法遵循一定的规划安排，既有利于推进综合协同执法，建立部门间信息共享体系，合理配置行政资源，同时通过《网络安全法》这一高层级的法律，确立了较为合理完善的法律治理框架。

在“互联网 +”与各行业深层次融合的背景下，对于政务管理系统也应加强网络应用，以更好地维护网络安全。正如习近平总书记在“4 · 19”讲话中提到的“要加快推进电子政务，鼓励各级政府部门打破信息壁垒、提升服务效率，让百姓少跑腿、信息多跑路，解决办事难、办事慢、办事繁的问题”①，

① 习近平总书记在网络安全和信息化工作座谈会上的讲话：http：//www. cac. gov. cn/2016-04/25/c_ 1118731366. htm. 2017-03-10。

推进“互联网+”政务的发展和各部门之间信息共享体系的建设对于提升我国治理能力和治理体系现代化有重要作用，而《网络安全法》对于管理体制的改革将在顶层设计层面着力带动政务系统的发展。

法条链接目录

1. 中华人民共和国网络安全法
2. 计算机信息网络国际联网安全保护管理办法
3. 信息安全等级保护管理办法
4. 中华人民共和国电信条例
5. 通信网络安全防护管理办法
6. 规范互联网信息服务市场秩序若干规定
7. 电信和互联网用户个人信息保护规定
8. 互联网直播服务管理规定
9. 移动互联网应用程序信息服务管理规定
10. 互联网信息搜索服务管理规定
11. 互联网新闻信息服务单位约谈工作规定
12. 互联网用户账号名称管理规定
13. 即时通信工具公众信息服务发展管理暂行规定
14. 互联网等信息网络传播视听节目管理办法
15. 互联网新闻信息服务管理规定
16. 互联网视听节目服务管理规定
17. 互联网文化管理暂行规定

第五节　网络行为规范

适用要点

1. 网络行为规范的践行主体
2. 各主体的责任与义务

法的基本原理告诉我们，法律调整人的行为。网络空间，国家、企业、个人是网络活动的主要参与者，也因此成为网络行为规范的主要践行主体。《网络安全法》第五条、第九条、第十条、第十一条、第十二条分别对国家、企业、社会组织和个人的网络行为进行规范。

一、国家层面

《网络安全法》第五条明确规定："国家采取措施，监测、防御、处置来源于中华人民共和国境内外的网络安全风险和威胁，保护关键信息基础设施免受攻击、侵入、干扰和破坏，依法惩治网络违法犯罪活动，维护网络空间安全和秩序。"维护网络空间安全和秩序是国家网络安全工作的目的，为实现上述目的，国家应采取各项措施，监测、防御并处置各类网络安全风险和威胁；确定关键信息基础设施的范围，在等级保护的基础上对其进行重点保护，确保关键信息基础设施的安全；惩治和威慑网络入侵、攻击，非法获取、出售和泄露个人信息，侮辱诽谤他人，传播淫秽色情信息，宣扬恐怖主义、极端主义，煽动颠覆国家政权、推翻社会主义制度等违法犯罪行为，以保障网络安全稳定运行，信息依法有序自由流动。

二、企业（运营者）层面

维护网络安全是网络活动参与者共同的责任。企业（网络运营者）作为网络服务的提供者和网络正常运行的重要支撑者，其不仅要履行依法开展经营和提供服务的义务，同时要履行按照规定制止、管控网络违法行为和清除有害信息以及协助执法的义务，同时也应践行企业的社会责任，积极参与互联网治理，共同营造清朗的网络空间。

三、行业组织（协会）层面

行业协会作为政府、互联网企业之间的桥梁、纽带，对维护网络安全运行起到重要作用，同时也需要承担起相应的责任。为此，《网络安全法》第十一条明确规定："网络相关行业组织按照章程，加强行业自律，制定网络安全行为规范，指导会员加强网络安全保护，提高网络安全保护水平，促进行业健康发展。"

四、用户层面

用户作为各类互联网活动的重要参与者，也需要承担维护网络空间安全的重要责任。为此，《网络安全法》第六条提出了用户需要遵守诚信守则，不得危害网络安全，也不得通过网络实施危害国家安全、公共利益、他人合法权益的行为。用户应当在诚实守信、健康文明的社会主义核心价值观的指导下，积极维护网络空间健康运行。

此外，针对各类组织和个人从事的非法侵入他人网络窃取数据和任意设置恶意程序的行为，《网络安全法》第二十七条规定："任何个人和组织不得从事非法侵入他人网络、干扰他人网络正常功能、窃取网络数据等危害网络安全的活动；不得提供专门用于从事侵入网络、干扰网络正常功能及防护措施、窃取网络数据等危害网络安全活动的程序、工具；明知他人从事危害网络安全的活动的，不得为其提供技术支持、广告推广、支付结算等帮助。"第四十八条第一款规定："任何个人和组织发送的电子信息、提供的应用软件，不得设置恶意程序，不得含有法律、行政法规禁止发布或者传输的信息。"

法条链接目录

1. 中华人民共和国网络安全法
2. 中华人民共和国反恐怖主义法

第六节　国际网络治理体系

适用要点

1. 国际合作
2. 网络空间国际命运共同体

网络空间安全事关人类共同利益，事关世界和平与发展，事关各国国家安全。网络空间引发的利益冲突较之传统的国际关系更加复杂，而网络空间基本的规则尚未形成，特别是就规范各国国家行为及其保障网民基本权利等层面，缺乏精细制度的支持。在网络空间，各国相互依存，任何国家都无法单独应对网络威胁与安全问题，有必要开展国际合作构建一个用互惠、公正的行为规则加以治理的文明秩序——合作性网络空间国际秩序。《网络安全法》第七条强调，国家应该在网络空间治理、网络技术研发和标准制定、打击网络违法犯罪等方面积极开展国际交流与合作。

一、国际合作

大数据时代，网络这一无国界的便捷工具使得“天下兼相爱则治，交相恶则乱”。我国政府亟须加强国际网络治理合作，维护网络空间的运行秩序。

（一）增强我国网络空间的主权意识

网络主权是主权国家对互联网基础设施和关键硬件设备的控制权、对互联网软件技术的自主知识产权、在互联网传播领域国家意志和主流意识形态的话语权，以及依法保障公民网络通信自由和政府、组织、个人信息安全的权力。随着互联网技术及其应用在全球范围内的突飞猛进，网络信息传播控制权逐渐成为文化主权和国家“软权力”最为重要的部分，因此，对网络主权或“领网主权”的研究必须引起我们的高度重视，并牢固树立网络主权意识，要像重视领土、领海、领空不受侵犯一样，重视网络领域的基础设施安全保障、信息科技自主创新和意识形态中国话语权的建构。

（二）制定网络安全与犯罪公约

网络威胁是全球问题，需要全球所有的利益相关方共同解决。虽然存在区域性国际公约或国家之间的双边协定，但面对涉及多个国家特别是由一国政府发起和实施的诸如网络攻击等安全事件时，双边协定显得无能为力。制定网络安全与犯罪公约，在全球范围内采取统一行动打击网络犯罪，不仅可以阻止网络威胁和网络攻击事件的发生，还能为国家及国际解决方案的形成提供必要的体系结构。公约的内容应包括打击网络犯罪的实体法和程序法以及打击网络犯罪的合作机制等具体制度。

（三）各国需要加强网络犯罪的司法引渡协助

由于网络的全球互通性，各类网络犯罪行为的实施和危害结果通常是跨地域、跨国界的。世界各国刑事立法关于网络犯罪的规定存在差异，各国出于数据安全、隐私保护的考虑，在司法引渡时存在障碍。需要各国将网络犯罪特别是网络恐怖主义作为全球共同的敌人，协商、共同制定司法引渡条约，为各国引渡网络犯罪嫌疑人提供法律依据。

二、网络空间国际命运共同体

互联网领域发展不平衡、治理规则不健全、秩序不合理等问题日益凸显，信息鸿沟不断拉大，网络犯罪、网络攻击、网络恐怖主义活动等成为公害。互联网发展是无国界、无边界的，面对这些问题和挑战，迫切需要国际社会勠力同心、携手应对。构建网络空间命运共同体，是建设人类共同新家园的客观需要，是应对信息化带来的新挑战的迫切要求，是培育发展新动能的必然选择。

党的十八大以来，习近平总书记就互联网发展发表了一系列重要讲话，成为以习近平同志为核心的党中央治国理政新理念、新思想、新战略的重要组成部分。把世界互联网大会打造成为全球互联网共享共治的重要平台，推动互联网健康发展，就是一个具体体现。在首届世界互联网大会贺词中，习近平总书记强调互联网"让国际社会越来越成为你中有我、我中有你的命运共同体"，倡导互联互通、共享共治。在第二届世界互联网大会上，习近平总书记提出的全球互联网发展治理的"四项原则""五点主张"，得到国际社会的广泛认同和积极响应，被称为"互联网蓬勃发展的基石"。"君子务本，本立而道生。"以"四项原则"和"五点主张"为指引，不断深化各方面合作，构建网络空间命运共同体就有了坚实的实践支撑。

法条链接目录

1. 国家网络空间安全战略
2. 中华人民共和国网络安全法

第二章

网络安全支持与促进

核心内容

1. 网络安全标准体系
2. 政府统筹规划推动网络安全发展
3. 网络安全社会化服务体系
4. 网络安全创新发展
5. 网络安全宣传教育
6. 网络安全人才培养

本章综述

网络安全是国家安全的重要组成部分，网络安全技术涉及经济、科技、人才等多个领域，需要国家采取措施进行支持和促进。许多科学技术创新都与国家促进措施密不可分。阿伦·拉奥、皮埃罗·斯加鲁菲在《硅谷百年史：互联网时代》中提到："硅谷的历史和计算技术的历史也表明，大政府在受到国家利益的驱动时，会成为创新的巨大发动机。硅谷创新通常是由政府资助，从仙童、甲骨文、SUN公司、网景到许多其他正在筹备的公司，均由政府机构合作或拨款。在日本和英国，政府都参与和资助了本国计算机产业的发展，并撮合了制造业界联盟，两国最初的研究工作也都在政府资助的实验室进行。"①

美国制定了"网络和信息技术研究发展计划""联邦大数据研究与开发战略计划""国家人工智能研究与发展策略规划"，欧盟制定了"地平线2020"科研计划。德国投入大量资源推进"工业4.0"项目，旨在通过利用信息通信技术和网络空间虚拟系统——信息物理系统，大幅度提升制造业的智能化

① ［美］阿伦·拉奥、皮埃罗·斯加鲁菲：《硅谷百年史：互联网时代》，闫景立、侯爱华、闫勇译，人民邮电出版社2016年版，第351—352页。

水平。日本实施“新机器人战略”，国家设立专门的机器人发展促进机构，培育机器人方面的专业人才，支持研发机器人相关的数据终端化、云计算等技术，推动制定机器人国际标准等。

2016 年 4 月 19 日，习近平总书记在网络安全和信息化工作座谈会上的讲话中提出，同世界先进水平相比，同建设网络强国战略目标相比，我们在很多方面还有不小差距，特别是在互联网创新能力、基础设施建设、信息资源共享、产业实力等方面还存在不小差距，其中最大的差距在核心技术上。可以从三个方面把握核心技术：一是基础技术、通用技术；二是非对称技术、“杀手锏”技术；三是前沿技术、颠覆性技术。我们要掌握我国互联网发展主动权，保障互联网安全、国家安全，就必须突破核心技术这个难题，争取在某些领域、某些方面实现“弯道超车”。核心技术要取得突破，要立足我国国情，面向世界科技前沿，面向国家重大需求，面向国民经济主战场，紧紧围绕攀登战略制高点，强化重要领域和关键环节任务部署，把方向搞清楚，把重点搞清楚。

《网络安全法》第二章主要规定了网络安全标准体系、技术产业和项目、社会化服务体系、数据安全保护和利用、网络安全宣传教育、网络安全人才培养等方面的内容。

第一节　网络安全标准体系

适用要点

1. 我国网络安全标准体系建设
2. 我国网络安全标准体系现状
3. 我国网络安全标准体系的完善
4. 我国网络安全标准化监管机构

作为信息化建设中的一项基础性系统工程，网络安全标准是信息领域发展的重要基石，对我国网络安全至关重要。《网络安全法》第十五条规定，国家建立和完善网络安全标准体系。国务院标准化行政主管部门和国务院其他有关部门根据各自的职责，组织制定并适时修订有关网络安全管理以及网络产品、服务和运行安全的国家标准、行业标准。国家支持企业、研究机构、高等学校、网络相关行业组织参与网络安全国家标准、行业标准的制定。

一、我国的网络安全标准体系建设

根据1988年颁布的《标准化法》的规定，我国的标准包括：国家标准、行业标准、地方标准和企业标准四种。需要在全国范围内统一的技术要求，应当制定国家标准；没有国家标准而又需要在全国某个行业范围内统一的技术要求，可以制定行业标准；没有国家标准和行业标准而又需要在省、自治区、直辖市范围内统一的工业产品的安全、卫生要求，可以制定地方标准；没有国家标准和行业标准的，应当制定企业标准。其中，国家标准和行业标准分为强制性标准和推荐性标准，地方标准在本行政区域内是强制性标准。保障人体健康，人身、财产安全的标准和法律、行政法规规定强制执行的标准是强制标准。强制性标准必须执行，不符合强制性标准的产品，禁止生产、销售和进口。对于推荐性标准，国家鼓励企业自愿采用的标准，不具有强制执行力。

2015年，我国开始对《标准化法》进行修订。2017年11月4日，全国人民代表大会常务委员会正式通过了新修订的《标准化法》，该法将于2018年1月1日起施行。新修订的《标准化法》对1988年颁布的《标准化法》作了多处修改。一是将制定标准的范围从工业产品、工程建设和环保要求扩大到农业、服务业和社会管理领域。二是为充分发挥市场主体活力，实现标准有效及时供给，在标准种类上新增了团体标准，规定依法成立的社会团体可以制定团体标准。三是为了解决现行法所确定的强制性标准制定主体多、标准交叉重复矛盾的问题，对强制性标准进行整合。将现行强制性国家标准、行业标准和地方标准整合为强制性国家标准，并将强制性国家标准范围严格限定在"为保障人身健康和生命财产安全、国家安全、生态环境安全以及满足社会经济管理基本需要的技术要求"的范畴，取消强制性行业标准、地方标准。四是构建协调统一的标准体系，确保各类标准之间衔接配套。新修订的《标准化法》厘清了政府主导制定的三类推荐性标准的关系，规定推荐性国家标准是为满足基础通用、与强制性国家标准配套、对各有关行业起引领作用等需要制定的国家标准。对没有推荐性国家标准、需要在全国某个行业范围内统一的技术要求，可以制定行业标准；为满足地方自然条件、风俗习惯等特殊技术要求，可以制定地方标准。

随着经济全球化进一步加剧，国际标准对国内标准的影响也在不断加深。1988年的《标准化法》规定，国家鼓励积极采用国际标准。新修订的《标准化法》进一步强化了国际标准的作用，国家积极推动参与国际标准化活动，开展标准化对外合作与交流，参与制定国际标准，结合国情采用国际标准，推进中国标准与国外标准之间的转化运用。

二、我国网络安全标准体系现状

网络安全标准化是网络安全保障体系建设的重要组成部分，在维护网络空间安全、推动网络空间治理体系变革方面发挥着基础性、规范性、引领性作用。目前，我国已经制定了诸多涉及信息安全基础、安全技术与机制、安全管理、安全评估等多个领域的国家标准、行业标准，网络安全标准体系已粗具规模。

国家标准方面，推荐性标准较多，强制性国家标准较少。我国已颁布了《信息技术设备　安全　第1部分：通用要求》（GB 4943.1—2011）、《信息技术设备　安全　第23部分：大型数据存储设备》（GB 4943.23—2012）、《计算机信息系统安全保护等级划分准则》（GB 17859—1999）等强制性标准，以及《信息技术　安全技术　信息安全管理体系要求》（GB/T 22080—2016）、《信息技术　安全技术　信息安全控制实践指南》（GB/T 22081—2016）、《信息技术　安全技术　信息安全风险管理》（GB/T 31722—2015）、《信息安全技术　网络入侵检测系统技术要求和测试评价方法》（GB/T 20275—2013）、《信息安全技术　信息系统安全等级保护基本要求》（GB/T 22239—2008）、《信息安全技术　信息系统安全等级保护测评要求》（GB/T 28448—2012）等诸多推荐性标准。

行业标准方面，许多行业根据本行业的情况制定了网络安全行业标准。例如，中国人民银行出台了《中国移动支付　检测规范　第8部分：个人信息保护》（JR/T 0098.8—2012）、《网银系统USBKey规范　安全技术与测评要求》（JR/T 0114—2015）等金融行业的网络安全标准。原信息产业部出台了《移动终端信息安全测试办法》（YD/T 1700—2007）、《移动终端信息安全技术要求》（YD/T 1699—2007）、《电信网和互联网安全等级保护实施指南》（YD/T 1729—2008）等通信行业的网络安全标准。国家邮政局出台了《寄递服务用户个人信息保护指南》（YZ/T 0147—2015）等邮政行业的网络安全标准。

三、我国网络安全标准化体系的完善

近年来，随着云计算、大数据、物联网等信息技术的快速发展应用，网络安全形势日益复杂严峻。为应对上述问题，我国亟须进一步完善现行的网络安全标准体系。2016年，中央网络安全和信息化领导小组办公室、国家质量监督检验检疫总局、国家标准化管理委员会联合发布《关于加强国家网络安全标准化工作的若干意见》（以下简称《意见》）。《意见》指出，要在国家关键信息基础设施保护、涉密网络等领域制定强制性国家标准，在基础通用领域制定推荐性国家标准，视情况在行业特殊需求的领域制定推荐性行业标准。原则上不制定网络安全地方标准。对关键信息基础设施保护、网络安全审查、网络空间可信身份、关键信息技术产品、网络空间保密防护监管、工业控制系统安全、大数据安全、个人信息保护、智慧城市安全、物联网安全、新一代通信网络安全、互联网电视终端产品安全、网络安全信息共享等领域的急需重点标准要加紧推进研究和制定工作。

《网络安全法》颁布之后，在强制性配套标准方面，全国信息安全标准化技术委员会将落实《网络安全法》要求，加快推动重点标准研制，包括网络安全产品与服务、关键信息基础设施保护等强制性国家标准的研究作为2017年工作的重点之一。目前，全国信息安全标准化技术委员会已发布了一系列网络安全国家标准征求意见稿，一方面，对我国现行的国家标准进行了修订和完善，另一方面，针对云计算、大数据等新技术提出了新标准。例如，《信息安全技术　网络安全等级保护测评过程指南（征求意见稿）》《信息安全技术　网络安全等级保护基本要求　第1部分：安全通用要求（征求意见稿）》《信息安全技术　网络安全等级保护测评要求　第2部分：云计算安全扩展要求（征求意见稿）》等。2017年8月，《信息安全技术　网络产品和服务安全通用要求（征求意见稿）》发布，该征求意见稿对在我国境内销售或提供的网络产品和服务提出了诸多强制性要求。除上述已经发布的国家标准征求意见稿外，一些与网络安全相关的国家标准进入立项阶段，例如，《信息安全技术　网络安全漏洞发现与报告管理指南》《信息安全技术　关键信息基础设施网络安全保护要求》。具体内容见表2-1。

表2-1　网络安全相关的国家标准

文件类别	发布时间	名　称
国家标准草案	2016年11月3日	《信息安全技术　网络安全等级保护基本要求　第1部分：安全通用要求（征求意见稿）》
	2016年11月3日	《信息安全技术　网络安全等级保护测评要求　第1部分：安全通用要求（征求意见稿）》
	2017年1月11日	《信息安全技术　网络安全等级保护设计技术要求　第1部分：通用设计要求（征求意见稿）》

续表

文件类别	发布时间	名　称
国家标准草案	2016 年 11 月 3 日	《信息安全技术　网络安全等级保护测评过程指南（征求意见稿）》
	2016 年 11 月 3 日	《信息安全技术　网络安全等级保护测试评估技术指南（征求意见稿）》
	2017 年 1 月 11 日	《信息安全技术　网络安全等级保护测评要求　第 2 部分：云计算安全扩展要求（征求意见稿）》
	2017 年 1 月 11 日	《信息安全技术　网络安全等级保护设计技术要求　第 2 部分：云计算安全要求（征求意见稿）》
	2016 年 11 月 3 日	《信息安全技术　网络安全等级保护基本要求　第 2 部分：云计算安全扩展要求（征求意见稿）》
	2017 年 1 月 11 日	《信息安全技术　网络安全等级保护基本要求　第 3 部分：移动互联安全扩展要求（征求意见稿）》
	2016 年 11 月 3 日	《信息安全技术　网络安全等级保护测评要求　第 3 部分：移动互联安全扩展要求（征求意见稿）》
	2017 年 1 月 11 日	《信息安全技术　网络安全等级保护设计技术要求　第 3 部分：移动互联安全要求（征求意见稿）》
	2017 年 1 月 11 日	《信息安全技术　网络安全等级保护基本要求　第 4 部分：物联网安全扩展要求（征求意见稿）》
	2017 年 1 月 11 日	《信息安全技术　网络安全等级保护设计技术要求　第 4 部分：物联网安全要求（征求意见稿）》
	2017 年 1 月 11 日	《信息安全技术　网络安全等级保护测评要求　第 4 部分：物联网安全扩展要求（征求意见稿）》
	2017 年 1 月 11 日	《信息安全技术　网络安全等级保护基本要求　第 5 部分：工业控制系统安全扩展要求（征求意见稿）》
	2017 年 1 月 11 日	《信息安全技术　网络安全等级保护设计技术要求　第 5 部分：工业控制安全要求（征求意见稿）》
	2017 年 1 月 11 日	《信息安全技术　网络安全等级保护测评要求　第 5 部分：工业控制系统安全扩展要求（征求意见稿）》
	2016 年 12 月 20 日	《信息安全技术　个人信息安全规范（征求意见稿）》
	2017 年 5 月 24 日	《信息安全技术　网络安全事件应急演练通用指南（征求意见稿）》
	2017 年 8 月 30 日	《信息安全技术　数据出境安全评估指南（征求意见稿）》
	2016 年 12 月 20 日	《信息安全技术　网络安全等级保护实施指南（征求意见稿）》
	2017 年 5 月 24 日	《信息安全技术　大数据安全管理指南（征求意见稿）》
	2016 年 11 月 3 日	《信息安全技术　网络安全等级保护安全管理中心技术要求（征求意见稿）》
	2016 年 11 月 3 日	《信息安全技术　网络安全等级测评机构能力要求和评估规范（征求意见稿）》
	2017 年 8 月 30 日	《信息安全技术　关键信息基础设施　安全检查评估指南（征求意见稿）》
	2017 年 8 月 25 日	《信息安全技术　个人信息去标识化指南（征求意见稿）》

续表

文件类别	发布时间	名　称
国家标准草案	2017 年 8 月 30 日	《信息安全技术　关键信息基础设施安全保障指标体系（征求意见稿）》
	2017 年 8 月 30 日	《信息安全技术　网络产品和服务安全通用要求（征求意见稿）》
	2017 年 8 月 25 日	《信息安全技术　数据交易服务安全要求（征求意见稿）》
国家标准立项	制定中	《信息安全技术　网络安全漏洞发现与报告管理指南》（已立项）
		《信息安全技术　关键信息基础设施网络安全保护要求》（已立项）

四、网络安全标准化监管机构

根据新修订的《标准化法》的规定，国务院标准化行政主管部门统一管理全国标准化工作。国务院有关行政主管部门分工管理本部门、本行业的标准化工作。县级以上地方人民政府标准化行政主管部门统一管理本行政区域内的标准化工作。县级以上地方人民政府有关行政主管部门分工管理本行政区域内本部门、本行业的标准化工作。据此，网络安全标准化的监督管理机构主要包括如下。

（一）国家标准化机构

国家标准化机构包括中央网信办、国家标准化管理委员会和全国信息安全标准化技术委员会。其中，中央网信办负责全国网络安全标准化的统筹协调工作。国家标准化管理委员会是国务院授权的履行行政管理职能，统一管理全国标准化工作的主管机构。网络安全国家标准的制定、修订、审查批准、编号和发布等工作由国家标准管理委员会统一管理。全国信息安全标准化技术委员会是在国家标准委员会的领导下，专门从事信息安全标准化工作的技术工作组织，主要工作范围包括安全技术、安全机制、安全服务、安全管理、安全评估等领域的标准化技术工作。2016 年，中央网络安全和信息化领导小组办公室、国家质量监督检验检疫总局、国家标准化管理委员会联合发布的《关于加强国家网络安全标准化工作的若干意见》中指出，全国信息安全标准化技术委员会在国家标准委的领导下，在中央网信办的统筹协调和有关网络安全主管部门的支持下，对网络安全国家标准进行统一技术归口，统一组织申报、送审和报批。

（二）行业标准化机构

根据新修订的《标准化法》的规定，行业标准由国务院有关行政主管部门制定，报国务院标准化行政主管部门备案。据此，行业标准化机构主要为国务院有关行政主管部门。例如，公安部负责制定《信息安全技术　终端计算机系统安全等级技术要求》（GA/T 671—2006）等公共安全行业的行业标准。工业和信息化部负责制定通信行业的行业标准。

（三）地方标准化机构

根据新修订的《标准化法》的规定，地方标准由省、自治区、直辖市人民政府标准化行政主管部门制定；设区的市级人民政府标准化行政主管部门根据本行政区域的特殊需要，经所在地省、自治区、直辖市人民政府标准化行政主管部门批准，可以制定本行政区域的地方标准。其中，省、自治区、直辖市标准化行政主管部门是各省市的质量技术监督局，如北京市质量技术监督局、上海市质量技术监督局等。除了质量技术监督局外，有关行政主管部门对于本部门、本行业的标准化工作也有相应的管理权责。

法条链接目录

1. 中华人民共和国网络安全法
2. 中华人民共和国标准化法（1988 年）
3. 中华人民共和国标准化法（2017 年修订）
4. 关于加强国家网络安全标准化工作的若干意见

第二节　政府统筹规划推动网络安全

适用要点

1. 国家网络安全计划与战略
2. 地方网络安全发展计划
3. 网络技术促进

《网络安全法》第十六条规定，国务院和省、自治区、直辖市人民政府应当统筹规划，加大投入，扶持重点网络安全技术产业和项目，支持网络安全技术的研究开发和应用，推广安全可信的网络产品和服务，保护网络技术知识产权，支持企业、研究机构和高等学校等参与国家网络安全技术创新项目。

一、国家网络安全计划与战略

2015 年，《国务院关于积极推进“互联网 +”行动的指导意见》提出，重点在创业创新、协同制造、现代农业、智慧能源、普惠金融、益民服务、高效物流、电子商务、便捷交通、绿色生态、人工智能十一个领域充分发挥互联网的作用。

2016 年，《国民经济和社会发展第十三个五年规划纲要》提出，集中力量突破信息管理、信息保护、安全审查和基础支撑关键技术，提高自主保障能力。加强关键信息基础设施核心技术装备威胁感知和持续防御能力建设，完善重要信息系统等级保护制度，积极发展信息安全产业。

2016 年，《国家网络空间安全战略》提出，建立完善国家网络安全技术支撑体系。坚持技术和管理并重、保护和震慑并举，从管理、技术、人才、资金等方面加大投入，依法综合施策，切实加强关键信息基础设施安全防护。坚持创新驱动发展，积极创造有利于技术创新的政策环境，统筹资源和力量，以企业为主体，产、学、研、用相结合，协同攻关、以点带面、整体推进，尽快在核心技术上取得突破。

2016 年，《国家信息化发展战略纲要》提出，要着力提升经济社会信息化水平，包括培育信息经济、深化电子政务、繁荣网络文化、创新公共服务等。

2017 年，《大数据产业发展规划（2016—2020 年）》提出了大数据发展的重点任务和重大工程，包括强化大数据技术产品研发、深化工业大数据创新应用、促进行业大数据应用发展、加快大数据产业主体培育、推进大数据标准体系建设、完善大数据产业支撑体系、提升大数据安全保障能力。

2017 年，《机器人产业发展规划（2016—2020 年）》提出了机器人产业的发展任务，包括推进重大标志性产品率先突破、大力发展机器人关键零部件、强化产业创新能力、着力推进应用示范、积极培育龙头企业。

2017 年，《软件和信息技术服务业发展规划（2016—2020 年）》提出，要全面提高创新发展能力，积极培育壮大新兴业态，着力研发云计算、大数据、移动互联网、物联网等新兴领域关键软件产品和解决方案。深入推进应用创新和融合发展，发展关键应用软件、行业解决方案和集成应用平台。进一步提升信息安全保障能力，发展安全测评与认证、咨询、预警响应等专业化服务。

2017 年，《信息通信行业发展规划（2016—2020 年）》提出，信息通信行业发展的重点包括完善基础设施、创新服务应用、加强行业管理、强化安全保障。

二、地方网络安全保障计划

网络信息技术是未来经济的发展方向，也是目前各地在经济结构转型升级过程中非常重视的发展内容，许多地方都制订了相关的计划、规划等，规定各种措施鼓励本地网络信息产业发展。省级人民政府应当结合当地实际情况，支持发展网络信息技术。

《北京市大数据和云计算发展行动计划（2016—2020 年）》提出，到 2020 年使北京成为全国大数据和云计算创新中心、应用中心和产业高地。为此，要建设各种创新和服务平台，推动公共大数据融合开放，在政府治理、城市管理、公共服务、产业转型升级、京津冀协同发展等方面深化大数据和云计算创新应用。

《广东省促进大数据发展行动计划（2016—2020 年）》提出了大数据发展的重点任务，包括加快大数据基础设施建设，推动资源整合和政府数据开放共享；深化大数据在社会治理领域的创新应用，提升政务服务水平；推动产业转型升级和创新发展，打造新经济增长点；强化安全保障，促进大数据健康发展。

《贵州省大数据产业发展应用规划纲要（2014—2020 年）》提出了推动大数据产业发展的几大工程，包括信息基础设施提速工程、产业链整合提升工程、数据资源集聚加速工程、重点领域应用示范工程、核心产业载体发展工程、安全保障能力建设工程。

为确保各项战略、规划、计划的实施，各级政府在土地、财税、电力、融资、人才引进、政府购买服务等方面对企业给予重点支持。企业可以根据实际情况利用相关支持政策。例如，大数据技术如果获得政府数据开放和购买服务方面的支持，无疑会赢得更有利的发展空间。2014 年，浙江省智慧能源、智慧水务、智能环保、智慧政务 4 个智慧城市示范试点的 6 个项目的相关单位在全国率先签署了购买云服务协议。许多地方通过建设科技园区、孵化器等方式培育科技企业，企业可以依法利用该渠道获得政策支持。另外，国家和地方的许多规划、计划中都专门提到了增强“安全保障能力”，这也为企业在产品开发和技术研发等方面提供了指引。

三、网络安全技术促进的具体内容

（一）扶持重点网络安全技术产业和项目

我国网络安全产业规模在信息技术产业中的比重落后于发达国家，近年来，国家越来越重视加快网络安全技术产业和项目的研究发展。2016 年，《国民经济和社会发展第十三个五年规划纲要》规定，加快突破新一代信息通信等领域核心技术，支持新一代信息技术等领域的产业发展壮大，在信息网络等领域培育一批战略性产业。《软件和信息技术服务业“十三五”发展规划》提出，强化核心技术研发和重大应用能力建设，加快关键产品和系统的推广应用，到 2020 年信息安全产品收入达到 2000 亿元，年均增长 20% 以上。《大数据产业发展规划（2016—2020 年）》提出，到 2020 年数据安全技术达到国际先进水平，大数据相关产品和服务业务收入突破 1 万亿元，年均复合增长率保持在 30% 左右。《信息产业发展指南》提出推动信息安全技术和产业发展，实施国家信息安全专项，开展关键信息基础设施运行安全保护和要害信息系统网络安全试点示范。推动信息安全产品和服务的研发和产业化应用。充分发挥政府引导作用，加快培育骨干企业，发展特色优势企业，打造结构完整、层次清晰、竞争有力的产业格局。目前，上海、武汉、成都等地建立了国家现代服务业信息安全产业化基地，加快推动我国信息安全产业发展。

（二）支持网络安全技术的研发和应用

《国民经济和社会发展第十三个五年规划纲要》将国家网络空间安全纳入“科技创新 2030——重大项目”，提出要重点突破大数据和云计算关键技术、自主可控操作系统、高端工业和大型管理软件、新兴领域人工智能技术。《信息产业发展指南》提出开展芯片安全加固技术攻关，推动我国密码技术的规范化和产业化。加强面向三网融合、物联网、移动互联网、工业互联网、云计算和新一代信息网络的信息安全技术研发应用。加强安全芯片、安全核心信息设备、安全操作系统、安全数据库、安全中间件的研发。研发采用内容感知、智能沙箱、异常检测、虚拟化等新技术的产品，支持防火墙、入侵检测/防御等网络与边界安全类产品的创新和应用，加快高级持续性威胁（APT）防范和产品研发，加强基于海量数据和智能分析的安全管理平台产品的研发和应用。加强信息安全测评、Web 漏洞扫描、软件源代码安全检查等信息安全支撑工具的研发和应用。

数据安全是网络安全的关键内容，支持网络安全技术的研发和应用，要特别重视网络数据安全及相关技术的研发和应用。大数据是信息技术发展的重要趋势，《国民经济和社会发展第十三个五年规划纲要》在“国家科技重大专项”中提出，面向云计算、大数据等新需求开展操作系统等关键基础软硬件研发，基本形成核心电子器件、高端通用芯片和基础软件产品的自主发展能力，扭转我国基础信息产品在安全可控、自主保障方面的被动局面。国家还发布了《促进大数据发展行动纲要》《大数据产业发展规划（2016—2020年）》，提出发展数据安全相关技术，要完善国家数据安全标准，推动研究开发数据加密技术、数据流动监控与追溯技术、云平台虚拟机安全技术、虚拟化网络安全技术、云安全审计技术、多源融合安全数据分析技术等。

（三）推广安全可信的网络产品和服务

网络产品和服务是网络运行的载体，间谍软件、网络钓鱼软件、垃圾邮件等通过网络产品和服务侵害用户合法权益，危害网络空间安全。国家推广安全可信的网络产品和服务，以“良币”驱逐“劣币”，有利于从根本上确保网络空间安全。《国家网络空间安全战略》提出重视软件安全，加快安全可信产品推广应用。2015 年，《国务院关于积极推进“互联网 +”行动的指导意见》提出，要发挥移动金融安全可信公共服务平台的作用。确定网络产品和服务的安全可信，需要有完善的产品和服务认证、评估等制度，要充分发挥政府、行业组织等多方力量。《软件和信息技术服务业发展规划（2016—2020 年）》提出发展安全可信云计算外包服务，推动政府业务外包。在云计算方面，我国近年开展了可信云认证服务工作，对云计算的推广和应用具有积极意义。

2017 年 5 月 31 日，网信办相关负责人在答记者问时指出，“安全可信”至少包括三个方面的含义：一是保障用户对数据可控，产品或服务提供者不应该利用提供产品或服务的便利条件非法获取用户重要数据，损害用户对自己数据的控制权；二是保障用户对系统可控，产品或服务提供者不应通过网络非法控制和操纵用户设备，损害用户对自己所拥有、使用设备和系统的控制权；三是保障用户的选择权，产品或服务提供者不应利用用户对其产品或服务的依赖性，限制用户选择使用其他产品或服务，或停止提供合理的安全技术支持，迫使用户更新换代，损害用户的网络安全和利益。安全可信没有国别和地区差异，国内外企业提供的产品和服务都应该符合安全可信的要求。

国家推广安全可信的网络产品和服务，在建立科学的技术标准和评估体系的同时，要避免陷入追求“绝对安全”的误区。网络安全是相对的而不是绝对的，如果片面追求“绝对安全”，可能导致在推广工作中畏首畏尾，影响网络产品和服务的创新发展。

（四）保护网络技术知识产权

知识产权是网络安全技术创新的重要法律保障。2017 年，《“十三五”国家知识产权保护和运用规划》提出，加大宽带移动互联网、云计算、物联网、大数据、高性能计算、移动智能终端等领域的知识产权保护力度。强化在线监测，深入开展打击网络侵权假冒行为专项行动。加强知识产权主管部门与产业主管部门间的沟通协作，围绕国家科技重大专项以及战略性新兴产业，针对高端通用芯片、高档数控机床、集成电路装备、宽带移动通信等领域的关键核心技术，深入开展知识产权评议工作，及时提供或发布评议报告。

（五）充分调动各方力量

国家网络安全技术创新项目的实施，要充分调动企业、研究机构和高等学校等多方面力量。2016 年 4 月 19 日，习近平总书记在网络安全和信息化工作座谈会上的讲话中提出：“我国网信领域广大企业家、专家学者、科技人员要树立这个雄心壮志，要争这口气，努力尽快在核心技术上取得新的重大突破。”

2012 年，《科技部关于进一步鼓励和引导民间资本进入科技创新领域的意见》提出，50% 的国家科技重大专项、90% 的国家科技支撑计划、35% 的“863”计划项目都有企业（包括民营企业）参与实施。民间资本已经成为科技投入的重要来源，民营企业已经成为自主创新的重要力量。《科技部关于进一步鼓励和引导民间资本进入科技创新领域的意见》提出了鼓励企业进行技术创新的多种途径，包括鼓励更多的民营企业参与国家科技计划、加快推进民营企业研发机构建设、促进公共创新资源向民营企业开放共享等。2017 年 5 月，财政部下发《关于提高科技型中小企业研究开发费用税前加计扣除比例的通知》，提出科技型中小企业开展研发活动中实际发生的研发费用，未形成无形资产计入当期损益的，在按规定据实扣除的基础上，在 2017 年 1 月 1 日至 2019 年 12 月 31 日期间，再按照实际发生额的 75% 在税前加计扣除；形成无形资产的，在上述期间按照无形资产成本的 175% 在税前摊销。

在互联网领域，企业对技术进步、产业发展发挥着尤为重要的作用，许多公司成立的研究机构具有很强的科技创新能力，AT&T、IBM、施乐的研究机构都对信息技术创新产生了很大影响。许多公司还通过合作共同推动技术研发，例如，通用、思科、IBM 等公司成立工业互联网联盟，推动制造业智能化等技术的发展；清华大学、北京大学、北京邮电大学、北京航空航天大学、中国信息通信研究院、中国互联网络信息中心、中国移动研究院、中国联通研究院、微软等多家单位自愿联合发起成立中关村区块链产业联盟，专注网络空间基础设施创新。

法条链接目录

1. 中华人民共和国网络安全法
2. 国民经济和社会发展第十三个五年规划纲要
3. 国家网络空间安全战略
4. 国务院关于积极推进“互联网 +”行动的指导意见
5. 国家信息化发展战略纲要
6. 大数据产业发展规划（2016—2020 年）
7. 机器人产业发展规划（2016—2020 年）
8. 软件和信息技术服务业发展规划（2016—2020 年）
9. 信息通信行业发展规划（2016—2020 年）
10. 信息产业发展指南
11. 促进大数据发展行动纲要

第三节　网络安全社会化服务体系

适用要点

1. 网络安全认证
2. 网络安全检测
3. 网络安全风险评估

网络安全社会化服务主要包括网络安全认证、检测和风险评估等业务。网络安全认证、检测和风险评估等业务在提升网络产品和服务质量以及网络安全性保护水平等方面发挥着越来越重要的作用。《网络安全法》旨在建立的网络安全社会服务体系包括网络安全认证服务、网络安全检测服务以及网络安全风险评估服务。《网络安全法》第十七条规定："国家推进网络安全社会化服务体系建设，鼓励有关企业、机构开展网络安全认证、检测和风险评估等安全服务。"此外，《网络安全法》第二十三条规定了网络关键设备和网络安全专用产品的认证检测服务；第三十八条、第三十九条规定了关键信息基础设施的检测评估服务；第十七条为推进网络安全社会化服务体系建设，鼓励有关企业、机构开展网络安全服务作出了原则性的规定，为将来具体政策和措施的出台提供了依据。

一、网络安全认证

（一）网络安全认证的概念

根据《认证认可条例》第二条的规定，认证是指由认证机构证明产品、服务、管理体系符合相关技术规范、相关技术规范的强制性要求或者标准的合格评定活动。与此相应，网络安全认证是指认证机构对与网络安全有关的产品、服务以及管理体系符合相关技术规范、相关技术规范的强制性要求或者标准的合格评定活动，具体包括网络安全产品认证、网络安全服务认证和网络安全管理体系认证。

1. 网络安全产品认证

我国已经建立了信息安全产品认证制度。信息安全产品认证包括强制性产品认证和自愿性产品认证。其中，强制性产品认证是一种法定强制性安全认证制度，通过制定强制性产品认证目录和实施强制性产品认证程序，对列入目录中的产品实施强制检测和审核。凡列入强制性产品认证目录的产品，没有获得指定认证机构的认证证书，没有按规定加施认证标志，一律不得进口、不得出厂销售和在经营服务场所使用。2008 年，国家质检总局、国家认监委发布的《关于部分信息安全产品实施强制性认证的公告》中提出，要对部分信息安全产品实施强制性认证，并发布了《第一批信息安全产品强制性认证目录》。《第一批信息安全产品强制性认证目录》涵盖了边界安全、通信安全、身份鉴别与访问控制等类，包括防火墙、网络安全隔离卡与线路选择器、安全隔离与信息交换产品、安全路由器、智能卡 COS、数据备份与恢复产品、安全操作系统、安全数据库系统、反垃圾邮件产品、入侵检测系统、网络脆弱性扫描产品、安全审计产品、网络恢复产品等。2016 年，国家认监委在《关于加快发展自愿性产品认证工作的指导意见》中提出，要重点围绕网络安全等公共安全体系提供认证服务。[①] 2017 年，国家互联网信息办公室、工业和信息化部、公安部、国家认监委联合发布了《网络关键设备和网络安全专用产品目录（第一批）》，明确列入《网络关键设备和网络安全专用产品目录》的设备和产品，应当按照相关国家标准的强制性要求，由具备资格的机构安全认证合格或者安全检测符合要求后，方可销售或者提供。其中，网络关键设备包括路由器、交换机、服务器等。网络安全专用产品包括数据备份一体机、入侵防御系统、Web 应用防火墙等。与强制性产品认证相对应的是自愿性产品认证。

2. 网络安全服务认证

随着信息化和信息安全保障工作的不断深入推进，以应急处理、风险评估、灾难恢复、系统测评、安全运维、安全审计、安全培训和安全咨询等为主要内容的信息安全服务在信息安全保障中的作用也日益突显。从我国目前已经开展的认证服务来看，网络安全服务认证包括电信服务认证、信息检索和提供服务认证。[②] 此外，网络安全服务认证还包括信息安全服务资质认证。信息安全服务资质认证是依据国家法律法规、国家标准、行业标准和技术规范，按照认证基本规范及认证规则，对提供信息安全服务机构的信息安全服务资质进行评价。目前，信息安全服务资质认证包括应急处理服务资质认证、风险评估服务资质认证、灾难备份与恢复服务资质认证等。

3. 网络安全管理体系认证

网络安全管理体系认证包括信息安全管理体系认证和信息技术服务管理体系认证。[③] 信息安全管理体系是基于风险评估建立、实施、运行、监视、评审、保持和持续改进信息安全等一系列的管理活动，是组织在整体或特定范围内建立信息安全方针和目标以及完成这些目标所用的方法的体系。[④] 信息技术—服务管理体系的目标是以合适的成本提供满足客户质量要求的 IT 服务，

---

① http：//www. cnca. gov. cn/xxgk/zxtz/2015/201512/t20151230_ 44202. shtml.

② 信息来源：http：//cx. cnca. cn/rjwcx/pub/web/institutionCommonInfoView/index. do？ progId = 3010&title = % E8% AE% A4% E8% AF% 81% E6% 9C% BA% E6% 9E% 84% E7% 9B% AE% E5% BD% 95#。

③ 信息来源：http：//cx. cnca. cn/rjwcx/pub/web/institutionCommonInfoView/index. do？ progId = 3010&title = % E8% AE% A4% E8% AF% 81% E6% 9C% BA% E6% 9E% 84% E7% 9B% AE% E5% BD% 95#。

④ http：//www. isccc. gov. cn/zxyw/txrz/ismsrz/08/870549. shtml.

从流程、人员和技术三方面提升 IT 的效率和效用，强调将企业的运营目标、业务需求与 IT 服务提供相协调一致。①

（二）网络安全认证规范体系

目前，我国已经颁布了一些与网络安全认证相关的规范。

法律法规层面，2009 年修正的《产品质量法》第十四条②规定了企业质量体系认证制度和产品质量认证制度，并规定主管机构为国务院产品质量监督部门认可的或者国务院产品质量监督部门授权的部门。行政法规方面，2016 年修正的《认证认可条例》对于认证认可作了专门的规定。该条例对于认证机构的资质要求、认证工作的开展和监督管理均进行了规范。部门规范性文件方面，2008 年，国家质检总局、国家认监委《关于部分信息安全产品实施强制性认证的公告》决定对部分信息安全产品实施强制性认证，并发布了《第一批信息安全产品强制性认证目录》。2009 年，国家质检总局、财政部、国家认监委《关于调整信息安全产品强制性认证实施要求的公告》（2009 年第 33 号）将强制实施时间延至 2010 年 5 月 1 日，在《政府采购法》规定的范围内强制实施，并公布了针对 13 种信息安全产品强制性认证实施规则。

国家标准层面，对于网络安全产品、服务和管理体系认证依据主要是一些网络安全方面的国家标准，包括《信息安全技术 网络入侵检测系统技术要求和测试评价方法》（GB/T 20275—2013）、《信息安全技术 网络脆弱性扫描产品安全技术要求》（GB/T 20278—2013）、《信息安全技术 信息系统安全审计产品技术要求和测试评价方法》（GB/T 20945—2013）、《信息安全技术 防火墙安全技术要求和测试评价方法》（GB/T 20281—2015）和《信息安全技术 网络和终端隔离产品安全技术要求》（GB/T 20279—2015）、《信息技术 安全技术 信息安全管理体系审核和认证机构要求》（GB/T 25067—2016）、《信息安全技术 数据备份与恢复产品技术要求与测试评价方

① http：//www. isccc. gov. cn/zxyw/txrz/itsmrz/08/870551. shtml.

② 《产品质量法》第十四条规定：国家根据国际通用的质量管理标准，推行企业质量体系认证制度。企业根据自愿原则可以向国务院产品质量监督部门认可的或者国务院产品质量监督部门授权的部门认可的认证机构申请企业质量体系认证。经认证合格的，由认证机构颁发企业质量体系认证证书。国家参照国际先进的产品标准和技术要求，推行产品质量认证制度。企业根据自愿原则可以向国务院产品质量监督部门认可的或者国务院产品质量监督部门授权的部门认可的认证机构申请产品质量认证。经认证合格的，由认证机构颁发产品质量认证证书，准许企业在产品或者其包装上使用产品质量认证标志。

法》（GB/T 29765—2013）、《信息安全技术　网站数据恢复产品技术要求与测试评价方法》（GB/T 29766—2013）以及《信息安全技术　反垃圾邮件产品技术要求和测试评价方法》（GB/T 30282—2013）、《信息安全技术　信息安全风险评估规范》（GB/T 20984—2007）。

《网络安全法》颁布之后，《国务院关于进一步扩大和升级信息消费持续释放内需潜力的指导意见》指出，要完善网络安全标准体系，建设标准验证平台，支持第三方专业机构开展安全评估和认证工作，并进一步指出负责机构为中央网信办、工业和信息化部、公安部、新闻出版广电总局、质检总局等。2017 年，国家认监委在其《认证认可检验检测信息化“十三五”建设任务与行动计划》中提出要强化信息安全认证，建立完善全面覆盖信息技术产品、系统服务、管理和人员的信息安全认证评价体系。

（三）网络安全认证业务机构

网络安全认证的业务机构是指具有相关资质，能够提供网络安全相关认证服务的第三方机构。根据《认证认可条例》的规定，取得认证机构资质，应当经国务院认证认可监督管理部门批准，并在批准范围内从事认证活动，未经批准，任何单位和个人不得从事认证活动。国务院认证认可监督管理部门应当公布依法取得认证机构资质的企业名录。截至 2017 年 9 月 16 日，在国家认监委网站上查询可知目前我国网络安全认证的业务机构情况如下。

信息安全产品认证方面，中国信息安全认证中心是唯一一家具有信息安全产品认证资质的机构，负责实施国家信息安全产品认证。其业务范围包括防火墙产品、网络安全隔离卡与线路选择器产品、安全隔离与信息交换产品、安全路由器产品、智能卡 COS 产品、数据备份与恢复产品、安全操作系统产品、安全数据库系统产品、反垃圾邮件产品、入侵检测系统产品、网络脆弱性扫描产品、安全审计产品、网站恢复产品。

在网络安全服务认证方面，具有相关认证资质的机构有中国信息安全认证中心、北京赛迪认证中心有限公司、中军联合（北京）认证有限公司、放心联合认证中心（北京）有限公司 4 家。

在网络安全管理体系方面，从事信息安全管理体系认证以及信息技术服务管理体系认证的机构有中国质量认证中心、上海质量体系审核中心、北京中大华远认证中心等 15 家。

二、网络安全检测

（一）网络安全检测的内涵

网络安全检测包括与网络安全有关的产品测评和网络安全等级保护测评。其中产品测评包括信息安全产品认证测评、信息安全产品选型测试、信息技术产品测评、网络设备性能测试、智能卡及读卡器安全测评等。网络安全等级保护测评是指测评机构依据相关技术标准，检测评估定级对象安全等级保护状况是否符合相应等级基本要求的过程，是落实信息（网络）安全等级保护制度的重要环节。

（二）网络安全检测的规范体系

1. 政策法规

1994 年，国务院颁布的《计算机信息系统安全保护条例》第十六条规定，国家对计算机信息系统安全专用产品的销售实行许可证制度。1997 年，公安部颁布《计算机信息系统安全专用产品检测和销售许可证管理办法》（公安部令第 32 号）第四条规定，安全专用产品的生产者申领销售许可证，必须对其产品进行安全功能检测和认定。2000 年，公安部颁布的《计算机病毒防治管理办法》第十三条规定，任何单位和个人销售、附赠的计算机病毒防治产品，应当具有计算机信息系统安全专用产品销售许可证。《网络安全法》第二十三条规定，国家网信部门会同国务院有关部门制定、公布网络关键设备和网络安全专用产品目录，并推动安全认证和安全检测结果互认，避免重复认证、检测。2017 年，国家互联网信息办公室、工业和信息化部、公安部、国家认证认可监督管理委员会联合发布了《网络关键设备和网络安全专用产品目录（第一批）》。

2. 国家标准

我国已颁布一系列的网络安全等级测评标准，如《信息安全技术　信息系统安全等级保护测评要求》（GB/T 28448—2012）、《信息安全技术　信息系统安全等级保护测评过程指南》（GB/T 28449—2012）等。《网络安全法》出台后，等级测评相关的国家标准相继进行修订和完善。目前，全国信息安全标准化技术委员会已经发布了一系列征求意见稿，包括《信息安全技术　网络安全等级保护测评要求　第 1 部分：安全通用要求（征求意见稿）》《信息安全技术　网络安全等级测评机构能力要求和评估规范（征求意见稿）》等

（详见本章第 1 节）。

（三）网络安全检测业务机构

1. 承担信息安全产品强制性认证检测任务的实验室

《关于信息安全产品强制性认证指定认证机构和实验室》（国家认监委 2009 年第 25 号公告）对承担信息安全产品强制性认证检测任务的实验室及其业务范围作了明确规定，具体内容见表 2-2。

表 2-2　承担信息安全产品强制性认证检测任务的实验室及其业务范围

机构名称	业务范围
信息产业部计算机安全技术检测中心	CNCA-11C-075：防火墙产品 CNCA-11C-076：网络安全隔离卡与线路选择器产品 CNCA-11C-077：安全隔离与信息交换产品 CNCA-11C-078：安全路由器产品 CNCA-11C-079：智能卡 COS 产品 CNCA-11C-080：数据备份与恢复产品 CNCA-11C-081：安全操作系统产品 CNCA-11C-082：安全数据库系统产品 CNCA-11C-083：反垃圾邮件产品 CNCA-11C-084：入侵检测系统产品 CNCA-11C-085：网络脆弱性扫描产品 CNCA-11C-086：安全审计产品 CNCA-11C-087：网站恢复产品
国家保密局涉密信息系统安全保密测评中心	按照国家有关保密规定和标准，负责目录内用于涉密信息系统的产品检测
公安部计算机信息系统安全产品质量监督检验中心	CNCA-11C-075：防火墙产品 CNCA-11C-076：网络安全隔离卡与线路选择器产品 CNCA-11C-077：安全隔离与信息交换产品 CNCA-11C-078：安全路由器产品 CNCA-11C-080：数据备份与恢复产品 CNCA-11C-081：安全操作系统产品 CNCA-11C-082：安全数据库系统产品 CNCA-11C-083：反垃圾邮件产品 CNCA-11C-084：入侵检测系统产品 CNCA-11C-085：网络脆弱性扫描产品 CNCA-11C-086：安全审计产品 CNCA-11C-087：网站恢复产品
国家密码管理局商用密码检测中心	负责目录内含有密码技术产品的密码检测
中国信息安全测评中心信息安全实验室	CNCA-11C-075：防火墙产品 CNCA-11C-076：网络安全隔离卡与线路选择器产品 CNCA-11C-077：安全隔离与信息交换产品 CNCA-11C-078：安全路由器产品 CNCA-11C-079：智能卡 COS 产品 CNCA-11C-080：数据备份与恢复产品

续表

机构名称	业务范围
中国信息安全认证中心	CNCA-11C-081：安全操作系统产品 CNCA-11C-082：安全数据库系统产品 CNCA-11C-083：反垃圾邮件产品 CNCA-11C-084：入侵检测系统产品 CNCA-11C-085：网络脆弱性扫描产品 CNCA-11C-086：安全审计产品 CNCA-11C-087：网站恢复产品
北京信息安全测评中心	CNCA-11C-075：防火墙产品 CNCA-11C-077：安全隔离与信息交换产品 CNCA-11C-078：安全路由器产品 CNCA-11C-080：数据备份与恢复产品 CNCA-11C-081：安全操作系统产品 CNCA-11C-082：安全数据库系统产品 CNCA-11C-083：反垃圾邮件产品 CNCA-11C-084：入侵检测系统产品 CNCA-11C-085：网络脆弱性扫描产品 CNCA-11C-086：安全审计产品 CNCA-11C-087：网站恢复产品
上海市信息安全测评认证中心	CNCA-11C-075：防火墙产品 CNCA-11C-076：网络安全隔离卡与线路选择器产品 CNCA-11C-077：安全隔离与信息交换产品 CNCA-11C-078：安全路由器产品 CNCA-11C-079：智能卡 COS 产品 CNCA-11C-080：数据备份与恢复产品 CNCA-11C-081：安全操作系统产品 CNCA-11C-082：安全数据库系统产品 CNCA-11C-083：反垃圾邮件产品 CNCA-11C-084：入侵检测系统产品 CNCA-11C-085：网络脆弱性扫描产品 CNCA-11C-086：安全审计产品 CNCA-11C-087：网站恢复产品

2. 网络安全等级测评机构

网络安全等级测评机构是指依据国家网络安全等级保护制度规定，具备《信息安全等级保护测评机构管理办法》规定的基本条件，经能力评估和审核推荐，从事等级测评等信息安全服务的机构。2017 年 9 月，中国信息安全等级保护网公布了全国等级保护测评机构推荐目录①，其中包括公安部信息安全等级保护评估中心、国家信息技术安全研究中心、中国信息安全测评中心等。

① http://www.djbh.net/webdev/web/HomeWebAction.do?p=getZxdt&id=402885cb35d11a540135d168e41e000c&xx=b119edd7e8fd93b6599def8b273b2701.

三、网络安全风险评估

（一）网络安全风险评估的概念

网络安全风险，是指人为或自然的威胁利用网络信息系统及其管理体系中存在的脆弱性导致安全事件的发生及其对组织造成的影响。网络安全风险评估是指依据有关网络安全技术与管理标准，对网络信息系统及由其处理、传输和存储的信息的机密性、完整性和可用性等安全属性进行评价的过程。风险评估要评估资产面临的威胁以及威胁利用脆弱性导致安全事件的可能性，并结合安全事件所涉及的资产价值来判断安全事件一旦发生对组织造成的影响。网络安全风险评估作为网络安全保障工作的基础性工作和重要环节，要贯穿于网络信息系统的规划、设计、实施、运行维护及废弃各个阶段。

（二）网络安全风险评估规范体系

运用风险评估识别网络安全风险，解决网络信息安全问题得到了广泛的认同。2003 年，《国家信息化工作领导小组关于加强信息安全保障工作的意见》提出了加强信息安全保障工作的总体要求和主要原则，在工作部署中将信息安全风险评估作为一项重要举措。为贯彻落实上述意见的要求，国务院信息化工作办公室于 2003 年委托国家信息中心组建成立“信息安全风险评估课题组”，协调公安部、安全部、信息产业部、国家保密局、国家密码管理局、国家认监委、国家标准委等相关单位参与，对信息安全风险评估工作的现状进行全面深入了解，提出我国开展信息安全风险评估的对策和办法，形成了《信息安全风险评估指南》和《信息安全风险管理指南》标准草案。2004 年 1 月召开的全国信息安全保障会议提出了要抓紧研究制定基础信息网络和重要信息系统风险评估的管理规范，并组织力量提供技术支持。2005 年，由国务院信息办组织北京市、上海市、黑龙江省、云南省、国家税务总局、国家电力总公司、国家信息中心等部门开展了风险评估试点工作，在现有基础信息网络和重要信息系统的管理体制下，对如何推进开展信息安全风险评估工作进行了有效的探索。经过试点工作对风险评估标准草案的实际检验，《信息安全技术 信息安全风险评估规范》（GB/T 20984—2007）于 2007 年正式成为国家标准，从而为全国范围内开展信息安全风险评估工作提供了参考依据。经过近几年的发展，网络安全风险评估体系已经逐步建立和完善。

法律法规层面，《网络安全法》第十七条首次从基本法层面明确规定了网络安全风险评估服务，并在第二十六条、第二十九条、第三十八条、第三十九条、第五十四条作出了进一步的规定。国家互联网信息办公室于 2017 年 7 月 11 日发布的《关键信息基础设施安全保护条例（征求意见稿）》第二十八条、第三十五条、第四十条、第四十一条、第四十二条、第四十三条、第四十四条对关键信息基础设施的网络安全风险评估作了进一步细化规定。

国家标准层面，目前关于网络安全风险评估的国家标准主要包括《信息安全技术 信息安全风险评估规范》（GB/T 20984—2007）、《信息安全技术 信息安全风险评估实施》（GB/T 31509—2015）等。

法条链接目录

1. 中华人民共和国标准化法（1988 年）
2. 中华人民共和国标准化法（2017 年修订）
3. 中华人民共和国国家安全法
4. 中华人民共和国计算机信息系统安全保护条例
5. 中华人民共和国认证认可条例
6. 公安部计算机信息系统安全专用产品检测和销售许可证管理办法
7. 计算机病毒防治管理办法
8. 关键信息基础设施安全保护条例（征求意见稿）
9. 网络关键设备和网络安全专用产品目录（第一批）
10. 关于部分信息安全产品实施强制性认证的公告
11. 关于调整信息安全产品强制性认证实施要求的公告
12. 第一批信息安全产品强制性认证目录
13. 认证认可检验检测信息化“十三五”建设任务与行动计划

第四节 网络安全创新发展

适用要点

1. 网络数据安全
2. 公共数据开放
3. 网络安全管理方式

信息技术与社会生活的无缝对接引发了数据的迅猛增长，数据已经成为一国的基础资源和竞争优势的体现，数据的数量、管理方式和利用技术成为国家提升综合国力的重要途径。但在数据利用的过程中，同时伴随着数据滥用、窃取、篡改等安全风险，需要调动各界力量，开发数据安全的保护和利用技术，促进公共数据有序开放，充分发挥数据资源在促进技术创新和社会经济发展方面的作用。《网络安全法》第十八条规定："国家鼓励开发网络数据安全保护和利用技术，促进公共数据资源开放，推动技术创新和经济社会发展。国家支持创新网络安全管理方式，运用网络新技术，提升网络安全保护水平。"开发数据利用技术和促进公共数据的开放共享有助于政府改变管理模式，发掘和释放数据资源的潜在价值，创建智慧型政府，提升网络空间安全的保护水平。

一、鼓励开发网络数据安全保护和利用技术

网络安全保护和利用技术不仅能够为网络空间的有效治理保驾护航，也是创新管理方式、促进经济发展的重要手段。我国法律政策鼓励开发和使用维护网络数据安全的技术，包括支持大数据、云计算、物联网、人工智能等新技术的研发和利用。

2004 年，《关于加强信息资源开发利用工作的若干意见》（中办发〔2004〕34 号）提出："支持有广泛需求、可拥有自主知识产权的技术研发，促进信息资源开发利用技术成果的商品化、产业化和推广应用。国家重点支持核心技术攻关，力求在关键领域取得突破。"

2006 年，中共中央办公厅、国务院办公厅印发了《2006—2020 年国家信息化发展战略》（中办发〔2006〕11 号）规定："要实现信息技术自主创新、信息产业发展的跨越。有效利用国际国内两个市场、两种资源，增强对引进技术的消化吸收，突破一批关键技术，掌握一批核心技术，实现信息技术从跟踪、引进到自主创新的跨越，实现信息产业由大变强的跨越。"

2013 年，《国务院关于推进物联网有序健康发展的指导意见》（国发〔2013〕7 号）提出，提高物联网信息安全管理与数据保护水平，加强信息安全技术的研发，推进信息安全保障体系建设，建立健全监督、检查和安全评估机制，有效保障物联网信息采集、传输、处理、应用等各环节的安全可控。涉及国家公共安全和基础设施的重要物联网应用，其系统解决方案、核心设备以及运营服务必须立足于安全可控。

为了推动产业创新发展，培育新兴业态，助力经济转型，《促进大数据发

展行动纲要》提出："推进基础研究和核心技术攻关。围绕数据科学理论体系、大数据计算系统与分析理论、大数据驱动的颠覆性应用模型探索等重大基础研究进行前瞻布局，开展数据科学研究，引导和鼓励在大数据理论、方法及关键应用技术等方面展开探索。采取政、产、学、研、用相结合的协同创新模式和基于开源社区的开放创新模式，加强海量数据存储、数据清洗、数据分析发掘、数据可视化、信息安全与隐私保护等领域关键技术攻关，形成安全可靠的大数据技术体系。支持自然语言理解、机器学习、深度学习等人工智能技术创新，提升数据分析处理能力、知识发现能力和辅助决策能力。"

2016 年，《软件和信息技术服务业发展规划》（2016—2020 年）提出，强化核心技术研发和重大应用能力建设，着力解决产业发展受制于人的问题。进一步完善相关政策法规和标准体系，加快关键产品和系统的推广应用。发展信息安全技术及产业，提升网络安全保障支撑能力。

2017 年，工信部发布的《信息通信行业发展规划物联网分册（2016—2020 年）》（工信部规〔2016〕424 号）提出，建立健全物联网安全保障体系，推进关键安全技术研发和产业化，增强物联网基础设施、重大系统、重要信息的安全保障能力，强化个人信息安全，构建泛在安全的物联网。在物联网核心安全技术、专用安全产品研发方面取得重要突破，制定一批国家和行业标准。物联网安全测评、风险评估、安全防范、应急响应等机制基本建立，物联网基础设施、重大系统、重要信息的安保能力大大增强。

2017 年，《工业和信息化部办公厅关于全面推进移动物联网（NB-IoT）建设发展的通知》（工信厅通信函〔2017〕351 号）提出，建立健全 NB-IoT 网络和信息安全保障体系，提升安全保护能力。推动建立 NB-IoT 网络安全管理机制，明确运营企业、产品和服务提供商等不同主体的安全责任和义务，加强 NB-IoT 设备管理。建立覆盖感知层、传输层和应用层的网络安全体系。建立健全相关机制，加强用户信息、个人隐私和重要数据保护。

2017 年，工业和信息化部关于印发《云计算发展三年行动计划（2017—2019 年）》的通知（工信部信软〔2017〕49 号）提出，要"推动云计算网络安全技术发展。针对虚拟机逃逸、多租户数据保护等云计算环境下产生的新型安全问题，着力突破云计算平台的关键核心安全技术，强化云计算环境下的安全风险应对"。

2017 年，国务院发布了《新一代人工智能发展规划》（以下简称《规划》），提出了面向 2030 年我国新一代人工智能发展的指导思想、战略目标、重点任务和保障措施，部署构筑我国人工智能发展的先发优势，加快建设创新型国家和世界科技强国。《规划》明确了我国新一代人工智能发展的战略目标，为了实现我国人工智能技术与应用总体水平达到世界领先水平的目标，《规划》提出以下几个方面的重点任务：（1）构建开放协同的人工智能科技创新体系，从前沿基础理论、关键共性技术、创新平台、高端人才队伍等方面强化部署；（2）培育高端、高效的智能经济，发展人工智能新兴产业，推进产业智能化升级，打造人工智能创新高地；（3）建设安全便捷的智能社会，发展高效智能服务，提高社会治理智能化水平，利用人工智能提升公共安全保障能力，促进社会交往的共享互信；（4）加强人工智能领域军民融合，促进人工智能技术军民双向转化、军民创新资源共建共享；（5）构建安全高效的智能化基础设施体系，加强网络、大数据、高效能计算等基础设施的建设升级；（6）前瞻布局重大科技项目，针对新一代人工智能特有的重大基础理论和共性关键技术瓶颈，加强整体统筹，形成以新一代人工智能重大科技项目为核心、统筹当前和未来研发任务布局的人工智能项目群。

二、促进公共数据资源开放

在“数据驱动政策”和“数据驱动发展”成为主题的大数据时代，海量、聚合和动态的开放数据成为促进政府职能转变、推动政府机构高效运行和增强政府诚信的重要元素。为构建科学合理的政府数据开放制度，世界各国都开始制定相关政策和法律，我国也在加速制定政府数据开放的政策和法律法规。

2004 年 12 月 12 日，中共中央办公厅、国务院办公厅印发旨在推动政府信息公开利用的《关于加强信息资源开发利用工作的若干意见》（中办发〔2004〕34 号），提出要建立健全政府信息公开制度，加快推进政府信息公开，制定政府信息公开条例，编制政府信息公开目录。充分利用政府门户网站、重点新闻网站、报刊、广播、电视等媒体以及档案馆、图书馆、文化馆等场所，为公众获取政府信息提供便利。

2007 年，《政府信息公开条例》（国务院令第 492 号）规定，国务院办公厅为全国政府信息公开工作的主管部门，负责推进、指导、协调、监督全国的政府信息公开工作。明确各级政府应该重点公开信息的范围、公开方式和程序以及监督和保障机制。2011 年，最高人民法院发布《关于审理政府信息公开行政案件若干问题的规定》，赋予公民以及组织对政府信息公开工作中侵犯其合法权益的具体行政行为可以提起行政诉讼的权利。

2013 年，国信办发布《关于加强信息资源开发利用工作任务分工的通知》（国信办〔2006〕10 号），明确了关于完善政务信息共享制度的工作机制，由中办、国办牵头，会同监察部等部门，结合政务信息公开工作和电子政务建设，根据法律规定和履行职责的需要，明确相关部门和地区信息共享的内容、方式和责任，制定信息共享管理办法，建立信息共享机制。

2015 年 9 月 5 日，国务院印发《促进大数据发展行动纲要》（国发〔2015〕50 号）（以下简称《纲要》），明确要制定政府数据资源共享管理办法，并提出“在 2017 年底前基本形成跨部门数据资源共享共用格局，2018 年底前建成国家政府数据统一开放平台”。《纲要》以“加强顶层设计和统筹协调，大力推动政府信息系统和公共数据互联开放共享，加快政府信息平台整合，消除信息孤岛，推进数据资源向社会开放，增强政府公信力，引导社会发展，服务公众企业”为指导思想，提出了 5—10 年内“形成公共数据资源合理适度开放共享的法规制度和政策体系，2018 年底前建成国家政府数据统一开放平台，率先在信用、交通、医疗、卫生、就业、社保、地理、文化、教育、科技、资源、农业、环境、安监、金融、质量、统计、气象、海洋、企业登记监管等重要领域实现公共数据资源合理适度向社会开放，带动社会公众开展大数据增值性、公益性开发和创新应用，充分释放数据红利，激发大众创业、万众创新活力”的总体目标和规划。

为实现上述目标，《纲要》提出了“加快政府数据开放共享，推动资源整合，提升治理能力”的主要任务，包括：第一，大力推动政府部门数据共享。加强顶层设计和统筹规划，明确各部门数据共享的范围边界和使用方式，厘清各部门数据管理及共享的义务和权利，依托政府数据统一共享交换平台，大力推进国家人口基础信息库、法人单位信息资源库、自然资源和空间地理基础信息库等国家基础数据资源，以及金税、金关、金财、金审、金盾、金宏、金保、金土、金农、金水、金质等信息系统跨部门、跨区域共享。第二，稳步推动公共数据资源开放。在依法加强安全保障和隐私保护的前提下，稳步推动公共数据资源开放。推动建立政府部门和事业单位等公共机构数据资源清单，按照“增量先行”的方式，加强对政府部门数据的国家统筹管理，加快建设国家政府数据统一开放平台。

在政策法律的制定方面，《纲要》提出要加快修订《政府信息公开条例》，积极研究数据开放、保护等方面制度，实现对数据资源采集、传输、存储、利用、开放的规范管理，促进政府数据在风险可控原则下最大程度地开放，明确政府统筹利用市场主体大数据的权限及范围。制定政府信息资源管理办法，建立政府部门数据资源统筹管理和共享复用制度。在标准研究方面，提出要加快建立政府数据开放标准的制定和实施。

2015 年 10 月，我国通过的《中共中央关于制定国民经济和社会发展第十三个五年规划的建议》，强调实施国家大数据战略，推进数据资源开放共享。

2016 年 3 月，我国通过《中华人民共和国国民经济和社会发展第十三个五年规划纲要》，其中第二十八章的强化信息安全保障明确提出："建立大数据安全管理制度，实行数据资源分类分级管理，保障安全高效可信应用。实施大数据安全保障工程，加强数据资源在采集、存储、应用和开放等环节的安全保护，加强各类公共数据资源在公开共享等环节的安全评估与保护，建立互联网企业数据资源资产化和利用授信机制。"

2016 年 5 月，按照党中央、国务院决策部署，国务院办公厅印发《政务信息系统整合共享实施方案》（国办发〔2017〕39 号，以下简称《实施方案》），围绕政府治理和公共服务的紧迫需要，以最大程度利企便民，让企业和群众少跑腿、好办事、不添堵为目标，提出了加快推进政务信息系统整合共享、促进国务院部门和地方政府信息系统互联互通的重点任务和实施路径。《实施方案》指出："要坚持统一工程规划、统一标准规范、统一备案管理、统一审计监督、统一评价体系的'五个统一'总体原则，有序组织推进政务信息系统整合，切实避免各自为政、条块分割、重复投资、重复建设。"

三、支持创新网络安全管理方式

目前，以政策法律、管理和技术标准相结合，以政府为主导，政府、企业及其他主体共同治理网络空间的模式已逐渐被认可。我国相关政策已明确提出加强合作、推动政府职能转变等，以完善现有网络安全的管理模式，提升网络空间治理能力的现代化水平。

《2006—2020 年国家信息化发展战略》提出："坚持积极发展、加强管理的原则，参与互联网治理的国际对话、交流和磋商，推动建立主权公平的互联网国际治理机制。加强行业自律，引导企业依法经营。理顺管理体制，明确管理责任，完善管理制度，正确处理好发展与管理之间的关系，形成适应互联网发展规律和特点的运行机制。坚持法律、经济、技术手段与必要的行政手段相结合，构建政府、企业、行业协会和公民相互配合、相互协作、权利与义务对等的治理机制，营造积极健康的互联网发展环境。依法打击利用互联网进行的各种违法犯罪活动，推动网络信息服务健康发展。”

《中共中央关于制定国民经济和社会发展第十三个五年规划的建议》提出，要“推动政府职能从研发管理向创新服务转变。完善国家科技决策咨询制度。坚持战略和前沿导向，集中支持事关发展全局的基础研究和共性关键技术研究，加快突破新一代信息通信、新能源、新材料、航空航天、生物医药、智能制造等领域核心技术”。

《促进大数据发展的行动纲要》明确要建立用数据说话、用数据决策、用数据管理、用数据创新的管理机制，实现基于数据的科学决策，将推动政府管理理念和社会治理模式进步，加快建设与社会主义市场经济体制和中国特色社会主义事业发展相适应的法治政府、创新政府、廉洁政府和服务型政府，逐步实现政府治理能力现代化。为了尽快转变政府治理方式，实现利用数据进行科学有效管理，《促进大数据发展的行动纲要》提出以下任务，主要包括推动政府治理精准化、推进商事服务便捷化和加快民生服务普惠化。

法条链接目录

1. 中华人民共和国网络安全法
2. 关于加强信息资源开发利用工作的若干意见
3. 中华人民共和国政务信息公开条例
4. 政务信息系统整合共享实施方案
5. 关于加强信息资源开发利用工作任务分工的通知
6. 促进大数据发展行动纲要
7. 2006—2020 年国家信息化发展战略
8. 新一代人工智能发展规划
9. 云计算发展三年行动计划（2017—2019 年）
10. 国务院关于推进物联网有序健康发展的指导意见
11. 信息通信行业发展规划物联网分册（2016—2020 年）
12. 工业和信息化部办公厅关于全面推进移动物联网（NB-IoT）建设发展的通知
13. 中共中央关于制定国民经济和社会发展第十三个五年规划的建议
14. 中华人民共和国国民经济和社会发展第十三个五年规划纲要
15. 软件和信息技术服务业发展规划（2016—2020 年）

第五节　网络安全宣传教育

适用要点

1. 网络安全宣传教育的重要意义
2. 网络安全宣传教育的具体要求
3. 国家、企业、社会组织和网民在网络安全教育中的角色

网络安全观念淡薄是导致网络安全事故的重要因素。维护网络安全，一方面要依靠先进技术和管理制度，另一方面也要通过宣传教育强化全社会的安全意识。许多国家都把网络安全教育作为维护国家网络安全的重要措施。例如，美国通过开展网络安全意识月活动，对美国公民进行网络安全自我保护教育，提升社会网络安全意识；推广国家网络安全教育计划，增强公民的网络安全意识和技能。日本制定了《网络安全普及与启蒙计划》，加强学校对学生的网络安全教育，并开展网络安全意识月活动。我国《网络安全法》第十九条规定，各级人民政府及其有关部门应当组织开展经常性的网络安全宣传教育，并指导、督促有关单位做好网络安全宣传教育工作。大众传播媒介应当有针对性地面向社会进行网络安全宣传教育。

一、国家推动网络安全宣传教育

《国家网络空间安全战略》明确提出，办好网络安全宣传周活动，大力开展全民网络安全宣传教育。推动网络安全教育进教材、进学校、进课堂，提高网络媒介素养，增强全社会网络安全意识和防护技能，提高广大网民对网络违法有害信息、网络欺诈等违法犯罪活动的辨识和抵御能力。目前，国家层面影响力较大的是网络安全宣传周活动。自 2014 年开始，我国已经连续举办了四届网络安全周活动，通过多种形式在全国多个地方开展活动，宣传网络安全知识，提高全社会的网络安全意识。许多地方也开展了多种形式的网络安全宣传教育活动。例如，北京市将每年的 4 月 29 日定为“首都网络安全日”，设立“北京网络安全教育体验基地”。

《网络安全法》强调各级人民政府及其有关部门要组织开展“经常性的网

络安全教育”，对网络安全教育提出了更高要求。政府可以调动各方力量，形成多方参与的机制。例如，2015 年中央网信办、中央编办、教育部、科技部、工信部等多个单位联合建立“国家网络安全青少年科普基地”。由共青团中央网络影视中心、中国科技馆协办，由未来网和 360 公司联合发起的“青少年网络安全教育工程”负责设计、搭建基地、后期技术升级维护，为全国各地设立网络安全科普基地提供示范引导。

二、企业积极参与网络安全宣传教育

企业对网络安全宣传教育也有义不容辞的责任。网络安全关系到企业的运营安全，企业通过宣传教育，提高自身和消费者安全意识，有助于防范网络诈骗等违法行为的发生。消费者权益得到充分保障，企业与消费者的纠纷减少了，也降低了企业运营风险。同时，企业参与网络安全宣传教育，积极承担社会责任，有利于促进社会和谐稳定，也有利于提升企业社会形象。正如习近平总书记所说的，一个企业既有经济责任、法律责任，也有社会责任、道德责任。企业做得越大，社会责任、道德责任就越大，公众对企业这方面的期望值也就越高。只有富有爱心的财富才是真正有意义的财富，只有积极承担社会责任的企业才是最有竞争力和生命力的企业。企业参与网络宣传教育，可以与政府、行业协会等合作，也可以在产品中融入网络安全教育因素、向社会发布网络安全知识等。媒体企业是大众获取知识的重要渠道，也是网络安全宣传教育的重要力量，通过新闻报道、制作网络安全节目等形式，可以有效地向社会宣传网络安全知识。

三、充分发挥行业组织、研究机构等组织的作用

行业组织具有专业优势，可以调动多方资源，是开展网络安全教育的重要渠道。有的协会将网络宣传教育作为工作职责之一，例如，中国网络空间安全协会章程规定，开展法律、法规、管理、技术等方面的专业培训，举办多层次的培训、讲习、进修和竞赛，普及网络安全及相关领域科学技术知识，提高从业人员业务素质，提升全社会的网络安全管理和防范能力；开展网络安全意识宣传和培训，引导网民安全上网，提升网民对网络安全风险的防范及应对能力。此外，研究机构通过发布网络安全研究报告、调查报告等，网络安全众测平台通过发布网络安全漏洞、提示网络安全风险，也能起到非常好的网络安全教育作用。

四、网民增强网络安全意识

网络用户要增强网络安全意识，养成良好的网络使用习惯。网络用户要认识到网络是互联互通的，安全意识薄弱，不仅会给自己增加风险、造成损害，还可能导致计算机被网络病毒控制而成为网络攻击的“帮手”。网络用户可以从一些细微之处入手，培养良好习惯，例如，设置安全程度较高的密码，防止“000000”“111111”等弱密码的出现，不打开来源不明的邮件或者链接，最大限度地降低风险，避免损失。

法条链接目录

1. 中华人民共和国网络安全法
2. 国家网络空间安全战略

第六节　网络安全人才培养

适用要点

1. 网络安全人才培养的目标和方式
2. 网络安全专业人才培养
3. 在职人员培训认证
4. 特殊人才选拔

习近平总书记在“4·19”讲话中专门提到，聚天下英才而用之，为网信事业发展提供有力的人才支撑，并提出了网络空间的竞争，归根结蒂是人才竞争的科学论断。建设网络强国，没有一支优秀的人才队伍，没有人才创造力迸发、活力涌流，是难以成功的。《网络安全法》第二十条规定，国家支持企业和高等学校、职业学校等教育培训机构开展网络安全相关教育与培训，采取多种方式培养网络安全人才，促进网络安全人才交流。

2016年6月6日，中央网络安全和信息化领导小组办公室发布《关于加强网络安全学科建设和人才培养的意见》，提出了八项意见：一是加快网络安全学科专业和院系建设；二是创新网络安全人才培养机制；三是加强网络安全教材建设；四是强化网络安全师资队伍建设；五是推动高等院校与行业企业合作育人、协同创新；六是加强网络安全从业人员在职培训；七是加强全民网络安全意识与技能培养；八是完善网络安全人才培养配套措施。这八项意见指明了我国网络安全人才培养的模式、方法和路线图。概括而言，网络安全人才培养分为专业人才培养、特殊人才选拔、在职人员培训认证和全民知识普及。

一、网络安全专业人才培养

中央高度重视网络安全人才的培养工作。2015 年 6 月 11 日，国务院学位委员会、教育部发布了《国务院学位委员会　教育部关于增设网络空间安全一级学科的通知》（以下简称《通知》）。《通知》决定在“工学”门类下增设“网络空间安全”一级学科。网络空间安全成为一级学科，我们要加强学科专业建设，充分发挥学科的引领和带动作用，完善专科、本科、研究生教育。

（一）学科内涵

网络空间安全学科涉及的专业包括：计算机科学与技术、信息与通信工程、数学、软件工程、控制科学与工程、电子科学与技术、管理科学与工程、法学、政治学等学科的基础知识，围绕网络空间中电磁设备、电子信息系统、网络、运行数据、系统应用中所存在的安全问题，开展理论、方法、技术、系统、应用、管理、法制和外交等方面的研究。

网络空间安全的基本内容可主要概括为：网络空间安全基础、密码学及应用、系统安全、网络安全、应用安全、信息内容安全。

网络空间安全学科涉及的理论基础包括数论、图论、控制论、信息论、计算复杂性、程序理论、网络空间安全体系、密码理论、博弈理论、网络安全策略与治理等。

（二）培养目标

网络安全人才培养不能采取“一刀切”的培养模式，而应当针对不同的学科水平制定与之相适应的培养目标。

学士学位：培养具备自然科学、人文科学和信息科学基础知识，掌握网络空间安全领域的基本理论、基本技术和应用知识，并具备网络空间安全科学研究、技术开发和应用服务工作能力。能够从事网络空间安全领域的应用技术研究和相关系统的分析、设计、开发和管理工作。

硕士学位：掌握坚实的网络空间安全的基础理论和系统的专门知识，了解学科的发展现状、趋势和科研前沿；较熟练地掌握一门外语，具有良好的写作能力和进行国际学术交流的能力；具有从事本学科和相关学科领域的科学研究或独立担负专门技术工作的能力，能够熟练运用网络空间安全学科的方法、技术与工具，能够从事网络空间安全领域的基础研究、应用研究、关键技术及系统的分析、设计、开发与管理工作。

博士学位：掌握坚实宽广的网络空间安全的基础理论和系统深入的专门知识。深入了解学科的发展现状、趋势和研究前沿；熟练地掌握一门外语，能够熟练阅读外文资料，具有良好的专业文献写作能力和进行国际学术交流的能力；具有从事本学科和相关学科领域的科学研究或独立担负专门技术工作的能力，对本学科相关领域的重要理论、方法与技术有透彻的了解和把握，能够进行本领域高水平基础研究和应用基础研究，善于发现前沿性问题，并能够探索新的理论、技术和方法来解决问题；能够胜任网络空间安全领域中重大型复杂系统的设计、开发与管理工作，并作出创新性的成果。

（三）网络安全相关资格认证

目前，美国国家安全局和国土安全部联合出台了网络空间安全专业认证体系。针对网络空间安全设立了网络空间防御和网络空间操作学术优秀计划，即专业认证计划。其中，网络空间防御项目的目的是通过推进网络空间防御高等教育和研究以及培养更多在网络空间防御方向学有专长的专业人才，降低美国全国信息基础设施的安全隐患。网络空间操作是美国网络安全教育国家行动的一部分，目的是建设“数字国家”并且扩大能够支撑国家网络安全的技术人才池，为教育机构提供一个与计算机科学、计算机工程、电子工程相关，基于大量的实践和实验操作教育的跨学科专业。网络空间操作项目是网络空间防御项目的有效补充，强调信息收集、漏洞挖掘、应急响应等网络空间操作技术，旨在提高国家在网络安全方面的地位。这些技术主要用于美国的情报、军事、执法机构执行特殊的任务。

目前，国际上有关于信息安全工程师的第三方认证，有“国际注册信息系统安全专家”和“注册信息安全专业人员”，还有思科安全专家认证，启明星辰的安全技术工程师（VCSE）、安全威胁防御工程师（VCSDE）和安全管理员（VCSA）等企业认证。我国工信部门开展了“网络信息安全工程师高级职业教育”项目，培养信息安全工程师，以便在各级行政、企事业单位、网络公司、信息中心、互联网接入单位中从事信息安全服务、运维、管理工作。我国于2016年在全国计算机技术与软件专业技术资格（水平）考试中增加了信息安全工程师岗位资格考试，对推进网络安全行业人才培养具有积极意义。

在网络安全人才培养方面，有必要以《关于加强网络安全学科建设和人才培养的意见》为指导，相关部门和行业组织制定认证标准、评估流程和内容，建立我国的网络空间安全执业认证体系，为我国培养高层次的网络安全人才。

二、在职人员培训认证

在加强网络安全从业人员在职培训，建立党政机关、事业单位和企业网络安全工作人员培训制度，提升网络安全从业人员安全意识和专业技能。中国网络空间安全协会是中国首个网络安全领域的全国性社会团体，开展专业培训是中国网络空间安全协会的一项重要职能。因此，在中央网信办领导下，由中国网络空间安全协会牵头，建立我国网络空间安全职业培训体系，有利于提升在职人员的技术水平和实践能力。

（一）培训体系与标准

中国网络空间安全协会应充分发挥行业组织的作用，在行业主管部门指导下，结合行业特点和需求制定“网络空间安全人才队伍框架”。框架可根据我国网络空间安全的发展现状，定义我国网络空间安全工作的岗位分类及其通用词汇，并对每种岗位的职责标准，以及从业人员所需的“知识、技术、能力”进行详细描述；以人才队伍框架为基线，构建认证的知识体系，界定各类认证的知识领域、包含的知识单元、对应的工作岗位；定期追踪国内外网络空间安全技术前沿，保证知识体系不断升级更新。

在此基础上，中国网络空间安全协会提供网络空间安全认证服务，组织认证考试，颁发认证证书，授权培训活动；制定培训机构的认可授权制度、培训讲师认定标准、培训讲师的持证上岗制度等，以规范职业培训市场，提升职业培训质量。

（二）培训机制

中国网络空间安全协会可以组织高校、科研院所、安全企业，面向各类用人单位的人才需求，以“网络空间安全人才队伍框架”为基准，多方共同创立认证种类丰富、分级明确、互为补充、划分清晰的认证项目体系。针对各认证项目，发布其知识领域、考试大纲及配套教材等。

高校汇聚了大量的网络空间安全资源，可建立认证机构、培训机构和高校间的资源共享制度，特别是教师资源的共享。鼓励高校开展网络空间安全职业培训，建立培训讲师和高校教师的互认制度，为网络空间职业培训市场注入优质、稳定的师资资源。

网络空间安全职业培训是我国网络空间安全人才培养的重要组成部分，与学历教育一同构成了网络空间安全人才输送的两条主要渠道。通过多方通力合作，建立健全我国网络空间安全职业培训体系，加快我国网络空间安全人才队伍培养步伐，以支撑网络强国建设。

三、特殊人才选拔

互联网是年轻人的事业，要不拘一格降人才。应支持高等院校开设网络安全相关专业“少年班”“特长班”，鼓励高等院校、科研机构根据需求和自身特色，拓展网络安全专业方向，合理确定相关专业人才培养规模，建设跨理学、工学、法学、管理学等门类的网络安全人才综合培养平台。通过举办网络安全竞赛发现选拔特殊人才，对选拔出的“特殊人才”进行系统训练。例如，基于虚拟化和云计算技术，跟踪网络安全攻防新技术，建设适用多种用途的攻防演练平台，可以通过人人对抗、人机对抗和自动化对抗，开展网络安全知识的培训，提高攻防技能。其中，具有自动化攻击能力的人机攻防对抗演练平台，用于培训防御能力。具有自动防御能力人机攻防对抗演练平台，用于培训攻击能力。通过设置攻防场景，培训攻防技术，提升实战能力。

法条链接目录

1. 中华人民共和国网络安全法
2. 国务院学位委员会　教育部关于增设网络空间安全一级学科的通知
3. 关于加强网络安全学科建设和人才培养的意见

第三章

运行安全

核心内容

1. 网络安全等级保护
2. 网络产品和服务提供者的安全保障义务
3. 网络关键设备、网络安全专用产品认证、检测
4. 网络实名制与可信身份战略
5. 网络运营者的应急处置
6. 网络安全服务活动和网络安全信息发布规范
7. 禁止从事危害网络安全的活动

本章综述

运行安全是《网络安全法》的重要制度设计。网络安全等级保护是网络安全的基础性制度设计，是强化网络运营者内在安全能力的基础。目前，网络安全等级保护已形成法律、行政法规、部门规章和标准等相对完善的法律体系。《网络安全法》要求网络运营者制定内部安全管理制度和操作规程，确定网络安全负责人，落实网络安全保护责任，采取防范计算机病毒和网络攻击、网络侵入等危害网络安全行为的技术措施，采取监测、记录网络运行状态、网络安全事件的技术措施，并按照规定留存相关的网络日志不少于六个月，采取数据分类、重要数据备份和加密等措施，以保障网络免受干扰、破坏或者未经授权的访问，防止网络数据泄露或者被窃取、篡改。网络产品和服务提供者的安全保障义务是网络安全的重要保障，《网络安全法》明确网络产品、服务应当符合相关国家标准的强制性要求，网络产品、服务的提供者不得设置恶意程序，发现其网络产品、服务存在安全缺陷、漏洞等风险时，应当立即采取补救措施，按照规定及时告知用户并向有关主管部门报告。网络关键设备和网络安全专用产品作为特殊物品，其生产和销售有着特殊的要

求，《网络安全法》明确网络关键设备和网络安全专用产品应当按照相关国家标准的强制性要求，由具备资格的机构安全认证合格或者安全检测符合要求后，方可销售或者提供。网络实名制是互联网治理的基础性制度设计，《网络安全法》明确要求网络运营者在与用户签订协议或者确认提供服务时，应当要求用户提供真实身份信息。网络安全认证、检测、风险评估等服务在保障网络产品、服务安全性方面发挥着重要作用，但实践中网络安全服务行业存在网络安全机构能力不足、网络安全服务不规范等诸多问题，鉴于此，《网络安全法》明确上述活动应当遵守国家有关规定。运行安全既需要网络运营者通过合规而提升自身的安全保障能力，同时也需要对危害网络安全的活动予以打击，因此，《网络安全法》明确禁止从事非法侵入他人网络、干扰他人网络正常功能、窃取网络数据等危害网络安全的活动，提供专门用于从事侵入网络、干扰网络正常功能及防护措施、窃取网络数据等危害网络安全活动的程序、工具，明知他人从事危害网络安全的活动的，不得为其提供技术支持、广告推广、支付结算等帮助，并明确上述违法行为的法律责任。

第一节　网络安全等级保护制度

适用要点

1. 网络安全等级保护制度的立法进程
2. 网络安全等级保护制度的标准体系
3. 网络安全等级保护制度的工作流程
4. 网络安全等级保护措施的基线要求
5. 违反网络安全等级保护义务的法律责任

网络安全等级保护制度是我国在国民经济和社会信息化的发展过程中，提高信息安全保障能力和水平，维护国家安全、社会稳定和公共利益，保障和促进信息化建设健康发展的一项基本制度，是国家对基础信息网络和重要信息系统实施重点保护的关键措施。我国开展等级保护实践十余年，初步实现了等级保护工作的标准化、规范化。为了深化等级保护制度、保护国家关键信息基础设施和大数据安全，《网络安全法》第二十一条和第五十九条以网络安全领域基本法的形式确立了国家网络安全等级保护制度，规定了等级保护制度安全措施的基线要求并赋予强制力，同时第三十一条进一步要求关键信息基础设施必须落实国家安全等级保护制度，突出保护重点。

一、网络安全等级保护制度的立法进程

（一）等级保护制度1.0时代

《网络安全法》颁布之前，我国许多规范性文件以及标准中已有网络安全等级保护制度的具体规定。在法规政策层面，等级保护制度初具体系。1994年，国务院颁布的《计算机信息系统安全保护条例》第九条首次明确提出计算机信息系统实行安全等级保护，为我国信息系统实行等级保护提供了法律依据。2003年，国家信息化领导小组发布《国家信息化领导小组关于加强信息安全保障工作的意见》将信息安全等级保护作为国家信息安全保障工作的重中之重，明确指出信息化发展的不同阶段和不同的信息系统，有着不同的安全需求，要综合考虑网络与信息系统的重要性、涉密程度和面临的信息安全风险等因素，进行相应等级的安全建设和管理。2004年，公安部、国家保密局、国家密码管理委员会办公室、国务院信息化工作办公室印发《关于信息安全等级保护工作的实施意见》，对信息安全等级保护的基本制度框架进行了规划。根据信息及信息系统的重要程度和危害程度将信息和信息系统的安全保护等级划分为五级：自主保护级、指导保护级、监督保护级、强制保护级、专控保护级。2007年，公安部、国家保密局、国家密码管理局、国务院信息工作办公室联合发布了《信息安全等级保护管理办法》，对信息安全等级保护制度作了较为具体的规定，提出了影响信息安全保护等级定级的两个影响因素：信息系统在国家安全、经济建设、社会生活中的重要程度；信息系统遭到破坏后对国家安全、社会秩序、公共利益以及公民、法人和其他组织的合法权益的危害程度，并依据上述因素将信息系统的安全保护等级由低到高划分为五个等级。2007年，《关于开展全国重要信息系统安全等级保护定级工作的通知》的下发，标志着信息安全等级保护定级工作在全国范围内开展。2008年，国务院三定方案明确规定公安机关“监督、检查、指导信息安全等级保护工作”的职能。2009年，《关于印送〈关于开展信息安全等级保护安全建设整改工作的指导意见〉的函》文件的下发，标志着信息安全等级保护建设整改工作在全国范围内启动。2010年，《关于推动信息安全等级保护测评体系建设和开展等级测评工作的通知》文件的出台，标志着全国范围内信息

安全等级保护测评工作的开始。此外，针对安全等级保护工作的具体环节，公安部牵头制定发布了《信息安全等级保护备案实施细则》《关于加强国家电子政务工程建设项目信息安全风险评估工作的通知》《关于印发〈信息系统安全等级测评报告模版（试行）〉的通知》和《公安机关信息安全等级保护检查工作规范》等政策和规范性文件。

在标准化层面，等级保护制度的标准建设工作粗具规模。1999 年，国家质量技术监督局发布强制性标准《计算机信息系统安全保护等级划分准则》（GB 17859—1999）。该标准将计算机系统安全保护能力划分为用户自主保护级、系统审计保护级、安全标记保护级、结构化保护级、访问验证保护级五个等级，并提出了适用于计算机信息系统安全保护技术能力等级的划分准则，为等级划分和保护奠定了技术基础。之后，我国在《计算机信息系统安全保护等级划分准则》（GB 17859—1999）的基础上进行了进一步的细化和扩展，相继出台了一系列的国家标准。2008 年颁布的《信息安全技术　信息系统安全等级保护基本要求》（GB/T 22239—2008）提出和规定了不同安全保护等级信息系统的最低技术和管理保护要求，将基本技术要求细分为信息安全类要求、服务保证类要求和通用安全保护类要求。《信息安全技术　信息系统安全等级保护定级指南》（GB/T 22240—2008）明确了信息安全的等级、定级要素、定级方法，并对定级要素的判定基准进行了细化。2010 年发布的《信息安全技术　信息系统安全等级保护实施指南》（GB/T 25058—2010）提出了实施等级保护的四大基本原则：自主保护原则、重点保护原则、同步建设原则、动态调整原则。将信息系统安全等级保护实施的过程划分为信息系统定级、总体安全规划、安全设计与实施、安全运行与维护、信息系统终止五个阶段，并规定了各阶段实施等级保护制度的要求。《信息安全技术　信息系统等级保护安全设计技术要求》（GB/T 25070—2010）规定了信息系统等级保护安全设计技术要求，包括第一级至第五级系统安全保护环境的安全计算环境、安全区域边界、安全通信网络和安全管理中心等方面的设计技术要求，以及定级系统互联的设计技术要求。2012 年发布的《信息安全技术　信息系统安全等级保护测评要求》（GB/T 28448—2012）、《信息安全技术　信息系统安全等级保护测评过程指南》（GB/T 28449—2012）对等级测评工作作出了细化规定。

等级保护制度创造性地提出了适合我国国情的信息安全保护流程和方法，以所承载业务应用的“社会重要性”来确定安全保护等级，对不同等级的系统采用不同的“基线”予以保护并对其实施不同的监管。以上行政法规、部门规章、政策、规范性文件和技术标准等初步构成了我国网络安全等级保护法律政策和标准体系，明确了实行等级保护是我国信息安全保障工作中一项重要制度和措施，赋予了公安机关牵头负责等级保护工作监督管理的职责，为我国等级保护工作的具体实践提供了基本保障和技术支撑。我国网络安全等级保护工作推行十多年来，在全面提升信息系统安全保护能力方面取得了明显的成效，被称为我国网络安全等级保护制度的1.0时代。

（二）等级保护制度2.0时代

进入新时期以来，我国网络安全威胁态势日益严峻，网络安全新形势、新变化对等级保护工作提出了新要求，云计算、物联网、移动互联网、工控系统等新技术、新应用的发展不断催生等级保护的模式创新。中共中央办公厅、国务院办公厅《关于加强社会治安防控体系建设的意见》《关于全面深化公安改革若干重大问题的框架意见》等文件明确提出“健全信息安全等级保护制度”，《国家信息化发展战略纲要》《国家网络空间安全战略》等战略中对等级保护工作提出进一步要求，《网络安全法》从基本法层面确定了国家网络安全等级保护制度。以上国家政策、战略和基本法对等级保护提出了新要求，标志着等级保护制度进入2.0时代，网络安全等级保护制度成为一个全新的国家网络安全基本制度体系。

总体而言，等级保护制度1.0侧重全面提升信息系统安全保护能力，随着国家网络安全新形势、新变化对等级保护提出的新要求，等级保护制度2.0正向重要信息系统和重要网络设施保护倾斜，向关键信息基础设施保护倾斜，向个性化保护等级保护对象倾斜。较之等级保护制度1.0，等级保护制度2.0主要带来了4点变化：第一，在《网络安全法》中将等级保护制度纳入法律保护体系；第二，将等级保护对象进一步扩展，包括了大型互联网企业、大数据中心、云计算平台、公众服务平台、基础网络、重要信息系统、工业控制系统、物联网、重要网站等；第三，对等级保护体系升级，亟须进一步完善新的网络安全等级保护政策体系、标准体系、技术体系、教育培训体系、测评体系和人才体系等；第四，定级、备案、建设整改、等级测评和监督检查五个规定环节的内涵将更加丰富，如在建设整改过程中附加关注安全监测、通报预警、应急处置、安全可控等，等级测评阶段将越来越重视渗透测试、攻防对抗和有效性评价等。

以等级保护的标准体系为例，随着信息技术的迅速发展，云计算、大数据、物联网等新技术、新应用面临着更为复杂的网络安全环境，一些旧有的制度标准已经无法满足防护要求，原有的标准在适用性、时效性、易用性、可操作性等诸多方面需要进一步完善。《网络安全法》出台以后，与网络安全等级保护制度配套的国家标准的制定和修订工作也在加紧推进中，全国信息标准委员会发布了一系列相关征求意见稿，这些征求意见稿中的相关规定回应了时代和技术的要求。

等级保护标准征求意见稿大体可以分为两类：一类是对现有的标准进行修改和细化，例如《信息安全技术　网络安全等级保护实施指南（征求意见稿）》即是对《信息安全技术　信息系统安全等级保护实施指南》（GB/T 25058—2010）的修改和完善，《信息安全技术　网络安全等级保护基本要求　第1部分　安全通用要求（征求意见稿）》即是对《信息安全技术　信息系统安全等级保护基本要求》（GB/T 22239—2008）的修订。另一类是对网络安全等级保护1.0时代还没有关注、没有涉及的领域——云计算、移动互联网、物联网、工业控制系统以及大数据环境下的等级保护制度作出规定，例如，《信息安全技术　网络安全等级保护基本要求　第2部分：云计算安全扩展要求（征求意见稿）》《信息安全技术　网络安全等级保护基本要求　第3部分：移动互联安全扩展要求（征求意见稿）》《信息安全技术　网络安全等级保护基本要求　第4部分：物联网安全扩展要求（征求意见稿）》等。

二、网络安全等级保护实施的工作流程

网络安全等级保护工作实施的主要环节包括定级备案、建设整改、等级测评和监督检查。《信息安全等级保护管理办法》《信息安全技术　信息系统安全等级保护基本要求》（GB/T 22239—2008）、《信息安全技术　信息系统安全等级保护实施指南》（GB/T 25058—2010）、《信息安全技术　信息系统安全等级保护测评要求》（GB/T 28448—2012）和《信息安全技术　信息系统安全等级保护测评过程指南》（GB/T 28449—2012）等规定和标准规定了各等级信息系统的保护措施，明确了对信息系统的定级、备案、测评、整改流程以及安全管理要求和安全技术要求。

（一）定级备案

定级备案，即根据信息、信息系统的重要程度和信息系统遭到破坏后对国家安全、社会秩序、公共利益以及公民、法人和其他组织的合法权益的危害程度，经公安机关审核把关，合理确定信息系统的安全保护等级。定级备

案的主要依据是《信息安全等级保护管理办法》《关于开展全国重要信息系统安全等级保护定级工作的通知》等规范性文件和《信息系统安全等级保护定级指南》等国家标准。一些行业主管部门依据上述文件和标准，结合行业实际，制定了更加具体的定级实施细则，用于指导全行业开展定级工作，这些实施细则可以作为该行业定级工作的依据。

定级备案环节包括了定级和备案两项工作。定级是指安全等级保护对象根据其在国家安全、经济建设、社会生活中的重要程度，遭到破坏后对国家安全、社会秩序、公共利益以及公民、法人和其他组织的合法权益的危害程度等确定安全保护等级。影响定级的两个因素为重要程度和危害程度。其中危害程度考量的因素为公民、法人和其他组织的合法权益，社会秩序、公共利益以及国家安全。依据上述因素，《信息安全技术 信息系统安全等级保护定级指南》（GB/T 22240—2008）将安全保护等级由低到高划分为五个等级。定级要素与安全保护等级的关系如表 3-1 所示。

表 3-1 定级要素与安全保护等级的关系

受侵害的客体	对客体的侵害程度		
	一般损害	严重损害	特别严重损害
公民、法人和其他组织的合法权益	第一级	第二级	第二级
社会秩序、公共利益	第二级	第三级	第四级
国家安全	第三级	第四级	第五级

需要注意，《信息安全技术 网络安全等级保护基本要求 第 1 部分：安全通用要求（征求意见稿）》对《信息安全技术 信息系统安全等级保护定级指南》（GB/T 22240—2008）作了修改。根据《信息安全技术 信息系统安全等级保护定级指南》（GB/T 22240—2008）的规定，遭到破坏后会对公民、法人和其他组织的合法权益造成损害的安全等级保护对象的安全保护等级最高为第二级，但《信息安全技术 网络安全等级保护基本要求 第 1 部分：安全通用要求（征求意见稿）》将遭到破坏后会对公民、法人和其他组织的合法权益造成特别严重损害的安全等级保护对象的安全保护等级规定为第三级。

定级是等级保护工作的首要环节和关键环节，是开展系统备案、建设整改、等级测评和监督检查等工作的重要基础。系统安全级别定级不准，系统备案、建设整改、等级测评等后续工作就会失去基础，需做到科学、合理、准确定级。实践中，在定级对象和保护等级的选取上需注意以下几个方面：第一，起支撑、传输作用的基础网络（包括专网、内网、外网、网管系统）

是定级对象，可从安全管理和安全责任角度将基础网络划分为若干安全域定级；第二，用于生产、调度、管理、作业、指挥、办公等目的的各类业务应用系统，按照不同业务类别单独确定为定级对象；第三，单位、部门的门户网站以及对外提供信息发布、内容服务的政务公开平台等应作为独立的定级对象；第四，对于云平台、大数据、工业控制系统、物联网、移动互联网、卫星系统等，要合理确定定级对象，科学确定保护等级。定级要素和定级实例参考见表 3-2。

表 3-2 等级保护定级要素和定级实例参考

等级	对象	受侵害的客体	侵害程度	保护力度	实例参考
第一级	一般系统	公民、法人和其他组织的合法权益	一般损害	自主保护	小型私营企业、中小学以及乡镇所属网络系统
第二级		公民、法人和其他组织的合法权益	严重损害	指导	中型法人或组织的重要网络系统；能源、水利、水务、金融、民航、交通、电信、党政等关系国计民生等重要领域的一般信息系统，如不涉及商业秘密、工作秘密、敏感信息的办公系统和管理系统等
		社会秩序和公共利益	一般损害		
第三级	重要系统	社会秩序和公共利益	严重损害	监督检查	一般适用于能源、水利、水务、金融、民航、交通、电信、党政等关系国计民生等重要领域运行或承载大规模数据的网络系统，如银行的网上银行系统和铁路的票务系统；大型互联网企业涉及国计民生的重要业务系统，如阿里云
		国家安全	一般损害		
第四级		社会秩序和公共利益	特别严重损害	强制监督检查	国家重要领域、重要部门的特别重要系统及核心系统，如中国银联的银行卡信息交换系统，省国网的电力调度系统，国家铁路调度指挥系统等
		国家安全	严重损害		
第五级	极端重要系统	国家安全	特别严重损害	专门监督检查	国家重要领域、重要部门的极端重要系统

网络运营者完成定级后，还应当根据有关规定进行备案。根据公安部 2007 年发布的《信息安全等级保护备案实施细则》的规定，公安机关公共信息网络安全监察部门为定级工作的备案单位。信息系统运营、使用单位或者其主管部门应当在信息系统安全保护等级确定后 30 日内，到公安机关公共信息网络安全监察部门办理备案手续。《信息安全等级保护管理办法》规定信息系统运营、使用单位应当根据已经确定的安全保护等级，到公安机关办理备

案手续；《信息安全技术　网络安全等级保护基本要求　第 1 部分：安全通用要求（征求意见稿）》也规定了网络运营者的网络安全保护等级定级工作完成后，运营、使用单位有主管部门的，应当经主管部门审核、批准，并报公安机关备案审查。

（二）建设整改

系统安全保护等级确定后，网络运营者根据信息系统的安全级别为信息系统选择最低安全控制措施，并在信息系统中实现这些安全技术措施和管理措施，确保信息系统具有与其安全级别对应的安全保护能力，建设整改工作是网络安全等级保护制度的核心和落脚点。

建设整改的主要依据是《关于开展信息安全等级保护安全建设整改工作的指导意见》《信息安全等级保护安全建设整改工作指南》等规范性文件和《信息安全技术　信息系统安全等级保护基本要求》（GB/T 22239—2008）、《信息安全技术　信息系统安全等级保护实施指南》（GB/T 25058—2010）、《信息安全技术　信息系统安全工程管理要求》（GB/T 20282—2006）、《信息安全技术　信息系统通用安全技术要求》（GB/T 20271—2006）、《信息安全技术　信息系统等级保护安全设计技术要求》（GB/T 25070—2010）等国家标准。

（三）等级测评

等级测评是等级保护工作的重要环节，网络运营者通过委托等级测评机构开展等级测评，可以查找系统安全隐患和薄弱环节，明确系统与相应等级标准要求的差距和不足，有针对性地进行安全建设整改。等级测评机构，是指具备《信息安全等级保护测评工作管理规范》确定的基本条件，经能力评估和审核，由省级以上信息安全等级保护工作协调（领导）小组办公室推荐，从事等级测评工作的机构。等级测评作为特殊的安全服务，对于检验网络运营者安全保护措施落实情况，促进其不断优化和改进安全保护状况，提升我国网络安全总体防护水平具有十分重要的意义。2010 年，公安部在 2009 年试点工作基础上，正式开展测评机构推荐工作。截至 2016 年年底，全国共审核推荐了 156 家等级测评机构。

等级测评的主要依据是《信息安全等级保护管理办法》《关于加强国家电子政务工程建设项目信息安全风险评估工作的通知》、《关于推动信息安全等级保护测评体系建设和开展等级测评工作的通知》、《关于印发〈信息系统安全等级测评报告模版（试行）〉的通知》和《信息系统安全等级保护测评要求》以及《信息系统安全等级保护测评过程指南》等国家标准。

（四）监督检查

为规范公安机关开展等级保护检查工作，公安部十一局根据《信息安全等级保护管理办法》制定了《公安机关信息安全等级保护检查工作规范（试行）》，会同主管部门对非涉密重要信息系统运营使用单位等级保护工作开展和落实情况进行检查，对第三级信息系统的运营使用单位信息安全等级保护工作每年检查一次，对第四级信息系统的运营使用单位信息安全等级保护工作每半年检查一次，确保网络安全等级保护工作落到实处。公安机关检查内容包括等级保护工作部署和组织情况、信息系统安全等级保护定级备案情况、信息安全设施建设情况和信息安全整改情况、信息安全管理制度建立和落实情况、信息安全产品选择和使用情况、聘请测评机构开展技术测评工作情况、定期自查情况等。

三、网络安全等级保护安全措施的基线要求

《网络安全法》以“保障网络免受干扰、破坏或者未经授权的访问，防止网络数据泄露或者被窃取、篡改”为目的，通过第二十一条和第五十九条规定了等级保护制度安全措施的基线要求并赋予其强制力。

《网络安全法》第二十一条规定，网络运营者（包括网络所有者、管理者和网络服务提供者）应当按照网络安全等级保护制度的要求，履行下列安全保护义务：（1）制定内部安全管理制度和操作规程，确定网络安全负责人，落实网络安全保护责任；（2）采取防范计算机病毒和网络攻击、网络侵入等危害网络安全行为的技术措施；（3）采取监测、记录网络运行状态、网络安全事件的技术措施，并按照规定留存相关的网络日志不少于六个月；（4）采取数据分类、重要数据备份和加密等措施；（5）法律、行政法规规定的其他义务。

《网络安全法》规定的网络除了互联网还包括局域网、工业控制系统，其虽不向社会提供商业或公共服务，但其所有者、控制者也必须承担相应的安全义务。网络服务提供者则包括了网络产品提供者、基础电信运营者、网络接入服务提供者、网络信息服务提供者、上网服务提供者、关键信息基础设施运营者、网络安全服务提供者等。网络运营者落实等级保护制度安全措施的责任要求，包括制定安全管理制度、安全责任落实、采取安全技术措施、网络监测与日志留存、数据安全保障等方面。

《网络安全法》第五十九条规定了违反第二十一条的法律责任，即网络运营者不履行本法第二十一条规定的网络安全保护义务的，由有关主管部门责

令改正，给予警告；拒不改正或者导致危害网络安全等后果的，处一万元以上十万元以下罚款，对直接负责的主管人员处五千元以上五万元以下罚款。由此可见，承担网络安全等级保护责任的主体不仅包括网络运营者，还包括直接负责的主管人员，处罚方式包括责令改正后警告和罚款。其中责令改正是未造成危害后果而进行罚款处罚的前置条件，即责令改正而拒不改正的给予罚款处罚；在网络运营者不履行安全保护义务导致危害网络安全后果的情形下，可直接作出罚款处罚。

《网络安全法》实施之后，网络安全执法行为逐渐走向常态。从目前的执法情况来看，已经有运营者因违反网络安全等级保护规定而被处罚。实践中发生的案例包括未按规定进行网络安全等级的定级备案与等级测评、未留存网络日志、未对危害网络安全的行为采取技术防范措施等，具体的执法案例见表 3-3。

表 3-3 网络安全等级保护制度执法案例汇总

事件	执法机关	处罚行为	处罚措施
汕头某公司违反《网络安全法》被查处	广东汕头网警支队	未按规定履行网络安全等级测评义务	警告、责令改正
重庆一网络公司违反《网络安全法》被查处	重庆公安局网安总队	未依法留存用户登录相关网络日志	警告、责令改正
四川一教育网站违反《网络安全法》被查处	宜宾网安部门	未进行网络安全等级保护的定级备案、等级测评等工作，未落实网络安全等级保护制度	对直接负责的主管人员罚款五千元，机构罚款一万元
山西某网站违反《网络安全法》被查处	山西忻州市、县两级公安机关网安部门	未采取防范计算机病毒和网络攻击、网络侵入等危害网络安全行为的技术措施	警告、责令改正
安徽网警依法查处一起违反网络安全等级保护制度案件	安徽省公安厅网络安全保卫总队、蚌埠市局网安支队	未进行网络安全等级保护的定级备案、等级测评等工作	对学校罚款一万五千元，对直接负责人罚款五千元

（一）制定内部安全管理制度及操作规程

网络运营者需制定内部安全管理制度和操作规程，确定网络安全负责人，落实网络安全保护责任。内部安全管理制度是网络运营者制定的有关网络安全管理组织架构、人员配备、行为规范、管理责任的规则；操作规程是网络运营者制定的有关人员在操作设备或办理业务时应当遵守的程序或者步骤。

网络运营者应当依照法律、行政法规及网络安全等级保护制度的规定，制定内部安全管理制度和操作规程，细化并落实安全管理义务对安全管理活动中的主要管理内容建立安全管理制度，对管理人员或操作人员执行的日常管理操作建立操作规程。安全管理制度应通过正式、有效的方式发布，并进行版本控制，应定期对安全管理制度的合理性和适用性进行论证和审定，对存在不足或需要改进的安全管理制度进行修订。

在人员安全管理方面，网络运营者应根据不同保护等级设立信息安全管理工作的职能部门，设立安全主管、安全管理各个方面的负责人岗位，并明确各负责人的职责；应设立系统管理员、网络管理员、安全管理员等岗位，并明确各个工作岗位的职责；应对各类人员进行安全意识教育和岗位技能培训，并告知相关的安全责任和惩戒措施。

网络安全等级保护的核心是保证不同安全保护等级的对象具有相适应的安全保护能力。《信息安全技术　网络安全等级保护基本要求　第1部分：安全通用要求（征求意见稿）》规定了不同安全保护等级对象的基本管理要求，对安全管理制度、安全管理机构和人员安全管理等提出了不同程度的要求。以安全管理制度岗位设置要求为例，《信息安全技术　网络安全等级保护基本要求　第1部分：安全通用要求（征求意见稿）》中二级的安全管理制度岗位设置要求包括："a）应设立信息安全管理工作的职能部门，设立安全主管、安全管理各个方面的负责人岗位，并定义各负责人的职责；b）应设立系统管理员、网络管理员、安全管理员等岗位，并定义部门及各个工作岗位的职责。"四级的安全管理制度岗位设置要求则包括："a）应成立指导和管理信息安全工作的委员会或领导小组，其最高领导由单位主管领导委任或授权；b）应设立信息安全管理工作的职能部门，设立安全主管、安全管理各个方面的负责人岗位，并定义各负责人的职责；c）应设立系统管理员、网络管理员、安全管理员等岗位，并定义部门及各个工作岗位的职责。"

（二）采取防范危害网络安全行为的技术措施

为落实网络安全等级保护制度，网络运营者应当采取技术防范措施，防范计算机病毒和网络攻击、网络侵入等网络安全风险。除《网络安全法》外，《计算机信息网络国际联网安全保护管理办法》①、公安部发布的《互联网安

---

① 根据《计算机信息网络国际联网安全保护管理办法》第十条的规定，互联单位、接入单位及使用计算机信息网络国际联网的法人和其他组织应当履行落实安全保护技术措施，保障本网络的运行安全和信息安全的安全职责。

全保护技术措施规定》[①] 等规定中对于网络运营者应该承担的技术措施作出了规定。网络运营者应当采取的技术措施包括安装防病毒软件，防范计算机病毒；安装网络身份认证系统、网络入侵检测系统、网络风险审计系统等，防范网络攻击、侵入等。整体而言，随着信息网络技术的更新换代，网络侵入、攻击的手段也将千变万化，但以技术措施作为应对危害网络安全行为的首要防范手段的思路不会变。

《信息安全技术 网络安全等级保护基本要求 第1部分：安全通用要求（征求意见稿）》规定了不同安全保护等级对象的入侵防范要求，如二级要求“a）应遵循最小安装的原则，仅安装需要的组件和应用程序；b）应关闭不需要的系统服务、默认共享和高危端口；c）应通过设定终端接入方式或网络地址范围对通过网络进行管理的管理终端进行限制；d）应能发现可能存在的漏洞，并在经过充分测试评估后，及时修补漏洞”。三级要求“a）应在关键网络节点处检测、防止或限制从外部发起的网络攻击行为；b）应在关键网络节点处检测和限制从内部发起的网络攻击行为；c）应采取技术措施对网络行为进行分析，实现对网络攻击特别是未知的新型网络攻击的检测和分析；d）当检测到攻击行为时，记录攻击源IP、攻击类型、攻击目的、攻击时间，在发生严重入侵事件时应提供报警”。

---

① 《互联网安全保护技术措施规定》第七条规定，互联网服务提供者和联网使用单位应当落实以下互联网安全保护技术措施：防范计算机病毒、网络入侵和攻击破坏等危害网络安全事项或者行为的技术措施；重要数据库和系统主要设备的冗灾备份措施；记录并留存用户登录和退出时间、主叫号码、账号、互联网地址或域名、系统维护日志的技术措施；法律、法规和规章规定应当落实的其他安全保护技术措施。第八条规定，提供互联网接入服务的单位除落实本规定第七条规定的互联网安全保护技术措施外，还应当落实具有以下功能的安全保护技术措施：记录并留存用户注册信息；使用内部网络地址与互联网网络地址转换方式为用户提供接入服务的，能够记录并留存用户使用的互联网网络地址和内部网络地址对应关系；记录、跟踪网络运行状态，监测、记录网络安全事件等安全审计功能。第九条规定，提供互联网信息服务的单位除落实本规定第七条规定的互联网安全保护技术措施外，还应当落实具有以下功能的安全保护技术措施：在公共信息服务中发现、停止传输违法信息，并保留相关记录；提供新闻、出版以及电子公告等服务的，能够记录并留存发布的信息内容及发布时间；开办门户网站、新闻网站、电子商务网站的，能够防范网站、网页被篡改，被篡改后能够自动恢复；开办电子公告服务的，具有用户注册信息和发布信息审计功能；开办电子邮件和网上短信息服务的，能够防范、清除以群发方式发送伪造、隐匿信息发送者真实标记的电子邮件或者短信息。第十条规定，提供互联网数据中心服务的单位和联网使用单位除落实本规定第七条规定的互联网安全保护技术措施外，还应当落实具有以下功能的安全保护技术措施：记录并留存用户注册信息；在公共信息服务中发现、停止传输违法信息，并保留相关记录；联网使用单位使用内部网络地址与互联网网络地址转换方式向用户提供接入服务的，能够记录并留存用户使用的互联网网络地址和内部网络地址对应关系。第十一条规定，提供互联网上网服务的单位，除落实本规定第七条规定的互联网安全保护技术措施外，还应当安装并运行互联网公共上网服务场所安全管理系统。

（三）网络监测与日志留存

网络运营者应配备相应的软硬件监测、记录网络运行状态和网络安全事件，按规定留存网络日志。网络日志是对网络信息系统的用户访问、运行状态、系统维护等情况的记录，对于追溯非法操作、未经授权的访问，并维护网络安全以及调查网络违法犯罪活动意义重大。

《网络安全法》颁布之前我国许多规范性文件中已经存在与日志留存相关的规定，这些规定基本源自 2000 年国务院发布的《互联网信息服务管理办法》的规定。根据《互联网信息服务管理办法》第十四条的规定，互联网信息服务提供者应当记录提供的信息内容及其发布时间、互联网地址或者域名；互联网接入服务提供者应当记录上网用户的上网时间、用户账号、互联网地址或者域名、主叫电话号码等信息。互联网信息服务提供者和互联网接入服务提供者的记录备份应当保存六十日；2003 年铁道部发布的《铁路计算机信息系统安全保护办法》第二十七条规定，重要计算机信息系统应当建立完善的计算机信息系统日志，根据信息的重要程度设定保存时间，最短不少于六十天；2006 年公安部发布的《互联网安全保护技术措施规定》第十三条规定，互联网服务提供者和联网使用单位依照本规定落实的记录留存技术措施，应当具有至少保存六十天的记录备份的功能；2012 年工业和信息化部发布的《移动互联网恶意程序监测与处置机制》（自 2018 年 1 月 1 日起废止）[①] 第十二条规定，CNCERT、移动通信运营企业、互联网域名注册管理机构和注册服务机构应留存所监测和处置的移动互联网恶意程序相关数据或资料以备查验，数据或资料保存时间为六十天。有些行业规范超出了六十日的规定，如 2009 年《商业银行信息科技风险管理指引》第二十七条规定，"……系统日志由操作系统、数据库管理系统、防火墙、入侵检测系统和路由器等生成，内容包括管理登录尝试、系统事件、网络事件、错误信息等。系统日志保存期限按系统的风险等级确定，但不能少于一年"。

国际上对日志存留有更长的期限规定。欧盟制定了《数据存留指令》，赋予各成员国的国内公用电讯或公共通信网络运营商的通信数据存留义务，以确保该类数据能够用于协助执法，进行重大犯罪调查、侦查和起诉。《数据存留指令》规定日志应留存六个月到两年，成员国可根据国情确定期限。尽管

---

① 《公共互联网网络安全威胁监测与处置办法》第十五条规定："本办法自 2018 年 1 月 1 日起实施。2009 年 4 月 13 日印发的《木马和僵尸网络监测与处置机制》和 2011 年 12 月 9 日印发的《移动互联网恶意程序监测与处置机制》同时废止"。

2014年4月欧洲法院裁定该指令无效，但随后欧盟表示将适时重新调整数据留存期限规定以满足各成员国监管需求。2015年4月13日，澳大利亚通过《电信（监控和接入）修正（数据留存）法案》，要求电信运营商对特定类型电信数据的法定留存义务，留存期限为两年。2016年6月24日，俄罗斯通过了《反恐怖主义法修正案》，要求通信运营商在俄罗斯境内留存日志信息和信息内容，日志留存期限为三年，内容留存期限为六个月。

日志留存可以帮助获取犯罪分子或犯罪嫌疑人的个人通信数据，协助侦查机关掌握犯罪分子或嫌疑人的行踪，或者可以提前获取犯罪信息，有效预防犯罪。例如，接入服务商留存的用户账号、互联网地址和上下网时间等日志记录，是公安机关开展侦查工作的重要支撑，也是认定网络违法犯罪行为的重要依据。日志记录是否能完整及时留存，直接影响公安机关侦查办案和落地查证工作。从执法实践来看，《互联网信息服务管理办法》第十四条规定的六十日期限过短，一旦发生网络违法犯罪难以有效追溯。在公安机关近年开展打击网络违法犯罪国际执法协作中，经常出现因为国内日志留存期限过短，无法完成日志信息调取工作的情况。鉴于此，《网络安全法》第二十一条规定网络运营者留存监测、记录网络运行状态和网络安全事件的日志信息不少于六个月，从法律层面解决了原有法规中日志留存时限仅有六十日，难以满足追溯网络违法犯罪需要的问题。

在等级保护标准层面，《信息安全技术　网络安全等级保护基本要求　第1部分：安全通用要求（征求意见稿）》明确规定二级的安全审计要求为“a）应提供并启用安全审计功能，审计覆盖到每个用户，对重要的用户行为和重要安全事件进行审计；b）审计记录应包括事件的日期和时间、用户、事件类型、事件是否成功及其他与审计相关的信息；c）应对审计记录进行保护，定期备份，避免受到未预期的删除、修改或覆盖等；d）应确保审计记录的留存时间符合法律法规要求”。

（四）数据分类、重要数据备份和加密

网络数据安全对维护国家安全、经济安全，保护公民合法权益，促进数据利用至为重要。网络安全等级制度要求网络运营者对数据进行分类，重要数据采取备份和加密等措施，防止网络数据被窃取或者篡改。

数据分类是按照重要程度等标准对数据进行区分、归类的。我国现行的规范中没有针对数据分类标准的具体规定。《信息安全等级保护管理办法》第三十四条规定，国家密码管理部门对信息安全等级保护的密码实行分类分级

管理。对于重要数据备份和加密中重要数据的认定问题，《网络安全法》未作具体的界定。《网络安全法》第三十七条①关于关键信息基础设施的重要数据出境中有“重要数据”的有关规定。基于《网络安全法》第三十七条，2017年国家互联网信息办公室发布了《个人信息和重要数据出境安全评估办法（征求意见稿）》，定义“重要数据”为与国家安全、经济发展，以及社会公共利益密切相关的数据。从此定义可以看出第三十七条中的“重要数据”的识别需要考量的因素包括国家安全、经济发展和社会公共利益。之后国家标准《信息安全技术　数据出境安全评估指南（征求意见稿）》对重要数据进行了进一步的认定。② 从上述规定中可以看出，数据出境规范中的“重要数据”具有以下特点：第一，重要数据与个人数据并非种属关系，个人数据不属于规范中的重要数据。虽然《信息安全技术　数据出境安全评估指南（征求意见稿）》附录A“重要数据识别指南”中还增加了对于个人合法利益的考量，疑似可以将个人数据纳入其中，但这与整个指南将个人数据与重要数据分别加以规范的做法并不相符，有待商榷。第二，国家秘密被排除在外，国家秘密的相关规范由其他法律法规进行规定。第三，数据来源为识别要素之一，“重要数据”的来源仅限于境内收集和产生，而不包括来源于境外的数据。

需要注意的是，网络安全等级制度中的“重要数据”与数据出境制度中的“重要数据”略有不同。数据备份、加密与数据出境对于国家安全，社会秩序、公共利益以及公民、法人和其他组织的合法权益影响的作用方式有所不同。例如，有些用户信息的出境并不会对国家安全、经济发展和社会公

---

① 《网络安全法》第三十七条规定：关键信息基础设施的运营者在中华人民共和国境内运营中收集和产生的个人信息和重要数据应当在境内存储。因业务需要，确需向境外提供的，应当按照国家网信部门会同国务院有关部门制定的办法进行安全评估；法律、行政法规另有规定的，依照其规定。

② 《信息安全技术　数据出境安全评估指南（征求意见稿）》指出，“重要数据”是指我国政府、企业、个人在境内收集、产生的不涉及国家秘密，但与国家安全、经济发展以及公共利益密切相关的数据（包括原始数据和衍生数据），一旦未经授权披露、丢失、滥用、篡改或销毁，或汇聚、整合、分析后，可能造成以下后果：危害国家安全、国防利益，破坏国际关系；损害国家财产、社会公共利益和个人合法利益；影响国家预防和打击经济与军事间谍、政治渗透、有组织犯罪等；影响行政机关依法调查处理违法、渎职或涉嫌违法、渎职行为；干扰政府部门依法开展监督、管理、检查、审计等行政活动，妨碍政府部门履行职责；危害国家关键基础设施、关键信息基础设施、政府系统信息系统安全；影响或危害国家经济秩序和金融安全；可分析出国家秘密或敏感信息；影响或危害国家政治、国土、军事、经济、文化、社会、科技、信息、生态、资源、核设施等其他国家安全事项的数据。

共利益产生不利影响，因此，不属于数据出境中的“重要数据”。但是这类数据的备份对于企业自身运营可能具有重大的积极意义，可能就属于网络安全等级保护制度中的“重要数据”。此外，有些数据的备份可能会对网络运营者业务自身运营具有重要意义，因此，可能会被划分到等级保护中的“重要数据”的范畴，但是此类数据可能会因出境对国家安全、经济发展和社会公共利益没有多大影响而被排除在数据出境规范中的“重要数据”的范畴之外。其次，与数据出境中的“重要数据”强调数据境内产生或收集不同，等级保护制度中的“重要数据”并不区分数据的来源。最后，在数据出境的规范中，并未将个人数据纳入重要数据的范畴，而是将个人数据与重要数据分别加以规定和保护。在等级保护制度规定的重要数据加密和备份中并没有另行规定个人数据的保护，鉴于个人数据对于国家、公众或个人的重要意义，等级保护制度中的“重要数据”必然包括了个人数据。综上，等级保护制度中的“重要数据”的认定应当以保护国家安全，社会秩序、公共利益以及公民、法人和其他组织的合法权益为导向，重点考量数据备份和加密对于网络运营者业务运营的重要意义以及数据不备份、不加密是否会对国家安全、社会秩序、公共利益以及公民、法人和其他组织的合法权益造成不利影响。

网络安全等级保护的核心是保证不同安全保护等级的对象具有相适应的安全保护能力。以数据备份要求为例，《信息安全技术　网络安全等级保护基本要求　第1部分：安全通用要求（征求意见稿）》规定了不同等级不同强度的数据备份要求。二级数据备份恢复要求为“a）应提供重要数据的本地数据备份与恢复功能；b）应提供数据的异地备份功能，利用通信网络将重要数据定时批量传送至备用场地”。三级数据备份恢复要求为“a）应提供重要数据的本地数据备份与恢复功能；b）应提供异地实时备份功能，利用通信网络将重要数据实时备份至备份场地；c）应提供重要数据处理系统的热冗余，保证系统的高可用性”。四级数据备份恢复要求为“a）应提供重要数据的本地数据备份与恢复功能；b）应提供异地实时备份功能，利用通信网络将重要数据实时备份至备份场地；c）应提供重要数据处理系统的热冗余，保证系统的高可用性；d）应建立异地灾难备份中心，提供业务应用的实时切换”。

值得注意的是，依据《网络安全法》第二十一条的规定，除了制定内部安全管理制度及操作规程、确定网络安全负责人、采取防范危害网络安全行为的技术措施、网络监测与日志留存、数据分类、重要数据备份和加密等明确规定的义务，法律、行政法规规定的其他义务也是网络运营者需要履行的安全保护义务，如依据《计算机信息系统安全保护条例》第九条和《信息安全等级保护管理办法》第十四条规定的“第三级信息系统应当每年至少进行一次等级测评，第四级信息系统应当每半年至少进行一次等级测评”的义务等。

法条链接目录

1. 中华人民共和国网络安全法
2. 中华人民共和国计算机信息系统安全保护条例
3. 国家信息化领导小组关于加强信息安全保障工作的意见
4. 关于信息安全等级保护工作的实施意见
5. 信息安全等级保护管理办法
6. 关于开展全国重要信息系统安全等级保护定级工作的通知
7. 关于推动信息安全等级保护测评体系建设和开展等级测评工作的通知
8. 信息安全等级保护备案实施细则
9. 关于加强国家电子政务工程建设项目信息安全风险评估工作的通知
10. 公安机关信息安全等级保护检查工作规范
11. 信息安全技术　信息系统安全等级保护定级指南（GB/T 22240—2008）
12. 信息安全技术　信息系统安全等级保护基本要求（GB/T 22239—2008）
13. 信息安全技术　信息系统安全等级保护测评要求（GB/T 28448—2012）
14. 信息安全技术　信息系统安全等级保护测评过程指南（GB/T 28449—2012）
15. 国家信息化发展战略纲要
16. 国家网络空间安全战略
17. 计算机信息网络国际联网安全保护管理办法
18. 互联网信息服务管理办法
19. 互联网安全保护技术措施规定

第二节 网络产品和服务提供者的安全保障义务

适用要点

1. 网络产品和服务符合的强制性要求
2. 恶意程序的防范要求
3. 网络产品和服务的安全风险应对义务
4. 网络产品和服务的安全维护义务

《网络安全法》第十六条明确规定："国务院和省、自治区、直辖市人民政府应当统筹规划，加大投入，扶持重点网络安全技术产业和项目，支持网络安全技术的研究开发和应用，推广安全可信的网络产品和服务，保护网络技术知识产权，支持企业、研究机构和高等学校等参与国家网络安全技术创新项目。"该条从总体上概括提出网络产品和服务应该满足的要求，即安全可信。2017 年 5 月，网信办相关负责人在答记者问时指出，"安全可信"至少包括三个方面的含义：即保障用户对数据可控、保障用户对系统可控、保障用户的选择权。《网络安全法》第二十二条第一款与第十六条密切衔接，具体提出了网络产品和服务提供者安全保障的义务，即"网络产品、服务应当符合相关国家标准的强制性要求。网络产品、服务的提供者不得设置恶意程序；发现其网络产品、服务存在安全缺陷、漏洞等风险时，应当立即采取补救措施，按照规定及时告知用户并向有关主管部门报告"。

为贯彻落实《网络安全法》对网络产品和服务的安全要求，提高网络产品和服务的安全可信能力，需要重点解决网络应用中存在的恶意程序植入、安全缺陷漏洞响应等问题。为此，《网络安全法》第二十二条第一款和第二款规定了网络产品、服务提供者的四项安全保障义务，即（1）网络产品、服务要符合国家标准的强制性要求；（2）在提供的产品和服务中不得设置恶意程序；（3）存在安全风险时，应采取补救措施并告知用户，同时报告给主管部门；（4）在规定期限内持续提供安全维护。

一、网络产品和服务必须符合国家标准强制性要求

维护网络安全，首先要保障网络产品和服务的安全，网络产品和服务的

安全可控是保障我国网络安全的基础。《网络安全法》第十六条总体上明确了网络产品和服务的要求，第二十二条明确了网络产品和服务提供者的具体安全保障义务，两个法条之间紧密契合、有效衔接。《网络安全法》一审草案对网络产品和服务提供者须遵从的国家标准强制性要求规定主要体现在第十八条，原条文表述为："网络产品、服务应当符合国家标准、行业标准。"最终版去掉了行业标准，将国家标准改为国家标准的强制性要求，更体现了国家层面对网络产品和服务者安全保障义务的高度重视和规范决心。

2017 年 8 月，全国信息标准化技术委员会发布了《信息安全技术　网络产品和服务安全通用要求（征求意见稿)》（以下简称《征求意见稿》)。[①] 该标准旨在规定网络产品和服务应满足的最小安全要求，[②] 维护用户的合法权益，具体规定了网络产品、服务提供者的安全保障要求。

《征求意见稿》规定的网络产品和服务提供者所提供的网络产品和服务必须满足的安全目标包括：(1) 保密性：保障网络产品和服务中敏感信息不被泄露，降低敏感信息泄露的安全风险。(2) 完整性：保障网络产品和服务不被非法替换或伪造，降低数据被篡改的安全风险。(3) 可用性：保障网络产品和服务的持续运行和供应，降低网络产品和服务供应中断的安全风险。(4) 可控性：保障网络产品和服务运行过程中的安全风险可控，降低产品和服务供应方、提供方恶意控制用户的网络产品和服务、非授权获取用户数据，以及利用用户对产品和服务的依赖实施不正当竞争或损害应用方利益的风险。对于网络产品、服务提供者的一般安全要求，具体包括恶意程序防范、缺陷漏洞管理、安全运行维护等。

二、不得设置恶意程序

根据《信息安全技术　网络产品和服务安全通用要求（征求意见稿)》，恶意程序是指用于实施网络攻击、干扰网络和信息系统正常使用、破坏网络和信息系统、窃取网络和系统数据等行为的程序；常见的恶意程序包括病毒、

① 该标准在立项时为国家强制性标准，《征求意见稿》显示为推荐性标准。

② 《征求意见稿》明确界定了网络产品和服务：网络产品是指按照一定的规则和程序对信息进行收集、存储、传输、交换、处理的硬件、软件和系统，包括计算机、信息终端、工控等相关设备，以及基础软件、系统软件等；网络服务指供方为满足需方要求提供的信息技术开发、应用活动，以及以网络技术为手段支持需方业务的一系列活动。常见的网络服务包括云计算服务、网络通信服务、数据处理和存储服务、信息技术咨询服务、设计与开发服务、信息系统集成实施服务、信息系统运维服务等。

蠕虫、木马或其他影响主机、网络或系统安全、稳定运行的程序。该标准（征求意见稿）规定了对恶意程序的防范要求，具体包括：（1）禁止在网络产品和服务的研发、生产、交付、运维等过程中植入恶意程序；（2）禁止在网络产品和服务中设置隐蔽接口或未明示功能模块，如隐蔽的管理接口或调试接口；（3）禁止加载能够禁用或绕过安全机制的组件，不存在硬编码方式的默认口令和隐藏账号；（4）必须建立和实施网络产品和服务的完整性保护措施，减少产品和服务的关键组件、过程和数据被篡改、伪造的风险；（5）保护用户对软件安装、使用、升级、卸载的知情权和选择权，安装和升级软件时必须明示告知用户并获得用户同意，允许用户卸载产品核心功能之外的软件，禁止通过技术手段强制或诱导用户安装和升级用户不知情的软件；（6）通过用户协议、产品使用说明书、门户网站等途径，承诺提供的网络产品和服务不包含恶意程序、隐蔽接口或未明示功能模块等。

2017 年 9 月，工业和信息化部发布《公共互联网网络安全威胁监测与处置办法》，再次明确了恶意程序的范围，包括被用于实施网络攻击的恶意程序，包括木马、病毒、僵尸程序、移动恶意程序等。

2016 年 12 月，工信部发布《移动智能终端应用软件预置和分发管理暂行规定》，规范了移动智能终端生产企业、互联网信息服务提供者等相关企业在软件产品中设置恶意软件的行为。其中，第八条规定："从事应用商店等移动应用分发平台服务的互联网信息服务提供者，以及在移动智能终端中预置了移动应用分发平台的生产企业对所提供的应用软件负有以下管理责任：……（二）应建立应用软件管理机制，对应用软件进行审核及安全、服务等相关检测，对审核和检测中发现的恶意应用软件等违法违规软件，不得向用户提供；对所提供应用软件进行跟踪监测，及时处理违法违规软件，建立完善用户举报投诉处置措施等。……（五）对于违反本规定第四条要求的应用软件，以及在通信主管部门监督检查中发现的恶意应用软件，相关企业应予以及时下架。……"第九条规定："通信主管部门应对生产企业和互联网信息服务提供者落实本规定相关要求情况进行监督检查：（一）通信主管部门应组织专业检测机构对生产企业预置的和互联网信息服务提供者提供的应用软件开展监督检测和恶意应用软件认定工作，相关企业应给予配合，并提供便捷的获取应用软件的条件。（二）检测机构应及时将检测和认定报告提交通信主管部门。通信主管部门依据报告，要求并监督相关企业进行整改，通知并监督互联网信息服务提供者下架恶意应用软件。（三）通信主管部门向社会通报监督检查和检测情况。（四）对于紧急情况以及互联网信息服务提供者未按要求及时下架违法应用软件的，通信主管部门可依法依规要求有关单位采取处置措施。”第十条规定：“……（三）工业和信息化部支持相关社会组织通过行业自律形式，建立恶意应用软件黑名单，实现黑名单信息在相关企业、专业检测机构以及用户之间的共享。”

三、网络产品、服务的安全风险应对义务

《信息安全技术术语》规定，风险是指一个给定的威胁，利用一项资产或多项资产的脆弱性，对组织造成损害的潜能。对此可通过事件的概率及其后果进行度量。《信息安全技术 网络产品和服务安全通用要求（征求意见稿)》提出了安全缺陷和漏洞的概念。安全缺陷是指网络产品和服务中由于设计、开发错误、配置错误、生产问题或运维缺陷引入的可能影响网络产品和服务安全的弱点。漏洞即脆弱性，是网络产品和服务中能够被威胁利用的弱点。安全缺陷和漏洞都属于信息安全管理的内在脆弱性，与之相对的是外部安全威胁，两者结合起来共同构成信息安全风险。《网络安全法》延续了传统信息安全的内外两分法，将网络安全缺陷和漏洞纳入安全风险范畴予以规制，第二十五条规定将系统漏洞（内部脆弱性）和计算机病毒、网络攻击、网络侵入等外部安全威胁作为整体安全风险。

（一）具体应对措施

网络产品和服务的安全缺陷、漏洞等风险难以避免，产品和服务提供者在发现安全风险后负有及时应对的义务。此规定衔接了《消费者权益保护法》第十九条的规定：“经营者发现其提供的商品或者服务存在缺陷，有危及人身、财产安全危险的，应当立即向有关行政部门报告和告知消费者，并采取停止销售、警示、召回、无害化处理、销毁、停止生产或者服务等措施。采取召回措施的，经营者应当承担消费者因商品被召回支出的必要费用。”该条规定了一般商品和服务的风险应对措施，主要适用于传统意义上的消费品。该条规定与《网络安全法》第二十二条在采取措施上有所差异，但本质都是为了保护消费者或用户的合法权益，规范市场秩序。相比而言，《网络安全法》更加强调网络环境中发生的网络产品的质量缺陷，注重规范最近几年新出现的漏洞等新型安全风险。鉴于网络产品和服务的特殊性，一旦使用难以适用召回、停止生产和服务等措施，因此，需要新的风险应对措施。例如，软件产品存在风险，采用更多的是按照缺陷的潜在威胁及时制定响应措施，如通过相关机构之间的信息共享尽快研制补丁等。实践中，广州市动景计算

机科技有限公司UC浏览器智能云加速产品服务存在安全缺陷和漏洞风险一案中①，执法机构除要求其采取整改措施之外，还要求其开展通信网络安全防护风险评估，建立新业务上线前安全评估机制和已上线业务定期核查机制，对已上线网络产品服务进行全面检查，排除安全风险隐患。由此可见，这些方式也是信息化时代网络产品和服务提供者应对安全风险的可实施的常见方式。

《信息安全技术　网络产品和服务安全通用要求（征求意见稿）》规定了网络产品、服务提供者的缺陷漏洞管理要求，包括：（1）在网络产品和服务的设计、开发环节识别安全风险，制定安全策略，采取适当的安全措施保障关键组件的设计和开发安全，网络产品和服务在交付前必须进行安全性测试，控制安全风险；（2）建立和执行针对网络产品和服务安全缺陷、漏洞的应急响应机制和流程；（3）在发现网络产品和服务存在安全缺陷、漏洞时，立即采取修复或替代方案等补救措施，按照国家网络安全监测预警和信息通报制度等规定，及时告知用户安全风险，并向有关主管部门报告。

（二）及时向用户告知

关于及时告知用户的规定，在我国现有法律法规和标准中暂未进行具体明确的规定，需要相关规定进一步明确。根据目前实践中网络安全产品和服务提供者的做法，可以总结出向用户告知安全缺陷或漏洞的以下主要方式和内容。

1. 告知方式，即通过何种形式告知。网络产品和服务提供者的安全漏洞告知方式包括：口头形式（主要是通过电话方式，由于这种方式成本较高，需耗费大量人力和时间，因此使用较少）、短信形式、书面形式（写在纸上并邮寄）；电子形式（如电子邮件，但是必须是服务使用者事先表示同意接受这种形式并符合《电子签名法》的规定）；弹框形式（弹框告知使用较多，且在弹框告知之际，一般已经有研发好的补丁可以修复缺陷或漏洞，这种方式是目前常用的方式之一）。比较而言，邮件告知的成本较小，加上信息系统的无国界性，经过邮件加密发送也可以减小信息泄露的概率。

2. 告知内容，即应该向用户告知什么。鉴于安全风险的特殊性及近些年安全漏洞的资源属性迅速凸显，增加了漏洞等安全风险的复杂性，向用户告知的内容和向主管部门报告的内容也应慎重考虑。首先，应说明某个产品或服务存在安全风险这一事实；其次，关于漏洞等风险的详细信息，对于用户和主管部门应该有所区分。对用户而言，只要知道风险存在，加以防范即可，

---

① 新闻来源：http：//www. sohu. com/a/193036466_ 452858，2017年9月27日最后访问。

因此，为避免安全风险的详细信息被恶意利用，只需告知用户存在什么性质的风险即可（例如，缺陷、漏洞的类型）。主管部门与用户不同，主管部门担负着监督风险应对措施、调动各方力量共同研究响应机制的职责，因此，在向主管部门报告安全风险时，不仅应报告风险基本信息，还应报告详细信息，这样有利于主管部门发挥监管职责，共享信息并协调各方力量尽快制定解决方案；再次，应该告知安全风险可能造成的后果及用户可以采取的降低风险的措施；最后，在补丁修复或者找到其他解决办法之后，也应及时向用户告知。

（三）报告有关主管部门

根据《网络安全法》第八条的规定，目前我国形成了网信、工信、公安等部门各司其职并在网信部门统筹协调下开展网络安全保护和监督管理工作的职责布局。《网络安全法》第二十二条规定，网络产品、服务的提供者发现其网络产品、服务存在安全缺陷、漏洞等风险时，应按照规定向有关主管部门报告，此处的“有关主管部门”包括网信部门、工信部门和公安部门等。《计算机信息系统安全保护条例》第十四条规定：“对计算机信息系统中发生的案件，有关使用单位应当在24小时内向当地县级以上人民政府公安机关报告。”据此，对于网络产品、服务存在安全缺陷、漏洞风险引发具体案件时，应当依据此条向县级以上人民政府公安机关报告。2017年8月9日，工业和信息化部关于印发《公共互联网网络安全威胁监测与处置办法》第六条规定：“相关专业机构、基础电信企业、网络安全企业、互联网企业、域名注册管理和服务机构等监测发现网络安全威胁后，属于本单位自身问题的，应当立即进行处置，涉及其他主体的，应当及时将有关信息按照规定的内容要素和格式提交至工业和信息化部和相关省、自治区、直辖市通信管理局。”根据此条，工信部和各地通信管理局也明确属于《网络安全法》第二十二条规定的“有关主管部门”。在广州市动景计算机科技有限公司提供的UC浏览器智能云加速产品服务存在安全缺陷和漏洞风险一案中，广东省通信管理局即依据《网络安全法》第二十二条实施了行政处罚。

四、提供安全维护义务

可用性和持续性是网络产品和服务应有之意，网络安全维护作为系统正常运行的保障，其重要性显而易见。2014年，微软停止服务事件，致使大量用户，包括金融、政治、军事等多领域的计算机系统面临严重的安全威胁。基于对用户合理信赖利益的保护，网络产品和服务提供者作为安全维护的主体，在法律规定或者约定的期限内，应当为系统提供安全、稳定的运行环境，确保系统远离高危漏洞、恶意攻击、入侵篡改等威胁。

《信息安全技术 网络产品和服务安全通用要求（征求意见稿）》规定，网络产品和服务提供者必须满足以下要求：（1）在国家法律、行政法规、部门规章等规范性文件规定或与用户约定的期限内，为网络产品和服务提供持续的安全维护；（2）在国家法律、行政法规、部门规章等规范性文件规定或与用户约定的期限内，不因业务变更、产权变更等原因单方面中断或终止安全维护。

五、典型案例

随着《网络安全法》的落地实施，关于第二十二条的执法案例逐渐出现。2017 年 9 月 17 日，广州动景计算机公司因违反《网络安全法》被广东省通信管理局通报。广州市动景计算机科技有限公司旗下有 UC 浏览器、九游、UC 云等产品。广东省通信管理局查实广州市动景计算机科技有限公司提供的 UC 浏览器智能云加速产品服务存在安全缺陷和漏洞风险，未能及时全面检测和修补，已被用于传播违法有害信息，造成不良影响。广东省通信管理局依据《网络安全法》第二十二条第一款，责令该公司立即整改，采取补救措施，并要求其开展通信网络安全防护风险评估，建立新业务上线前安全评估机制和已上线业务定期核查机制，对已上线网络产品服务进行全面检查，排除安全风险隐患，避免类似事件再次发生①。

法条链接目录

1. 中华人民共和国网络安全法
2. 中华人民共和国计算机信息系统安全保护条例
3. 中华人民共和国消费者权益保护法
4. 公共互联网网络安全威胁监测与处置办法
5. 移动智能终端应用软件预置和分发管理暂行规定
6. 信息安全技术 网络产品和服务安全通用要求（征求意见稿）

① 新闻来源：http：//www. sohu. com/a/193036466_ 452858，2017 年 9 月 27 日最后访问。

第三节　网络关键设备、网络安全专用产品认证、检测

适用要点

1. 网络关键设备、网络安全专用产品的范畴
2. 相关国家标准的强制性规范
3. 具备资格的认证、检测机构

《网络安全法》第二十三条规定，网络关键设备和网络安全专用产品应当按照相关国家标准的强制性要求，由具备资格的机构安全认证合格或者安全检测符合要求后，方可销售或者提供。国家网信部门会同国务院有关部门制定、公布网络关键设备和网络安全专用产品目录，并推动安全认证和安全检测结果互认，避免重复认证、检测。

《网络安全法》颁布之前，公安部根据《计算机信息系统安全保护条例》建立了计算机信息系统安全专用产品的销售实行许可证制度，[①] 并通过《计算机信息系统安全专用产品检测和销售许可证管理办法》进一步确立了安全专用产品检测制度。[②] 工信部根据《电信条例》建立了电信设备入网检测制度。[③] 国家认证认可监督管理委员会根据《认证认可条例》建立了信息安全产品认证制度。[④] 从以上可以看出，在网络安全认证、检测领域，公安部、工

---

① 《计算机信息系统安全保护条例》第十六条规定，国家对计算机信息系统安全专用产品的销售实行许可证制度。具体办法由公安部会同有关部门制定。

② 《计算机信息系统安全专用产品检测和销售许可证管理办法》第四条规定，安全专用产品的生产者申领销售许可证，必须对其产品进行安全功能检测和认定。

③ 《电信条例》第五十三条规定，国家对电信终端设备、无线电通信设备和涉及网间互联的设备实行进网许可制度。接入公用电信网的电信终端设备、无线电通信设备和涉及网间互联的设备，必须符合国家规定的标准并取得进网许可证。实行进网许可制度的电信设备目录，由国务院信息产业主管部门会同国务院产品质量监督部门制定并公布施行。第五十四条第一款规定，办理电信设备进网许可证的，应当向国务院信息产业主管部门提出申请，并附送经国务院产品质量监督部门认可的电信设备检测机构出具的检测报告或者认证机构出具的产品质量认证书。

④ 《认证认可条例》第四条规定，国家实行统一的认证认可监督管理制度。国家对认证认可工作实行在国务院认证认可监督管理部门统一管理、监督和综合协调下，各有关方面共同实施的工作机制。2008 年，国家质检总局、国家认监委发布了《关于部分信息安全产品实施强制性认证的公告》，并公布了《第一批信息安全产品强制性认证目录》。

信部、国家认证认可监督管理委员会各自根据相关规范建立了各自的认证、检测制度，导致网络安全检测、认证标准不统一，重复、交叉认证、检测现象频发。《网络安全法》第二十三条将各部门现行的网络安全认证、检测制度重新整合，旨在建立统一的网络安全认证、检测制度。首先，统一监管。网络安全认证、检测工作将由国家网信办负责牵头，会同其他部门共同开展；其次，统一认证、检测目录。避免出现各自为政，规范不统一的现象；最后，推动认证、检测结果的互认，避免重复认证、检测。

一、网络关键设备、网络安全专用产品范畴

根据《网络安全法》第二十三条的规定，2017 年 6 月 1 日，国家互联网信息办公室、工业和信息化部、公安部、国家认证认可监督管理委员会联合发布了《网络关键设备和网络安全专用产品目录（第一批）》，具体内容见表 3-4。

表 3-4　网络关键设备和网络安全专用产品目录（第一批）

	设备或产品类别	范围
网络关键设备	路由器	整系统吞吐量（双向）≥12Tbps 整系统路由表容量≥55 万条
	交换机	整系统吞吐量（双向）≥30Tbps 整系统包转发率≥10Gpps
	服务器（机架式）	CPU 数量≥8 个 单 CPU 内核数≥14 个内存容量≥256GB
	可编程逻辑控制器（PLC 设备）	控制器指令执行时间≤0. 08ms
网络安全专用产品	数据备份一体机	备份容量≥20T 备份速度≥60MB/s 备份时间间隔≤1h
	防火墙（硬件）	整机吞吐量≥80Gbps 最大并发连接数≥300 万 每秒新建连接数≥25 万
	Web 应用防火墙（WAF）	整机应用吞吐量≥6Gbps 最大 HTTP 并发连接数≥200 万
	入侵检测系统（IDS）	满检速率≥15Gbps 最大并发连接数≥500 万
	入侵防御系统（IPS）	满检速率≥20Gbps 最大并发连接数≥500 万
	安全隔离与信息交换产品（网闸）	吞吐量≥1Gbps 系统延时≤5ms

续表

	设备或产品类别	范围
网络安全专用产品	反垃圾邮件产品	连接处理速率（连接/秒）>100 平均延迟时间<100ms
	网络综合审计系统	抓包速度≥5Gbps 记录事件能力≥5 万条/s
	网络脆弱性扫描产品	最大并行扫描 IP 数量≥60 个
	安全数据库系统	TPC-E tpsE（每秒可交易数量）≥4500 个
	网站恢复产品（硬件）	恢复时间≤2ms 站点的最长路径≥10 级

与国家质量监督检验检疫总局、国家认证认可监督管理委员会于 2008 年发布的《第一批信息安全产品强制性认证目录》相比，《网络关键设备和网络安全专用产品目录（第一批）》略有不同。《第一批信息安全产品强制性认证目录》具体内容如表 3-5 所示。

表 3-5　第一批信息安全产品强制性认证目录

产品类别	产品名称	产品的定义和适用范围
边界安全	防火墙	防火墙产品，是指一个或一组在不同安全策略的网络或安全域之间实施网络访问控制的系统。 适用的产品范围为：①以防火墙功能为主体的软件或软硬件组合；②其他网络产品中的防火墙模块；(3) 不适用个人防火墙产品
	网络安全隔离卡与线路选择器	网络安全隔离卡，是指安装在计算机内部，能够使连接该计算机的多个独立的网络之间仍然保持物理隔离的设备。安全隔离线路选择器是与配套的安全隔离卡一起使用，适用于单网布线环境下，使同一计算机能够访问多个独立的网络，并且各网络仍然保持物理隔离的设备。 适用的产品范围为：①安全隔离计算机；②安全隔离卡；③安全隔离线路选择器
	安全隔离与信息交换产品	安全隔离与信息交换产品，是指能够保证不同网络之间在网络协议终止的基础上，通过安全通道在实现网络隔离的同时进行安全数据交换的软硬件组合。 适用的产品范围为：①安全隔离与信息交换产品；②安全隔离与文件单向传输产品

续表

产品类别	产品名称	产品的定义和适用范围
通信安全	安全路由器	安全路由器，是指为保障所传输数据的完整性、机密性、可用性，应用于重要信息系统的，具备 IKE 密钥协商能力，端口 IPSec 硬件线速加密能力的路由器。 适用的产品范围为：集成了 IPSec/SSL，以及防火墙、入侵检测、安全审计等一种或多种安全模块的路由器，仅接入公用电信网的路由器除外
身份鉴别与访问控制	智能卡 COS	智能卡芯片操作系统（COS-Chip Operating System），是指在智能卡芯片中存储和运行的、以保护存储在非易失性存储器中的应用数据或程序的机密性和完整性、控制智能卡芯片与外界信息交换为目的的嵌入式软件。 适用的产品范围为：①采用接触或（和）非接触工作方式的智能卡的 COS；②其他被集成或内置了的 COS
数据安全	数据备份与恢复产品	数据备份与恢复产品，是指实现和管理信息系统数据的备份和恢复过程的软件。 适用的产品范围为：独立的数据备份与恢复管理软件产品，不包括数据复制产品和持续数据保护产品
基础平台	安全操作系统	安全操作系统，是指从系统设计、实现、使用和管理等各个阶段都遵循一套完整的系统安全策略，并实现了《计算机信息系统等级保护划分准则》所确定的安全等级三级（含）以上的操作系统。 适用的产品范围为：①独立的安全操作系统软件产品；②集成或内置了安全操作系统的产品
	安全数据库系统	安全数据库系统，是指从系统设计、实现、使用和管理等各个阶段都遵循一套完整的系统安全策略，并实现《计算机信息系统等级保护划分准则》所确定的安全等级三级（含）以上的数据库系统。 适用的产品范围为：①独立的安全数据库系统软件产品；②集成或内置了安全数据库系统的产品

续表

产品类别	产品名称	产品的定义和适用范围
内容安全	反垃圾邮件产品	反垃圾邮件产品，是指对按照电子邮件标准协议实现的电子邮件系统中传递的垃圾邮件进行识别、过滤的软件或软硬件组合。 适用的产品范围为：①透明的反垃圾邮件网关；②基于转发的反垃圾邮件系统；③与邮件服务器一体的反垃圾邮件的邮件服务器；④ 安装于已有邮件服务器上的反垃圾邮件软件
评估审计与监控	入侵检测系统（IDS）	入侵检测系统，是指通过对计算机网络或计算机系统中的若干关键点收集信息并对其进行分析，发现违反安全策略的行为和被攻击迹象的软件或软硬件组合。 适用的产品范围为：①网络型入侵检测系统；②主机型入侵检测系统
	网络脆弱性扫描产品	网络脆弱性扫描产品是指利用扫描手段检测目标网络系统中可能被入侵者利用的脆弱性的软件或软硬件组合。 适用的产品范围为：网络型脆弱性扫描产品。不适用：主机型脆弱性扫描产品；数据库的脆弱性扫描产品；Web应用的脆弱性扫描产品
	安全审计产品	安全审计产品，是指能够对网络应用行为或信息系统的各种日志实行采集、分析，形成审计记录的软件或软硬件组合。 适用的产品范围为：将主机、服务器、网络、数据库及其他应用系统等一类或多类作为审计对象的产品
应用安全	网站恢复产品	网站恢复产品，是指对受保护的静态网页文件、动态脚本文件及目录的未授权更改及时地进行自动恢复的软件或软硬件组合。 适用的产品范围为：针对静态网页文件、动态脚本文件及目录进行自动恢复的产品

二、相关国家标准的强制性规范

根据《网络安全法》第二十三条的规定，网络关键设备和网络安全专用产品应当符合相关国家标准的强制性要求。该强制性要求既包括一般网络产品相关国家标准的强制性规定，也包括专门针对网络关键设备和网络安全专用产品相关国家标准的强制性规定。

目前，我国网络安全方面的强制性国家标准较少。强制性国标《信息技术设备 安全 第1部分：通用要求》（GB 4943.1—2011）中对于个人计算机、数据终端设备、路由器等设备的通用要求作出了规范。2017年，全国信息安全标准化技术委员会发布了《信息安全技术 网络产品和服务安全通用要求（征求意见稿）》，其中规定了一般网络产品和服务必须满足的一般安全要求和增强安全要求，还规定了网络关键设备和网络安全专用产品必须满足增强安全性的要求。随着《网络安全法》以及新修订的《标准化法》的颁布实施，今后关于网络关键设备和网络安全专用产品相关的强制性国家标准会相应地完善。

三、网络关键设备、网络安全专用产品认证、检测机构

根据《网络安全法》第二十三条的规定，网络关键设备、网络安全专用产品须由具备资格的机构安全认证合格或者安全检测符合要求后，方可销售或者提供。国家互联网信息办公室、工业和信息化部、公安部、国家认证认可监督管理委员会四部门在关于发布《网络关键设备和网络安全专用产品目录（第一批）》的公告中明确指出，“具备资格的机构”是指国家认证认可监督管理委员会、工业和信息化部、公安部、国家互联网信息办公室按照国家有关规定共同认定的机构。目前，四部门尚未明确该具体机构。

当前，关于网络关键设备、网络安全专用产品的认证、检测机构可以参考国家认证认可监督管理委员会2009年发布的《关于信息安全产品强制性认证指定认证机构和实验室》的公告。该公告明确指出承担信息安全产品强制性认证工作的认证机构为中国信息安全认证中心。认证业务范围包括：防火墙产品、网络安全隔离卡与线路选择器产品、安全隔离与信息交换产品、安全路由器产品、智能卡COS产品、数据备份与恢复产品、安全操作系统产品、安全数据库系统产品、反垃圾邮件产品、入侵检测系统产品、网络脆弱性扫描产品、安全审计产品、网站恢复产品。承担信息安全产品强制性认证检测

任务的实验室有信息产业部计算机安全技术检测中心、国家保密局涉密信息系统安全保密测评中心、公安部计算机信息系统安全产品质量监督检验中心、国家密码管理局商用密码检测中心、中国信息安全测评中心信息安全实验室、北京信息安全测评中心、上海市信息安全测评认证中心。关于上述实验室具体认证检测的业务范围在本书第二章第三节“网络安全社会化服务体系”中已有介绍，在此不再赘述。

此外，需要注意的是，为推动认证、检测结果的互认，以及新旧制度的衔接，国家互联网信息办公室、工业和信息化部、公安部、国家认证认可监督管理委员会在关于发布《网络关键设备和网络安全专用产品目录（第一批）》公告中规定：

网络关键设备、网络安全专用产品选择安全检测方式的，经安全检测符合要求后，由检测机构将网络关键设备、网络安全专用产品检测结果（含公告发布之前已经本机构安全检测符合要求、且在有效期内的设备与产品）依照相关规定分别报工业和信息化部、公安部。选择安全认证方式的，经安全认证合格后，由认证机构将认证结果（含公告发布之前已经本机构安全认证合格、且在有效期内的设备与产品）依照相关规定报国家认证认可监督管理委员会。

法条链接目录

1. 中华人民共和国计算机信息系统安全保护条例
2. 中华人民共和国电信条例
3. 中华人民共和国认证认可条例
4. 计算机信息系统安全专用产品检测和销售许可证管理办法
5. 网络关键设备和网络安全专用产品目录（第一批）
6. 第一批信息安全产品强制性认证目录
7. 信息技术设备　安全　第1部分：通用要求（GB 4943.1—2011）
8. 信息技术设备　安全　第23部分：大型数据存储设备（GB 4943.23—2012）
9. 信息安全技术　网络产品和服务安全通用要求（征求意见稿）
10. 关于信息安全产品强制性认证指定认证机构和实验室

第四节 网络实名制与可信身份战略

适用要点

1. 网络实名制的相关规范
2. 网络实名制的适用范围
3. 网络实名制实施的具体要求
4. 网络实名制的相关执法案例

网络空间身份的虚拟性使得网上违法、犯罪成本低，而侦查、取证成本高，给商业信用的维护、社会的稳定以及国家安全带来了新的挑战。面对上述问题，确立互联网真实身份管理机制，通过验证身份信息的有效性和真实性，成为网络空间安全治理的重要举措。目前，诸多国家通过实施网络实名制构建可信身份环境，进而实现对虚拟社会的综合管理。美国 2011 年发布了《网络空间可信身份国家战略》，推动网络可信身份认证建设。欧盟多国也通过发展 eID（电子身份）推动网络可信身份体系发展。我国《网络安全法》确立了网络实名制与可信身份战略，第二十四条规定，网络运营者为用户办理网络接入、域名注册服务，办理固定电话、移动电话等入网手续，或者为用户提供信息发布、即时通信等服务，在与用户签订协议或者确认提供服务时，应当要求用户提供真实身份信息。用户不提供真实身份信息的，网络运营者不得为其提供相关服务。国家实施网络可信身份战略，支持研究开发安全、方便的电子身份认证技术，推动不同电子身份认证之间的互认。

一、网络实名制

（一）网络实名制的相关规范

《网络安全法》出台之前，2012 年全国人大常委会发布的《关于加强网络信息保护的决定》第六条规定了网络服务提供者为用户办理入网手续或提供信息发布服务时应当进行实名认证。① 2013 年，工信部发布的《电话用户

① 《关于加强网络信息保护的决定》第六条规定：网络服务提供者为用户办理网站接入服务，办理固定电话、移动电话等入网手续，或者为用户提供信息发布服务，应当在与用户签订协议或者确认提供服务时，要求用户提供真实身份信息。

真实身份信息登记规定》要求电信业务经营者为用户办理入网手续应当进行实名认证。[①] 2015 年，网信办发布的《互联网用户账号名称管理规定》明确规定了互联网信息服务“后台实名、前台自愿”原则，要求互联网信息服务使用者通过真实身份信息认证后注册账号。[②] 同年颁布的《反恐怖主义法》第二十一条规定了电信、互联网等业务经营者、服务提供者，应当对客户身份进行查验，对身份不明或者拒绝身份查验的，不得提供服务。[③]

为配合《网络安全法》的实施，国家互联网信息办公室在 2017 年颁布的《互联网新闻信息服务管理规定》《互联网用户公众账号信息服务管理规定》《互联网群组信息服务管理规定》《互联网论坛社区服务管理规定》和工信部颁布的《互联网域名管理办法》等均规定了网络实名制。

（二）网络实名制的适用范围

根据《网络安全法》第二十四条的规定，实名制适用范围包括：网络接入服务、域名注册服务，固定电话、移动电话等入网服务，以及为用户提供信息发布、即时通信等服务。其中，网络接入服务是指借助于一定的硬件设施使用户能够通过某种方式连接到互联网的服务。接入方式包括常见的光缆、电话线方式以及微波方式等。常见的接入服务提供商有中国联通、中国电信、中国移动等。针对域名注册服务，工信部颁布的《互联网域名管理办法》明确规定域名注册管理机构以及域名注册服务机构应当具有进行真实身份信息核验的能力，并应当对域名注册信息的真实性、完整性进行核验。[④] 信息发布服务包括为用户开立博客、公众号发文、论坛发帖等提供网络平台服务。即时通信服务是指为用户提供能够即时发送和接收互联网消息的服务，如微信、

---

① 《电话用户真实身份信息登记规定》第六条第一款规定：电信业务经营者为用户办理入网手续时，应当要求用户出示有效证件、提供真实身份信息，用户应当予以配合。第十条规定：用户拒绝出示有效证件，拒绝提供其证件上所记载的身份信息，冒用他人的证件，或者使用伪造、变造的证件的，电信业务经营者不得为其办理入网手续。

② 《互联网用户账号名称管理规定》第五条第一款规定：互联网信息服务提供者应当按照“后台实名、前台自愿”的原则，要求互联网信息服务使用者通过真实身份信息认证后注册账号。

③ 《中华人民共和国反恐怖主义法》第二十一条规定：电信、互联网、金融、住宿、长途客运、机动车租赁等业务经营者、服务提供者，应当对客户身份进行查验，对身份不明或者拒绝身份查验的，不得提供服务。

④ 《互联网域名管理办法》第三十条规定：域名注册服务机构提供域名注册服务，应当要求域名注册申请者提供域名持有者真实、准确、完整的身份信息等域名注册信息。域名注册管理机构和域名注册服务机构应当对域名注册信息的真实性、完整性进行核验。域名注册申请者提供的域名注册信息不准确、不完整的，域名注册服务机构应当要求其予以补正。申请者不补正或者提供不真实的域名注册信息的，域名注册服务机构不得为其提供域名注册服务。

QQ 等产品的聊天功能服务。

（三）网络实名制实施的具体要求

1. 具备实名认证的技术能力

实名制实施，需要提供一个可选择的、真实可靠的身份认证接口。用户在访问安全系统之前，经过身份认证系统识别身份，然后访问控制器根据用户的身份和授权数据库决定用户是否能够访问某个资源，这是身份认证一般流程。网络实名制的推行需要网络运营者具备实施身份鉴别和身份验证的技术，即提供实名身份识别系统，该系统应实现对真实身份的鉴别。《网络安全法》第二十四条第二款明确提出“支持研究开发安全、方便的电子身份认证技术”。目前，常用的电子身份认证技术主要涉及：数字签名技术、生物识别技术；基于口令的认证技术和标记式认证技术。对于网络运营商而言，需要加强身份管理系统建设，加强智能卡技术、密码技术、身份认证技术、访问控制技术、隐私数据保护技术等技术的支持。目前，身份认证尚未形成标准化的认证机制，不同地区的认证结果不共享、不通用。不同行业和企业应用有不同的认证方式和标准。基于推进电子商务行业的协同发展，亟待实现认证等信用信息的互通和共享。

2. 实名认证程序合法

网络运营者对用户进行实名认证一般是形式审查而非实质审查。网络运营者应当要求用户提供真实身份信息，业务模式不同，办理方式有差异，对用户身份的查验方式也有差异。例如，固定电话、移动电话入网手续，需要现场办理，电信业务经营者应当要求用户提供证件原件，进行查验，还需要留存用户身份证复印件。实名制之前的用户确认真实身份的，也可以通过短信、网络等途径提交身份信息，由运营商通过认证系统查验身份信息。互联网信息发布、即时通信等业务，一般通过互联网办理，网络运营者可以通过要求用户上传身份证件扫描件、手机号码验证等途径，验证用户的真实身份信息。

3. 保障用户信息安全

网络运营者应当按照《网络安全法》以及其他法律法规的规定，对收集的用户信息进行保密，并采取相应的措施确保用户信息的安全。

二、可信身份战略

实名制推广过程中，由于受到公共数据开放程度的限制，网络运营者无法高效利用相关数据资源交叉验证用户身份。此外，用户身份信息泄露、仿冒等原因又导致账号注册者和实际使用者不一致现象频发。网络实名制以及传统的账号加密码等模式不足以完全确保网络身份可信。在此背景下，《网络安全法》第二十四条第二款规定，国家实施网络可信身份战略，支持研究开发安全、方便的电子身份认证技术，推动不同电子身份认证之间的互认。

可信身份认证是通过借助技术手段和信息共享等机制，确保网络用户身份的真实性。网络用户身份认证途径主要有三种，即传统的账户加口令、借助物理物件的技术以及生物认证技术。传统的账户加口令方式操作简单，但账号和密码很容易被攻破，风险较大，且网络用户需要管理大量的账号和密码，给用户带来诸多不便；借助物理物件的技术操作程序较为烦琐，例如，金融领域普遍采用的 Ukey 认证技术；生物认证技术作为新兴的认证技术，是利用人体生物特征进行身份认证的一种技术，也存在一定的风险。

如果可信身份认证程序过于烦琐，不仅增加国家和企业的运行成本，也会降低网络用户体验。因此，需要明确可信身份认证标准，尽可能减少不同部门、企业要求网络用户重复认证，推动政府和企业之间的数据共享，提升身份认证的准确度和效率，降低用户隐私泄露风险，改善网络用户体验。目前，公安部公民网络身份识别系统可以向公民签发网络电子身份标识，实现了在不泄露网络用户身份信息的前提下在线远程识别用户身份。目前，欧盟许多国家已经颁发网络电子身份标识来替代传统的身份证，德国、西班牙、意大利等国已将网络电子身份标识广泛用于电子政务、电子商务、社交网络等领域。

三、典型案例

2017 年 9 月，依据《网络安全法》等有关规定，广东省通信管理局对深圳市三人网络科技有限公司落实《网络安全法》情况进行查处，发现深圳市三人网络科技有限公司未要求用户提供真实身份信息，存在被利用于从事信息通信诈骗活动的安全隐患。广东省通信管理局依据《网络安全法》第二十四条第一款、第六十一条，《电话用户真实身份信息登记规定》（工业和信息化部令第 25 号）第十七条的规定，责令该公司立即整改，罚款五万元，并责令停业整顿，关闭网站。①

① 新闻来源：http：//news.163.com/17/0918/18/CUKTCR1C000187VE.html，2017 年 9 月 26 日最后访问。

法条链接目录

1. 中华人民共和国网络安全法
2. 中华人民共和国反恐怖主义法
3. 全国人民代表大会常务委员会关于加强网络信息保护的决定
4. 电话用户真实身份信息登记规定
5. 互联网用户账号名称管理规定
6. 互联网新闻信息服务管理规定
7. 互联网用户公众账号信息服务管理规定
8. 互联网群组信息服务管理规定
9. 互联网论坛社区服务管理规定
10. 互联网域名管理办法

第五节 网络运营者的应急处置

适用要点

1. 网络安全事件应急预案的制定及内容
2. 网络安全事件的应对措施
3. 网络安全事件的补救措施及报告

建立健全网络安全事件应急工作机制，对于提高应对网络安全事件能力，预防和减少网络安全事件造成的损失和危害，保护公众利益，维护国家安全、公共安全和社会秩序具有重大意义。作为网络安全应急工作的重要责任主体，《网络安全法》第二十五条规定，网络运营者应当制定网络安全事件应急预案，及时处置系统漏洞、计算机病毒、网络攻击、网络侵入等安全风险；在发生危害网络安全的事件时，立即启动应急预案，采取相应的补救措施，并按照规定向有关主管部门报告。根据上述规定，网络运营者负有制定网络安全事件应急预案，及时处置网络安全风险，采取补救措施并向有关主管部门报告有关情况的网络安全应急响应的法定义务，该条与《网络安全法》第五十三条、第五十五条共同构成网络安全应急体系的主要内容。

一、网络安全事件应急预案的制定及内容

应急预案，是指为依法、迅速、科学、有序应对突发事件，最大程度减少突发事件及其造成的损害而预先制定的工作方案。网络运营者应当根据《网络安全法》和《突发事件应对法》《中华人民共和国计算机信息系统安全保护条例》《突发事件应急预案管理办法》《计算机病毒防治管理办法》等有关法律法规的规定，对系统漏洞、计算机病毒、网络攻击、网络侵入等安全风险进行评估，针对网络安全事件的性质、特点和事件发生后的影响程度（时间长短、业务范围、地域范围等因素），制定其内部的网络安全事件应急预案，为其内部的网络安全应急工作提供明确的指引。同时，网络运营者应当根据各自制定的网络安全应急预案，定期或不定期地组织应急演练，从而确保预案的可操作性和可执行性。

应急预案的内容具体包括：（1）网络安全事件应急管理的方针、政策和工作原则；（2）网络安全应急的组织机构及其职责；（3）采取的应急行动、处置程序和应急保障措施等；（4）应急人员沟通与协调方式；（5）事后恢复与重建措施等。值得注意的是，制定应急预案应当考虑业务的分类、业务风险的等级划分、技术现状分析、突发事件归类分析，还应充分考虑突发事件的重点部分，优先考虑对社会、用户和内部经营管理最大的事件。应急预案应当涵盖业务应急措施、技术应急措施和风险应急措施，并随着过程、环境的变换而不断更新。

关于应急预案的专门规定，国家层面有《国家网络安全事件应急预案》，行业层面有各自的应急预案。网络运营者制定本单位应急预案时，应当按照国家、行业应急预案的要求，结合本单位的实际情况，制定有针对性、可操作性强的应急预案，预案的启动、执行以及终止等责任都应当明确具体负责人、执行人。发生网络安全事件后，各司其职、迅速采取应对措施。以银行业为例，银监会出台了《银行业突发事件应急预案》《银行业重要信息系统突发事件应急管理规范（试行）》《银行业金融机构信息系统风险管理指引》等法规，各商业银行应当按照《网络安全法》和《国家网络安全事件应急预案》等以及银监会的上述规定，制定更详细的应急预案。

二、网络安全事件的应对措施

应急处置，是指对突发网络安全事件进行响应、处理、恢复、跟踪的方

法及过程，其目的是保护网络设施免遭攻击、降低网络的脆弱性、缩短网络攻击发生后的破坏时间和恢复时间。依照《网络安全法》的要求，网络运营者在面临系统漏洞、计算机病毒、网络攻击、网络侵入等安全风险威胁时，应当采取技术措施作出快速响应。

应急本质是一种信息对抗，对抗就是控制紧急状态的恶性发展，防御网络恐怖突发事件的信息技术，因此，应急不能仅依靠管理，必须具有先进的应急技术。这些技术具体包括入侵检测、事件的诊断、攻击源的隔离与快速恢复等。入侵检测与应急响应是紧密相关的，发现对网络和信息系统的攻击或入侵才能触发响应的动作。入侵检测系统的构建能够从检测、识别、分析、评估环节，管控非法用户对计算机网络系统的侵袭行为，并在数据信息完整性维护、病毒入侵防范等方面发挥重要的作用。检测是否存在未经授权的访问、误用等违反网络安全政策的行为；而事件的诊断则偏重于在事件发生后，弄清受害对象究竟发生了什么。例如，是否被病毒感染、是否被黑客攻破，如果是的话，问题出在哪里，影响范围有多大等。在确定了事件类型、攻击来源之后，及时隔离攻击源是防止事件影响扩大化的有效措施，例如，对计算机病毒或蠕虫的隔离。此外，一旦测出 Web 服务器被入侵、主页被篡改的事件，响应政策要尽快恢复服务器的正常运行，把事件的负面影响降到最小。快速恢复涉及完整性检测、域名切换等技术。

三、网络安全事件的补救措施及报告

网络安全事件发生后，网络运营者应当立即启动应急预案，采取相应的补救措施，及时查明和分析事件发生的原因及其影响范围，以防止损失进一步扩大或者将损害降至最低程度。

网络运营者的应急预案应当明确应急预案的启动和终止的主体及条件。例如，《银行业重要信息系统突发事件应急管理规范（试行）》第八条规定，银行业金融机构应组建应急团队，在发生信息系统突发事件时，能够做到及时实施专项应急处置工作。应急团队应包括但不限于应急领导小组、应急执行小组、支持保障小组。应急领导小组由董事会和高管层授权并由高管人员任应急领导小组组长，各相关职能部门（包括但不限于风险管理部门、业务管理部门、信息科技管理部门和支持保障部门等）和一级分支机构的负责人为应急领导小组成员，其职责是：（1）负责信息系统突发事件的应急指挥、组织协调和过程控制；（2）明确新闻发布人，授权其在应急过程中统一对外信息发布口径；（3）宣布重大应急响应状态的降级或解除；（4）向董事会和高级管理层报告应急处置进展情况和总结报告。《工业控制系统信息安全事件应急管理工作指南》第十六条规定，对于可能发生或已经发生的工控安全事件，工业企业应立即开展应急处置，采取科学有效的方法及时施救，力争将损失降到最小，尽快恢复受损工业控制系统的正常运行。当事发工业企业应急处置力量不足时，可请求上级主管部门协调应急技术机构提供支援。

同时，网络安全事件本身固有的突发性、破坏性强的特点要求建立快速的应急报告机制。此处，网络运营者的报告义务，主要是指网络运营者在网络安全事件发生之后，采取补救措施期间，应当将其采取补救措施的整体情况向有关主管部门进行报告。这样要求的目的主要是因为引发网络安全事件的情况发展无法预见，随着情况的不断发展变化，极有可能需要变更或终止实施应急响应措施，因此，将采取应急响应措施的整体情况向有关主管部门报告是非常必要的。网络运营者履行这一法定义务应当注意以下两个问题。

其一，报告时间。网络运营者应保证在尽可能短的时间内将其采取补救措施的整体情况向有关主管部门进行报告。引发网络安全事件发生的情况始终处于一个动态的发展变化过程中，为了使网络与信息系统尽快恢复正常状态，需要网络运营者将其实时监测到的情况反馈给有关主管部门，以保证有关主管部门在掌握网络安全事件情况的动态变化后，及时进行决策的变更和选择。

其二，报告内容。网络运营者向有关主管部门报告的内容主要是：实施补救措施的具体情况和实施措施以后的情况变化，对前者的报告只是向有关主管部门反映补救措施执行的客观情况；对后者的报告则有利于有关主管部门对采取某种补救措施的效果进行评估，以便有关主管部门及时分析和判断决策的正确与否。

法条链接目录

1. 中华人民共和国网络安全法
2. 中华人民共和国突发事件应对法
3. 中华人民共和国计算机信息系统安全保护条例
4. 突发事件应急预案管理办法
5. 计算机病毒防治管理办法
6. 国家网络安全事件应急预案
7. 银行业突发事件应急预案

8. 银行业重要信息系统突发事件应急管理规范（试行）

9. 银行业金融机构信息系统风险管理指引

10. 工业控制系统信息安全事件应急管理工作指南

第六节 网络安全服务活动和网络安全信息发布规范

适用要点

1. 网络安全服务活动的类别
2. 不同网络安全服务的规范要求
3. 网络安全信息的范畴
4. 网络安全信息发布的规范要求

网络产品或服务可能存在的安全缺陷、漏洞、恶意程序，以及层出不穷的网络攻击、网络入侵等事件，给网络安全带来了巨大的威胁。面对此形势，网络安全认证、检测、风险评估等服务在保障网络产品、服务安全性方面发挥着重要作用，网络安全信息的发布对降低风险和分化风险也具有重大意义。但实践中，网络安全服务行业存在网络安全机构能力不足、网络安全服务不规范等诸多问题。恶意或非法发布的网络安全信息也为攻击者提供了可利用的攻击武器，给网络安全带来了新的风险。网络安全服务以及网络安全信息发布等行为的规范亟须加强，以充分发挥网络安全服务及网络安全信息发布在提升网络安全能力方面的积极作用。在此背景下，《网络安全法》第二十六条提出了第三方网络安全服务活动和向社会发布网络安全信息的规范要求，明确两项活动均应遵守国家有关规定。第三方网络安全服务活动的规范要求承接了《网络安全法》第二章“网络安全支持与促进”中“网络安全社会服务化体系”的规定，向社会发布（披露）网络安全信息的要求属于新规定。第六章“法律责任”中明确规定了违规实施上述两项活动的行政处罚。

一、概述

《网络安全法》第二十六条前半部分从第三方网络安全服务角度，明确在提供网络安全服务过程中，网络安全服务机构应当遵守国家规定，确保网络安全服务的合法合规。该条与《网络安全法》第十七条、第二十三条、第三十八条共同构成了我国网络安全服务制度的基本框架。第十七条明确了国家对于网络安全服务的支持和鼓励态度，表明要积极推进网络安全社会化服务体系建设；第二十三条力图建立一个统一的网络关键设备和网络安全专用产品认证和安全检测体系；第三十八条具体规定了关键信息基础设施运营者可委托网络安全服务机构实施年度风险检测评估。

第二十六条后半部分则是针对第三方网络安全信息发布行为作出了原则性规定。2015 年 7 月 6 日，全国人大常委会法工委公布的《网络安全法（草案）》并未包含相关规定。2016 年 6 月 27 日，全国人大法律委员会在《关于〈网络安全法（草案）〉修改情况的汇报》中特别说明，鉴于“个人和机构随意发布系统漏洞等网络安全信息，对维护网络安全影响较大，应予规范”，为规范漏洞检测和披露网络安全信息的个人和第三方平台行为，《网络安全法》新增第二十六条并对上述内容作出规定。

为强化第二十六条的规定，《网络安全法》第六十二条明确了违规实施上述两项活动的法律责任，规定了警告、罚款、责令暂停相关业务、停业整顿、关闭网站、吊销相关业务许可证或者吊销营业执照等行政处罚。第六十二条规定，“违反本法第二十六条规定，开展网络安全认证、检测、风险评估等活动，或者向社会发布系统漏洞、计算机病毒、网络攻击、网络侵入等网络安全信息的，由有关主管部门责令改正，给予警告；拒不改正或者情节严重的，处一万元以上十万元以下罚款，并可以由有关主管部门责令暂停相关业务、停业整顿、关闭网站、吊销相关业务许可证或者吊销营业执照，对直接负责的主管人员和其他直接责任人员处五千元以上五万元以下罚款”。

二、网络安全服务活动的规范

网络安全服务包括网络安全认证服务、网络安全检测服务、网络安全风险评估服务等。《网络安全法》第二十六条规定，开展以上网络安全服务活动应当遵守“国家有关规定”，此处的“国家有关规定”属于衔接性规定，具体包含哪些规范，《网络安全法》并未明确，目前的相关规定包括以下内容。

（一）网络安全认证服务

我国现行规定既有针对认证服务的通用规定，也有专门针对网络安全领域认证服务的特殊规定。网络安全服务机构提供网络安全认证服务时既要遵守上述通用规定，又要遵守网络安全认证服务的特殊规定。

1. 认证服务的一般规定

《认证认可条例》是专门规范我国认证认可活动的基本规范。该条例对于认证资质的取得、认证活动的开展等作出了基础性规定，是开展认证服务的重要依据。为加强对认证机构的监督管理，国家质量监督检验检疫总局（以下简称“国家质检总局”）根据《认证认可条例》发布了《认证机构管理办法》，对认证资质的取得、认证活动的基本原则、认证机构的权利和义务等作出了进一步细化规定。

除上述规定外，国家质检总局以及国家认证认可监督管理委员会（以下简称“国家认监委”）还颁布了一系列的认证服务的细化规定。2001 年，国家认监委发布《强制性产品认证标志管理办法》，明确规定指定认证机构对其发证产品的认证标志使用情况的监督检查义务、认证标志管理规定的告知义务、合法合规使用认证标志的指导义务等。2004 年，国家认监委发布《强制性产品认证检查员管理办法》，对强制性产品认证检查员的申请、培训、考核、注册和监督管理作出了规定。同年，国家质检总局发布了《强制性产品认证机构、检查机构和实验室管理办法》，对强制性产品认证机构、检查机构和实验室的指定条件、指定程序、行为规范等作出了规定；发布了《认证证书和认证标志管理办法》，明确认证机构应当建立认证标志管理制度，对获得认证的组织使用认证标志的情况实施有效监督检查。2009 年，国家质检总局发布《强制性产品认证管理规定》，对强制性产品认证活动的实施、认证证书和标志、监督管理以及法律责任作出了规定。2015 年，国家认监委发布《关于认证规则备案的公告》，对认证规则的备案原则、备案内容、备案程序、备案监管等作出了规定。

国家标准方面，关于规范认证活动的国家标准有《合格评定　产品、过程和服务认证机构要求》（GB/T 27065—2015）、《合格评定　管理体系审核认证机构的要求》（GB/T 27021—2007）等。

2. 网络安全认证服务的特殊规定

网络安全认证方面的特殊规定主要包括网络安全认证机构的准入性规范和网络安全认证活动的业务规范。

关于网络安全认证机构的准入性规范，根据我国的认证制度，认证分为强制性认证和自愿性认证。对于强制性认证的产品和服务，需要由指定的认证机构进行。目前，在网络安全方面，我国已经建立了信息安全产品认证制度，并已经发布了信息安全产品强制性认证目录，以及相应的指定认证机构。

此部分具体内容可参见本书第二章第三节“网络安全社会化服务体系”。

关于网络安全认证活动的业务规范，2009 年，国家质检总局、财政部、国家认监委发布的《关于调整信息安全产品强制性认证实施要求的公告》中公布了针对 13 种信息安全产品强制性认证实施规则，包括安全操作系统产品强制性认证实施规则、安全隔离与信息交换产品强制性认证实施规则、数据备份与恢复产品强制性认证实施规则等。2014 年，国家认监委《关于变更国家信息安全产品认证部分认证依据标准的公告》明确数据备份与恢复产品、网站数据恢复产品以及反垃圾邮件产品认证实施规则变更为国家标准，分别依据《信息安全技术　数据备份与恢复产品技术要求与测试评价方法》（GB/T 29765—2013）、《信息安全技术　网站数据恢复　产品技术要求与测试评价方法》（GB/T 29766—2013）、《信息安全技术　反垃圾邮件产品技术要求和测试评价方法》（GB/T 30282—2013）实施认证。2016 年，国家认监委发布《关于部分产品依据新版标准实施国家信息安全产品认证的公告》，对入侵检测系统（IDS）、网络脆弱性扫描产品、安全审计产品等产品启用新版国家标准实施认证，包括《信息安全技术　网络入侵检测系统技术要求和测试评价方法》（GB/T 20275—2013）、《信息安全技术　网络脆弱性扫描产品安全技术要求》（GB/T 20278—2013）、《信息安全技术　信息系统安全审计产品技术要求和测试评价方法》（GB/T 20945—2013）、《信息安全技术　防火墙安全技术要求和测试评价方法》（GB/T 20281—2015）、《信息安全技术　网络和终端隔离产品安全技术要求》（GB/T 20279—2015）等。此外，国家标准《信息技术　安全技术　信息安全管理体系审核和认证机构要求》（GB/T 25067—2016 ）对于信息安全管理体系认证机构作出了具体规定。

（二）网络安全检测服务

我国现行的规范中已有一些关于网络安全检测机构管理，网络安全检测机构行为规制、网络安全检测测评依据等的相关规定。

1. 网络安全检测服务的管理规范

检验检测机构，是指依法成立，依据相关标准或者技术规范，利用仪器设备、环境设施等技术条件和专业技能，对产品或者法律法规规定的特定对象进行检验检测的专业技术组织。[①] 我国对于在中华人民共和国境内，向社会出具具有证明作用的数据、结果的检验检测机构施行行政许可制度。目前，

① 《检验检测机构资质认定管理办法》第二条。

关于检测服务规范，国家质检总局、公安部、工信部各自依据相关规定建立了各自的检测服务规范。

国家质检总局依据《认证认可条例》建立了检测服务的一般规范。[①] 2015 年，国家质检总局颁布了《检验检测机构资质认定管理办法》，规定为司法机关、行政机关、仲裁机构、社会经济、公益活动等出具具有证明作用的数据、结果的检验检测机构应当取得资质认定，并规定了检验检测机构应当具备的条件。2015 年，国家认监委发布《关于实施〈检验检测机构资质认定管理办法〉的若干意见》，对检验检测机构的从业规范作出了进一步的细化规定。2016 年，国家认监委发布《检验检测机构资质认定评审准则》，对检验检测机构资质认定作出了进一步的细化规定，并明确特定领域的检验检测机构，应符合国家认监委针对不同行业和领域的特殊性制定和发布的评审补充要求。

公安部依据《计算机信息系统安全专用产品检测和销售许可证管理办法》建立了计算机信息系统安全专用产品强制检测制度，规定经公安部计算机管理监察部门审查合格的检测机构，才可承担安全专用产品检测任务。

工信部依据《电信条例》建立了电信设备进网检测制度，规定电信设备检测机构应当获得国务院产品质量监督部门的认可。工信部颁布的《电信设备进网管理办法》进一步规定检测机构对申请进网许可的电信设备进行检测的依据、检测规程和出具的检测报告应当符合国家或工业和信息化部的规定。之后又相继发布了《电信设备进网检测产品取样管理规定》《电信新设备进网试验管理暂行办法》等规定。

国家标准方面，关于规范检测服务的国家标准主要有《检测和校准实验室能力的通用要求》（GB/T 27025—2008）、《合格评定　各类检验机构能力的运作要求》（GB/T 27020—2016）、《检验检测机构诚信基本要求》（GB/T 31880—2015）等。此外，2017 年发布的《信息安全技术　信息技术产品安全检测机构条件和行为准则（征求意见稿）》专门针对信息技术产品安全检测机构的技术要求、管理要求以及行为准则作出了规定。

2. 网络安全检测的测评依据

网络安全检测的测评依据是指网络安全检测服务机构在进行安全检测服务

---

① 《认证认可条例》第十六条规定：向社会出具具有证明作用的数据和结果的检查机构、实验室，应当具备有关法律、行政法规规定的基本条件和能力，并依法经认定后，方可从事相应活动，认定结果由国务院认证认可监督管理部门公布。

时依据的标准或准则。网络安全检测依据的国家标准有《信息安全技术　网络和终端隔离产品安全技术要求》（GB/T 20279—2015）、《信息安全技术　防火墙安全技术要求和测试评价方法》（GB/T 20281—2015）、《信息安全技术　主机型防火墙安全技术要求和测试评价方法》（GB/T 31505—2015）、《信息安全技术　路由器安全技术要求》（GB/T 18018—2007）等。

此外，各检测机构又在国家标准的基础上，制定本机构的检测规范。以公安部计算机信息系统安全产品质量监督检验中心为例，该中心在相关国家标准的基础上制定了《信息技术　小型防火墙产品安全检验规范》《信息安全技术　访问控制产品检验规范》《信息安全技术　主机安全漏洞扫描产品检验规范》《信息安全技术　云操作系统安全检验要求》等规范作为检验的依据。

（三）网络安全风险评估服务

与网络安全认证服务、检测服务施行行政许可制度不同，对于网络安全风险评估服务，我国目前并没有规定从事该业务的机构需要获得相应的资质认定。整体来看，对于网络安全风险评估服务，除《网络安全法》之外，我国尚没有其他相关的法律法规对其有明确的规定。和网络安全认证服务、检测服务主体的设立方式不同，网络安全风险评估服务提供的主体具有多样性，提供的服务内容更为灵活和更具有差异性。我国大量提供渗透测试、风险评估等服务的网络安全服务公司即属于此类。关于风险评估的国家标准主要有《信息安全技术　信息安全风险评估规范》（GB/T 20984—2007）、《信息安全技术　信息安全风险评估实施指南》（GB/T 31509—2015）等。

实践中，风险评估早已成为某些行业常态化网络安全工作的重要组成部分。以金融行业为例，风险评估工作逐渐成为银行业金融机构常态化网络安全工作的重要内容。金融行业相继发布了《银行业金融机构安全评估办法》《电子银行安全评估指引》《商业银行信息科技风险管理指引》等标准和规范，指导银行业金融机构的风险评估工作。

2016 年 6 月 27 日，《中国银监会办公厅关于开展银行业网络安全风险专项评估治理及配合做好关键信息基础设施网络安全检查工作的通知》正式发布。该文件特别指出，“银行业网络和重要信息系统是国家关键信息基础设施。为进一步加强互联网安全风险应对，提升银行业整体防护能力，按照国家关键信息基础设施保护、网络安全风险专项应对工作的整体安排，决定组织开展银行业网络安全风险专项评估治理工作。同时，根据中央网信办《关于开展关键信息基础设施网络安全检查的通知》（中网办发文〔2016〕3号，见附件1，以下简称《通知》）要求，请各银监局、银行业金融机构认真做好国家关键信息基础设施网络安全检查相关工作”。该次评估范围涉及互联网业务系统（包括客户端、移动应用）、门户网站、第三方外联系统，数据中心基础设施、通信网络以及后台系统（包含管理信息系统、办公系统），范围广、业务类型多，银行业金融机构一般须在做好全面的业务梳理工作基础上借助外部专业化的评估机构完成安全评估。

总体来说，尽管有前述现行规范，《网络安全法》第二十六条的“国家有关规定”仍有待配套规定的完善。对网络安全服务活动的进一步规范应当体现《网络安全法》对于网络安全服务机构组织和行为规范结合的双重要求。第一，需要区分认证、检测、风险评估等服务主体，明确需要指定、授权、认可的服务机构和服务范围，除需要指定、授权、认可之外，应鼓励和指引第三方主体共建“网络安全社会化服务体系”，充分发挥市场的创新激励机制功能；第二，体现标准在网络安全服务活动中的实质性符合与否的衡量作用，确保网络安全服务活动能够达到维护网络数据的完整性、保密性、可用性和保障网络安全的目的；第三，对于众多的第三方主体，应通过平台义务和行业示范，规范其认证、检测、风险评估等行为；第四，通过《网络安全法》和相关法律规定的法律责任界定，使行为主体能够从禁止和鼓励两方面预测行为后果。总体而言，通过“国家有关规定”的完善与实施，最终将符合规范的网络安全服务活动主体纳入网络安全服务机构的范畴，为其提供更丰富的网络安全认证检测评估服务空间。

三、网络安全信息发布规范

网络安全信息的发布对于防控恶意软件、漏洞风险、数据泄露等网络安全风险意义重大。但与此同时，不规范或非法的网络安全信息发布又给网络安全带来新的风险和隐患。根据《网络安全法》第二十六条的规定，向社会发布系统漏洞、计算机病毒、网络攻击、网络侵入等网络安全信息，应当遵守国家有关规定。

（一）网络安全信息的范畴

《网络安全法》第二十六条通过列举方式界定了网络安全信息的一般范围，包括系统漏洞、计算机病毒、网络攻击、网络侵入等，将漏洞作为第一位的网络安全信息。在传统信息安全术语和风险管理（控制）理论中，已经赋予了漏洞清晰明确的技术定义，在此基础上发展出了包括 NIST 800 指南系列、ISO/IEC 27000 标准系列等在内的若干具有可操作性的信息安全风险管理机制和措施，并被安全行业作为最佳实践。这些对漏洞的定义均基于安全性而非功能性，虽然描述各有侧重，但在对漏洞的缺陷本质和风险损害特性的认定上基本一致，都认可漏洞是硬件、软件、协议或使用策略上“非故意”产生的缺陷，具备能被利用而导致安全损害的特性。这些缺陷以不同形式存在于信息系统的各个层级和环节之中，一旦被主体恶意利用，就会对信息系统的安全造成损害，从而影响信息系统的正常运行。漏洞具备可利用性、难以避免性、普遍性和长存性等技术特征。为强调漏洞可能导致的安全风险，各界基本将漏洞和安全漏洞的概念混用不加区分，漏洞称之为（内在的）脆弱性，与之相对的是外部安全威胁，两者结合共同构成信息安全风险。①

《网络安全法》第二十六条体现了漏洞的脆弱性特征，也明确了网络安全信息承载网络安全风险的基本功能。网络安全信息可以分为两类：一类是漏洞信息，此类信息的特点在于针对特定网络、系统安全自身的“脆弱性”；另一类为计算机病毒、网络攻击和侵入信息，此类信息的特征在于针对不特定网络、系统的外部“威胁”性。网络安全信息和网络安全事件概念也密切相关，漏洞、计算机病毒、网络攻击和侵入等均可能引发形成网络安全事件，中央网信办关于印发《国家网络安全事件应急预案》中将网络安全事件分为有害程序事件、网络攻击事件、信息破坏事件、信息内容安全事件等。

（二）网络安全信息发布的规范

《网络安全法》第二十六条规定，向社会发布系统漏洞、计算机病毒、网络攻击、网络侵入等网络安全信息应当遵守“国家有关规定”。此处的“国家有关规定”属于原则规定，为有关部门制定具体办法和开展执法提供了依据，有待进一步完善和实施。

网络安全信息发布规范主要涉及网络安全信息的发布主体、发布对象、发布内容、发布方式、法律责任等。从实践来看，随着网络安全服务机构的平台化和多元化，应当对发布的具体网络安全信息的主体进行规范。发布系统漏洞、计算机病毒、网络攻击、网络侵入等网络安全信息的规范，应当结

---

① 黄道丽、马民虎：《安全漏洞发现的合法性边界：授权模式下的行为要素框架》，《西安交通大学学报（社会科学版）》2017 年第 3 期。

合信息承载的对象性质、所涉及的信息构成网络安全事件的危害程度、影响范围等因素综合考虑。首先，《网络安全法》第五十一条的规定体现了基于“安全信息共享”理念下发布、监测、预警应遵循统筹协调、统一发布的制度。特别针对关键信息基础设施的网络攻击、基础漏洞、病毒等信息的发布应按照相应的制度和规定进行规范。其次，信息发布应充分体现“授权”原则，该授权主要来源于：（1）《网络安全法》对负责关键信息基础设施安全保护工作的部门等有关部门的授权性规定；（2）基于网络安全服务的协议约定，例如，“入侵五角大楼”计划，即是严格限定漏洞挖掘的网站范围，并指定了唯一的漏洞报告途径。最后，信息发布应严格遵循相关法律的禁止性规定，特别是《刑法》第二百八十五条以及《网络安全法》所规定的关键信息基础设施保护等内容。

法条链接目录

1. 网络安全认证服务相关的目录

中华人民共和国认证认可条例

认证机构管理办法

强制性产品认证标志管理办法

强制性产品认证检查员管理办法

强制性产品认证机构、检查机构和实验室管理办法

认证证书和认证标志管理办法（2015 年修订）

强制性产品认证管理规定（2009 年）

国家认监委关于认证规则备案的公告

关于调整信息安全产品强制性认证实施要求的公告

关于变更国家信息安全产品认证部分认证依据标准的公告

合格评定　产品、过程和服务认证机构要求（GB/T 27065—2015）

合格评定　管理体系审核认证机构的要求（GB/T 27021—2007）

信息技术　安全技术　信息安全管理体系审核认证机构的要求（GB/T 25067—2016）

2. 网络安全检测服务相关的目录

检验检测机构资质认定管理办法

国家认监委关于实施《检验检测机构资质认定管理办法》的若干意见

检验检测机构资质认定评审准则

计算机信息系统安全专用产品检测和销售许可证管理办法

中华人民共和国电信条例

电信设备进网管理办法

电信设备进网检测产品取样管理规定

电信新设备进网试验管理暂行办法

检测和校准实验室能力的通用要求（GB/T 27025—2008）

合格评定　各类检验机构能力的运作要求（GB/T 27020—2016）

检验检测机构诚信基本要求（GB/T 31880—2015）

信息安全技术　信息技术产品安全检测机构条件和行为准则（征求意见稿）

3. 网络安全风险评估相关的目录

信息安全技术　信息安全风险评估规范（GB/T 20984—2007）

信息安全技术　信息安全风险评估实施指南（GB/T 31509—2015）

4. 网络安全信息发布相关的目录

中华人民共和国刑法（第二百八十五条）

第七节　禁止从事危害网络安全的活动

适用要点

1. 危害网络安全活动的类型
2. 危害网络安全活动的相关法律衔接
3. 危害网络安全活动的责任认定

对危害网络安全的活动予以打击，是各国在行政执法和刑事司法领域的重要实践，也是国家维护网络安全的通行做法。《网络安全法》第二十七条规定，任何个人和组织不得从事非法侵入他人网络、干扰他人网络正常功能、窃取网络数据等危害网络安全的活动；不得提供专门用于从事侵入网络、干扰网络正常功能及防护措施、窃取网络数据等危害网络安全活动的程序、工具；明知他人从事危害网络安全的活动的，不得为其提供技术支持、广告推广、支付结算等帮助。《网络安全法》第二十七条与《刑法》相衔接，描述了危害网络安全活动的三大种类，与《网络安全法》第四十六条规定的危害网络信息安全共同构成了网络安全行政法层面“危害网络安全活动”的打击对象。

一、危害网络安全活动的种类

依照《网络安全法》第二十七条的规定，任何个人和组织不得从事：(1) 非法侵入他人网络、干扰他人网络正常功能、窃取网络数据等危害网络安全的活动；(2) 提供专门用于从事侵入网络、干扰网络正常功能及防护措施、窃取网络数据等危害网络安全活动的程序、工具；(3) 明知他人从事危害网络安全的活动的，不得为其提供技术支持、广告推广、支付结算等帮助。该条的责任主体是"任何个人和组织"，不论个人的身份地位、职务职称、家庭情况等，只要从事了本条禁止的危害网络安全的行为，都属于本条规定的责任主体。任何组织则包括法人、政府机构、非法人组织等。这样的主体在其他法律中也多次出现，是涵盖范围最广的主体，体现了法律对危害网络安全活动的严厉惩罚。该条将危害网络安全运行的行为分为三大类，包括：危害网络安全的活动；提供危害活动的程序及工具的帮助行为；提供技术支持、广告推广、支付结算的帮助。危害网络安全的活动又细分为非法侵入他人网络、干扰他人网络正常功能、窃取网络数据等活动。

"侵入"是指通过各种非授权访问的方式进入网络、系统，直接危害网络运行和网络数据的保密性、完整性；"干扰他人网络正常功能"是指对网络功能进行删除、修改、增加、干扰，造成系统不能正常运行，直接危害网络运行和系统的完整性、可用性；"窃取网络数据"是指未经授权，采用技术手段，获取网络中存储、传输、处理的数据，窃取网络数据的行为通常发生在侵入行为之后，主要危害网络数据的保密性和可用性。随着实施危害活动的程序和工具的能力强化，某一危害行为均可能同时危害保密性、完整性和可用性，并在行为和危害后果上难以截然区分。例如，利用勒索软件实施的攻击行为。

依据《最高人民法院 最高人民检察院关于办理危害计算机信息系统安全刑事案件应用法律若干问题的解释》的规定，"从事侵入网络、干扰网络正常功能及防护措施、窃取网络数据等危害网络安全活动的程序、工具"是指具有避开或者突破计算机信息系统安全保护措施，未经授权或者超越授权获取计算机信息系统数据的功能的；具有避开或者突破计算机信息系统安全保护措施，未经授权或者超越授权对计算机信息系统实施控制的功能的；其他专门设计用于侵入、非法控制计算机信息系统、非法获取计算机信息系统数据的程序、工具。值得注意的是，执法实践中对于是否属于此类程序和工具难以确定的，也可以依据前述解释，由执法部门“委托省级以上负责计算机信息系统安全保护管理工作的部门检验。司法机关根据检验结论，并结合案件具体情况认定”。

“技术支持”是指为从事危害网络安全的行为提供互联网接入、服务器托管、网络存储、通信传输等技术方面的帮助。“广告推广”是指为从事危害网络安全的行为进行广告宣传或推广，帮助其扩大影响或获得收入来源。“支付结算”是指为从事危害网络安全的行为或行为人提供收款、转账、取款、付款等服务，为行为人获得资金支持提供便利。《网络安全法》第二十七条中提供技术支持、广告推广、支付结算的帮助行为明确指出行为人应为故意，即“明知”。

二、危害网络安全活动的相关法律衔接

危害网络安全的活动具备专业性、技术性等特点，针对任何单一或部分行为的治理无法实现对“产业链”的全方位覆盖，我国《刑法》作为制裁社会违法行为的最后一道防线，将危害网络安全的活动纳入刑事制裁。《刑法》第二百八十五条规定了非法侵入计算机信息系统罪，非法获取计算机信息系统数据、非法控制计算机信息系统罪，提供侵入、非法控制计算机信息系统程序、工具罪；第二百八十六条规定了破坏计算机信息系统罪，网络服务渎职罪；第二百八十七条规定了利用计算机实施犯罪的提示性规定；此外，《刑法修正案（九）》针对《刑法》第二百八十五条的规定增加了单位犯罪的情形，在《刑法》第二百八十六条中增加了拒不履行信息网络安全管理义务罪和前款的单位犯罪的情形；在《刑法》第二百八十七条后增加了非法利用信息网络罪，帮助信息网络犯罪活动罪及单位犯罪的情形，进一步加强网络空间活动的监管，加大对危害网络安全行为的惩处力度，维护网络空间安全运行。

《网络安全法》作为从预防、控制到惩治的综合性立法，亦适时提出了多方参与、综合治理的构想。《网络安全法》第二十七条与《刑法》第二百八十五条、第二百八十六条和第二百八十七条之二相衔接，旨在打击危害网络安全活动的行为和支持、协助危害网络安全活动的帮助行为。值得注意的是，《网络安全法》在细节描述上有所不同，在危害网络安全活动的程序、工具方面，《刑法》列明是“用于侵入、非法控制”，而《网络安全法》则列明“用于从事侵入网络、干扰网络正常功能及防护措施、窃取网络数据等危害网络

安全活动的程序、工具”，隐含了“非法控制”这一类。所以《网络安全法》第二十七条规定的从事非法侵入他人网络、干扰他人网络正常功能等行为，直接与《刑法》第二百八十五条规定的非法侵入计算机信息系统罪和第二百八十六条规定的破坏计算机信息系统罪相衔接，“等”字隐含衔接了非法控制计算机信息系统罪；《网络安全法》第二十七条规定的从事危害网络安全的活动中的窃取网络数据，提供专门用于从事危害网络安全活动的程序、工具的行为，与《刑法》第二百八十五条规定的非法获取计算机信息系统数据罪，提供侵入、非法控制计算机信息系统程序、工具罪相衔接；《网络安全法》第二十七条规定的为他人从事危害网络安全的活动提供技术支持、广告推广、支付结算等帮助，与《刑法》第二百八十七条之二中规定的帮助信息网络犯罪活动罪相链接。《刑法》第二百八十七条之二规定：“明知他人利用信息网络实施犯罪，为其犯罪提供互联网接入、服务器托管、网络存储、通讯传输等技术支持，或者提供广告推广、支付结算等帮助，情节严重的，处三年以下有期徒刑或者拘役，并处或者单处罚金。单位犯前款罪的，对单位判处罚金，并对其直接负责的主管人员和其他直接责任人员，依照第一款的规定处罚。有前两款行为，同时构成其他犯罪的，依照处罚较重的规定定罪处罚。”

除《刑法》之外，《治安管理处罚法》《电信条例》等都规定了危害网络安全的违法犯罪行为。《治安管理处罚法》第二十九条规定了实施危害网络安全行为的治安管理处罚：“有下列行为之一的，处五日以下拘留；情节较重的，处五日以上十日以下拘留：（一）违反国家规定，侵入计算机信息系统，造成危害的；（二）违反国家规定，对计算机信息系统功能进行删除、修改、增加、干扰，造成计算机信息系统不能正常运行的；（三）违反国家规定，对计算机信息系统中存储、处理、传输的数据和应用程序进行删除、修改、增加的；（四）故意制作、传播计算机病毒等破坏性程序，影响计算机信息系统正常运行的。”《网络安全法》第二十七条补充完善了《治安管理处罚法》中有关危害网络安全行为的规定。根据《电信条例》的规定：任何组织或者个人不得有下列危害电信网络安全和信息安全的行为：对电信网的功能或者存储、处理、传输的数据和应用程序进行删除或者修改；利用电信网从事窃取或者破坏他人信息、损害他人合法权益的活动；故意制作、复制、传播计算机病毒或者以其他方式攻击他人电信网络等电信设施；危害电信网络安全和信息安全的其他行为；违反以上规定，构成犯罪的，依法追究刑事责任；尚不构成犯罪的，由公安机关、国家安全机关依照有关法律、行政法规的规定予以处罚。

总的来说，《网络安全法》第二十七条丰富了《刑法》《治安管理处罚法》《电信条例》等法律法规中对侵入系统、窃取数据等罪名的行为规定，是新旧立法的有效衔接，对预防和惩罚网络违法行为有着不可替代的意义。

三、危害网络安全活动的责任认定

责任认定是指对因违法行为、违约行为或法律规定而引起的法律责任，进行判断、认定、追究、归结以及减缓和免除的活动。《网络安全法》第六十三条进一步明确了个人和组织从事第二十七条所禁止行为的法律责任，规定了没收违法所得、拘留、罚款和限制从业资格（职业禁入）等行政处罚，明确处罚机关是公安机关。

《网络安全法》第六十三条第一款区分不同情节对违反第二十七条规定，从事三大类危害网络安全活动的行为，尚不构成犯罪的行为的法律责任作了规定：由公安机关没收违法所得，处五日以下拘留，可以并处五万元以上五十万元以下罚款；情节较重的，处五日以上十五日以下拘留，可以并处十万元以上一百万元以下罚款。情节较重的认定，由公安机关结合上述违法行为的次数、所造成的危害后果、非法获利的数额等情况综合确定。

《网络安全法》第六十三条第二款规定了单位实施危害网络安全行为应承担的法律责任：对单位，由公安机关没收违法所得，处十万元以上一百万元以下罚款；对直接负责的主管人员和其他直接责任人员依照第一款的规定处罚，即由公安机关没收违法所得，处五日以下拘留，可以并处五万元以上五十万元以下罚款；情节较重的，处五日以上十五日以下拘留，可以并处十万元以上一百万元以下罚款。

《网络安全法》第六十三条第三款规定对从事危害网络安全行为的人员规定了从业禁止措施，属于新型的准行政处罚，具体分为两种情形：一是受到治安管理处罚的人员，五年内不得从事网络安全管理和网络运营关键岗位的工作；二是受到刑事处罚的人员，终身不得从事网络安全管理和网络运营关键岗位的工作。从业禁止规定是在《网络安全法（草案二次审议稿）》中新增，原本对故意从事危害网络安全的活动受到治安管理处罚或者刑事处罚的人员，均要求终身不得从事网络安全管理和网络运营关键岗位的工作，社会公众和企业建议区分情况规定从业禁止，因此，《网络安全法（草案三次审议稿）》根据建议改为以上两种情形。

法条链接目录

1. 中华人民共和国网络安全法

2. 中华人民共和国刑法

3. 中华人民共和国刑法修正案（九）

4. 最高人民法院 最高人民检察院关于办理危害计算机信息系统安全刑事案件应用法律若干问题的解释

5. 中华人民共和国电信条例

第八节 涉密网络的运行安全

适用要点

1. 国家秘密信息的界定

2. 涉密系统的分级保护

3. 存储和处理国家秘密信息的具体要求

《网络安全法》第七十七条规定，存储、处理涉及国家秘密信息的网络的运行安全保护，除应当遵守本法外，还应当遵守保密法律、行政法规的规定。这与《保守国家秘密法》《保守国家秘密法实施条例》《商用密码管理条例》《信息安全等级保护管理办法》（含配套标准文件以及拟定中的可以视为其升级版的网络安全等级保护制度）涉密管理等现有规定共同构成了涉密安全保护的制度体系。

一、存储和处理国家秘密信息的具体要求

国家秘密一经泄露，可能损害国家在政治、经济、国防、外交等领域的安全和利益，故属于国家安全和利益的重大事项。对于涉及国家秘密的信息和网络运行安全保护，属于《网络安全法》第一条所保护的国家安全、公众利益的应有之意。具体而言，《网络安全法》对涉密信息、涉密网络的安全保护提出了以下要求。

（一）确保网络数据的保密性

《网络安全法》第十条对网络数据的保密性作了原则性规定。保密性即包

括对国家秘密信息、法人等组织的商业秘密信息、个人信息特别是隐私信息等主体基于分类、分级保密的内容，特别是对于国家秘密，我国通过《保守国家秘密法》《保守国家秘密法实施条例》等建立了严格的分类、分级保护制度。在网络空间中运行、处理、存储国家秘密，涉及如何适用保密规定，特别是如何将保密规定中的“涉密信息系统”管理制度适用于网络空间。

《网络安全法》第三十六条将安全保密协议作为网络产品、服务提供者向包括涉密在内的关键信息基础设施运营者提供产品、服务时的强制性内容，对供应商提出了明确的保密义务和责任规定。该条规定与《保守国家秘密法》《保守国家秘密法实施条例》的条款相吻合。

运营国家秘密或“涉密信息系统”的机关、单位，除应遵守《保守国家秘密法》不得将涉密计算机、涉密存储设备接入互联网及其他公共信息网络，禁止在互联网及其他公共信息网络或者未采取保密措施的有线和无线通信中传递国家秘密的规定外，还应按照《网络安全法》第二十一条、第七十七条的规定，参考《密码法（草案征求意见稿）》的相关规定，存储、传输涉密信息应当将涉密信息的数据加密作为一项基本义务和要求，以确保涉密信息在公共网络上的加密传输、存储。

（二）关键设备和专用产品应符合要求

根据《网络安全法》第二十三条、第三十五条的规定，涉密网络的运营者在采购网络关键设备和网络安全专用产品（含服务）时，应采购具备资格的机构安全认证合格或者安全检测符合的设备和产品。2017 年 6 月，《网络关键设备和网络安全专用产品目录（第一批）》发布，明确了 15 类设备、产品的强制性认证、检测准入要求，以此为基准，对可能影响国家安全的，并应按照《网络产品和服务安全审查办法（试行）》接受国家安全审查，以实现安全、可控。

二、关联的法律规定

（一）《保守国家秘密法》

《保守国家秘密法》作为“保守国家秘密，维护国家安全和利益”的基本法，一方面，部分条文构成了对《网络安全法》加密传输、存储的技术措施、协议约定、管理制度等规定的细化；另一方面，作为对涉密信息、网络进行规范的专门法，强调了对人员、数据资产和保密程序等在内的全方位、系统化管理要求。其主要规定和要求包括以下几方面。

1. 涉密范围与密级

《保守国家秘密法》第九条至第十五条明确了涉密范围、期限、密级划分，将国家秘密的密级分为绝密、机密、秘密三级。该规定构成了《网络安全法》对涉密信息、网络安全保护规定的前提。并在第十七条规定，机关、单位对承载国家秘密的纸介质、光介质、电磁介质等载体（国家秘密载体）以及属于国家秘密的设备、产品，应当作出国家秘密标志。该条规定为认定是否构成国家秘密提供了形式依据。

2. 保密制度

对于涉密信息、网络安全保护应采取的保密措施，该法具体规定主要体现在保密制度专章中。

《保守国家秘密法》第二十三条规定，存储、处理国家秘密的计算机信息系统（以下简称涉密信息系统）按照涉密程度实行分级保护。涉密信息系统应当按照国家保密标准配备保密设施、设备。保密设施、设备应当与涉密信息系统同步规划、同步建设、同步运行。涉密信息系统应当按照规定，经检查合格后，方可投入使用。上述规定应理解为与《网络安全法》第三十一条、第三十三条对关键信息基础设施的涉密信息、网络的对应，其体现的分级保护、“三同步”规定基本一致。

《保守国家秘密法》第二十四条至第二十七条具体规定了有关机关、单位以及任何组织和个人禁止实施的行为：(1)将涉密计算机、涉密存储设备接入互联网及其他公共信息网络；(2)在未采取防护措施的情况下，在涉密信息系统与互联网及其他公共信息网络之间进行信息交换；(3)使用非涉密计算机、非涉密存储设备存储、处理国家秘密信息；(4)擅自卸载、修改涉密信息系统的安全技术程序、管理程序；(5)将未经安全技术处理的退出使用的涉密计算机、涉密存储设备赠送、出售、丢弃或者改作其他用途；(6)非法复制、记录、存储国家秘密；(7)在互联网及其他公共信息网络或者未采取保密措施的有线和无线通信中传递国家秘密；(8)在私人交往和通信中涉及国家秘密等。第二十四条至第二十七条的规定，构成了对《网络安全法》第二十一条的涉密补充，其体现的主要思想是，对涉密信息的传输、存储、使用等，应采取必要的技术措施和管理制度进行安全保护。

3. 泄密案件处理

泄密案件处理是《网络安全法》第二十五条、第四十七条、第五十四条在涉密信息、网络场景的对应，《网络安全法》中作为网络安全事件监测和处置，在《保守国家秘密法》中则作为泄密案件处理。两者规定的义务与责任主体、处理程序基本一致。主要体现在第二十八条和第五十条规定中:(1)互联网及其他公共信息网络运营者应当配合公安机关、国家安全机关、检察机关对泄密案件进行调查;(2)发现利用互联网及其他公共信息网络发布的信息涉及泄露国家秘密的，应当立即停止传输，保存有关记录，向公安机关、国家安全机关或者保密行政管理部门报告;(3)应当根据公安机关、国家安全机关或者保密行政管理部门的要求，删除涉及泄露国家秘密的信息;(4)国家工作人员或者其他公民发现国家秘密已经泄露或者可能泄露时，应当立即采取补救措施并及时报告有关机关、单位。机关、单位接到报告后，应当立即作出处理，并及时向保密行政管理部门报告。

4. 保密协议与保密审查制度

《保守国家秘密法》第二十九条规定，机关、单位公开发布信息以及对涉及国家秘密的工程、货物、服务进行采购时，应当遵守保密规定。第三十条规定，机关、单位对外交往与合作中需要提供国家秘密事项，或者任用、聘用的境外人员因工作需要知悉国家秘密的，应当报国务院有关主管部门或者省、自治区、直辖市人民政府有关主管部门批准，并与对方签订保密协议。第三十四条规定，从事国家秘密载体制作、复制、维修、销毁，涉密信息系统集成，或者武器装备科研生产等涉及国家秘密业务的企业事业单位，应当经过保密审查，具体办法由国务院规定。机关、单位委托企业事业单位从事前款规定的业务，应当与其签订保密协议，提出保密要求，采取保密措施。

5. 场所和物理安全

《保守国家秘密法》第三十二条规定，机关、单位应当将涉及绝密级或者较多机密级、秘密级国家秘密的机构确定为保密要害部门，将集中制作、存放、保管国家秘密载体的专门场所确定为保密要害部位，按照国家保密规定和标准配备、使用必要的技术防护设施、设备。第三十三条规定，军事禁区和属于国家秘密不对外开放的其他场所、部位，应当采取保密措施，未经有关部门批准，不得擅自决定对外开放或者扩大开放范围。上述规定体现了《网络安全法》的网络安全等级保护和关键信息基础设施保护的思路。属于上述规定的要害部位、非开放部位，都可能纳入关键信息基础设施予以重点保护。

6. 人员安全

《保守国家秘密法》第三十五条规定，在涉密岗位工作的人员（以下简称涉密人员)，按照涉密程度分为核心涉密人员、重要涉密人员和一般涉密人员，实行分类管理。任用、聘用涉密人员应当按照有关规定进行审查。涉密人员应当具有良好的政治素质和品行，具有胜任涉密岗位所要求的工作能力。涉密人员的合法权益受法律保护。第三十六条规定，涉密人员上岗应当经过保密教育培训，掌握保密知识技能，签订保密承诺书，严格遵守保密规章制度，不得以任何方式泄露国家秘密。第三十九条规定，机关、单位应当建立健全涉密人员管理制度，明确涉密人员的权利、岗位责任和要求，对涉密人员履行职责情况开展经常性的监督检查。第三十一条规定，举办会议或者其他活动涉及国家秘密的，主办单位应当采取保密措施，并对参加人员进行保密教育，提出具体保密要求。以上规定可以理解为是对《网络安全法》第三十四条关键信息基础设施运营者应当履行的安全保护义务中第一款和第二款规定的涉密的细化。

（二）《保守国家秘密法实施条例》

《保守国家秘密法实施条例》第二十三条规定，涉密信息系统按照涉密程度分为绝密级、机密级、秘密级。机关、单位应当根据涉密信息系统存储、处理信息的最高密级确定系统的密级，按照分级保护要求采取相应的安全保密防护措施。第二十四条第一款规定，涉密信息系统应当由国家保密行政管理部门设立或者授权的保密测评机构进行检测评估，并经设区的市、自治州级以上保密行政管理部门审查合格，方可投入使用。第二十五条第一款规定，机关、单位应当加强涉密信息系统的运行使用管理，指定专门机构或者人员负责运行维护、安全保密管理和安全审计，定期开展安全保密检查和风险评估。第二十八条规定，企业事业单位从事国家秘密载体制作、复制、维修、销毁，涉密信息系统集成或者武器装备科研生产等涉及国家秘密的业务（以下简称涉密业务)，应当由保密行政管理部门或者保密行政管理部门会同有关部门进行保密审查。保密审查不合格的，不得从事涉密业务。

其中，安全审计的规定尽管未在《网络安全法》中直接明确，但安全审计作为“保存有关记录”和实现信息、数据可追溯、可验证的“可信”综合规定，对于实现本条存储、处理涉及国家秘密信息的网络的运行安全保护目的具有重要现实意义。

（三）《信息安全等级保护管理办法》

1. 测评与检测

《信息安全等级保护管理办法》在第二十二条、第二十三条、第二十八条至第三十三条等条款明确了以测评和检测作为衡量和评判安全等级保护水平的基准，并对测评机构资质和义务作出了规定。第二十二条规定第三级以上信息系统应当选择符合相应条件的等级保护测评机构进行测评，并在第二十三条规定了从事信息系统安全等级测评的机构的相应义务。

2. 分级对应制度

《信息安全等级保护管理办法》通过专章“涉及国家秘密信息系统的分级保护管理”对涉及国家秘密的信息系统保护作出规定，其整体规定与《保守国家秘密法》相呼应，通过标准、指引进行规范是《信息安全等级保护管理办法》的重要特色，围绕《信息安全等级保护管理办法》构筑的相应标准、指引，目前仍是行之有效的规定；同时，第二十七条要求涉密信息系统建设使用单位应当依据涉密信息系统分级保护管理规范和技术标准，按照秘密、机密、绝密三级的不同要求，结合系统实际进行方案设计，实施分级保护，其保护水平总体上不低于国家信息安全等级保护第三级、第四级、第五级的水平的规定，实现了涉密分级与等保分级的直接对应。

3. 密码管理

《信息安全等级保护管理办法》第三十四条规定，国家密码管理部门对信息安全等级保护的密码实行分类分级管理。根据被保护对象在国家安全、社会稳定、经济建设中的作用和重要程度，被保护对象的安全防护要求和涉密程度，被保护对象被破坏后的危害程度以及密码使用部门的性质等，确定密码的等级保护准则。第三十六条规定，信息系统运营、使用单位应当充分运用密码技术对信息系统进行保护。采用密码对涉及国家秘密的信息和信息系统进行保护的，应报经国家密码管理局审批，密码的设计、实施、使用、运行维护和日常管理等，应当按照国家密码管理有关规定和相关标准执行；采用密码对不涉及国家秘密的信息和信息系统进行保护的，须遵守《商用密码管理条例》和密码分类分级保护有关规定与相关标准，其密码的配备使用情况应当向国家密码管理机构备案。

（四）《商用密码管理条例》

在《密码法》出台之前，《商用密码管理条例》仍是有效的行政法规，对不涉及国家秘密内容的信息进行加密保护或者安全认证的商用密码进行监管。根据《商用密码管理条例》第三条的规定，商用密码技术属于国家秘密，同时考虑到现代密码学的算法、密钥技术特点，商用密码技术亦是核心密码、普通密码的技术参照和基础，商用密码与核心密码、普通密码具有某些共同特征。因此，应对商用密码技术的存储、处理涉及的网络既不可缺失，亦不能过度依赖，须予以适度安全保护。

需要强调的是，不受监管的商用密码使用会对国家秘密信息构成危害（例如，非标准的加密可能无法实现解密），因此，《商用密码管理条例》第十三条规定，进口密码产品以及含有密码技术的设备或者出口商用密码产品，必须报经国家密码管理机构批准。任何单位或者个人不得销售境外的密码产品。第十四条规定，任何单位或者个人只能使用经国家密码管理机构认可的商用密码产品，不得使用自行研制的或者境外生产的密码产品。第十五条规定，境外组织或者个人在中国境内使用密码产品或者含有密码技术的设备，必须报经国家密码管理机构批准；但是，外国驻华外交代表机构、领事机构除外。结合《信息安全等级保护管理办法》第三十七条规定：运用密码技术对信息系统进行系统等级保护建设和整改的，必须采用经国家密码管理部门批准使用或者准于销售的密码产品进行安全保护，不得采用国外引进或者擅自研制的密码产品；未经批准不得采用含有加密功能的进口信息技术产品。事实上，对《网络安全法》中的国家安全审查制度从密码层面提出了具体要求。

整体而言，《保守国家秘密法》作为涉密信息保护的基本法，重点在于围绕涉密信息的安全构建保密体系，关注和强调的是存储涉密信息的涉密信息系统的保护，《信息安全等级保护管理办法》作为规范性文件，与行政法规《保守国家秘密法实施条例》一并体现衔接法律与标准的作用。网络空间中涉密信息和涉密信息系统并非一直处于孤立或静止状态，而是时刻处于网络运行的动态背景下，因此，在《网络安全法》中也需要提升和实现从信息安全等级保护到网络安全等级保护的升级与跃迁。《网络安全法》力图回应在“不安全”的网络上保护涉密信息这一新常态问题，未来的《密码法》则为这一问题的解答提供了加密的基本技术路径。三部基础法律将共同构筑和完善涉密信息、系统、网络的安全保护体系。

三、典型案例

2016 年 4 月 18 日，中央电视台《焦点访谈》栏目播出了名为《致命的密码 身边的“暗战”（一）》的一期节目，引发全国震惊。犯罪嫌疑人黄某，1997 年进入我国一家涉密科研所工作，其工作能力平平，工作态度不端正，在职期间频繁更换工作岗位与部门。按照末位淘汰制的规定，黄某将被解职。由于心怀不满，黄某便将其在工作期间获取的国家机密出卖给境外间谍组织。在金钱的诱惑下，黄某从一名研究所职员变成了间谍。其间，黄某以到国外开会出差、旅游为由掩盖自己的行踪。由于已经离职，黄某掌握的机密已经所剩不多，于是他打算寻求老同事闻某的帮助获取更多的情报，在遭到闻某的拒绝后，黄某开始将目标锁定为在另一家涉密单位工作的妻子唐某身上。之后，黄某又窃取了同一工作系统内其姐夫谭某笔记本中的资料，仍不满足的黄某还继续窃取其他同事电脑上的资料。2011 年，国家安全机关对黄某实施了抓捕。根据黄某的护照显示，其出境为境外间谍组织提供情报共计 21 次。根据我国《刑法》第一百一十条和第一百一十三条的规定，参加间谍组织或者接受间谍组织及其代理人任务，从事间谍活动，危害国家安全的，处十年以上有期徒刑或者无期徒刑；对国家和人民危害特别严重，情节特别恶劣的，可以判处死刑。最终，黄某因“间谍罪”被依法判处死刑，剥夺政治权利终身，并收缴间谍经费。

法条链接目录

1. 中华人民共和国网络安全法
2. 中华人民共和国保守国家秘密法
3. 信息安全等级保护管理办法
4. 中华人民共和国保守国家秘密法实施条例
5. 中华人民共和国密码法（草案征求意见稿）
6. 网络关键设备和网络安全专用产品目录（第一批）
7. 网络产品和服务安全审查办法（试行）
8. 商用密码管理条例

第四章

关键信息基础设施保护

核心内容

1. 关键信息基础设施的认定和范围
2. 关键信息基础设施保护机制
3. 关键信息基础设施保护的具体要求
4. 网络安全审查
5. 关键信息基础设施的保密协议安排
6. 数据境内存储及其跨境传输
7. 关键信息基础设施风险检测评估

本章综述

在网络社会中，国家安全、经济繁荣以及人民福祉严重地依赖“关键基础设施”这一复杂的动态系统。长久以来，关键信息基础设施一直是网络入侵的重要目标。近期，关键信息基础设施面临的威胁在急剧增加，针对关键信息基础设施的新型攻击技术手段层出不穷，金融、能源、关键制造、电力、交通等重要行业关键信息基础设施成为网络攻击的主要对象。2015 年年末至 2016 年以来，一系列针对关键基础设施特别是工业系统和金融系统的破坏性攻击被曝光：乌克兰停电事件、沙特 Shamoon 2.0 事件、孟加拉央行被窃事件、泰国邮政储蓄银行 ATM 被窃事件等。在未来几年中，针对能源、交通、制造、金融、通信等领域的关键基础设施破坏性攻击仍将持续加剧，安全生产事故，甚至是安全生产灾难，随时都有可能大规模爆发。网络关键信息基础设施的重要性及其所面临的严峻形势，使其成为各国网络安全立法的核心问题，各国纷纷出台网络空间安全战略、法律和政策，对关键基础设施保护进行制度安排。我国《网络安全法》专设“关键信息基础设施运行安全”一节，构建起以信息共享为基础，事前预防、事中控制、事后恢复与惩治的关键信息基础设施保护体系，具体制度包括“三同步”要求、网络安全审查制度、个人信息和重要数据境内存储和出境安全评估制度等。

第一节　关键信息基础设施的认定和范围

适用要点

1. 我国关键信息基础设施概念的发展
2. 关键信息基础设施保护与等级保护的关系
3. 关键信息基础设施范围的界定
4. 与《刑法》的衔接

对关键信息基础设施进行保护的逻辑起点是界定其范围，即哪些网络设施和系统应纳入被保护的范围。2001 年的美国《爱国者法》将关键基础设施界定为“对美国来说至关重要的系统和资产，无论是物理的还是虚拟的，这些系统或资产一旦丧失能力或遭受破坏将削弱国家安全、国家经济安全、国家公共卫生或公共安全，或上述事项的任何组合”，其后颁布的《关于提高关键基础设施网络安全的行政命令》也沿用了该规定；欧委会于 2004 年 10 月公布的《反恐怖主义中的关键基础设施保护通讯》，将关键基础设施界定为“如果被中断或被破坏，将会对欧盟公民的健康、安全、经济安全和福利，以及欧盟政府发挥有效职能造成严重影响的物理和信息技术的设施、网络、业务和资产”，同时还通过列举的方式确定了关键基础设施的范围；德国于 2015 年 8 月通过的《联邦信息技术安全法修正案》，将关键基础设施定义为“对社会运行具有重要意义，其停运或受损将造成严重供应不足或危及公共安全的设施”。从上述各国对关键信息基础设施的定义来看，都意识到其对国家安全和社会稳定的重要意义。我国《网络安全法》第三十一条也强调了关键信息基础设施的重要性，即“一旦遭到破坏、丧失功能或者数据泄露，可能严重危害国家安全、国计民生、公共利益”，同时也采用了列举的方式，确定了关键信息基础设施的范围包括公共通信和信息服务、能源、交通、水利、金融、公共服务、电子政务等重要行业和领域。

一、我国关键信息基础设施概念的发展

关键信息基础设施概念始于国外，我国正式使用此概念较晚，但相关制度安排中也一直体现出对重要系统的重点保护理念。

1994 年，《计算机信息系统安全保护条例》使用了“重要领域的计算机信息系统”概念，其第四条规定：“计算机信息系统的安全保护工作，重点维护国家事务、经济建设、国防建设、尖端科学技术等重要领域的计算机信息系统的安全。”

2003 年，《国家信息化领导小组关于加强信息安全保障工作的意见》使用了“重要信息系统”概念，要求重点保护基础信息网络和关系国家安全、经济命脉、社会稳定的重要信息系统。

2014 年 2 月，习近平总书记在中央网络安全和信息化领导小组第一次会议上的讲话中使用了“关键信息基础设施”概念，强调要抓紧制定立法规划，完善互联网信息内容管理、关键信息基础设施保护等法律法规，依法治理网络空间，维护公民合法权益。

2016 年，《网络安全法》首次在法律中确立了关键信息基础设施保护制度。其第三十一条第一款规定：“国家对公共通信和信息服务、能源、交通、水利、金融、公共服务、电子政务等重要行业和领域，以及其他一旦遭到破坏、丧失功能或者数据泄露，可能严重危害国家安全、国计民生、公共利益的关键信息基础设施，在网络安全等级保护制度的基础上，实行重点保护。关键信息基础设施的具体范围和安全保护办法由国务院制定。”

“重要领域的计算机信息系统”“重要信息系统”“关键信息基础设施”之间具有密切的关联关系，在范围上存在交叉。虽然“重要领域的计算机信息系统”“重要信息系统”概念提出时间较长，但缺乏明确的范围认定标准。关键信息基础设施上升为正式法律概念之后，应在《网络安全法》规定的基础上进一步明确其范围和保护办法，为各方面执行《网络安全法》提供清晰的指引。

二、关键信息基础设施保护与等级保护的关系

《网络安全法》第三十一条规定，在等级保护的基础上，对关键信息基础设施实行重点保护。理解上述规定，有如下两个要点。

一是关键信息基础设施保护需要以等级保护为基础。等级保护对我国网

络信息系统保护发挥着重要作用，经过多年实践，构建了比较完善的制度体系和相关执行体系，积累了丰富的经验，成为我国网络信息系统保护的基础，《网络安全法》第二十一条明确规定国家实行网络安全等级保护制度。《网络安全法》确立关键信息基础设施保护制度，不是将其从等级保护制度中分离出来形成独立的制度，而是在等级保护制度的基础上开展网络信息系统保护工作，等级保护制度对关键信息基础设施仍然适用。

二是与等级保护制度相比，关键信息基础设施保护制度更加突出“重点保护”。等级保护制度将信息系统分为五级，并提出“计算机信息系统的安全保护工作，重点维护国家事务、经济建设、国防建设、尖端科学技术等重要领域的计算机信息系统的安全”，本身已经体现了“重点保护”的思想，但从实践情况来看，即便是其中的“重要领域的计算机信息系统”，涵盖范围也仍然较宽。关键信息基础设施将重点保护范围进一步精确化，通过网络安全态势感知、信息共享、监测预警、应急处置等制度进一步提升安全保障能力，更侧重行业和领域的整体安全。在监管机构方面，等级保护由公安部门负责，关键信息基础设施保护由行业、领域的主管或者监管部门负责。

需要指出的是，等级保护与关键信息设施保护制度存在重叠，在执行中还有需要进一步协调的地方，例如，等级保护对信息系统的分级标准与关键信息基础设施范围的认定标准如何协调，等级保护主管部门和关键信息基础设施保护主管部门对信息系统的监督检查如何执行、协调等。

三、关键信息基础设施范围的界定

（一）《网络安全法》

《网络安全法（草案）》采用列举的方式将关键信息基础设施划分为以下几种类型：（1）基础信息网络，如公共通信、广播电视传输等服务所依赖的网络；（2）重要行业使用的网络系统，如能源、交通、水利、金融等；（3）公共服务领域的网络系统，如供电、供水、供气、医疗卫生、社会保障等；（4）党政军机关使用的网络系统；（5）涉及大量用户的网络服务提供者的网络和系统。《网络安全法（草案二次审议稿）》将关键信息基础设施界定为遭到破坏、功能损坏或者数据泄露，可能严重危害国家安全、国计民生、公共利益的网络和系统。

《网络安全法》最终将关键信息基础设施界定为公共通信和信息服务、能源、交通、水利、金融、公共服务、电子政务等重要行业和领域，以及其他一旦遭到破坏、丧失功能或者数据泄露，可能严重危害国家安全、国计民生、公共利益的网络和系统，并授权国务院确定关键信息基础设施的具体范围。

（二）《国家网络空间安全战略》及管理实践

《国家网络空间安全战略》将关键信息基础设施界定为事关国家安全和国计民生，数据泄露、被攻击或者遭到破坏以及丧失功能可能严重危害国家安全、公共利益的网络信息系统，主要包括基础信息网络，重要行业和重要领域的信息系统，国家机关的重要信息系统以及重要的互联网应用系统等。在监督管理实践中，中央网信办基本采用了战略的规定，将关键信息基础设施界定为面向公众提供网络信息服务或支撑重要行业运行的信息系统以及工业控制系统 。

（三）《关键信息基础设施安全保护条例（征求意见稿）》

2017 年 7 月 10 日，《关键信息基础设施安全保护条例（征求意见稿）》公开向社会征求意见。根据《关键信息基础设施安全保护条例（征求意见稿）》第十八条的规定，下列单位运行、管理的网络设施和信息系统，一旦遭到破坏、丧失功能或者数据泄露，可能严重危害国家安全、国计民生、公共利益的，应当纳入关键信息基础设施保护范围：（1）政府机关和能源、金融、交通、水利、卫生医疗、教育、社保、环境保护、公用事业等行业领域的单位；（2）电信网、广播电视网、互联网等信息网络，以及提供云计算、大数据和其他大型公共信息网络服务的单位；（3）国防科工、大型装备、化工、食品药品等行业领域科研生产单位；（4）广播电台、电视台、通讯社等新闻单位；（5）其他重点单位。

（四）关键信息基础设施范围的考量

关键信息基础设施的内涵——“国家安全、国计民生和公共安全”，是确定关键信息基础设施的基础。所谓“国计民生”，是指关键基础设施所具有的功能和提供的服务，对于一个国家的正常运转是最基本的、必要的，对社会公众而言是不可或缺的产品或服务，如供水、供电以及公共通信等。从各国关键基础设施保护立法来看，所谓的“关键”是指事关国家安全和公共安全，考虑到与国际接轨的需要以及范围过宽对企业造成的不利影响，关键信息基础设施的“关键”应理解为事关国家安全、国计民生和公共安全。实践中，还需要确定更详细的可操作性强的关键信息基础设施认定标准。《关键信息基础设施安全保护条例（征求意见稿）》规定，国家网信部门会同国务院电信主管部门、公安部门等制定关键信息基础设施识别指南。

具体来讲，认定关键信息基础设施可以考虑以下因素：一是行政级别标准。对于政府公共服务系统，可以将行政级别如县级、市级作为认定关键信息基础设施的因素。二是可能造成的损失标准。根据一旦发生网络安全事故可能导致信息泄露数量、经济损失、影响地域范围和人口数量等确定标准。三是信息系统涉及信息的重要性。根据是否涉及国家秘密以及其他重要信息确定标准。

《网络安全法（草案）》曾将“涉及大量用户的网络服务提供者的网络和系统”确定为关键信息基础设施，最终通过的《网络安全法》删除了该规定。从该立法过程来看，在实施过程中，可以将用户数量作为一个因素考虑，但不宜仅因为用户数量众多就将网络或系统认定为关键信息基础设施。

关键信息基础设施保护的核心要点是突出重点，如果认定的关键信息基础设施数量过多，反而不利于集中有限的资源对关键信息基础设施进行重点保护。识别指南采用的认定标准，如果涉及用户数量、泄露信息数量、影响人口范围等指标时，应预估根据这些指标可能纳入的关键信息基础设施数量，如果数量过多，可能需要评估指标的科学性，对认定指标作适当调整。

四、与《刑法》的衔接

关键信息基础设施的认定，不仅涉及国家机关监管职责的划分以及运营者义务的确定，还涉及对破坏关键信息基础设施行为如何处罚，特别是如何追究刑事责任的问题。

《刑法》第二百八十五条第一款规定了非法侵入计算机信息系统罪：“违反国家规定，侵入国家事务、国防建设、尖端科学技术领域的计算机信息系统的，处三年以下有期徒刑或者拘役。”第二款规定了非法获取计算机信息系统数据、非法控制计算机信息系统罪：“违反国家规定，侵入前款规定以外的计算机信息系统或者采用其他技术手段，获取该计算机信息系统中存储、处理或者传输的数据，或者对该计算机信息系统实施非法控制，情节严重的，处三年以下有期徒刑或者拘役，并处或者单处罚金；情节特别严重的，处三年以上七年以下有期徒刑，并处罚金。”第一款和第二款规定的区别在于，侵入国家事务、国防建设、尖端科学技术领域的计算机信息系统，是行为犯；而侵入其他信息系统，需要情节严重才构成犯罪。这体现了对特殊信息系统重点保护的思想。根据《最高人民法院　最高人民检察院关于办理危害计算机信息系统安全刑事案件应用法律若干问题的解释》第十条的规定，“国家事务、国防建设、尖端科学技术领域的计算机信息系统难以确定的，应当委托省级以上负责计算机信息系统安全保护管理工作的部门检验。司法机关根据检验结论，并结合案件具体情况认定。”

《刑法》第二百八十六条规定了破坏计算机信息系统罪，其中第一款规定：“违反国家规定，对计算机信息系统功能进行删除、修改、增加、干扰，造成计算机信息系统不能正常运行，后果严重的，处五年以下有期徒刑或者拘役；后果特别严重的，处五年以上有期徒刑。”《最高人民法院　最高人民检察院关于办理危害计算机信息系统安全刑事案件应用法律若干问题的解释》第四条规定，破坏国家机关或者金融、电信、交通、教育、医疗、能源等领域提供公共服务的计算机信息系统的功能、数据或者应用程序，致使生产、生活受到严重影响或者造成恶劣社会影响的，应当认定为破坏计算机信息系统“后果特别严重”。

《刑法》第二百八十五条中规定的“国家事务、国防建设、尖端科学技术领域的计算机信息系统”以及司法解释提及的“国家机关或者金融、电信、交通、教育、医疗、能源等领域提供公共服务的计算机信息系统”都涉及关键信息基础设施保护问题，但对它们的保护适用的《刑法》和司法解释的规定存在差异。关键信息基础设施范围的确定，对适用刑法和司法解释会产生一定影响。

法条链接目录

1. 中华人民共和国网络安全法
2. 国家网络空间安全战略
3. 关键信息基础设施安全保护条例（征求意见稿）

第二节　关键信息基础设施监督管理及其保护的基本要求

适用要点

1. 关键信息基础设施的监督管理制度
2. “三同步”要求

3. 人员安全管理

4. 重要系统和数据库容灾备份

5. 网络安全事件防范及定期演练

关键信息基础设施保护制度是《网络安全法》新确立的制度。关键信息基础设施涉及面广，不同设施承载的功能和运行方式存在很大差异，所面临的风险也不同，监管重点也有所区别，需要充分发挥本行业、领域主管或者监管部门的作用，才能确保相关制度有效实施。关键信息基础设施保护的基本要求涵盖“三同步”要求、人员安全管理、重要系统和数据库容灾备份、网络安全事件防范及定期演练等。

一、关键信息基础设施监督管理

《网络安全法》第三十二条规定：“按照国务院规定的职责分工，负责关键信息基础设施安全保护工作的部门分别编制并组织实施本行业、本领域的关键信息基础设施安全规划，指导和监督关键信息基础设施运行安全保护工作。”第三十九条规定：“国家网信部门应当统筹协调有关部门对关键信息基础设施的安全保护采取下列措施：（一）对关键信息基础设施的安全风险进行抽查检测，提出改进措施，必要时可以委托网络安全服务机构对网络存在的安全风险进行检测评估；（二）定期组织关键信息基础设施的运营者进行网络安全应急演练，提高应对网络安全事件的水平和协同配合能力；（三）促进有关部门、关键信息基础设施的运营者以及有关研究机构、网络安全服务机构等之间的网络安全信息共享；（四）对网络安全事件的应急处置与网络功能的恢复等，提供技术支持和协助。”这样就形成了关键信息基础设施安全保护的整体机制：国家网信部门统筹协调，行业、领域主管部门指导监督。另外，《网络安全法》第五十二条规定：“负责关键信息基础设施安全保护工作的部门，应当建立健全本行业、本领域的网络安全监测预警和信息通报制度，并按照规定报送网络安全监测预警信息。”《网络安全法》确定了行业主管部门新的职权，也规定了相应义务。行业主管部门应当严格按照《网络安全法》的规定，完善相关制度、加强指导监督、履行监测预警和信息通报等义务。

二、关键信息基础设施保护的基本要求

按照《网络安全法》第三十三条、第三十四条的规定，建设关键信息基

础设施应当确保其具有支持业务稳定、持续运行的性能，并保证安全技术措施同步规划、同步建设、同步使用。关键信息基础设施的运营者还应当履行下列安全保护义务：（1）设置专门安全管理机构和安全管理负责人，并对该负责人和关键岗位的人员进行安全背景审查；（2）定期对从业人员进行网络安全教育、技术培训和技能考核；（3）对重要系统和数据库进行容灾备份；（4）制定网络安全事件应急预案，并定期进行演练；（5）法律、行政法规规定的其他义务。

（一）"三同步"要求

建设关键信息基础设施应当与安全技术"三同步"，即同步规划、同步建设、同步使用。要求关键信息基础设施与安全技术同步规划、建设和使用，可以避免安全"空档期"。有的关键信息基础设施建设完毕后很难进行改动，此时再进行安全技术配置就会面临很多困难，既不利于保护设施，也不利于节约成本。值得注意的是，有的设施或系统在建设时并非关键信息基础设施，而是后来随着其重要性增加而被认定为关键信息基础设施，这种情况下无法适用"三同步"的要求，但在被认定为关键信息基础设施后要及时按照要求配备相应的安全管理机构、人员和技术措施。

（二）人员安全管理

《网络安全法》对网络管理人员和普通从业人员的具体要求如下。

1. 设置专门的安全管理机构，配置相应数量的安全管理人员。根据安全管理机构的部门和岗位，明确领导主管，做到责任明确，管理人员各司其职。安全管理人员作为安全管理机构的主要负责人，其主要职责是制定网络安全保护方案，定期检查管理制度，协调、指导和监督安全管理工作。因此，关键信息基础设施运营商应该对拥有较高权限、能够接触到敏感信息的安全管理人员进行安全背景审查，确保其可靠性。

2. 提升从业人员的安全意识。从业人员安全意识和网络安全技术技能水平的高低，是关键信息基础设施安全能否安全运行的关键。建立安全教育和培训制度，提高从业人员安全意识和网络安全技术技能水平，要求关键信息基础设施运营商根据从业人员所在的岗位和技术能力定期进行不同层次的网络安全教育、技术培训，并针对不同人员定期进行技能考核。

（三）对重要系统和数据库容灾备份

关键信息基础设施极易因网络攻击、自然灾害、软硬件故障而受到影响或停止运行。因此，对重要系统和数据库进行容灾备份，可以确保在发生意外时，备份系统能够代替主系统，保证数据安全和业务正常运行。关键信息基础设施运营商应根据自身的技术水平和财务情况选择需要进行容灾备份的重要系统和数据库，准确识别，避免资源浪费。对于因自身能力不足而无法进行容灾备份的重要系统和数据库，应寻求外部合作。同时应对容灾备份的方式、频度、存储介质和保存期等有明确要求，设立统一标准。对受到破坏的系统和数据库，根据破坏情况和备份要求及时恢复，定期测试确保恢复无误。

（四）网络安全事件防范及定期演练

关键信息基础设施运营者应制定应急预案，防止电信诈骗、病毒攻击和数据泄密等网络安全事件发生。为了有效防范网络安全事件引发的损害，关键信息基础设施运营者应制定网络安全事件应急预案，提高处置突发事件的能力。除《网络安全法》外，《电信条例》《国家通信保障应急预案》《计算机信息系统安全保护条例》《国家网络安全事件应急预案》《计算机病毒防治管理办法》《互联网 IP 地址资源备案管理办法》和《互联网域名管理办法》等法规和规章都是制定应急预案的依据。制定应急预案后，应定期组织演练，对应急预案进行评估，根据结果及时调整应急方案，增强其可行性和有效性。

（五）法律、行政法规规定的其他义务

关键信息基础设施运行过程中，参与主体广、环节多，会涉及其他法律、法规的强制性规定，这就要求关键信息基础设施运营者不仅要遵循《网络安全法》的要求，还应遵循其他法律法规中关于网络安全保护义务的要求。根据《网络安全法》第三十六条的规定，关键信息基础设施的运营者在采购网络产品和服务时，应与提供者签订保密协议，明确安全和保密义务与责任，保证供应链安全；根据第三十八条的规定，关键信息基础设施的运营者对于关键信息基础设施整体安全性和可能存在的风险，应按照相关规范和标准，进行定期检测评估，并保持持续改进。网络安全审查、数据境内存储与出境安全评估也是关键信息基础设施保护的具体要求和重要制度设计，鉴于上述制度的复杂性，本章将其单独成节。

法条链接目录

1. 中华人民共和国网络安全法
2. 中华人民共和国电信条例

3. 国家通信保障应急预案
4. 中华人民共和国计算机信息系统安全保护条例
5. 国家网络安全事件应急预案
6. 计算机病毒防治管理办法

第三节 网络安全审查

适用要点

1. 实施网络安全审查的必要性
2. 我国网络安全审查的法律要件

网络安全审查制度是提升我国网络安全保障水平的重要制度设计，对实现关键信息基础设施网络产品和服务的安全性和可控性发挥着不可替代的基础性作用。各国尽管鲜有直接规定网络安全审查的相关立法规定，但普遍对网络产品和服务在关键领域中的使用存在严格的安全要求，起到了与我国网络安全审查制度类似的保障效果。从各国网络安全审查相关立法来看，网络安全审查的主要内容包括网络产品和服务采购安全审查、云服务安全审查和网络安全能力审查。我国《国家安全法》第五十九条规定，国家建立国家安全审查和监管的制度和机制，对影响或者可能影响国家安全的外商投资、特定物项和关键技术、网络信息技术产品和服务、涉及国家安全事项的建设项目以及其他重大事项和活动，进行国家安全审查，有效预防和化解国家安全风险。根据《网络安全法》第三十五条的规定，关键信息基础设施的运营者在采购网络产品和服务时，对于可能影响国家安全的，应当通过国家网信部门会同国务院有关部门组织的国家安全审查。自 2017 年 6 月 1 日起实施的《网络产品和服务安全审查办法（试行）》，作为《网络安全法》第三十五条的配套规定，细化了网络安全审查制度的审查范围、审查内容和审查程序等核心内容，使网络安全审查制度进入实质性的可操作层面。

一、网络安全审查制度的必要性

安全漏洞在网络产品和服务中广泛存在，在技术上被证明是无法避免的，这意味着网络产品和服务的部署必须正视由此引入的安全风险。2015 年 7 月，意大利黑客公司“Hacking Team”遭黑客攻击，泄露了 400G 的内部资料。该事件引人注意的并不是资料泄露本身，而是资料披露出该公司向多国政府出售漏洞进行监控或入侵的事实，表明使用尚未披露的漏洞进行入侵和攻击在实践中非常有效。目前，大量的商业现货网络产品和服务被部署在关键信息基础设施中，直接影响相关信息和信息系统的安全性。随着信息技术供应全球化态势的加强，商业现货网络产品和服务的开发、生产和提供过程的安全性高度依赖供应链的完整性，“任何产品规格的变化、持续改进的措施、外包、内部网络重设、IT 更新、技术升级过程、供应商关系都会影响 IT 供应链的不确定性”①。IT 供应链的复杂程度导致商业现货网络产品和服务的安全性在很多情况下不可见，存在安全漏洞的网络产品和服务可能被恶意的内部和外部人员利用，实施网络攻击和破坏活动，严重威胁国家安全和社会稳定。为此，各国普遍对重要领域中使用的网络产品和服务实施类似我国网络安全审查的安全性验证活动，识别网络产品和服务中的安全风险，有效提升国家网络安全的保障能力。

二、我国网络安全审查的具体内容

（一）立法与政策框架

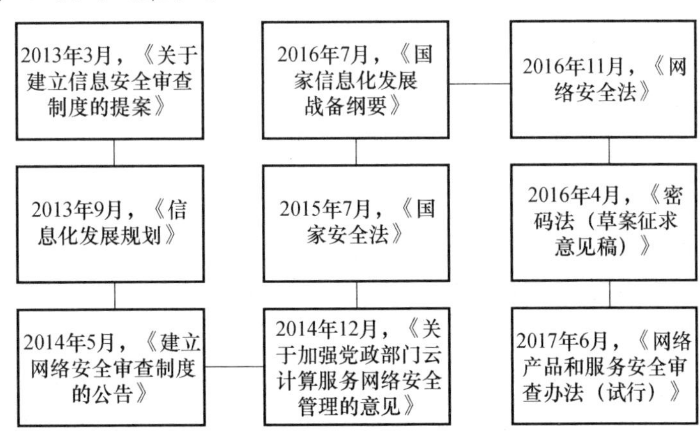

图 4-1 我国网络安全审查制度的政策立法框架

① Helen Peck. Drivers of supply chain vulnerability: an integrated framework [J]. International Journal of Physical Distribution & Logistics Management, 2005 (4): 210-232.

（二）审查性质

根据相关立法的规定，我国目前实施的网络安全审查的性质仅限于国家安全审查，即只有在网络产品和服务影响或可能影响国家安全的情况下才实施网络安全审查。为此，我国的网络安全审查制度不同于英美所建立的普遍性的安全审查活动，不是所有拟部署在关键领域的网络产品和服务均需要经过审查，这决定了我国的网络安全审查不是常态性的审查，也不会针对所有供应商进行开展。《网络产品和服务安全审查办法（试行）》第十条规定，产品和服务是否影响国家安全由关键信息基础设施保护工作部门确定。

（三）审查范围

审查目的是确定审查范围的前提。《网络产品和服务安全审查办法（试行）》第一条明确提出网络安全审查的目的是提高网络产品和服务安全可控水平，防范网络安全风险，维护国家安全。基于上述审查目的，《网络产品和服务安全审查办法（试行）》第二条将审查范围确定为关系国家安全的网络和信息系统采购的重要网络产品和服务。

（四）审查内容

《网络产品和服务安全审查办法（试行）》第四条将审查内容确定为网络产品和服务的安全性、可控性，具体包括：（1）产品和服务自身的安全风险，被非法控制、干扰和中断运行的风险；（2）产品及关键部件生产、测试、交付、技术支持过程中的供应链安全风险；（3）产品和服务提供者利用提供产品和服务的便利条件非法收集、存储、处理、使用用户相关信息的风险，（4）产品和服务提供者利用用户对产品和服务的依赖，损害网络安全和用户利益的风险；（5）其他可能危害国家安全的风险。

（五）审查机构

《网络产品和服务安全审查办法（试行）》规定了我国网络安全审查的审查机构。第五条规定，国家互联网信息办公室会同有关部门成立网络安全审查委员会，负责审议网络安全审查的重要政策，统一组织网络安全审查工作，协调网络安全审查相关重要问题。网络安全审查办公室具体组织实施网络安全审查。第六条规定，网络安全审查委员会聘请相关专家组成网络安全审查专家委员会，在第三方评价基础上，对网络产品和服务的安全风险及其提供者的安全可信状况进行综合评估。第七条规定，国家依法认定网络安全审查第三方机构，承担网络安全审查中的第三方评价工作，如图 4-2 所示。第九条规定，金融、电信、能源、交通等重点行业和领域主管部门，根据国家网络安全审查工作要求，组织开展本行业、本领域网络产品和服务安全审查工作。

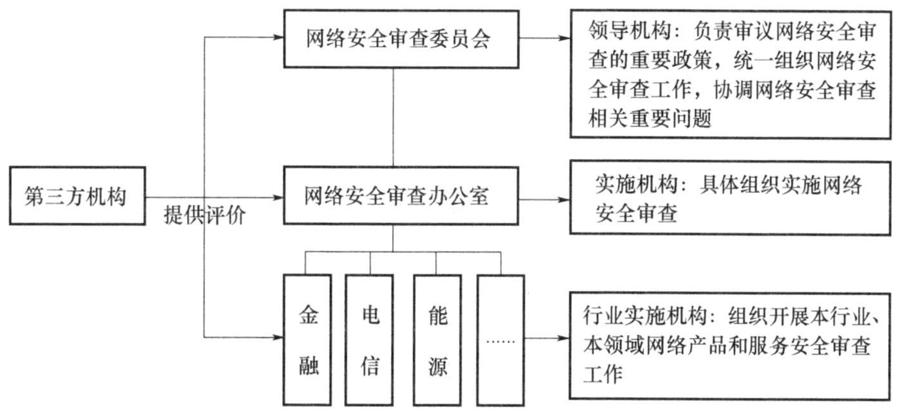

图 4-2　我国网络安全审查的审查机构

（六）审查程序

《网络产品和服务安全审查办法（试行）》第八条规定，网络安全审查办公室按照国家有关要求、根据全国性行业协会建议和用户反映等，按程序确定审查对象，组织第三方机构、专家委员会对网络产品和服务进行网络安全审查，并发布或在一定范围内通报审查结果。同时结合有关网络安全审查机构的相关规定分析，我国的网络安全审查的审查程序基本可以分为六个步骤，如图 4-3 所示。

第一步，由国家有关部门、全国性行业协会等向网络安全审查办公室提出审查申请。

第二步，由网络安全审查办公室组织第三方机构和网络安全审查专家委员会准备审查，并向企业告知审查已经启动及相关事项。

第三步，由企业向第三方机构提交审查材料。

第四步，由第三方机构对审查材料进行评价，并将评价结果反馈给企业，同时提交网络安全审查专家委员会。

第五步，由网络安全审查专家委员会根据第三方评价，对网络产品和服务的安全风险及其提供者的安全可信状况进行综合评估，形成审查结论，并将该审查结论反馈给网络安全审查办公室。

第六步，由网络安全审查办公室将审查结果公布或在一定范围内通报。

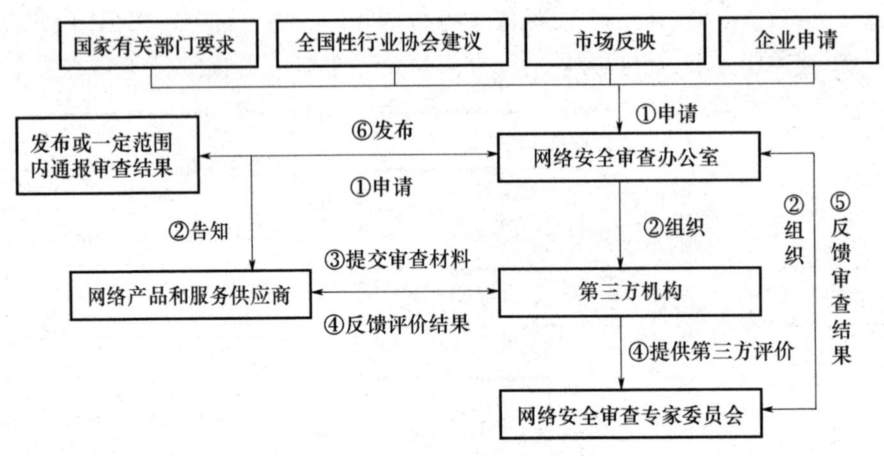

图 4-3　我国网络安全审查的审查程序

法条链接目录

1. 中华人民共和国国家安全法
2. 中华人民共和国网络安全法
3. 中华人民共和国密码法（草案征求意见稿）
4. 网络产品和服务安全审查办法（试行）

第四节　关键信息基础设施采购的保密协议安排

适用要点

1. 保密协议的法律依据
2. 保密协议的具体要求

关键信息基础设施的运营者在建设、运营、维护关键信息基础设施的过程中，要向网络产品和服务提供者采购相关产品和服务，为了避免或减轻来源于产品和服务供应链的安全风险，保障关键信息基础设施的安全持续运行，《网络安全法》第三十六条规定，关键信息基础设施的运营者采购网络产品和服务，应当按照规定与提供者签订安全保密协议，明确安全和保密义务与责任。

一、保密协议的法律依据

（一）《网络安全法》

《网络安全法（草案）》第二十九条规定，关键信息基础设施的运营者采购网络产品和服务，应当与提供者签订安全保密协议，明确安全和保密义务与责任。《网络安全法（草案二次审议稿）》第三十四条规定，关键信息基础设施的运营者采购网络产品和服务，应当与提供者签订安全保密协议，明确安全和保密义务与责任。《网络安全法（草案三次审议稿）》第三十六条规定，关键信息基础设施的运营者采购网络产品和服务，应当按照规定与提供者签订安全保密协议，明确安全和保密义务与责任。《网络安全法》第三十六条规定，关键信息基础设施的运营者采购网络产品和服务，应当按照规定与提供者签订安全保密协议，明确安全和保密义务与责任。从草案、草案二次审议稿到草案三次审议稿以及最终通过的《网络安全法》的具体规定来看，有关签订安全保密协议的具体规定的主要变化是增加了“按照规定”，之所以增加“按照规定”，原因在于安全保密协议是一种特殊的合同，基于保障关键信息基础设施安全的需要，安全保密协议的具体条款应有统一的标准。

（二）《合同法》

关键信息基础设施运营者与网络产品和服务提供者签订的采购相关产品和服务合同，除遵守《网络安全法》的规定外，还应遵守《合同法》的相关规定。《合同法》第四十三条规定：当事人在订立合同过程中知悉的商业秘密，无论合同是否成立，不得泄露或者不正当地使用。泄露或者不正当地使用该商业秘密给对方造成损失的，应当承担损害赔偿责任。《合同法》第六十条规定：当事人应当按照约定全面履行自己的义务。当事人应当遵循诚实信用原则，根据合同的性质、目的和交易习惯履行通知、协助、保密等义务。因此，网络产品和服务提供者保守在订立和履行合同中知悉的秘密，是合同的应有之意。

安全保密协议包括两种形式：一是作为采购合同的安全保密条款，二是作为单独的安全保密协议。此外，有关安全保密协议的内容由关键信息基础设施的运营者以及网络产品和服务的提供者共同确定，具体包括两个方面：一方面为安全义务，另一方面为保密义务。

二、保密协议的具体要求

（一）安全义务

安全义务是网络产品和服务的提供者保证其所提供的网络产品和服务符合相关标准或关键信息基础设施运营者的安全需求，网络产品和服务的使用不会对关键信息基础设施的保密性、完整性和可用性构成减损。参考美国内政部有关信息技术产品和服务的安全要求，网络产品和服务提供者的安全义务主要包括以下几个方面：

1. 供应链背景审查：网络产品和服务提供者应当确保其雇员背景经过安全审查，背景审查的内容涉及人员工作、教育、犯罪记录、公共记录、信用记录等内容；

2. 雇员的背景与安全意识培训：网络产品和服务提供者应当确保其雇员在提供服务之前接受安全意识培训，以适应信息技术快速发展产生的各种风险；

3. 位置要求：为了充分保障关键信息基础设施所涉及的机密或敏感信息的安全，网络产品和服务提供者提供的软件开发和外包服务必须位于关键信息基础设施运营者所在国境内，如果该业务确需在境外完成，网络产品和服务提供者需要提供可接受的安全方案以降低可能产生的通信、控制、数据保护或其他安全风险；

4. 独立性验证审查活动：主要针对软件的升级活动实施审查，其目的在于证明信息技术开发和采购符合安全要求，并保证信息技术产品和服务进行部署以后，能够按照预期的方式和环境进行使用；

5. 认证和检测：要求网络产品和服务的提供者在产品生产之前通过认证和检测，并定期或在安全环境发生重大变化时进行重新认证，遵从有关风险评估、风险管理、安全和隐私控制影响评估、信息系统内最低安全要求等指导性文件的规定；

6. 漏洞分析：网络产品和服务的提供者必须部署漏洞分析工具每月进行漏洞扫描和渗透测试，并采取适当的措施修正或减轻在测试中发现的脆弱性；

7. 相关安全控制要求：网络安全产品和服务的提供者还应当满足相关的安全控制要求，并且其采取的安全控制措施应当与信息和信息系统的敏感度或关键度相一致，以满足最低安全保障要求。

（二）保密义务

保密义务，即网络产品和服务的提供者应当根据关键信息基础设施运营者的需求，对自身通过产品和服务提供获取的相关信息予以保密，这些信息包括国家秘密、商业秘密以及在提供产品或者服务的过程中获取的敏感个人信息。保密协议的作用在于弥补网络安全审查的不足，鉴于审查能力的问题以及网络安全风险的变化性，网络安全审查无法保障百分之百的安全，因而需要其他制度予以弥补。安全协议通过网络产品和服务提供者的承诺以及损害赔偿的威慑，一方面提升其注意义务，另一方面促使其强化对员工的管理，避免出现道德风险。安全保密协议的主要内容包括以下几方面。

1. 对网络产品和服务提供的情况进行保密；
2. 对网络产品和服务的技术细节进行保密；
3. 对获取的关键信息基础设施运营者的重要和敏感信息予以保密。

同时，关键信息基础设施的运营者可以根据自身需要确定需要保密的信息范围。最后，针对网络产品和服务提供者违反安全保密协议的责任可以参照《合同法》有关规定，要求其赔偿损失，其违反安全保密协议或拒不履行安全保密义务而构成危害国家安全等刑事犯罪的，还应追究其刑事责任。

法条链接目录

1. 中华人民共和国网络安全法
2. 中华人民共和国合同法

第五节　数据境内存储与出境安全评估

适用要点

1. 我国现行数据境内存储的法律法规
2. 数据境内存储与出境安全评估的基本概念
3. 我国数据出境安全评估的具体要求

目前，各国对数据跨境传输都进行了不同程度的限制，主要包括两类：第一类，特定领域数据禁止出境，例如，澳大利亚2012年《个人控制的电子健康记录法》规定，数据控制者不得将个人电子健康记录在澳大利亚境外存储、加工或处理，也不得允许其他人在境外存储、加工或处理上述个人电子健康记录，韩国则对关于工业、经济、科学、技术等重要信息进行流动限制；第二类，符合特定条件后允许跨境传输，这些特定条件主要包括征得数据主体同意（如韩国《个人信息保护法》）、强调数据目的国应当具备充分的数据保护水平（如欧盟《通用数据保护条例》）、公权力机关自由裁量（如新加坡《个人信息保护法》）等。《网络安全法》第三十七条对关键信息基础设施运营者在境内收集和产生的个人信息和重要数据的存储和传输作出了本地化的要求，并规定个人信息和重要数据出境之前应经过安全评估。国家互联网信息办公室于2017年4月11日公布了《个人信息和重要数据出境安全评估办法（征求意见稿）》，向社会公众公开征求意见。

一、数据境内存储与数据出境界定

数据境内存储，即数据本地化，要求将数据存储在数据来源国本国的数据中心。数据本地化强调的是数据来源地，即收集、使用、处理的数据来自本国或本国的用户。数据本地化的政策目标主要是维护安全和执法的便利。需要强调的是，数据本地化并不意味着禁止跨境数据流动：数据本地化是实现数据在本地的存储，但不一定不允许跨境传输；而禁止跨境数据流动，是既在本地存储，又不允许传输到境外。作为与数据境内存储相对的数据出境，是指网络运营者将在中华人民共和国境内运营中收集和产生的个人信息和重要数据，提供给位于境外的机构、组织、个人。

二、我国现行数据境内存储的法律法规

（一）法律

《网络安全法》第三十七条规定："关键信息基础设施的运营者在中华人民共和国境内运营中收集和产生的个人信息和重要数据应当在境内存储。因业务需要，确需向境外提供的，应当按照国家网信部门会同国务院有关部门制定的办法进行安全评估；法律、行政法规另有规定的，依照其规定。"该条确立了关键信息基础设施运营者收集的数据以境内存储为原则，安全评估后向境外提供为例外的跨境数据传输制度。

（二）行政法规和部门规章

目前，有约束力的跨境数据流动立法散见于一些行政法规和部门规章中。《地图管理条例》第三十四条要求互联网地图服务单位应当将存放地图数据的服务器设在中华人民共和国境内，基于立法目的解释，该条背后的含义应是禁

止地图数据传输至境外；《征信业管理条例》第二十四条要求征信机构在中国境内采集的信息的整理、保存和加工，应当在中国境内进行，向境外组织或者个人提供信息，应当遵守法律、行政法规和国务院征信业监督管理部门的有关规定。卫计委《人口健康信息管理办法（试行）》第十条要求人口健康信息不得在境外的服务器中存储，不得托管、租赁在境外的服务器；交通运输部《网络预约出租汽车经营服务管理暂行办法》第二十七条要求网约车平台公司应当将采集的个人信息和生成的业务数据在中国内地存储和使用，除法律法规另有规定外，上述信息和数据不得外流；《中国人民银行关于银行业金融机构做好个人金融信息保护工作的通知》要求在中国境内收集的个人金融信息的储存、处理和分析应当在中国境内进行，除法律法规及中国人民银行另有规定外，银行业金融机构不得向境外提供境内个人金融信息；广电总局《网络出版服务管理规定》第八条要求图书、音像、电子、报纸、期刊出版单位的服务器和存储设备必须存放在中华人民共和国境内；保监会《保险公司开业验收指引》要求保险公司的业务数据、财务数据等重要数据应存放在中国境内。

（三）《个人信息和重要数据出境安全评估办法（征求意见稿）》

《个人信息和重要数据出境安全评估办法（征求意见稿）》从立法目的和调整范围，对个人信息和重要数据出境的条件和禁止出境的情形，安全评估原则、安全评估机构、安全评估内容、安全评估方式、程序和期限等方面作出了详细规定。

三、我国数据出境安全评估的具体要求

（一）评估主体

根据《网络安全法》的相关规定，我国数据出境安全评估主体主要包括两个，即网络运营者和具体的行业主管部门或监管部门及国家网信部门。根据《网络安全法》第三十二条的规定，按照国务院规定的职责分工，负责关键信息基础设施安全保护工作的部门，要指导监督关键信息基础设施运行安全保护工作。关键基础设施保护部门即我们常说的行业主管监管部门，它们对跨境数据的安全问题也应该承担监督管理责任。所以，在特定情况下，行业主管部门也是评估主体的一部分。

（二）评估对象

《网络安全法》第三十七条规定：“关键信息基础设施的运营者在中华人

民共和国境内运营中收集和产生的个人信息和重要数据应当在境内存储。因业务需要，确需向境外提供的，应当按照国家网信部门会同国务院有关部门制定的办法进行安全评估……”根据该规定，应当进行安全评估的数据仅限于两类：个人信息和重要数据。个人信息，是指所有可以识别本人的信息。重要数据，是指与国家安全、经济发展以及社会公共利益密切相关的数据，具体而言，是指我国政府、企业、个人在境内收集、产生的不涉及国家秘密，但与国家安全、经济发展以及公共利益密切相关的数据（包括原始数据和衍生数据），一旦未经授权披露、丢失、滥用、篡改或销毁，或汇聚、整合、分析后，可能造成以下后果。

1. 危害国家安全、国防利益，破坏国际关系；

2. 损害国家财产、社会公共利益和个人合法利益；

3. 影响国家预防和打击经济与军事间谍、政治渗透、有组织犯罪等；

4. 影响行政机关依法调查处理违法、渎职或涉嫌违法、渎职行为；

5. 干扰政府部门依法开展监督、管理、检查、审计等行政活动，妨碍政府部门履行职责；

6. 危害国家关键基础设施、关键信息基础设施、政府信息系统安全；

7. 影响或危害国家经济秩序和金融安全；

8. 可分析出国家秘密或敏感信息；

9. 影响或危害国家政治、国土、军事、经济、文化、社会、科技、信息、生态、资源、核设施等其他国家安全事项。

（三）评估内容

《个人信息和重要数据出境安全评估办法（征求意见稿）》第八条明确了我国数据跨境传输安全评估体系需要重点评估的内容。首先，需要评估数据出境的必要性；其次，需要考虑涉及个人信息的情况，尤其提到了个人信息主体对其个人信息出境的知情与许可，同时提到了涉及重要数据的评估要求，即重点评估数据接收方安全保护措施、能力和水平，以及所在国家、地区网络安全环境、数据出境及再转移后被泄露、损毁、篡改、滥用等风险。

（四）评估方式

《个人信息和重要数据出境安全评估办法（征求意见稿）》第七条规定，网络运营者应在数据出境前，自行组织对数据出境进行安全评估，并对评估结果负责。由此可见，网络运营者的自行评估是数据跨境传输安全评估的主要方式之一，但具体评估程序尚未有进一步的细化规定，有关部门应出台相关指导性文件供网络运营者进行参考。在网络运营者自行评估的过程中，还可以委托专业机构进行评估，在后续的细化规定中也应明确运营商自行评估的具体要求以及第三方评估机构的资质。

就评估时限而言，《个人信息和重要数据出境安全评估办法（征求意见稿）》第十条规定，行业主管或监管部门组织的安全评估，应当于六十个工作日内完成，及时向网络运营者反馈安全评估情况，并报国家网信部门。上述规定基于效率考量，应尽力缩小行政程序对商业活动的影响和阻碍。

法条链接目录

1. 中华人民共和国网络安全法
2. 地图管理条例
3. 征信业管理条例
4. 人口健康信息管理办法（试行）
5. 网络预约出租汽车经营服务管理暂行办法
6. 中国人民银行关于银行业金融机构做好个人金融信息保护工作的通知
7. 网络出版服务管理规定
8. 保险公司开业验收指引
9. 个人信息和重要数据出境安全评估办法（征求意见稿）

第六节　关键信息基础设施风险检测评估

适用要点

1. 关键信息基础设施网络安全检测评估制度
2. 网络安全风险检测评估的内容
3. 网络安全评估报告

《网络安全法》第三十八条规定，关键信息基础设施的运营者应当自行或者委托网络安全服务机构对其网络的安全性和可能存在的风险每年至少进行一次检测评估，并将检测评估情况和改进措施报送相关负责关键信息基础设施安全保护工作的部门。上述规定对关键信息基础设施运营者的成本投入、内控水平等都提出了更高要求。

一、关键信息基础设施网络安全检测评估制度

按照《网络安全法》第三十八条，参照《关键信息基础设施安全保护条例（征求意见稿）》的规定，关键信息基础设施运营者应当建立健全关键信息基础设施安全检测评估制度，关键信息基础设施上线运行前或者发生重大变化时应当进行安全检测评估。关键信息基础设施运营者应当自行或委托网络安全服务机构对关键信息基础设施的安全性和可能存在的风险隐患每年至少进行一次检测评估，对发现的问题及时进行整改，并将有关情况报国家行业主管或监管部门。从各国实践来看，各国对关键信息基础设施网络安全检测评估制度的差异主要在于：（1）是强制还是建议性的外部评估，例如，美国《联邦信息安全现代化法》将关键信息基础设施网络安全监测规定为强制独立评估；（2）检测评估的频度，一年还是两年为宜，例如，法国的规定建议为每两年一次；（3）检测评估年度报告的效力，即是否需要公示以及是否具有强制性执行力。具体而言，关键信息基础设施网络安全检测评估制度主要包括以下内容。

（一）检测评估的主体

检测评估的实施主体是关键信息基础设施运营者，这与《网络安全法》第五十三条规定的“国家网信部门协调有关部门建立健全网络安全风险评估和应急工作机制，制定网络安全事件应急预案，并定期组织演练”，以及《关键信息基础设施安全保护条例（征求意见稿）》第四十条至第四十二条规定的“国家行业主管或监管部门”等有关部门为主体实施的检测评估不同，应理解为是基于各自职责、义务的“规定动作”，是必须实施的，不得相互代替，但可互为补充。

（二）检测评估的对象

按照《网络安全法》第三十八条，参考《关键信息基础设施安全保护条例（征求意见稿）》第二十八条的规定，可以将关键信息基础设施网络安全检测评估的对象概括为关键信息基础设施本身和关键信息基础设施运行的网络，即不仅要考虑网络空间的节点安全，还要考虑链接的安全；既关注关键信息基础设施的静态安全，还应考虑运行中的动态安全。

（三）检测评估的方式

关键信息基础设施安全检测评估制度的实施方式分为自行检测评估和外包检测评估两种。从成本效益角度考虑，自行检测评估是在现有人员和设备

的规模上开展，无须投入更多的成本。从网络安全风险控制的外部性考虑，由于第三方网络安全服务机构独立于评估主体，评估检测的过程不会受到评估主体的干预，因而出具的检测评估报告也更具有客观性、真实性和可信性。对于具体采用哪种检测评估方式，不能一概而论，而是应当综合考虑多方因素来决定，例如，关键信息基础设施的重要程度、关键信息基础设施运营者的成本效益等。从企业内控的相关规定来看，一般会给企业一定的过渡期，从而为企业实施检测评估提供相应的缓冲和准备。

（四）检测评估的方法

关键信息基础设施安全检测评估方法分为检测和评估两类。从内容来看，检测偏重技术措施和实施细节，评估则更倾向于包括管理措施在内的制度安排和整体研判；从具体实施上来看，二者也存在使用时序上的前后差异，一般情况下，检测在先，评估在后。与检测评估方式的选择一样，具体采用检测还是评估方式，也需要综合考量关键信息基础设施的重要程度、关键信息基础设施运营者的成本效益、具体的所涉对象等因素来确定。

现有规定对检测、评估的主要区分有：

1. 涉及对关键信息基础设施保护技术措施进行过程化实际操作的，如典型的系统漏洞检测，应利用检测工具或委托网络安全服务机构进行技术检测；

2. 涉及对海量文件进行分析的，如涉及计算机病毒、网络攻击、网络侵入、内容监控等安全事件的，应利用自动化检测工具“查阅、调取、复制与安全保护有关的文档、记录”，并辅之以人工检测；

3. 对既有的网络安全管理制度制定、落实情况，以及网络安全技术措施规划、建设、运行情况，应同时应用检测和评估两种方式进行；

4. 对于关键信息基础设施运营者的检测评估事项说明和报告，应体现为书面的“年度关键信息基础设施网络安全评估报告”（以下简称“网络安全评估报告”）的形式，以规范履行向“相关负责关键信息基础设施安全保护工作的部门”的报送义务。

二、检测评估的内容和报告

（一）网络安全评估报告的内容要求

《网络安全法》并未对检测评估的具体内容作出明确规定，因而可以理解为在相应的指引或示范性规定未出台之前，关键信息基础设施运营者可以根据并结合所在行业要求和自身特点制作和报送评估报告。具体而言，网络安全评估报告应包括以下具体内容。

1. 按照网络安全等级保护制度的要求，应履行的技术措施、管理制度等安全保护义务履行情况；

2. 《网络安全法》第二十二条、第二十三条规定的采购网络产品、服务、网络关键设备和网络安全专用产品应履行的义务；第三十五条规定的网络安全审查义务；第三十六条规定的安全保密协议要求等履行情况；

3. 《网络安全法》第二十五条规定的制定和实施网络安全事件应急预案、系统漏洞、计算机病毒、网络攻击、网络侵入等安全风险处置；第三十九条、第五十三条规定的培训、演练义务要求履行情况；

4. 对危害网络安全活动的监测、处置情况；

5. 根据《网络安全法》第三十三条的规定，建设关键信息基础设施应当确保其具有支持业务稳定、持续运行的性能，并保证安全技术措施同步规划、同步建设、同步使用的“三同步”要求的履行情况；

6. 根据《网络安全法》第三十四条的规定，除第二十一条外的关键信息基础设施的运营者还应当履行技术措施、管理制度等安全保护义务的情况；

7. 根据《网络安全法》第三十七条的规定，在境内运营中收集和产生的个人信息和重要数据应当在境内存储。因业务需要，确需向境外提供的，应当按照规定进行安全自评和委托第三方评估的要求的履行情况；

8. 针对网信部门、公安部门等有关部门对关键信息基础设施的安全风险进行检测、评估的结论和改进的符合性要求的履行情况；

9. 对网络安全信息共享实施要求的履行情况；

10. 对《网络安全法》第四十条至第四十五条规定的“用户信息保护制度”要求的履行情况；

11. 对信息内容监测、管理等安全管理义务的履行情况；

12. 对外包开发的系统、软件、接受赠与的网络产品进行安全检测义务的履行情况，发布系统漏洞、计算机病毒、网络攻击等安全威胁信息的合规情况。

（二）网络安全评估报告的结构化示例

结构化的年度网络安全评估报告示例一般包含以下部分。

1. 管理层声明：明确管理层分工，一般而言建立健全并有效实施网络安全风险控制是公司董事会的责任；监事会对董事会相关建立与实施情况进行监督；经理层负责组织执行。

2. 网络安全风险检测评估工作概述：应对自评或委外检测评估的机构、工作情况和结论作出总体说明。

3. 网络安全评估报告的范围：包括按照可参照指引文件作出报告和适用性说明，应涵盖组织的主要业务、主要事项和主要风险。

4. 程序与方法：应基于组织制定的网络安全风险控制相关制度、流程对报告形成的过程和采用的检测、评估方法进行说明。

5. 发现（缺陷）与程度：应结合组织规模、行业特征、风险偏好和风险承受等因素，对检测评估所发现的网络安全风险进行分级、分类披露，对其危害程度、发生频度等进行认定。

6. 改进措施：应区分已完成整改和拟持续改进的措施，并对改进措施的有效性进行检测、评估并作出说明。

7. 结论：整体结论及对未来网络安全风险趋势和控制的预判或展望。

法条链接目录

1. 中华人民共和国网络安全法
2. 关键信息基础设施安全保护条例（征求意见稿）
3. 个人信息和重要数据出境安全评估办法（征求意见稿）

第五章

网络安全信息共享

核心内容

1. 网络安全信息共享界定
2. 网络安全信息共享的范围
3. 网络安全信息共享的参与主体及其法律责任
4. 网络安全信息共享的组织机构体系
5. 网络安全信息共享的程序

本章综述

全球化融合态势下，网络威胁信息成为网络防御的关键要素，及时共享和分析有价值的网络威胁信息已被视为提升整体网络安全态势感知能力的重要内容。习近平总书记的“4·19”讲话提出要全天候、全方位感知网络安全态势，建立统一高效的网络安全风险报告机制、情报共享机制、研判处置机制，准确把握网络安全风险发生的规律、动向、趋势，要建立政府和企业网络安全信息共享机制。《国家网络空间安全战略》《网络空间国际合作战略》均提出在关键信息基础设施保护领域建立政府、行业与企业的网络安全信息有序共享机制，网络安全信息共享上升至国家战略的高度。《网络安全法》第二十六条、第二十九条、第三十条、第三十一条第二款、第三十九条第三项、第五十一条分别对网络安全信息的范围，网络运营者之间以及行业组织内部成员之间的网络安全信息共享，政府有关部门使用共享信息的目的，关键信息基础设施以外的网络运营者自愿参与关键信息基础设施保护体系，关键信息基础设施保护领域的网络安全信息共享，网络安全监测预警和信息通报制度作出了规定。同时，《关键信息基础设施安全保护条例（征求意见稿）》第三十八条也进一步要求建立关键信息基础设施网络安全信息共享机制。

第一节　网络安全信息共享的概念与范围

适用要点

1. 网络安全信息共享界定
2. 网络安全信息共享的范围

《网络安全法》第二十六条通过列举方式界定了网络安全信息共享的范围——网络安全信息，包括系统漏洞、计算机病毒、网络攻击、网络侵入等，这是从网络安全信息的技术类型角度所作出的定义，体现了网络安全信息承载网络安全风险的基本功能。

一、网络安全信息共享的概念

（一）界定

网络安全信息共享这一概念最早由美国于20世纪90年代后期提出，涵盖国家之间，国内各级政府之间，政府与私营企业之间，私营企业相互之间的信息共享。[①] 在美国，网络安全信息共享自提出之日起便与关键（信息）基础设施保护存在密切联系，由于美国大多数关键（信息）基础设施由私营企业所有并运营，因而美国政府持续关注政府有关部门和企业之间网络安全信息共享机制的建立与完善，旨在通过一种自愿的、双向的、及时的网络安全信息交换，实现双方在网络安全风险识别、风险评估、风险预防和风险控制环节的技术能力和资源优势共享。[②] 基于各国对网络安全信息共享的关注焦点、政策立法趋势和我国网络安全态势感知能力建设的迫切需求，本章涉及的"网络安全信息共享"主要是指：为了保障网络安全，政府和企业以及企业相互之间有关信息系统的技术漏洞、网络入侵、恶意攻击的技术细节，预警信息和应对策略等网络安全相关信息的及时交换、沟通与交流。由此可见，网络安全信息共享贯穿网络安全风险识别、评估、预防和控制的全过程，同时具有信息交换双向性和及时性的特点。实践中，在网络安全信息共享这一

① 马民虎：《信息安全法研究》，陕西人民出版社2004年版，第171页。

② Gregory T. Nojeim. Cybersecurity and Freedom on the Internet［J］. Journal of National Security Law & Policy，2010（4）：119-137.

生态系统中，同行业的企业或特定的利益共同体之间可以及时获取专业的安全建议，并且可以共同分摊网络威胁情报的收集和分析成本，此即网络安全信息共享机制的重要价值所在。

（二）相关概念区分

值得注意的是，本章论述的网络安全信息共享机制与本书第八章“网络安全监测预警和信息通报制度”涉及的网络安全信息通报机制存在相似之处，二者都是基于保障网络安全的目的，旨在建立特定主体之间有关网络安全信息的沟通和交流渠道。然而，相较国内现行的网络安全信息通报机制，网络安全信息共享机制从共享信息的范围、参与主体、共享方式、共享激励机制及隐私保护等诸多方面建立了更加合乎时宜且行之有效的制度体系。

首先，网络安全信息共享机制确立的参与主体更加广泛，不仅涵盖政府有关部门、国家关键信息基础设施的行业主管或监管部门、关键信息基础设施的运营者，还将网络运营者、网络产品和服务提供者、研究机构、网络安全服务机构以及受网络安全威胁影响的相关企业等主体纳入共享机制的体系中。但是，网络安全信息通报机制确定的参与主体仅仅包括通信管理局、基础电信业务经营者、跨省经营的增值电信业务经营者、国家计算机网络应急技术处理协调中心（CNCERT）、互联网域名注册管理机构、互联网域名注册服务机构、中国互联网协会，无法满足当前网络安全保障的现实需求。

其次，共享的网络安全信息范围更加具体明确，包括安全事件信息、威胁信息、漏洞信息、缓解措施信息、态势感知信息、最佳实践、战略分析等，而不再限定于网络安全信息通报机制确定的事件信息和预警信息的范围，并将与网络安全威胁不直接相关的个人信息或个人可识别信息（PII）排除在外。

再次，网络安全信息共享机制始终关注对参与共享企业的法律责任豁免的制度设计，避免企业因面临名誉受损、竞争劣势、利润损失、股东派生诉讼，以及政府有关部门滥用共享信息等法律困境，而降低其参与共享的积极性。网络安全信息通报机制在实践中更加关注信息报送单位的相关义务与法律责任设定，反而忽视了对激励机制的建立。

最后，网络安全信息共享机制重视安全与隐私的利益协调问题，为了实现网络安全保障与个人隐私权益保护之间的利益协调，共享机制要求对接收的共享信息进行全面审查，保障共享信息的存储安全。尤其是对政府后续使用共享信息的用途作出明确的限制性规定，将在最大程度上保障共享机制实施过程中对个人隐私的保护。

二、网络安全信息共享的范围界定

（一）网络安全信息共享的范围及其实例说明

美国2015年《网络安全信息共享法》[①] 规定，网络安全信息共享的范围必须与网络安全威胁直接相关，包括“网络威胁指标”和“防御性措施”两大类，其中“网络威胁指标”是指“对于描述或识别下列网络数据而言必要的信息，即（1）恶意扫描探测，包括异常模式的通信，其目的旨在收集与网络安全威胁或安全漏洞相关的技术信息；（2）破坏安全控制措施或者利用安全漏洞的方法；（3）安全漏洞，包括表明存在安全漏洞的异常活动；（4）导致用户在对信息系统或其中存储、处理或传输的信息进行合法访问时不经意地破坏安全控制措施的方法；（5）恶意的网络命令和控制；（6）事件造成的实际或潜在的损害（包括因描述网络安全威胁而引发的信息泄露）；（7）网络安全威胁的任何其他特性，如果披露该特性不被法律禁止”。同时，“防御性措施”被界定为“以信息系统及其存储、处理或传输的信息为保护对象，所采用的用于防止、减轻已知或可疑的网络安全威胁或安全漏洞的行动、设备、程序、签名、技术或其他措施，但不包括对信息系统或其中存储、处理或传输的信息进行破坏、销毁、提供未经授权的访问或造成实质性损害的措施”。

《网络安全法》第二十六条界定了网络安全信息共享的范围——网络安全信息，包括系统漏洞、计算机病毒、网络攻击、网络侵入等。基于此，从网络安全基本法层面概括界定网络安全信息共享的范围，能够为制定相应的配套规定和网络安全信息共享指南等技术标准提供法律依据，也将为相关企业之间或企业与政府之间进行网络安全信息共享提供指引。

我国网络安全信息共享的范围应当包括以下几类：（1）安全事件信息：关于成功的或未遂的网络攻击的细节信息，具体包括丢失的信息、攻击中使用的技术、攻击意图、造成的影响等，安全事件所涵盖的范围从一次被成功封阻的攻击到造成严重国家安全危机的攻击。（2）威胁信息：包括尚未认识

① https：//www. justsecurity. org/wp-content/uploads/2015/12/Cybersecurity-Act-of-2015. pdf.

清楚但可导致潜在严重影响的事项；感染指标，如恶意文件、被窃取的电子邮箱地址、受影响的 IP 地址、恶意代码样本，关于威胁实施者的信息，该类信息有助于发现安全事件，从攻击中吸取教训，创造解决方案等。（3）漏洞信息：软件、硬件、商业流程中可被恶意利用的漏洞。（4）缓解措施信息：包括修补漏洞、封阻或遏制威胁、安全事件响应和恢复的方法，此类信息一般以漏洞补丁、杀毒软件升级、从网络中清除恶意行为者的方向等形式存在。（5）态势感知信息：此类信息包括对被利用漏洞、活跃的威胁、攻击的实时遥测，还包括攻击目标、网络状况等信息，能够帮助决策人员响应安全事件。（6）最佳实践：关于安全产品和服务的开发和部署的信息，包括安全控制、时间响应流程、软件漏洞修补等。（7）战略分析：综合、提炼、分析来自各方面的信息，以构建度量体系、描绘趋势、开展预测，帮助政府和私营部门决策者为未来的风险提前作准备。①

针对网络安全信息共享范围的具体实例如下所述，可以为参与共享的企业提供明确的实施指引。其中“网络威胁指标”的共享实例包括②：（1）公司报告其 Web 服务器日志文件，其中显示特定的已发送 Web 流量的 IP 地址，以测试该公司的内容管理系统是否更新以弥补最新漏洞；（2）安全研究人员可以报告其发现的允许未经授权访问工业控制系统的技术漏洞；（3）软件发布者可以报告其在其软件中发现的漏洞；（4）安全服务公司可以报告其认为对应的恶意软件感染域名查找模式；（5）制造商可以报告在其网络上发现的未执行的恶意软件；（6）研究人员可以报告与僵尸网络命令和控制服务器相关的域名或 IP 地址；（7）遭受计算机入侵的工程公司可以描述已被泄露的工程文件的类型，作为对其他拥有类似资产的公司的一种警告方式；（8）遭受分布式拒绝服务攻击其网站的报纸可以报告发送恶意流量的 IP 地址。“防御性措施”的具体实例包括：（1）用于识别流入一个组织的网络流量中的恶意活动模式的计算机程序；（2）为了检测具有特定特征的钓鱼活动可以加载到公司入侵检测系统中的签名；（3）禁止一种恶意流量进入网络的防火墙规则；（4）可以通过网络流量缓存搜索来发现可能表示恶意活动的异常模式的算法；

① Cristin Goodwin, J. Paul Nicholas. A framework for cybersecurity information sharing and risk reduction [R/OL]. [2015-10-10]. https://www.microsoft.com/en-us/download/details.aspx? id=45516.

② 参见美国国土安全部和司法部于 2016 年联合发布的《根据 2015 年〈网络安全信息共享法〉协助非联邦实体与联邦实体共享网络威胁指标和防御性措施的指导意见》（Guidance to Assist Non-Federal Entities to Share Cyber Threat Indicators and Defensive Measures with Federal Entities under the Cybersecurity Information Sharing Act of 2015）。

(5) 一种以自动方式快速匹配组织传入的简单邮件传输协议（SMTP，通常用于电子邮件的协议）内容的技术。

（二）网络安全信息共享的除外范围及其实例说明

值得注意的是，共享的网络安全信息应当是对于描述或识别网络安全威胁而言必要的信息，这就要求不得共享与网络安全威胁不直接相关的个人信息，例如，健康医疗信息、人力资源信息、购买偏好、教育背景、信用信息等，此类信息属于网络安全信息共享的除外范围。举例说明，针对钓鱼电子邮件而言，有关电子邮件发件人（“From”/“Sender”地址）的个人信息，电子邮件中的恶意URL，附加在电子邮件中的恶意软件文件，电子邮件的内容，与恶意电子邮件或潜在的网络安全威胁行为相关的其他电子邮件信息，如主题行、消息ID和X-Mailer，都可能被认为与网络安全威胁直接相关。然而，目标电子邮件的姓名和电子邮件地址（即“To”地址）是与网络安全威胁无直接关系的个人信息，因而不应将其作为网络威胁指标的一部分而被共享。需要指出的是，个人信息如果对于描述网络安全威胁或防御性措施而言十分必要，在此情况下，其应当属于网络安全信息共享的范围。

网络安全信息共享的除外范围及其实例说明如下，可以为参与共享的企业提供实施指引：(1) 受保护的健康信息（PHI），例如，医疗记录、实验室报告或医院账单等，包括与个人的过去、现在或未来的身体或精神健康状况相关的信息；向个人提供医疗保健的信息；向个人提供医疗保健的过去、现在或未来的付款信息，因为每个文档将包含与健康数据内容相关联的患者姓名和/或其他识别信息。(2) 人力资源信息，即员工人事档案中包含的信息，如招聘决策、绩效评估和纪律处分。(3) 消费者信息/历史，即与个人购买、偏好、投诉甚至信用相关的信息。(4) 教育历史，如成绩单、培训、专业认证等。(5) 财务信息，包括银行报表、贷款信息、信用报告等。(6) 确定有关财产所有权的信息。(7) 能够识别未成年人的信息。

法条链接目录

中华人民共和国网络安全法

第二节　网络安全信息共享参与主体及其法律责任

适用要点

1. 网络安全信息共享参与主体
2. 网络安全信息共享参与主体的法律责任
3. 国外网络安全信息共享参与主体的法律责任豁免参考

《网络安全法》第二十九条确立了国家支持网络运营者之间以及行业组织内部成员之间建立有效的网络安全保障协作机制，第三十九条第三项规定，关键信息基础设施保护领域的网络安全信息共享参与主体，包括国家网信部门、有关部门、关键信息基础设施的运营者以及有关研究机构、网络安全服务机构等。《关键信息基础设施安全保护条例（征求意见稿）》第十二条规定，国家鼓励政府部门、运营者、科研机构、网络安全服务机构、行业组织、网络产品和服务提供者开展关键信息基础设施安全合作。第三十八条规定，国家网信部门统筹协调有关部门、运营者以及有关研究机构、网络安全服务机构建立关键信息基础设施网络安全信息共享机制，促进网络安全信息共享。由此可见，网络安全信息共享的参与主体非常广泛，包括政府有关部门、国家关键信息基础设施的行业主管或监管部门、关键信息基础设施的运营者、网络运营者、网络产品和服务提供者、研究机构、网络安全服务机构以及受网络安全威胁影响的相关企业等。实践中，上述参与主体进行信息共享时违反相关规定导致损害后果的，应依法承担民事、行政和刑事法律责任。然而，网络安全信息共享的制度设计应当涵盖参与信息共享企业的法律责任豁免内容，避免企业因面临名誉受损、竞争劣势、利润损失、股东派生诉讼和其他诉讼，以及政府有关部门滥用共享信息等法律困境，而降低企业参与网络安全信息共享的积极性。

一、网络安全信息共享的参与主体

网络安全信息共享的参与主体非常广泛，包括政府有关部门、国家关键信息基础设施的行业主管或监管部门、关键信息基础设施的运营者、网络运营者、网络产品和服务提供者、研究机构、网络安全服务机构以及受网络安全威胁影响的相关企业等。根据我国《网络安全法》第二十九条的规定，国家支持网络运营者之间以及行业组织内部成员之间建立有效的网络安全保障协作机制，该条实际上即为企业之间或行业内部进行网络安全信息共享的一般规定。基于网络安全威胁的复合化发展趋势，国家积极倡导关键信息基础设施运营者以外的网络运营者，以及行业组织内部成员之间进行自愿的网络安全信息共享，以保障网络基本运行安全，同时也为现有的点对点共享模式，行业内部的会员制共享模式等提供法律实施接口。此外，《网络安全法》重点关注并强化了关键信息基础设施安全保护领域的网络安全信息共享，其中第三十九条第三项规定了关键信息基础设施保护领域的网络安全信息共享参与主体，包括国家网信部门、有关部门、关键信息基础设施的运营者以及有关研究机构、网络安全服务机构等。

二、网络安全信息共享参与主体的法律责任及其豁免规定

（一）网络安全信息共享参与主体的法律责任

一般而言，企业之间以及行业组织内部成员之间的网络安全信息共享通常是基于网络安全信息共享协议自愿建立的，例如，美国早期建立的金融信息共享与分析中心，英国的网络安全信息共享合作机制，其中通过协议文本明确了参与主体之间共享的信息范围、隐私和数据保护要求，信息的分类分级与使用、披露限制，违反约定义务的法律责任等内容。因此，参与主体之间建立了基于协议文本的网络安全信息共享法律关系，在这种情况下各参与方基于合同享有权利和履行义务，一旦违反协议约定的义务应当承担民事违约责任，如果其实施的行为构成犯罪的，应当承担相应的刑事法律责任。

关键信息基础设施作为保障国家安全和社会持续运转的重要支撑，围绕关键信息基础设施安全保护的网络安全信息共享将在《网络安全法》的相关配套规定中逐渐凸显出强制性的特征，即关键信息基础设施的所有或运营企业必须与政府有关部门（通常为国家关键信息基础设施的行业主管或监管部门），以及其他具有相互依赖性的关键信息基础设施所有或运营企业之间进行有关系统漏洞、网络入侵、攻击、预警和应对策略等网络安全相关信息的及时交换。基于此，不履行共享义务导致严重网络安全危害后果或违反共享相关要求的，应当承担相应的法律责任。此外，对于企业一方在信息共享的过

程中不当泄露国家机密、商业秘密，没有采取安全防护措施导致其接收的共享信息被未经授权地访问，以及未采取技术措施移除接收的个人可识别信息导致个人隐私受到侵犯的，应当依据《国家安全法》《保守国家秘密法》《刑法》《关于加强网络信息保护的决定》等法律法规的规定承担相应的法律责任。法律责任的构成要件要重点考虑参与主体的主观目的，即政府有关部门和关键信息基础设施所有或运营企业基于主观善意实施法律法规授权的行为应当受到法律保护，但是，共享双方基于故意或重大过失导致侵害他人权益的，应当承担相应的法律责任。

（二）法律责任豁免

网络安全信息共享的制度设计应当涵盖参与信息共享企业的法律责任豁免内容，因为企业拥有系统漏洞、黑客攻击、补丁和事件响应的有价值信息，如果企业不清楚上述信息将被如何用于保障网络安全，或其担心上述信息是敏感信息，则其通常不愿意共享这些信息，因为共享可能导致企业面临名誉受损、竞争劣势、利润损失、股东派生诉讼、其他诉讼和有关部门滥用共享信息等。特别是大数据时代，数据来源的广泛性使企业面临数据来源合法性的举证难题，企业通常认为其持有网络威胁信息比共享信息更加安全。通过法律法规为企业与政府有关部门共享网络安全信息提供相应的法律责任豁免，能够增加企业参与网络安全信息共享的积极性，充分发挥其在应对网络安全威胁中的重要作用。

第一，反垄断责任豁免。我国《反垄断法》第十三条规定，禁止具有竞争关系的经营者达成下列垄断协议：（1）固定或者变更商品价格；（2）限制商品的生产数量或者销售数量；（3）分割销售市场或者原材料采购市场；（4）限制购买新技术、新设备或者限制开发新技术、新产品；（5）联合抵制交易；（6）国务院反垄断执法机构认定的其他垄断协议。网络安全信息共享参与主体之间进行的信息共享行为不具有排除、限制竞争的效果，没有违反《反垄断法》的相关规定，因此，按照法律法规的要求参与网络安全信息共享的主体不应当承担《反垄断法》针对垄断行为设定的法律责任。

第二，信息公开义务豁免。参与网络安全信息共享的关键信息基础设施运营企业享有《政府信息公开条例》中信息公开豁免的权利。根据我国《政府信息公开条例》第十四条第四款的规定，行政机关不得公开涉及国家秘密、商业秘密、个人隐私的政府信息。基于此，为了激励企业与政府有关部门共享网络威胁信息，企业共享给政府有关部门的网络安全信息应当基于上述规定免予向公众披露。

三、国外法律责任豁免制度

美国政府充分认识到建立网络安全信息共享激励机制的必要性，当对于网络安全信息的共享必要且适当时，设置企业的免责条款，而非强制实施政府命令来驱动信息共享，具体规定包括反垄断责任豁免、知识产权保护和公众披露豁免、法律责任豁免。

首先，《反垄断法》的相关规定是美国网络安全信息共享的法律障碍，私营企业通常认为其持有网络威胁信息比互利共享信息更加安全，因为美国的《反垄断法》禁止签订各种导致贸易限制或引发商业竞争者之间相互勾结的协议。[①] 为了鼓励私营企业积极参与网络安全信息共享，美国司法部和联邦贸易委员会于 2014 年 4 月发布一份关于信息共享和反垄断的联合政策声明，指出参与网络安全信息共享的机制不同于反垄断法禁止的定价，竞争者市场分割，垄断或试图垄断，拒绝交易，交换价格、成本、客户名单或未来竞争计划信息的行为,[②] 因此，网络安全信息共享不被视为可能引发反垄断的行为。此外，美国 2015 年《网络安全信息共享法》从法律层面确立了反垄断豁免机制，其规定基于保障网络安全的目的，两个或者两个以上的私营实体之间交换或提供网络威胁指标或防御性措施，或协助预防、调查、减轻网络威胁的行为不应被认定为违反《反垄断法》的行为。但是，这一激励机制的适用范围有所限定，即交换信息或者提供协助仅仅是为了实现下列目的：协助防止、调查或减轻针对信息系统或系统中存储、处理或传输的信息免受网络安全威胁的影响；协助传播或披露网络威胁指标以帮助防止、调查或减轻针对信息系统或系统中存储、处理或传输的信息免受网络安全威胁的影响。

其次，根据美国《信息自由法》（Freedom of Information Act，FOIA）的规定，向政府提供的信息应当向公众披露。然而，私营企业可能担心其系统漏

---

① Congressional Research Service. Cybersecurity Selected Legal Issues［R/OL］.［2013-7-20］. http：//www2. gwu. edu/ ~ nsarchiv/NSAEBB/. . . /docs/Cyber-067. pdf.

② Department of Justice，Federal Trade Commission. Antitrust Policy Statement on Sharing of Cybersecurity Information［EB/OL］.［2014-8-25］. https：//www. ftc. gov/system/files/documents/public_ statements/297681/140410ftcdojcyberthreatstmt. pdf.

洞或面临的网络安全威胁是敏感信息而不愿意向公众或者竞争者披露其专有文档和信息，因为这一披露可能导致私营企业面临商业秘密泄露、名誉受损、竞争劣势、利润损失、股东派生诉讼和其他诉讼等困境。基于此，为了激励私营企业与联邦政府共享网络威胁信息，法律规定私营企业向联邦政府机构提供的网络威胁指标或防御性措施应被视为该私营企业的商业、金融和专有信息，私营企业与政府共享网络威胁指标和防御性措施的行为不应当视为放弃对其自身知识产权或商业秘密的保护。[①] 同时，企业自愿共享给政府的网络威胁指标和防御性措施基于公众披露豁免规定可免予向公众披露。美国国土安全部和司法部于 2016 年联合发布的《根据 2015 年〈网络安全信息共享法〉协助非联邦实体与联邦实体共享网络威胁指标和防御性措施的指导意见》进一步规定，根据 2015 年《网络安全信息共享法》共享的网络威胁指标和防御性措施不受联邦国家、部落或地方政府信息自由法律、需要披露信息或记录的类似法律规制。

再次，基于网络安全目的，私营企业监控信息系统的行为适用法律责任豁免规定。即私营企业监控其自身的信息系统；在经过其他实体授权和书面同意的情况下，监控其他实体的信息系统；在经过联邦实体有权代表的授权和书面同意的情况下，监控联邦实体的信息系统；监控上述信息系统中存储、处理或传输的信息的行为不被追究法律责任。[②] 另外，私营企业共享或接收网络威胁指标的行为适用法律责任豁免规定。即私营企业基于网络安全目的，并遵守机密信息的保护规定，与其他非联邦实体或联邦政府共享或接收网络威胁指标和防御性措施的行为不被追究法律责任。[③]

最后，美国的网络安全信息共享不强制私营企业与联邦政府共享网络威胁指标或防御性措施，也不强制私营企业在接收网络威胁指标或防御性措施的情形下进行预警或采取行动。一般情况下，联邦政府无权要求私营企业向联邦政府或其他私营企业提供信息；或以共享网络威胁指标为条件，要求私营企业向联邦政府或其他私营企业提供网络威胁指标；或以联邦补

① Paul Rosenzweig. Cybersecurity Information Sharing One Step Toward U. S. Security, Prosperity, and Freedom in Cyberspace［R/OL］.［2014-4-2］. http://www. heritage. org/research/reports/2014/04/cybersecurity-information-sharing-one-step-toward-us-security-prosperity-and-freedom-in-cyberspace.

② Melanie J. Teplinsky. Fiddling on the Roof Recent Developments in Cybersecurity［J］. American University Business Law Review, 2013 (2): 225-322.

③ Brian B. Kelly. Investing in a Centralized Cybersecurity Infrastructure: Why "Hacktivism" Can and Should Influence Cybersecurity Reform［J］. Boston University Law Review, 2012, (92): 1663-1711.

助金、合同、政府采购为条件，要求私营企业向联邦政府或其他私营企业提供网络威胁指标。此外，选择不参加自愿共享行为的实体不承担任何法律责任。

法条链接目录

1. 中华人民共和国网络安全法
2. 关键信息基础设施安全保护条例（征求意见稿）
3. 中华人民共和国保守国家秘密法
4. 中华人民共和国刑法
5. 全国人民代表大会常务委员会关于加强网络信息保护的决定
6. 中华人民共和国反垄断法
7. 中华人民共和国政府信息公开条例

第三节 网络安全信息共享的组织机构及其工作机制

适用要点

1. 网络安全信息共享的组织机构
2. 网络安全信息共享的工作机制

根据《国家安全法》等法律法规的相关规定，我国成立了在国家网信部门的领导下，国家安全机关、有关军事机关、公安机关、工信部门等在各自职责范围内负责落实网络安全信息共享工作的指导、协调和监督管理工作的组织体系。美国在此方面建立了包括联邦政府机构、各地区、各行业分工配合的网络安全信息共享组织体系，其中最具有代表性的机构为国家网络安全和通信整合中心、网络威胁与情报整合中心、信息共享与分析中心、信息共享与分析组织。其中，美国国土安全部及其分支机构（具体工作由国家保护和计划司承担）主要负责协调整体的网络安全信息共享事项；国家情报总监办公室（具体工作由网络威胁和情报整合中心承担）负责有关共享网络威胁情报的分析工作；美国各州、地方、部落和区域政府之间及其与联邦政府机构之间通过一个跨州的信息共享与分析中心促进公共与私营部门之间的信息共享；美国各关键部门（行业），如金融、能源、通信、交通等已经建立了18个基于行业的信息共享与分析中心，负责协调、促进各行业内部公共与私营部门之间的网络安全信息共享；非关键部门的企业也通过建立并加入非行业性的信息共享与分析组织，进一步完善网络安全信息共享的机构体系。

我国网络安全信息共享的组织机构及其工作机制

我国《国家安全法》第五十一条规定，建立情报信息工作协调机制，实现情报信息的及时收集、准确研判、有效使用和共享。第五十二条规定，国家安全机关、公安机关、有关军事机关根据职责分工，依法搜集涉及国家安全的情报信息。《网络安全法》第八条规定，国家网信部门负责统筹协调网络安全工作和相关监督管理工作。《网络安全法》第三十九条、《关键信息基础设施安全保护条例（征求意见稿）》第三十八条都明确规定了国家网信部门是网络安全信息共享的统筹协调机构，负责整体统筹协调网络安全信息共享事项，其职责在于促进有关部门、关键信息基础设施的运营者以及有关研究机构、网络安全服务机构等之间的网络安全信息共享。上述规定为网络安全信息共享工作的统筹协调和有效落实提供了组织机构保障。

具体而言，在国家网信部门的领导下，国家安全机关、有关军事机关、公安机关、工信部门等应当在各自职责范围内负责落实网络安全信息共享工作的指导、协调和监督管理工作。

公安机关应当负责对国家关键信息基础设施的行业主管或监管部门、关键信息基础设施的运营者、关键信息基础设施运营者以外的网络运营者等有关网络犯罪信息的收集、分析、通报和报告工作等进行指导、协调和监督检查。

关键信息基础设施的行业主管或监管部门应当依法在其职责范围内对本行业、本领域的网络安全事件监测、网络安全信息收集和分析等工作实施监督管理，并按照规定报送网络安全威胁信息。同时，关键信息基础设施的运营者负责关键信息基础设施安全事件的监测、分析、汇总、预警和报告工作，并在此过程中接受关键信息基础设施主管部门的监督检查。

法条链接目录

1. 中华人民共和国国家安全法
2. 中华人民共和国网络安全法
3. 关键信息基础设施安全保护条例（征求意见稿）

第四节　网络安全信息共享的程序

适用要点

1. 共享信息接收
2. 共享信息存储
3. 共享信息使用
4. 共享信息传输

网络安全信息共享的程序是实现网络安全保障与个人隐私权益保护之间相互协调的有效途径，共享程序包括共享信息的接收、存储、使用和传输的具体要求。美国2015年《网络安全信息共享法》规定，私营企业可以基于网络安全目的共享、接收或使用网络威胁信息。联邦政府机构对其接收的网络威胁信息进行披露、存留和使用仅限于以下目的：（1）保障网络安全；（2）识别网络安全威胁（包括此类网络安全威胁的来源）或安全漏洞；（3）识别国外敌对势力或恐怖分子使用信息系统引发的网络安全威胁；（4）响应、减轻或防止因恐怖活动或使用大规模杀伤性武器而造成的死亡威胁，严重的人身伤害或经济损失；（5）响应、减轻或防止针对未成年人的严重威胁（包括性剥削和人身安全的威胁）；（6）阻止、调查或起诉特定的犯罪（包括严重的暴力犯罪、欺诈和身份盗窃、间谍罪，侵犯商业秘密的犯罪）。同时，美国国土安全部和司法部于2016年联合发布的《美国隐私和公民自由最终指南：2015年网络安全信息共享法》[①] 重点规定了联邦实体接收、存留、使用和传输网络威胁指标的隐私和公民自由保护要求，具体包括：（1）透明原则；（2）目的明确原则；（3）数据最小化原则；（4）使用限制；（5）数据质量和完整性；（6）安全原则。

---

① https://www.us-cert.gov/ais.

一、网络安全信息共享的程序要求

（一）共享规则一：对接收的共享信息进行全面审查

在网络安全信息共享过程中，政府有关部门和企业均应当采取措施对其获取和接收的网络安全信息进行审查，及时销毁与网络安全威胁没有直接关系的特定个人信息或个人可识别信息（PII）。共享信息的政府有关部门或企业接收主体如果明知共享的信息存在错误，其有义务向国家网信部门、有关部门、国家关键信息基础设施的行业主管或监管部门，以及其他已确定的共享信息主体进行书面通知，避免造成不必要的损害。同时，国家网信部门和政府有关部门应当及时通知该错误信息的原始发送者并责令其停止传输该错误信息，并尽快删除或更新信息。共享参与主体因错误共享信息而导致相关主体权益受损的，应当根据其在接收信息时是否知情以及是否及时有效地采取相应的补救措施来判定其是否应当承担相应的法律责任。

（二）共享规则二：保障共享信息的存储安全

政府部门和企业存储其接收的网络安全信息应当履行以下义务：

首先，确定共享信息的保存期限，因为网络安全威胁随着时间的推移而发生变化，有时几乎与威胁的确定保持同步。因此，网络安全信息的有用性和及时性可能会限制在很短的时间内。鉴于此，网络安全信息在保留期限届满，或与法律授权的使用目的不再直接相关时，存储者应及时进行删除。

其次，采取安全防护措施，以保护那些包含与网络安全威胁直接相关的特定个人信息或个人可识别信息不受未经授权的访问或获取。上述安全防护措施具体包括：实施内部用户访问控制；进行相关数据的物理或逻辑隔离；针对负责具体落实共享流程的政府官员和企业雇员进行网络安全培训；遵守《网络安全法》《关于加强网络信息保护的决定》《信息安全技术　公共及商用服务信息系统个人信息保护指南》（GB/Z 28828—2012）等相关规定。

最后，政府有关部门和企业均应当采取措施对其获取和接收的网络安全信息进行核对，及时销毁与网络安全威胁没有直接关系的特定个人信息或个人可识别信息（PII）。

（三）共享规则三：限制共享信息的非法使用

《网络安全法》原则性地限定了政府有关部门使用网络安全信息的目的。为了避免政府有关部门在网络安全信息共享的实施过程中滥用职权，不当获取、披露、存留和使用其获取的网络安全信息，《网络安全法（草案二次审议稿）》第三十八条明确规定，国家网信部门和有关部门在关键信息基础设施保护中获取的信息，只能用于维护网络安全的需要，不得用于其他用途。针对这一规定，在正式公布的《网络安全法》第三章“网络运行安全”之“一般规定”的第三十条作出了扩大的限制性规定，即要求网信部门和有关部门在履行网络安全保护职责中获取的信息，只能用于维护网络安全的需要，不得用于其他用途，而不再仅仅局限于关键信息基础设施安全保护领域。例如，政府有关部门在共享过程中获得的信息不得用于行政执法中的证据，不得基于《政府信息公开条例》的披露义务向公众披露等，这一原则性限定与现有法律，如《行政诉讼法》《政府信息公开条例》等能够进行有效衔接。

针对参与共享的企业如何使用其获取的网络安全信息，我国并未作出明确的限制性规定，但是，基于保护国家机密、企业商业秘密以及个人隐私的实际需求，企业共享、接收或使用网络威胁信息只能基于维护网络安全的目的，即保护信息系统的机密性、完整性和可用性，确保系统及其中存储、处理和传输的信息免受网络安全威胁的影响。此外，在网络安全信息的使用与网络安全目的不再相关时，共享参与主体应当立即删除或销毁该信息。

（四）共享规则四：传输前的共享信息审查

政府有关部门和企业在传输网络安全信息之前应当主动实施人工或技术措施审查，审查内容包括：（1）该信息与网络安全威胁是否存在直接关联；（2）该信息是否包含特定个人信息或PII。通过审查评估以确定是否有必要采取适当的技术措施移除与网络安全威胁不直接相关的特定个人信息或个人可识别信息。此外，为了最大限度地保护涵盖特定个人信息或个人可识别信息的机密性，政府有关部门和企业应当告知共享信息的接收者仅可在法律授权的目的范围内使用此类信息。

法条链接目录

1. 中华人民共和国网络安全法
2. 中华人民共和国政府信息公开条例
3. 全国人民代表大会常务委员会关于加强网络信息保护的决定
4. 信息安全技术　公共及商用服务信息系统个人信息保护指南（GB/Z 28828—2012）

第六章

个人信息安全

核心内容

1. 个人信息的内涵与外延
2. 个人信息的收集
3. 个人信息的处理
4. 安全保障义务
5. 更正请求权和删除权
6. 个人信息匿名化

本章综述

物质、能量、信息是人类社会赖以存在和发展的三大资源。网络社会中，个人信息的作用日益凸显，已成为国家的一种战略资源。个人信息安全问题并非网络出现后产生的新问题，但这一问题确因网络的广泛应用而被无限放大。今天，世界上90%以上的信息是以数字形式存在的，国家、企业或个人借助计算机网络能够迅速地收集、储存、传送有关个人的各种数据，以不同的方式加以组合或呈现，可以用来预测个人的行为模式、政治态度、消费习惯，而作为一种资源或商品加以利用。这种无孔不入的个人信息收集行为，不可避免地会带来个人信息的滥用行为。此外，层出不穷的个人信息泄露事件，使个人信息安全陷入了前所未有的困境：雅虎公司10亿多用户账号于2013年被黑客窃取，美国近2亿登记选民的个人信息发生泄露；截至2017年8月，安徽各级公安机关查获泄露各类公民个人信息56亿余条。当非法收集、分析和利用成为行业的普遍行为时，个人信息在网络时代遭遇了前所未有的安全危机。

第一节　个人信息内涵与外延

适用要点

1. 个人信息的内涵
2. 个人信息的外延
3. 个人信息的识别

准确把握个人信息的内涵和外延，是执法、司法以及企业合规的前提。个人信息的内涵揭示的是其本质特征，外延是个人信息的范围。个人信息的外延，不仅决定个人权利的范围，而且关涉个人权利保护与网络产业发展这一矛盾，因而需要在平衡个人信息安全与网络产业发展的基础上确定。

2012 年通过的《关于加强网络信息保护的决定》第一条规定："国家保护能够识别公民个人身份和涉及公民个人隐私的电子信息。任何组织和个人不得窃取或者以其他非法方式获取公民个人电子信息，不得出售或者非法向他人提供公民个人电子信息。"《刑法》第二百五十三条之一规定了向他人出售或提供公民个人信息的犯罪,《最高人民法院　最高人民检察院关于办理侵犯公民个人信息刑事案件适用法律若干问题的解释》第一条规定:《刑法》第二百五十三条之一规定的"公民个人信息"，是指以电子或者其他方式记录的能够单独或者与其他信息结合识别特定自然人身份或者反映特定自然人活动情况的各种信息，包括姓名、身份证件号码、通信通讯联系方式、住址、账号密码、财产状况、行踪轨迹等。

《网络安全法》第七十六条第五项规定：个人信息，是指以电子或者其他方式记录的能够单独或者与其他信息结合识别自然人个人身份的各种信息，包括但不限于自然人的姓名、出生日期、身份证件号码、个人生物识别信息、住址、电话号码等。《网络安全法》的规定强调了个人信息的识别性。虽然《网络安全法》规定了个人信息的内涵和外延，但实践中对个人信息内涵和外延的认识仍存在争议，因而有必要依照个人信息保护法的基本原理明确个人信息的内涵和外延。

一、个人信息的内涵

依个人信息保护法的基本原理，个人信息是指可以直接或间接识别自然人个人的信息。信息哲学认为，信息是物质存在方式和状态的自身显示。个人信息是对权利主体（信息体）的反映，个人信息是识别权利主体和确定权利主体特征、状态的客观存在或描述，如姓名、年龄、通信地址和网上浏览记录等，是与自然人相关联的、具有个体特征的信息片段。

识别性是个人信息的本质属性。所谓识别，既可以是将信息主体与其他人区分开来或者联络到本人，也可以是权利人的行为状态和行为轨迹等。识别分为直接识别和间接识别，所谓直接识别，是指仅依靠一条信息就能把信息主体特定化，典型的直接识别性个人信息是个人的身份证号码；所谓间接识别，是指通过两条以上的个人信息才能将信息主体特定化，如通过姓名、单位、职务或职称等组合确定某一自然人。识别既可以是通过个人信息指向本人，如姓名、身份证号码等确定某一信息主体，也可以通过识别个人终端设备“间接识别”某一信息主体，例如，使用“Cookies”向信息主体的终端设备发送定向广告。

二、个人信息的外延

个人信息的内涵决定了个人信息的外延，因此，所有能够识别自然人的信息都属于个人信息的范围，如自然人的姓名、身份证件号码、住址、个人生物识别信息、电话号码、银行卡信息、账号和密码，支付记录、浏览记录、搜索记录、交易记录、通话记录、位置信息、健康状况等信息。具体而言，个人信息有以下类型。

1. 个人生理特征信息：该类信息是基于个人的出生和成长而产生、体现个人自身特征或者状况的信息，包括出生日期、性别、基因、指纹、声纹、掌纹、耳郭、虹膜、面部特征等个人生物识别信息。

2. 个人标识性信息：该类信息的特点是区分性，即通过某一条信息或者以下信息的组合能把某人从其他人中区别开来，如姓名、民族、国籍、亲属关系、住址等；身份证、军官证、护照、驾驶证、工作证、出入证、社保卡、居住证，个人电话号码、系统账号、IP 地址、电子邮箱及与前述有关的密码、口令、口令保护答案、用户个人数字证书等网络身份标识信息；个人常用设备信息，包括硬件型号、设备 MAC 地址、操作系统类型、软件列表唯一设备识别码等在内的描述个人常用设备基本情况的信息；联系人信息，如通讯录、好友列表、群列表、电子邮件地址列表等。

3. 反映个人基本情况的信息：该类信息反映的是个人的人身或者财产

的基本状况，包括以下信息：（1）个人生理健康信息，如个人因生病医治等产生的相关记录，如病症、住院志、医嘱单、检验报告、手术及麻醉记录、护理记录、用药记录、药物食物过敏信息、生育信息、既往病史、家族病史等，以及与个人身体健康状况产生的相关信息，如体重、身高、肺活量等；（2）个人教育工作信息，如职业、工作单位、职位、学历、学位、教育经历、工作经历等；（3）个人财产信息，如银行账号、鉴别信息（口令）、存款信息、账户变动信息、房产信息、信贷记录、征信信息、交易和消费记录、流水记录等，以及虚拟货币、虚拟交易、游戏类兑换码等虚拟财产信息；（4）个人的婚史、宗教信仰、性取向、未公开的违法犯罪记录等。

4. 个人行为信息：该类信息反映的是个人登录和使用互联网产生的信息，包括：（1）个人通信信息，如通信记录和内容、短信、彩信、电子邮件，以及描述个人通信的数据等；（2）个人上网记录，指通过日志储存的用户操作记录，包括网站浏览记录、搜索记录、软件使用记录、点击记录等；（3）个人位置信息，包括行踪轨迹、精准定位信息等。

法条链接目录

1. 中华人民共和国网络安全法
2. 全国人民代表大会常务委员会关于加强网络信息保护的决定
3. 最高人民法院 最高人民检察院关于办理侵犯公民个人信息刑事案件适用法律若干问题的解释

第二节 个人信息收集

适用要点

1. 个人信息收集的界定
2. 个人信息收集的法定要件
3. 个人信息收集的程序
4. 个人信息收集的义务

违法收集个人信息往往是滥用个人信息的源头，法律有必要规范个人信息收集行为，明确收集个人信息的条件，以此保障个人人身和财产安全。2012 年通过的《关于加强网络信息保护的决定》第二条规定："网络服务提供者和其他企业事业单位在业务活动中收集、使用公民个人电子信息，应当遵循合法、正当、必要的原则，明示收集、使用信息的目的、方式和范围，并经被收集者同意，不得违反法律、法规的规定和双方的约定收集、使用信息。网络服务提供者和其他企业事业单位收集、使用公民个人电子信息，应当公开其收集、使用规则。"2013 年修正的《消费者权益保护法》第二十九条也作了类似规定。《网络安全法》第四十一条规定：网络运营者收集、使用个人信息，应当遵循合法、正当、必要的原则，公开收集、使用规则，明示收集、使用信息的目的、方式和范围，并经被收集者同意。网络运营者不得收集与其提供的服务无关的个人信息，不得违反法律、行政法规的规定和双方的约定收集、使用个人信息，并应当依照法律、行政法规的规定和与用户的约定，处理其保存的个人信息。①

一、个人信息收集的界定

"收集"的字面意思是使之聚集在一起。个人信息收集，是指为某一特定目的而取得权利人个人信息的行为，包括由个人信息主体主动提供、通过与个人信息主体交互或记录个人信息主体行为等自动采集，以及通过共享、转让、搜集公开信息间接获取等方式。收集的本质特征是获得个人信息的控制权，至于收集方式和手段如何，不影响收集行为的确定，诸如网络行为的大数据采集、Cookies 以及网络蜘蛛对个人信息的获取，都属于《网络安全法》规定的收集。

按收集主体分类，个人信息的收集可以分为网络运营者收集和执法机关收集，后者基于履行法定职责的需要，应依照特定的程序收集并依照《网络安全法》的相关规定履行特定的保密义务，其不同于网络运营者收集，本节如果没有特殊说明，是指网络运营者收集；按收集手段分类，个人信息的收集方式可以分为直接收集和间接收集，前者是指直接从权利人处收集个人信

① 《网络安全法》第二十二条第三款规定：网络产品、服务具有收集用户信息功能的，其提供者应当向用户明示并取得同意；涉及用户个人信息的，还应当遵守本法和有关法律、行政法规关于个人信息保护的规定。本款除规定网络产品和服务提供者保护个人信息的义务外，还规定网络产品和服务提供者在收集用户（不限于自然人）信息应征得用户同意的义务。

息，后者是指从权利人以外的第三方收集个人信息，除个人的公开信息外，收集权利人的个人信息应采用直接收集方式。

二、个人信息收集的具体要求

收集人对个人信息的收集必须符合法定的要件，即在告知权利人的基础上，取得权利人的同意。根据《网络安全法》第四十一条的规定，收集个人信息的具体要求如下。

（一）收集规则一：遵循合法、正当、必要的原则

合法原则，是指收集人收集个人信息的方式要符合法律规定。合法的“法”包括两个层面：一是《网络安全法》和相关法律、行政法规；二是收集人与用户签订的协议，当然，协议不得违反法律、行政法规的强制性规定，不得利用自身的优势地位剥夺用户的主要权利或免除自身的主要义务。

所谓正当原则，是指收集人在收集个人信息的过程中，其应本着善意的原则，手段应适度，遵循诚实信用原则，避免对权利人造成过度侵扰和损害。

合法和正当原则的具体要求如下：（1）不得收集法律法规禁止收集的个人信息；（2）不得欺诈、强制个人信息主体提供其个人信息，特别是禁止以拒绝提供服务手段而强迫收集个人信息；（3）不得隐瞒产品或服务所具有的收集个人信息的功能；（4）不得从非法渠道获取个人信息。

所谓必要原则，要求收集人在收集个人信息之前必须有明确的目的。对公共部门而言，只能基于履行法定职责的需要才能收集个人信息；对企业而言，只能基于提供服务的必要而收集个人信息，不得收集与其提供的服务无关的个人信息。具体而言：（1）收集的个人信息的类型应与实现产品或服务的业务功能有直接关联，直接关联是指没有该个人信息无法为用户提供产品或服务，或者是提供的产品或服务无法正常使用；（2）产品或者服务具有持续收集个人信息的功能时，需要将时限降至最低；（3）间接收集个人信息，仅以公开个人信息为限。

（二）收集规则二：告知被收集人

1. 告知的具体内容

收集人应将以下内容告知被收集人：

（1）收集、使用规则；

（2）收集和处理客户个人信息的目的；

（3）个人信息的收集方式和手段、收集的具体内容和留存时限；

（4）个人信息的使用范围，包括披露或向其他组织和机构提供其个人信息的范围；

（5）个人信息的保护措施；

（6）权利人的查询权、更正请求权、删除权、拒绝权等；

（7）如需将客户个人信息转移或委托于其他组织和机构，要向权利人明确告知包括但不限于以下信息：转移或委托的目的、转移或委托个人信息的具体内容和使用范围、接受委托的个人信息获得者的名称、地址、联系方式等；

（8）提供个人信息后可能存在的风险以及不提供个人信息可能出现的后果；

（9）收集人的名称、地址、联系方式等相关信息，客户的投诉渠道（包括向监管机构以及自身投诉的渠道）及其投诉部门的具体联系方式。

2. 告知的基本要求

（1）收集权利人的敏感信息时，收集人应采用“一事一议”的告知方式。收集非敏感信息，收集人可以用户服务协议的方式告知权利人；

（2）分阶段或多次收集客户信息的，应在每次收集前履行告知义务，但与用户有约定的除外；

（3）持续收集个人信息时应允许用户自行配置、调整、关闭个人信息收集的功能，同时应明确告知用户此类功能的存在以及使用此类功能的方法。

（三）收集规则三：经用户同意

所谓同意，是指收集人在告知权利人的基础上，权利人在自由的状态下通过声明或者明确的行动表示其同意处理本人个人信息的意思表示。

1. 同意的具体要求

（1）除权利人的身份信息外，收集和处理权利人的个人信息之前，应以书面或电子形式征得权利人的同意。权利人的敏感信息，收集人应以一事一同意的方式征得权利人的明示同意。权利人的非敏感信息，收集人可以服务协议的方式获得权利人的笼统同意；

（2）收集或使用人承担举证责任；

（3）协议中有同意以外其他条款时应对“同意”作显著标注；

（4）权利人在任何时候都有权撤销同意；

（5）双方地位悬殊时，同意并不代表合法。

2. 收集、使用个人信息无须征得个人信息主体授权同意的情形

（1）基于维护国家安全、社会公共安全的需要；

（2）基于执法和司法的需要；

（3）为维护个人信息主体或其他个人的生命健康权益但无法得到本人同意的；

（4）个人信息主体自行或者他人合法向社会公众公开的个人信息，如合法的新闻报道、政府信息公开等公开的个人信息；

（5）用于维护所提供的产品或服务的安全稳定运行所必需的，例如，发现、处置产品或服务的故障；

（6）学术研究机构基于公共利益开展统计或学术研究所必要，且对外提供学术研究或描述的结果时，对结果中所包含的个人信息进行去标识化处理的；

（7）法律法规规定的其他情形。

（四）规则四：个人敏感信息收集的同意

个人敏感信息，是指一旦泄露、非法提供或滥用可能危害人身和财产安全，或者导致个人名誉、身心健康受到损害或歧视性待遇等的个人信息，包括身份证件号码、个人生物识别信息、银行账号、通信记录、财产信息、征信信息、行踪轨迹、住宿信息、健康生理信息、交易信息、14 周岁以下（含）儿童的个人信息等。收集个人敏感信息时，应取得个人信息主体的明示同意。具体包括如下内容：

1. 应确保个人信息主体的明示同意是其在完全知情的基础上自愿给出的、具体的、清晰明确的愿望表示。

2. 通过主动提供或自动采集方式收集个人敏感信息前，应当：（1）向个人信息主体告知所提供产品或服务的核心业务功能及所必需收集的个人敏感信息，并明确告知拒绝提供或拒绝同意将带来的影响。应允许个人信息主体选择是否提供或同意自动采集；（2）产品或服务如提供其他附加功能，需要收集个人敏感信息时，收集前应向个人信息主体逐一说明个人敏感信息为完成何种附加功能所必需，并允许个人信息主体逐项选择是否提供或同意自动采集个人敏感信息。当个人信息主体拒绝时，可以不提供相应的附加功能，但不应以此为理由停止提供核心业务功能，并应保障相应的服务质量。

3. 收集年满 14 周岁的未成年人的个人信息前，应征得未成年人或其监护人的明示同意；不满 14 周岁的，应征得其监护人的明示同意。

法条链接目录

1. 中华人民共和国网络安全法
2. 全国人民代表大会常务委员会关于加强网络信息保护的决定
3. 中华人民共和国消费者权益保护法

第三节 个人信息处理

适用要点

1. 个人信息处理行为的界定
2. 个人信息处理的要求

关于个人信息处理行为的界定，有广义与狭义之分，本节从狭义角度进行解读，即个人信息处理行为仅指个人信息控制者或个人信息代处理者对其控制范围内的个人信息所进行的加工、使用、分析利用行为。个人信息的处理者即公共机构和司法主体收集个人信息的目的主要是改善社会管理或创造经济价值。在大数据时代，个人信息的用途多种多样，并且数据挖掘和处理技术的进步不断变化，在个人信息处理过程中，难免会给个人带来威胁，因而个人信息处理行为应当遵循合法、正当、必要原则，遵循告知同意规则。处理主体应当承担相应的安全保护义务，对于不同的处理行为，应当严格依法进行。

一、个人信息处理行为的界定

我国台湾地区的“个人资料保护法”第二条第（四）项将“处理”界定为：为建立或利用个人资料档案所为资料之记录、输入、储存、编辑、更正、复制、检索、删除、输出、连结或内部传送。同时区分“处理”与“利用”，在该条第（五）项将“利用”定义为：指将搜集之个人资料为处理以外之使用。欧盟《通用数据保护条例》第二条将“处理”界定为：对个人信息或者系列个人信息进行的任何操作或者系列操作，而无论是否采取自动方式，例如，收集、记录、组织、构建、存储、改变或者修改、恢复、查询、使用，通过传播、分发或者其他可被他人利用的方式披露、排列或者组合、删除或者销毁。我国于2013年2月1日起实施的《信息安全技术 公共及商用服务信息系统个人信息保护指南》（GB/Z 28828—2012）将个人信息处理定义为："处置个人信息的行为，包括收集、加工、转移、删除。"个人信息收集与处理行为应明确区分，就个人信息的存储而言，收集人主要的义务是履行安全保障义务，没有独立规制的必要。因此，个人信息处理宜采用狭义说，即个人信息控制者对其控制范围内的个人信息所进行的加工、使用、分析利用。

二、处理行为的要求

（一）加工

加工包括对个人信息进行修改、标注、比对、挖掘、屏蔽等。加工行为除符合合法、正当、必要原则，遵循告知同意机制外，还应当保障数据的保密性、完整性、可用性。《网络安全法》第四十二条规定，网络运营者不得泄露、篡改、毁损其收集的个人信息。2017年3月15日，第十二届全国人民代表大会第五次会议通过的《民法总则》第一百一十一条规定，任何组织和个人需要获取他人个人信息的，不得非法加工他人的个人信息。

（二）使用

个人信息的使用应当遵循合法、正当、必要原则，严格依照产品、服务或行为的目的进行。如因产品、服务的功能或行为的目的变化，对个人信息的使用行为应当暂时中止，寻求合法依据后才可恢复使用，如最初目的不存在或发生质变，则应终止使用行为，重新征得个人信息主体的同意。如《民法总则》第一百一十一条规定，任何组织和个人不得非法使用他人的个人信息。自2013年9月1日起施行的《电信和互联网用户个人信息保护规定》第九条明确要求，除法律另有规定外，电信业务经营者、互联网信息服务提供者在用户终止使用其服务后，应当停止对用户个人信息的收集和使用，并为用户提供注销号码或者账号的服务。

（三）分析利用

一方面，从发展与安全平衡的角度出发，信息控制主体对个人信息的分析利用能够充分发挥信息的价值，应允许对个人信息合法正当地分析利用；另一方面，信息控制主体应当审慎分析利用个人信息，尊重个人信息主体的合法权益，保障信息安全。个人信息的分析利用行为应当在避免识别自然人本人的情况下进行，且应向相关个人告知分析利用行为，提供可供退出的方式。以下列举几种常见的分析利用行为。

1. 数字画像

数字画像，是为了评估、分析及预测个人的行为而对个人信息进行处理。如基于商业目的的数字画像行为，能够分析预测用户的行为喜好等信息，目前，在互联网服务、产品提供者的经营行为中普遍存在，数字画像的精准程度日益成为服务、产品质量高低的重要因素，是市场竞争的重要手段。

2. 产品或服务改进计划

互联网服务提供者在提供服务的过程中，除提供产品或服务所必须进行的个人信息处理行为外，为改善产品质量，提高用户体验，会通过自动进行数据收集、处理的工具收集、处理用户的某些行为信息以对该产品、服务的使用情况进行调查了解。如收集用户使用其服务时对某个按钮的点击次数、某些关键配置的选项值，访问仅限数据控制方特定网站的某些 Cookie 信息。

三、同意的例外

处理个人信息，原则上应征得权利人同意，但存在以下例外情形：（1）为了履行当事人一方为数据主体的合同所必需的数据处理或者为了在订立合同之前依照数据主体的要求采取措施所必需的数据处理；（2）为了履行法定义务所必需的数据处理；（3）为了保护权利人的重大利益而必需的数据处理。

法条链接目录

1. 信息安全技术　公共及商用服务信息系统个人信息保护指南（GB/Z 28818—2012）
2. 中华人民共和国网络安全法
3. 电信和互联网用户个人信息保护规定
4. 规范互联网信息服务市场秩序若干规定
5. 全国人民代表大会常务委员会关于维护互联网安全的决定

第四节　安全保障义务

适用要点

1. 安全保障措施
2. 告知义务
3. 报告义务

根据《中国网民权益保护调查报告2016》的数据显示，我国有84%的网民亲身感受到由于个人信息泄露带来的不良影响，54%的网民认为个人信息泄露严重，其中21%的网民认为非常严重。近年来，层出不穷的个人信息泄露事件引发的电信诈骗、敲诈勒索等违法行为严重威胁着网民的人身安全和财产安全，甚至引发了“徐玉玉”这样的悲剧。对网络运营者科以必要的安全保障义务，对于保障用户合法权益、维护互联网秩序至关重要。

一、《网络安全法》第四十二条解读

《网络安全法》第四十二条规定，网络运营者不得泄露、篡改、毁损其收集的个人信息。网络运营者应当采取技术措施和其他必要措施，确保其收集的个人信息安全，防止信息泄露、毁损、丢失。在发生或者可能发生个人信息泄露、毁损、丢失的情况时，应当立即采取补救措施，按照规定及时告知用户并向有关主管部门报告。

用户信息保护制度是网络经营者收集、处理和使用用户个人信息的基本规则，包括个人信息收集、使用、处理的条件和程序，访问权限及其限制，对外提供的条件和程序、网络产品和服务在设计和运营过程如何嵌入个人信息保护机制，对外包服务提供者的管理、用户投诉处理机制、应急方案以及对违法违规收集、处理和利用个人信息的监督和处罚等。

个人信息的保密权和安全权，是信息主体权利的重要内容，与之相对应，信息收集人和存储人对个人信息应采取合理的安全保护措施，以确保个人信息不被非法窃取、泄露、篡改或受到其他侵害，防止个人信息的意外丢失、

毁损，在发生信息泄露、丢失的情况下，信息收集人和存储人应及时采取补救措施，并及时告知信息主体，同时将相关情况报告有关部门。根据技术中立原则，《网络安全法》并未强调收集人必须采取的技术措施，收集人和存储人可根据实际情况采用技术手段保障信息安全。

二、安全保障措施

安全保障措施包括物理措施、技术措施和管理措施，网络运营者应当采取以下措施防止用户个人信息泄露、毁损、篡改或者丢失：

1. 确定各部门、岗位和分支机构的用户个人信息安全管理责任；

2. 建立用户个人信息收集、使用及其相关活动的工作流程和安全管理制度；

3. 对工作人员及代理人实行权限管理，对批量导出、复制、销毁信息实行审查，并采取防泄密措施；

4. 妥善保管记录用户个人信息的纸介质、光介质、电磁介质等载体，并采取相应的安全储存措施；

5. 对储存用户个人信息的信息系统实行接入审查，并采取防入侵、防病毒等措施；

6. 记录对用户个人信息进行操作的人员、时间、地点、事项等信息；

7. 按照有关部门的规定开展通信网络安全防护工作。

三、应急处置

发生个人信息安全事件后，个人信息控制者应根据应急响应预案进行以下处置：

1. 记录事件内容，包括但不限于：发现事件的人员、时间、地点，涉及的个人信息及人数，发生事件的系统名称，对其他互联系统的影响，是否已联系执法机关或有关部门；

2. 评估事件可能造成的影响，并采取必要措施控制事态，消除隐患；

3. 按《国家网络安全事件应急预案》的有关规定及时上报，报告内容包括但不限于：涉及个人信息主体的类型、数量、内容、性质等总体情况，事件可能造成的影响，已采取或将要采取的处置措施，事件处置相关人员的联系方式。

四、告知义务和报告义务

告知的时间原则上应控制在事故发生后十二小时之内，具体需要告知以下事项：

1. 数据种类、数量及其后果；
2. 责任主体的联系人和联系方式；
3. 减轻损害的方法或措施；
4. 责任主体的处理方案、措施和结果。

报告的时限应理解为毫不迟疑，网络运营者应将数据泄露的种类、数量及造成的影响，数据泄露的原因及处理方案、措施等向主管部门报告。

法条链接目录

1. 中华人民共和国网络安全法
2. 国家网络安全事件应急预案

第五节　更正请求权和删除权

适用要点

1. 更正请求权的界定
2. 更正请求权的行使条件
3. 删除权的界定
4. 删除权的行使条件

个人信息与特定自然人身份的识别信息相关，信息的准确、完整对于权利人和收集人都有重要意义。对收集人而言，个人信息的真实性有助于其为用户提供精准的个性化服务；对权利人而言，个人信息的真实性是个人信息权的题中应有之义。个人信息被滥用特别是被收集人非法使用的情形比比皆是，为恢复权利人对个人信息的控制，《网络安全法》第四十三条规定：“个人发现网络运营者违反法律、行政法规的规定或者双方的约定收集、使用其个人信息的，有权要求网络运营者删除其个人信息；发现网络运营者收集、存储的其个人信息有错误的，有权要求网络运营者予以更正。网络运营者应当采取措施予以删除或者更正。”

一、更正请求权

更正请求权是信息品质原则的具体体现，是信息主体控制权的核心权利。若个人信息存有品质瑕疵，收集人应当主动更正，信息主体当然也有权要求更正。但是，事实上信息控制人主动更正的情形很少，大多数情形还需由信息主体本人或其代理人要求更正。因此，《网络安全法》明确规定了信息主体的更正请求权：个人发现网络运营者收集、存储的其个人信息有错误的，有权要求网络运营者予以更正。

当信息主体发现个人信息错误、过时或不完整时，有权请求收集人更正、更新或补充。存在以下情形时，不得行使更正请求权：

1. 个人信息因时间推移而造成不正确时，考虑到原始信息（历史信息）的正确性，将视信息主体行使更正权是否具有正当性而确定其更正权；

2. 如果信息涉及价值判断，鉴于价值判断的主观性，该信息不应当成为更正请求权行使的对象。

二、删除权

删除权保护的是自然人个人的人格，其功能是防止个人信息被无休止地利用、保障权利人自由控制个人信息的有效手段。作为权利客体的个人网上行为信息具有以下特殊性：与物权人可以通过物理措施控制权利客体不同，个人信息被他人收集和利用后，权利人无法通过物理手段控制自己的个人信息，只能通过法定或约定的义务约束收集人。显而易见，义务手段远不如物理措施有效。此外，个人在实践中很难确定信息泄露源和恰当的诉讼对象。为恢复权利人对个人信息的控制，降低个人信息被滥用的风险，信息控制权应进行扩张，使权利人可以选择“遗忘”网上行为数据，即删除权。根据《网络安全法》第四十三条的规定，个人发现网络运营者违反法律、行政法规的规定或者双方的约定收集、使用其个人信息的，有权要求网络运营者删除其个人信息。

在处理与利用个人信息的目的消失、期限届满及存储个人信息的行为不具备合法性时，权利人可行使此权利。个人信息删除权的性质为私权，理应遵循“法无禁止皆可为”的私权行使原则。因此，权利人原则上可随时请求存储删除其信息，具体行使删除权的情形如下：

1. 个人信息控制者违反法律法规规定，收集、使用个人信息的；

2. 个人信息控制者违反了与个人信息主体的约定，收集、使用个人信息的；

3. 个人信息控制者违反法律法规规定或违反与个人信息主体的约定向第三方共享、转让个人信息，且个人信息主体要求删除的，个人信息控制者应立即停止共享、转让的行为，并通知第三方及时删除；

4. 个人信息控制者违反法律法规规定或与个人信息主体的约定，公开披露个人信息，且个人信息主体要求删除的，个人信息控制者应立即停止公开披露的行为，并发布通知要求相关接收方删除相应的信息。

法条链接目录

中华人民共和国网络安全法

第六节　个人信息匿名化

适用要点

1. 个人信息匿名化的界定
2. 个人信息匿名化的条件

在大数据推动下，有越来越多的数据集产生并公布，机构甚至是普通的个人都可以获取大量的数据资源。同时，软件算法和分析学的发展使得数据更易被关联和聚合，大大增强了人们将非个人数据转化为个人数据的能力。通过匿名化方法消除用户的身份信息、敏感信息以达到隐私保护的目的，同时还能够最大化地发挥数据价值，成为兼顾隐私保护和数据利用的另一条有效路径。因此，《网络安全法》第四十二条规定，未经被收集者同意，不得向他人提供个人信息。但是，经过处理无法识别特定个人且不能复原的除外。

一、匿名化的界定

所谓“匿名化”，是指通过特定的技术处理使数据失去可识别的功能。数据匿名化与传统的访问控制和加密技术有着本质的区别。访问控制技术和加密技术的核心思想是保护数据的隐秘性，保证它不被非授权的第三方访问。一般通过切断从攻击者到隐秘数据的道路（访问控制）或者使得攻击者获得的数据变得不可用（加密技术）来实现。

二、匿名化的条件

数据匿名化的核心是通过切断敏感数据与个人之间的对应关系，他人即使得到该“敏感数据”，但不能把该数据对应到某个特定的人身上，因而数据不再“敏感”。就具体要求而言，数据匿名化是将数据移除可识别个人信息的部分，通过这一方法，权利人不会再被识别，匿名化应同时符合以下条件：

1. 仅从该数据本身无法指向或识别特定的个人及其终端。（1）数据处理者没有掌握着恢复该数据身份属性的关键信息、算法；（2）其他获得该数据的任何主体也无法将该数据关联到特定个人。

2. 即使结合其他数据也无法指向或识别特定个人及其终端。不能指向或识别特定的个人，是指：（1）数据处理者，数据处理者没有掌握着恢复该数据身份属性的关键信息、算法，只要数据处理者具备恢复该数据的身份属性的能力，即不属于不能识别的情形；（2）其他获得该数据的任何主体，采取一般可能的措施、手段也无法将该数据关联到特定个人；（3）考查技术能力是一个动态的过程，对技术能力的考查应当结合当下技术的最新发展，特别是在数据分析、挖掘技术快速发展的今天，当前的匿名化并不代表永久的匿名化。

数据匿名化处理，除要求处理过的数据无法识别个人及其终端设备外，还需要通过隐私风险评估，保障个人隐私信息的安全。隐私风险评估不仅在事前阶段需要，而且它还将贯穿匿名化数据利用整个过程。重新识别的风险会随着时间的推进而变化。数据分析技术在飞速发展，同时，过去公布的匿名化数据未必在新的技术、新的模型面前仍然保持匿名。

法条链接目录

中华人民共和国网络安全法

第七章

非法有害信息治理

核心内容

1. 非法有害信息的界定
2. 运营者的非法有害信息治理义务
3. 非法有害信息的投诉举报
4. 非法有害信息的监督管理

本章综述

《网络安全法》第十二条对非法有害信息的范围进行了概括，第四十七条、第四十八条、第四十九条、第五十条对非法有害信息的管理进行了规定，主要包括网络运营者对非法有害信息的治理义务、非法有害信息的举报制度以及监督管理等。本章在界定“非法有害信息”的基础上，探讨网络运营者的及时发现义务、采取措施的要求以及建立和完善投诉、举报机制的法律义务，从立法和实践两个角度对非法有害信息的举报制度进行分析。内容安全的监督管理机制是非法有害信息治理的重点内容。《网络安全法》的创新点之一在于，对来源于境外的非法有害信息的处理为我国有效防范和处置来源于境外的非法有害信息提供了法律依据，也将切实维护我国国家安全和网络安全。

第一节　非法有害信息的界定

适用要点

1. 非法有害信息的内涵
2. 非法有害信息的范围

网络上的各种非法有害信息给网络社会治理带来严峻的挑战。对“非法有害信息”的界定是实现网络信息治理法治化的前提和基础，只有厘清“非法有害信息”的范围才可以有效地对互联网内容进行监督管理，确立标准及明晰各主体的权利、义务、责任，达到依法治网的目标，实现网络环境的清朗化、网络秩序的法治化。尽管各国根据历史文化传统、政治体制的不同，对非法有害信息的界定、范围和重点也都有所区别，但是一般来讲，规制违背公共道德、色情和暴力、危害国家安全、泄露国家秘密、网络犯罪等是国际社会的通例。《网络安全法》第十二条对禁止发布的非法有害信息以列举的方式进行了规定，从顶层设计的立法层面有机统一了互联网“非法有害信息”的类型及范围。

一、我国非法有害信息立法

各国在有害信息治理方面根据不同类型的内容采取了不同的管理方式。由于我国国情不同，从目前电影分级制度和游戏分级制度的推进速度来看，针对互联网内容进行分级管理还存在困难，对内容管理我国仍然倾向于对未成年人和成年人制定统一的管理标准，对非法有害信息有着相同的界定标准。针对互联网的内容管理，当前，我国对“非法有害信息”的范围以“九不准”为基础，对网上制作、传播信息的行为予以规范，在不同的法律法规中有不同的表述。在《网络安全法》出台之前，我国互联网内容管理的法律法规体系尚不健全，长期以来立法层级偏低，部门立法明显，先后颁布实施了《互联网信息服务管理办法》《信息网络传播权保护条例》《互联网等信息网络传播视听节目管理办法》《互联网视听节目服务管理规定》《互联网文化管理暂行规定》《网络出版服务管理规定》《互联网新闻信息服务管理规定》《移动互联网应用程序信息服务管理规定》《互联网信息搜索服务管理规定》《互联网直播服务管理规定》等法规规章以及部门规范性文件，其中，《互联网信息服务管理办法》是我国互联网信息服务管理的基础性法规，该办法规定的“九不准”是互联网内容管理的基本准则，为“非法有害信息”范围判定的主流条文。

总体来看，法律法规对于“非法有害信息”的界定分为三个层面：一是危害国家安全的信息，包括煽动颠覆国家政权、推翻社会主义制度，煽动分裂国家、破坏国家统一，宣扬恐怖主义、极端主义，宣扬民族仇恨、民族歧视的信息等；二是危害社会稳定和秩序的信息，包括传播暴力、淫秽色情信息，编造、传播虚假信息扰乱经济秩序和社会秩序的信息等；三是对个人权利及其他私权利造成侵害的信息，包括侵害他人名誉、隐私、知识产权和其他合法权益的信息等。对于每一类信息，法律没有规定明确的判断标准，需要网络运营者和监管机构在实践中形成合理的判断机制。

二、非法有害信息的界定

（一）法律层面

2000 年，全国人大常委会制定的《关于维护互联网安全的决定》最早从刑事责任的角度，通过列举的方式对传播非法有害信息进行了规定，包括：（1）利用互联网造谣、诽谤或者发表、传播其他有害信息，煽动颠覆国家政权、推翻社会主义制度，或者煽动分裂国家、破坏国家统一；（2）通过互联网窃取、泄露国家秘密、情报或者军事秘密；（3）利用互联网煽动民族仇恨、民族歧视，破坏民族团结；（4）利用互联网组织邪教组织、联络邪教组织成员，破坏国家法律、行政法规实施。对于上述行为，构成犯罪的，依照《刑法》有关规定追究刑事责任。

《网络安全法》延续了《关于维护互联网安全的决定》的做法，除了“九不准”内容外，还补充或者明确了虚假信息等扰乱经济秩序和社会秩序、侵犯知识产权等其他行为也属于网络有害信息，第十二条第二款具体规定如下：任何个人和组织使用网络应当遵守宪法法律，遵守公共秩序，尊重社会公德，不得危害网络安全，不得利用网络从事危害国家安全、荣誉和利益，煽动颠覆国家政权、推翻社会主义制度，煽动分裂国家、破坏国家统一，宣扬恐怖主义、极端主义，宣扬民族仇恨、民族歧视，传播暴力、淫秽色情信息，编造、传播虚假信息扰乱经济秩序和社会秩序，以及侵害他人名誉、隐私、知识产权和其他合法权益等活动。

（二）行政法规层面

《互联网信息服务管理办法》是互联网信息服务管理的核心法规，其中列举的“九不准”是网上“非法有害信息”治理最主要的规定。《互联网信息服务管理办法》第十五条规定，互联网信息服务提供者不得制作、复制、发布、传播含有下列内容的信息：（1）反对宪法所确定的基本原则的；（2）危害国家安全，泄露国家秘密，颠覆国家政权，破坏国家统一的；（3）损害国家荣誉和利益的；（4）煽动民族仇恨、民族歧视，破坏民族团结的；（5）破坏国家宗教政策，宣扬邪教和封建迷信的；（6）散布谣言，扰乱社会秩序，破坏社会稳定的；（7）散布淫秽、色情、赌博、暴力、凶杀、恐怖或者教唆犯罪的；（8）侮辱或者诽谤他人，侵害他人合法权益的；（9）含有法律、行政法规禁止的其他内容的。

与《互联网信息服务管理办法》同时出台的《电信条例》，也在第五章“电信安全”中的第五十六条规定，任何组织或者个人不得利用电信网络制作、复制、发布、传播九不准的信息，其内容与《互联网信息服务管理办法》相同。《计算机信息网络国际联网安全保护管理办法》在“九不准”的基础上增加了“损害国家机关信誉的”，《互联网上网服务营业场所管理条例》增加了“危害社会公德或者民族优秀文化传统的”等内容。

（三）部门规章

新修订的《互联网新闻信息服务管理规定》要求互联网新闻信息服务提供者和用户不得制作、复制、发布、传播法律、行政法规禁止的信息内容。关于互联网文化服务管理的相关规定中，对于服务提供者规定了“九不准”的要求，并且在“九不准”的基础上进行了补充。如《互联网文化管理暂行规定》规定互联网文化单位不得提供载有“非法有害信息内容”的文化产品，《互联网视听节目服务管理规定》规定的视听节目不得含有的内容，在“九不准”的基础上增加了“危害社会公德或者民族优秀文化传统的”。

法条链接目录

1. 中华人民共和国网络安全法
2. 全国人民代表大会常务委员会关于维护互联网安全的决定
3. 互联网信息服务管理办法
4. 中华人民共和国电信条例
5. 计算机信息网络国际联网安全保护管理办法
6. 互联网上网服务营业场所管理条例
7. 互联网文化管理暂行规定
8. 互联网视听节目服务管理规定
9. 互联网新闻信息服务管理规定

第二节 网络运营者的治理义务

适用要点

1. 网络运营者的发现义务
2. 网络运营者采取措施的要求
3. 投诉、举报制度

我国《网络安全法》第四十七条、第四十八条第二款、第四十九条第一款规定了网络运营者在治理非法有害信息中的义务。网络运营者在通常互联网治理中承担重要角色，网络运营者既是被管控的重点，也是一些管控措施的主要执行者。当前，互联网上各种信息良莠不齐，迫切需要网络运营者结合自身平台技术优势，承担相关治理的义务，阻断“非法有害信息”的传播路径。网络运营者的治理义务的核心在于为实现信息合法性、可用性、完整性和保密性要求而实施必要的安全保障及注意义务。依照网络运营者同用户之间的法律关系，注意义务可分为法定的注意义务与约定的注意义务，注意义务在“非法有害信息”治理方面的具体内容则主要包含内容审查义务、配合政府部门执法义务、建立和完善投诉举报制度等。

网络运营者治理义务的内容

网络运营者对于非法有害信息，最主要的义务是发现信息并采取必要措施。2000 年，《关于维护互联网安全的决定》规定，从事互联网业务的单位要依法开展活动，发现互联网上出现违法犯罪行为和非法有害信息时，要采取措施，停止传输非法有害信息，并及时向有关机关报告。2012 年，《关于加强网络信息保护的决定》规定，网络服务提供者应当加强对其用户发布的信息的管理，发现法律、法规禁止发布或者传输的信息的，应当立即停止传输该信息，采取消除等处置措施，保存有关记录，并向有关主管部门报告。《互联网信息服务管理办法》第十六条规定，互联网信息服务提供者发现其网站传输的信息明显属于本办法第十五条所列内容之一的，应当立即停止传输，保存有关记录，并向国家有关机关报告。

● 及时发现义务

《网络安全法》第四十七条和第四十八条对“发现义务”分别规定为“网络运营者应当加强对其用户发布的信息的管理，发现法律、行政法规禁止发布或者传输的信息的”，以及“电子信息发送服务提供者和应用软件下载服务提供者，应当履行安全管理义务，知道其用户有前款规定行为的”，“发现法律、行政法规禁止发布或者传输的信息的”。

从以上规定可以看出：第一，“电子信息发送服务提供者和应用软件下载服务提供者”与“网络运营者”的义务不同，因为网络运营者是针对公开发布的信息进行管理，而电子信息发送服务提供者不能主动审查用户发送信息的内容，因此，只能在因他人举报、主管机关告知或者其他情形下，知道用户发送的信息有违法内容时，才能采取相应的措施；第二，“发现”义务要求网络运营者发挥积极、主动的作用。通过对用户发布信息的监测、过滤、关键词识别等技术手段，对用户发布的信息附加合理的注意义务，防止违法或非法有害信息的扩散；第三，针对违法或非法有害信息的“发现”义务不同于一般侵权领域的义务。在一般侵权领域，网络服务提供者只需要负担“通知—删除”义务，即在被侵权人进行通知的情况下，采取删除、屏蔽、断开链接等必要措施。

《互联网用户公众账号信息服务管理规定》规定互联网用户公众账号信息服务提供者应加强对本平台公众账号的监测管理，发现有发布、传播违法信息的，应当立即采取消除等处置措施，防止传播扩散。《互联网用户公众账号信息服务管理规定》明确了互联网用户公众账号信息服务提供者的监测管理义务。《互联网跟帖评论服务管理规定》明确了跟帖服务提供者建立健全跟帖评论审核管理、实时巡查的义务。

● 及时采取措施义务

网络运营者发现法律、行政法规禁止发布或者传输的信息的，应当立即停止传输该信息，采取消除等处置措施，防止信息扩散，保存有关记录，并向有关主管部门报告。这是对网络运营者在“发现”非法有害信息后的处理措施的规定。一方面要停止传输并消除该信息，另一方面还要积极预防非法有害信息的扩散。

关于向有关主管部门报告，根据《网络安全法》第八条的规定，国家网信部门负责统筹协调网络安全工作和相关监督管理工作。国务院电信主管部门、公安部门和其他有关机关依照本法和有关法律、行政法规的规定，在各自职责范围内负责网络安全保护和监督管理工作。县级以上地方人民政府有关部门的网络安全保护和监督管理职责，按照国家有关规定确定。《互联网信息服务管理办法》第十八条规定，国务院信息产业主管部门和省、自治区、直辖市电信管理机构，依法对互联网信息服务实施监督管理。新闻、出版、教育、卫生、药品监督管理、工商行政管理和公安、国家安全等有关主管部门，在各自职责范围内依法对互联网信息内容实施监督管理。按照上述规定，网络运营者在发现有害信息后，应立即向主管部门报告，主管部门不明确的，可以向网信部门、工信部门和公安部门报告，接到举报的部门发现不属于自己管辖的，应及时移送至有管辖权的部门。

《互联网群组信息服务管理规定》规定互联网群组信息服务提供者应当对发布违法信息的互联网群组，依法依约采取警示整改、暂停发布、关闭群组等处置措施，对发布违法信息的群组建立者、管理者等使用者，依法依约采取降低信用等级、暂停管理权限、取消建群资格等管理措施，同时应当建立黑名单管理制度，对违法违约情节严重的群组及建立者、管理者和成员纳入黑名单，限制群组服务功能。

《互联网用户公众账号信息服务管理规定》规定，互联网用户公众账号信息服务提供者应当按照分级分类管理原则，对使用者开设的用户公众账号的留言、跟帖、评论等进行监督管理，并向使用者提供管理权限，为其对互动环节实施管理提供支持。互联网用户公众账号信息服务使用者应当对用户公众账号留言、跟帖、评论等互动环节进行实时管理。对管理不力、出现法律法规和国家有关规定禁止的信息内容的，互联网用户公众账号信息服务提供者应当依据用户协议限制或取消其留言、跟帖、评论等互动功能。互联网用户公众账号信息服务提供者应当对违反法律法规、服务协议和平台公约的互联网用户公众账号，依法依约采取警示整改、限制功能、暂停更新、关闭账号等处置措施，并应当建立黑名单管理制度，对违法违约情节严重的公众账号及注册主体纳入黑名单，视情采取关闭账号、禁止重新注册等措施。

- 建立和完善投诉、举报制度

举报是公众参与网络空间治理最直接、最便捷的途径。建立畅通、有效的举报渠道，有利于提高网民参与网络治理的积极性。《网络安全法》第十四条对向政府部门的举报进行了规定，任何个人和组织有权对危害网络安全的行为向网信、电信、公安等部门举报。收到举报的部门应当及时依法作出处理；不属于本部门职责的，应当及时移送有权处理的部门。2005 年，国家设立中国互联网违法和不良信息举报中心，受理网民举报。目前，全国 31 个省、自治区、直辖市网信办均已建立举报部门，监督、督促属地网站开展网络举报工作。

《网络安全法》第四十九条要求网络运营者建立网络信息安全投诉、举报制度，公布投诉、举报方式等信息，及时受理并处理有关网络信息安全的投诉和举报。

法条链接目录

1. 中华人民共和国网络安全法
2. 中华人民共和国刑法
3. 全国人民代表大会常务委员会关于加强网络信息保护的决定
4. 中华人民共和国侵权责任法
5. 中华人民共和国电信条例
6. 互联网信息服务管理办法
7. 全国人民代表大会常务委员会关于维护互联网安全的决定

第三节　网络非法有害信息举报

适用要点

1. 网络非法有害信息举报的立法
2. 网络非法有害信息举报机制
3. 网络非法有害信息举报实践

网络举报是网络空间治理体系的重要组成部分。对网络非法有害信息的举报、处理有利于维护网络秩序，构建清朗的网络环境，对于维护公众合法权益，推动网络空间共建、共治、共享具有重大意义。《网络安全法》第十四条和第四十九条对管理部门和网络运营者的非法有害信息的治理责任和义务进行了规定。实际上，在《网络安全法》颁布之前，我国网信、电信、公安等部门已经在非法有害信息的治理领域作了很多工作，网络运营者也在通过自身的努力创造良好、有序的网络社会环境。尽管如此，网络非法有害信息依然充斥在整个网络，对国家安全、社会稳定和人民合法权益造成重大威胁，甚至造成现实损失。因此，《网络安全法》的出台，是在网络非法有害信息治理现实问题的迫切性和严重性基础上，对国家相关部门和网络运营者提出了新的要求。

一、网络非法有害信息举报立法

较早对非法有害信息举报投诉处理立法，可追溯到2010年施行的《侵权责任法》，根据该法第三十六条的规定，网络用户和网络服务者在接到被侵权人的投诉后，应及时采取删除、屏蔽、断开链接等必要处理措施，否则用户将承担直接责任，网络服务者将承担连带责任。《互联网违法和不良信息举报奖励办法》在明确非法有害信息范围的基础上，设立了公众举报非法有害信息的奖励机制，即依据非法有害信息对国家、社会、人民的危害程度，对举报有功人员视不同情况分别给予100元至10万元的奖励。同时规定了举报非法有害信息的各类平台和渠道，包括互动平台、存储工具、下载工具、移动应用软件等。《网络安全法》第十四条和第四十九条分别规定了受理用户举报的部门、程序及其对网络运营者接受用户举报的具体要求，并强调对举报人的相关信息和合法权益进行保护。

二、网络非法有害信息的举报机制

综合现有法律法规和实践经验，网络非法有害信息的举报机制从举报受理主体来看，主要分为网络运营者和网络管理部门；从流程来看，主要包括举报实现、举报保障、举报激励和举报制约四个方面。

（一）举报实现

1. 举报受理

网络运营者和监管部门必须公布投诉、举报方式等信息，设置明显的投诉入口和通道，并加强对举报受理的宣传，鼓励正当的举报行为。网络运营机构内部应安排独立的部门或人员处理举报相关事宜，避免与业务部门的利益协同而影响举报受理。

网络运营机构在接到关于机构自身或用户的举报后，应记录举报线索的相关信息，并尽快启动后续的调查和处理流程。监管部门在收到举报信息后，应对信息进行初步核查，确定信息的直接来源，会同相应的网络运营者一起调查处理。收到举报的部门应当及时依法作出处理，如果是不属于本部门职责的，应当及时移送有权处理的部门。

目前，我国监管部门、网络运营者设置了覆盖面广、体系完善的举报渠道，受理公众的举报。监管部门设置的主要举报渠道包括：

（1）中国互联网违法和不良信息举报中心（www. 12377. cn），受理公众对违反“九不准”和“七条底线”的互联网违法和不良信息的举报；

（2）12321 网络不良与垃圾信息举报受理中心（www. 12321. cn），受理公众对诈骗电话、恶意应用、骚扰电话、垃圾短信等的举报；

（3）网络违法犯罪举报网站（www. cyberpolice. cn/wfjb/），受理公众对利用互联网或针对网络信息系统从事违法犯罪行为的线索、暴力恐怖思想和宗教极端思想等的举报；

（4）全国“扫黄打非”工作小组办公室举报中心（www. shdf. gov. cn/shdf/channels/740. html），受理公众对非法出版活动、互联网和手机媒体淫秽色情信息的举报。

2. 举报调查和处理

该环节主要对举报的非法有害信息进行审查、处理、复查。首先，需要确定举报信息的真伪性、严重程度及责任归属。其次，作出相应处理。

如果举报信息由网络运营者内部接收，则需要内部监督作出相应处理，如采取更正、删除等处理措施，并对处理结果进行内部复查。如果存在赔偿等责任还应履行相应的责任。

如果举报信息由监管部门接收，则应根据非法有害信息影响的严重程度要求网络运营者作出相应处理，然后对处理结果进行复查。如果复查通过，则可恢复正常运营，如果没有通过，则将面临停业整改，甚至关闭网站等处罚。

3. 举报反馈

对网络非法有害信息的举报处理结束后，需要向举报人反馈处理结果，并向主管部门汇报备案。举报受理部门须向举报人反馈举报接收、处理情况等，一般直接将反馈信息发送至举报人提供的联系方式，或提供举报结果查询渠道，以供举报人监督非法有害信息的处理进度和结果。以中国互联网违法和不良信息举报中心为例，其向举报人提供举报查询入口的页面图 7-1所示：

图 7-1　中国互联网违法和不良信息举报中心查询入口

（二）举报保障

在网络社会治理过程中，政府公权力的介入和网络运营者的角色至关重要，但广大群众的力量也不可忽视。众多群众的参与，可以有效落实网络违法信息的监督制度，对非法有害信息的举报就是重要一环。对非法有害信息的处理往往会影响相关单位和个人的利益，因而，对举报人进行必要的人身和财产的保护，是落实举报制度的重要内容。举报保障机制，一方面可以促进举报机制的落实，另一方面还可以保障举报人的合法权益。

2017 年 2 月 17 日，最高人民检察院控告检察厅厅长宫鸣指出，推动完善举报人保护制度是中央确立的一项重要改革任务，严格执行保密规定，在举报工作的各个环节采取严格的保密措施，确保举报信息绝对保密。《网络安全法》第十四条明确规定的举报人保护制度主要包括以下内容：（1）制定和遵守严格的保密制度，对举报人的相关信息予以保密，保护举报人的合法权益；（2）严肃处理打击和报复举报人的行为；（3）建立健全举报补偿和赔偿制度，以弥补举报人由于对网络非法有害信息的举报而遭受的损失。

（三）举报激励

举报受理部门设置相应的举报激励机制，鼓励社会公众积极参与举报工作，发挥公众在维护网民权益、净化网络环境、监督法治化建设中的作用。建立和完善非法有害信息的举报激励机制，一方面积极处理举报意见，另一方面落实举报的奖励回馈，让举报人切实感受到举报的价值。《互联网违法和不良信息举报奖励办法》确立的奖励机制值得广泛推广。

（四）举报制约

举报机制的落实，应当以事实为根据。如果对举报不加以限制，不仅会侵害被举报人的合法权益，影响举报受理部门职能的正常发挥，甚至可能造成社会秩序混乱。因此，对举报行为进行必要的制约就显得非常重要。我国法律对恶意举报的行为都有相应的处罚。例如，《刑法》第二百四十三条规定的诬告陷害罪，即捏造事实诬告陷害他人，意图使他人受刑事追究，情节严重的，处三年以下有期徒刑、拘役或者管制；造成严重后果的，处三年以上十年以下有期徒刑。再如《刑法》第二百四十六条规定的诽谤罪，即以暴力或者其他方法捏造事实诽谤他人，情节严重的，处三年以下有期徒刑、拘役、管制或者剥夺政治权利。

三、网络非法有害信息举报的运行实践

国内目前主要的非法有害信息举报渠道有“中国互联网违法和不良信息举报中心”“12321 网络不良与垃圾信息举报受理中心”“网络违法犯罪举报网站”“全国‘扫黄打非’工作小组办公室举报中心”，这四个中心（网站）分别设置了网站、手机应用程序、电话、邮箱、短信等多种形式的投诉入口，并联合成立了举报互联网和手机媒体淫秽色情及低俗信息奖励审核委员会，负责举报人员的资格审核和奖金数额的确定。这些举报渠道的流程都比较类似，以互联网违法和不良信息举报中心为例，其举报流程如图 7-2 所示：

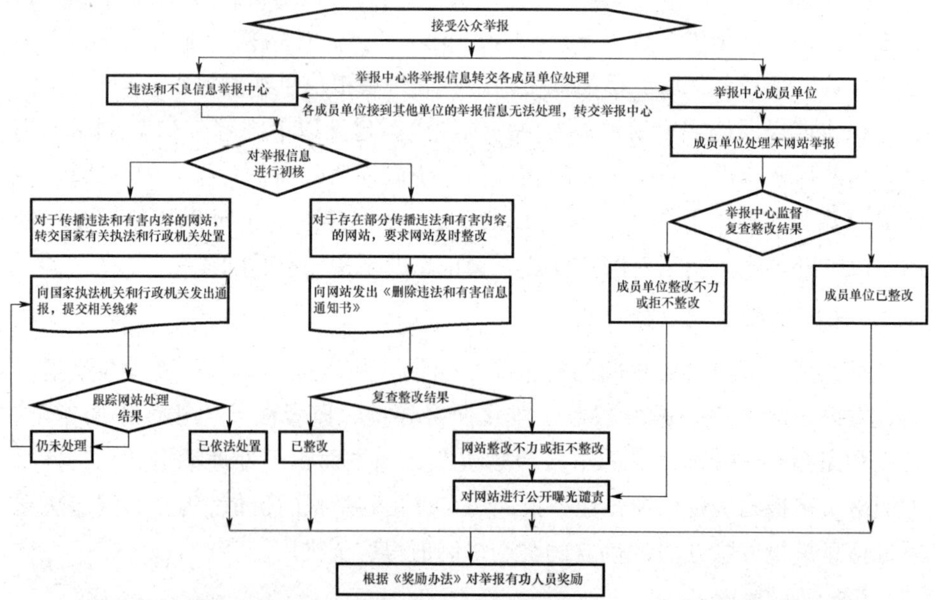

图 7-2 互联网违法和不良信息举报中心举报流程

法条链接目录

1. 中华人民共和国网络安全法
2. 中华人民共和国侵权责任法
3. 互联网违法和不良信息举报奖励办法
4. 中华人民共和国刑法

第四节 监督管理

适用要点

1. 非法有害信息监管主体
2. 非法有害信息监管手段
3. 对来源于境外非法有害信息的处理

加大对互联网“非法有害信息”的监督管理是当前社会信息治理工作的重要环节。从国外立法来看，美国、日本、印度监督管理部门相对较分散，澳大利亚、新加坡、韩国监督管理部门相对较集中。其主要监督管理措施除了对内容进行分级管理外，还包括建立黑名单和鼓励技术手段创新等。我国《网络安全法》第五十条规定，当国家网信部门和有关部门发现法律、行政法规禁止发布或者传输的信息时，应当要求网络运营者停止传输，采取消除等处置措施，保存有关记录；对来源于中华人民共和国境外的上述信息，应当通知有关机构采取技术措施和其他必要措施阻断传播。

一、我国非法有害信息监督管理机制

政府主导是我国目前网络信息治理模式的主要特点。就监管主体而言，国家网信办、工信部、公安部、文化部、新闻出版广电总局、工商总局等相关部委在各自职责范围内对网络内容管理有相应的职责，分工负责规范内容审定、未成年人管理、网络秩序、经营行为等工作，初步形成了以中央政府为主导，相关主管部门分工负责，地方政府配合的监督管理模式。为了切实有效地实施相关监管措施，各级立法机关从刑事、民事、行政三个角度加强了相关立法，初步形成了较为完整的监管体系，使得监管内容、方式、救济途径等有法可依。

（一）监督管理主体

国外对网络信息安全的监督管理大体也呈现多主体的格局，所不同的是有些国家管理部门相对分散，有些则较为集中。例如，美国采取了较为分散的模式，联邦通信委员会（FCC）负责对网上色情淫秽信息内容分类分级，商务部国家电信和信息管理局（NTIA）是学校、图书馆互联网有害信息内容限制接入技术措施的政策评估机关，联邦调查局、联邦移民和海关局、美国邮政检查局、司法部儿童虐待和色情工作组等都是儿童色情犯罪活动的刑事执法机关。澳大利亚则是较为集中模式的代表，其政府分级委员会负责对内容进行分级，通信与媒体管理局（ACMA）是互联网内容审查的主要管理部门。

《国务院关于授权国家互联网信息办公室负责互联网信息内容管理工作的通知》（国发〔2014〕33号）授权国家互联网信息办公室负责全国互联网信息内容管理工作，并负责监督管理执法。依照《网络安全法》的相关规定，国家网信办统筹协调工业和信息化部、公安部、文化部、国家新闻出版广电总局等相关部门在各自职责范围内开展对网络非法有害信息的监督管理。

（二）监督管理的措施

对于监管手段，国外一般利用技术手段对内容进行监控，采取分级管理，封堵、过滤非法有害信息。有些国家采取了内容分级管理制度，内容分级在监管层面是对非法有害信息采取措施的前提。由于很难对非法有害信息进行具体的静态的界定和分类，因此，内容分级制度需要由专门的机构实施。我国还未实行内容分级管理。

目前，常用的过滤手段分为两类：一类为基于网络爬虫或搜索引擎的主动监测系统，另一类是基于关键词过滤的被动防御技术。随着技术的发展，关键词过滤已经不仅针对文本，还可以针对图像、声音、视频，甚至出现了智能过滤技术。2017年，Google宣布将使用更多的机器学习和人工智能技术甄别极端视频，并提供数据表明，人工智能（AI）在75%的情况下，都能比人类先甄别极端视频。调查人员表明，人工智能（AI）能够处理的视频数量是人类的两倍，而且这个差距随着系统升级会变得越来越大。Google的人工智能将被用来判断被举报的视频，如仇恨言论、攻击性和暴力视频。

在非法有害信息监督管理方面，网络运营者发挥着关键的、不可替代的作用。作为处于对网络信息资源拥有绝对控制地位的网络运营者，与执法机关相比，其对非法有害信息的监督与管理具有先天的优势，对于非法有害信息的发现、删除、阻拦等都能收到立竿见影的效果。

二、对来源于境外非法有害信息的处理

对来源于境外的非法有害信息，《网络安全法》和《反恐怖主义法》都作了相应规定：对来源于中华人民共和国境外的上述信息，应当通知有关机构采取技术措施和其他必要措施阻断传播；对互联网上跨境传输的含有恐怖主义、极端主义内容的信息，电信主管部门应当采取技术措施阻断传播。从防止境外非法有害信息流入境内的渠道上来看，阻止境外非法有害信息通过互联网向境内传播是控制境内非法有害信息流通的重要手段。这两条规定对我国处理来源于境外的非法有害信息所采取的必要技术措施提供了重要的法律依据。

三、典型案例①

《网络安全法》正式施行后，监督管理部门加大了互联网信息内容监管执法力度，依法查处网上各类违法违规行为。例如，2017 年 8 月初，国家网信办指导北京市、广东省网信办分别对腾讯微信、新浪微博、百度贴吧立案，并依法展开调查，目前经初查，3 家网站的微信、微博、贴吧平台分别存在有用户传播暴力恐怖、虚假谣言、淫秽色情等危害国家安全、公共安全、社会秩序的信息，涉嫌违反《网络安全法》等法律法规，此起案件后续进展情况，将由相关地方网信办予以发布。

针对网络淫秽色情现象易发、多发、突发等问题，“扫黄打非”部门精心组织开展“净网 2016”行动，多次开展集中整治。先后对云盘、网络直播平台、微领域、不雅视频事件、新闻客户端等重点领域进行集中整治。2017 年年初，全国“扫黄打非”办公室统计并发布 2016 年工作成果，其中处置淫秽色情等网络有害信息 450 万余条，关闭或取缔非法和传播有害信息的网站 1.4 万余个。

法条链接目录

1. 中华人民共和国网络安全法
2. 中华人民共和国反恐怖主义法

---

① http：//news. xinhuanet. com/politics/2017-01/04/c_1120243544. htm.

第八章

网络安全监测预警和信息通报制度

核心内容

1. 网络安全监测预警和信息通报的统筹协调
2. 网络安全监测与信息收集
3. 网络安全信息分析与预警研判
4. 网络安全信息通报
5. 网络安全预警信息发布

本章综述

在全球化融合背景下，网络安全风险的范围、规模和复合程度大大增加，网络安全风险的动态性、不确定性和不可逆性要求对风险进行持续性监控，以有效实现风险控制的目标。习近平总书记“4·19”讲话明确提出全天候、全方位感知网络安全态势，要建立统一高效的网络安全风险报告机制、情报共享机制、研判处置机制，准确把握网络安全风险发生的规律、动向、趋势。同时，《国家网络空间安全战略》中明确要求完善网络安全监测预警和网络安全重大事件应急处置机制。《网络安全法》第二十五条、第五十一条、第五十二条、第五十四条、第五十五条不仅确定了网络安全监测预警和信息通报的组织机构及其工作机制，重点强化了关键信息基础设施安全保护领域的网络安全监测预警和信息通报制度，还明确了网络安全风险增大时省级政府有关部门应当采取的网络安全风险评估和预警措施，以及网络运营者的网络安全预警信息发布义务。同时，《网络安全法》第二十六条通过列举方式界定了网络安全信息的范围，包括系统漏洞、计算机病毒、网络攻击、网络侵入等，即从网络安全信息的技术类型角度进行了范围界定，体现了网络安全信息承载网络安全风险的基本功能。

第一节　网络安全监测预警和信息通报的统筹协调

适用要点

1. 网络安全监测预警的概念
2. 网络安全监测预警和信息通报的统筹协调机制

一、网络安全监测预警

网络安全监测预警主要是指采用技术手段针对网络安全风险进行持续性监测，收集相关信息，并对监测数据以及收集的相关信息进行科学的分析和研判，对其中容易导致发生网络入侵、攻击、漏洞等的情况发出紧急信号、报告危险情况，以最大限度地降低网络与信息系统遭受攻击、入侵等网络安全事件造成的损害。网络安全监测预警主要涵盖两方面的内容：一是在网络安全事件发生前对诱发因素，即网络入侵、攻击、漏洞等网络安全风险进行及时、动态以及持续的监测，收集相关信息和数据，并利用一定的技术和手段对收集的信息进行分析和风险评估的过程；二是在对网络安全风险监测之后，根据研判的结果确定预警级别，向有关部门和社会公众发出相关警示信息的过程。网络安全监测和预警是相辅相成的，一方面，监测是预警的前提和基础，通过监测研判的结果为预警提供科学的依据；另一方面，预警是监测的目的和结果，只有通过有效的预警才能把研判的结果传递给相关主体。

二、网络安全监测预警和信息通报的统筹协调机制

《网络安全法》第八条第一款规定，国家网信部门负责统筹协调网络安全工作和相关监督管理工作。具体而言，为了协调国家有关部门网络安全监测预警和信息通报工作的协同性和一致性，《网络安全法》第五十一条规定，国家网信部门应当统筹协调有关部门加强网络安全信息收集、分析和通报工作，按照规定统一发布网络安全监测预警信息。这是由网络安全管理工作的特点决定的，网络安全管理工作涉及诸多相关部门，包括国家安全、公安、工信、国家保密行政管理、国家密码管理等部门，而网络安全信息来源分散、数据

体量大，要求上述有关部门除了在自身职责范围内负责落实网络安全信息收集、分析和通报工作之外，还要加强各部门相互之间的沟通协作，接受国家网信部门在网络安全信息收集、分析和通报工作方面的统筹协调。

在建立健全网络安全监测预警和信息通报的统筹协调机制的基础上，工信部《公共互联网网络安全威胁监测与处置办法》明确工业和信息化部负责组织开展全国公共互联网网络安全威胁监测与处置工作。各省、自治区、直辖市通信管理局负责组织开展本行政区域内公共互联网网络安全威胁监测与处置工作。相关专业机构、基础电信企业、网络安全企业、互联网企业、域名注册管理和服务机构等应当加强网络安全威胁监测与处置工作，明确责任部门、责任人和联系人，加强相关技术手段建设，不断提高网络安全威胁监测与处置的及时性、准确性和有效性。

法条链接目录

中华人民共和国网络安全法

第二节 网络安全监测与信息收集

适用要点

1. 网络安全监测的分类
2. 网络安全信息的来源
3. 网络安全信息收集的内容
4. 网络安全信息收集的具体要求

网络安全监测，是指采用技术手段对网络与信息系统进行实时、动态且持续性的监控，以全面掌握网络的运行状态，发现网络入侵、攻击等网络安全风险的活动。网络安全监测是及时准确预警的前提和基础，通过监测研判的结果能够为预警提供科学的依据。《网络安全法》第五十一条明确要求国家建立网络安全监测预警和信息通报制度。《网络安全法》第二十一条第三项要求网络运营者采取监测、记录网络运行状态、网络安全事件的技术措施，并按照规定留存相关的网络日志不少于六个月。

一、网络安全监测的分类

全国信息安全标准化技术委员会《信息安全技术　网络安全监测基本要求与实施指南（征求意见稿）》第 4.2 条规定，按照监测目标的不同，网络安全监测分为以下四类：（1）信息安全事件监测：对具有损害业务运作和威胁信息安全的事件，按照信息安全事件不同分类、分级要求，分析识别并进行展示与预警；（2）运行状态监测：对监测对象的运行状态进行实时捕捉，如各类设备和系统的可用性状态信息；（3）脆弱性与威胁监测：对监测对象的脆弱性、威胁进行评估分析，发现资产所面临的安全风险；（4）策略与配置监测：对各类设备和系统安全策略和配置信息进行核查分析，评估安全合规性情况。

二、网络安全信息的来源

《国家网络安全事件应急预案》明确要求，各有关部门按照“谁主管谁负责、谁运行谁负责”的要求，组织对本单位建设运行的网络和信息系统开展网络安全监测工作。重点行业主管或监管部门组织指导做好本行业网络安全监测工作。各省（区、市）网信部门结合本地区实际，统筹组织开展对本地区网络和信息系统的安全监测工作。各省（区、市）、各部门将重要监测信息报应急办，应急办组织开展跨省（区、市）、跨部门的网络安全信息共享。由此可见，网络安全监测预警和信息通报制度所涉及的网络安全信息来源于各有关部门的网络安全监测过程，即网络安全信息的来源主要包括自主监测信息和外部情报信息。参照工信部《互联网网络安全信息通报实施办法》《公共互联网网络安全威胁监测与处置办法》，借鉴美国国家标准与技术研究院（National Institute of Standards and Technology，NIST）2014 年发布的《网络威胁信息共享指南（草案）》［Guide to Cyber Threat Information Sharing（Draft）］的相关规定，具体包括：（1）自主监测信息，即由国家和地方政府有关部门、网络运营者、关键信息基础设施运营者等采用技术手段在对网络与信息系统进行实时、动态且持续性监控的过程中所获取的网络安全事件及潜在风险的相关信息。该类信息的来源包括：入侵检测和防护系统、安全信息和事件管理产品、防病毒软件和文件完整性检查软件的警报，操作系统、网络、服务和应用的日志等，例如，异常的网络行为、DNS 日志、防火墙溢出、Web 代理日志、网络/HTTP 日志；（2）外部情报信息，来源于国家网信、公安、工信等政府有关部门，国家互联网应急中心（CNCERT），网络安全企业、科研机构及公众平台，例如，国家信息安全漏洞共享平台（CNVD）等提供的网络安全情报信息，在特定领域内建立信息共享合作伙伴关系（如金融、电力、医疗等行业获得同样的安全信息），以及从提供类似威胁情报和其他收费增值能力的商业网络威胁情报服务供应商处获得相关信息等。此外，还可通过互联网访问公布危害指标信息、黑名单、恶意软件和病毒信息、垃圾邮件发送者名单，以及其他新出现的威胁等信息。

三、网络安全信息收集的内容

《网络安全法》第二十六条通过列举方式界定了网络安全信息，包括系统漏洞、计算机病毒、网络攻击、网络侵入等，这是从网络安全信息的技术类型角度所下的定义，体现了网络安全信息承载网络安全风险的基本功能。《网络安全法》第五十一条明确要求国家网信部门统筹协调有关部门加强网络安全信息收集工作，关键信息基础设施的运营者，省级政府有关部门等应当实时监测其运营或主管的信息系统网络运行状态，及时收集和发现异常的网络安全事件及相关信息，如网络态势感知、脆弱性、入侵事件以及如何减少危害的信息等，尤其是涉及国家安全、公共健康和安全、国民经济以及公众信心的已经发现或者潜在的安全漏洞或网络威胁事件，并应当及时准确地掌握各种深层次、前瞻性的情报信息，以准确把握事件发生的规律和动态。

工信部《公共互联网网络安全威胁监测与处置办法》将网络安全威胁界定为公共互联网上存在或传播的、可能或已经对公众造成危害的网络资源、恶意程序、安全隐患或安全事件，包括：（1）被用于实施网络攻击的恶意IP地址、恶意域名、恶意URL、恶意电子信息，包括木马和僵尸网络控制端、钓鱼网站、钓鱼电子邮件、短信/彩信、即时通信等；（2）被用于实施网络攻击的恶意程序，包括木马、病毒、僵尸程序、移动恶意程序等；（3）网络服务和产品中存在的安全隐患，包括硬件漏洞、代码漏洞、业务逻辑漏洞、弱口令、后门等；（4）网络服务和产品已被非法入侵、非法控制的网络安全事件，包括主机受控、数据泄露、网页篡改等；（5）其他威胁网络安全或存在安全隐患的情形。网络安全威胁信息是网络安全信息的主要类型。根据工信部《互联网网络安全信息通报实施办法》《公共互联网网络安全威胁监测与处置办法》，借鉴美国2015年《网络安全信息共享法》等相关规定，网络安全信息收集的内容应当包括如下几项：

1. 安全事件信息：关于成功的或未遂的网络攻击的细节信息，包括丢失的信息、攻击中使用的技术、攻击意图、造成的影响等，安全事件所涵盖的范围从一次被成功封阻的攻击到造成严重威胁国家安全的攻击；

2. 威胁信息：包括尚未认识清楚但可导致潜在严重影响的事项，门户网站、域名解析服务系统等网络基础设施发生阻断、瘫痪、拥堵、数据泄露、解析异常、域名劫持等异常情况，感染指标，如恶意文件、被窃取的电子邮箱地址、受影响的 IP 地址、恶意代码样本，关于威胁实施者的信息，该类信息有助于发现安全事件，从攻击中吸取教训，拟定解决方案等；

3. 漏洞信息：软件、硬件、商业流程中可被恶意利用的漏洞；

4. 态势感知信息：此类信息包括对被利用漏洞、活跃的威胁、攻击的实时遥测，还包括攻击目标、网络状况等信息，能够帮助决策人员响应安全事件。

四、网络安全信息收集的具体要求

（一）建立国家网络安全态势感知平台

利用大数据技术对网络安全态势信息进行关联分析、数据挖掘和可视化展示，绘制关键信息基础设施网络安全态势地图。建设工业互联网网络安全监测平台，感知工业互联网网络安全态势，为保障工业互联网安全提供有力支持。工信部 2016 年《工业控制系统信息安全防护指南》第七条“安全监测和应急预案演练”规定：在工业控制网络部署网络安全监测设备，及时发现、报告并处理网络攻击或异常行为。

（二）建设和运行网络安全威胁监测处置平台

实现对国际出入口、境内骨干网络核心节点的网络安全威胁监测，提高对各类网络攻击威胁和安全事件的及时发现、有效处置和准确溯源能力。工信部《通信网络安全防护管理办法》第十五条规定：通信网络运行单位应当建设和运行通信网络安全监测系统，对本单位通信网络的安全状况进行监测。工信部《公共互联网网络安全威胁监测与处置办法》第六条第二款规定：工业和信息化部建立网络安全威胁信息共享平台，统一汇集、存储、分析、通报、发布网络安全威胁信息；制定相关接口规范，与相关单位网络安全监测平台实现对接。国家计算机网络应急技术处理协调中心负责平台建设和运行维护工作。

（三）通过多种方式收集多种类型数据

全国信息安全标准化技术委员会《信息安全技术 网络安全监测基本要求与实施指南（征求意见稿）》第5.1条规定，数据采集应支持通过日志采集、协议采集、包采集等多种方式采集日志数据、性能数据、流数据、威胁数据、配置数据、脆弱性数据、包数据、策略数据等多种类型的数据，并将采集到的数据转化为标准化数据格式。

法条链接目录

1. 中华人民共和国网络安全法
2. 国家网络安全事件应急预案
3. 工业控制系统信息安全防护指南
4. 通信网络安全防护管理办法
5. 公共互联网网络安全威胁监测与处置办法
6. 信息安全技术 网络安全监测基本要求与实施指南（征求意见稿）

第三节 网络安全信息分析与预警研判

适用要点

1. 我国网络安全信息分析的现状
2. 网络安全信息分析的要求

网络安全信息分析要求有关国家网络安全主管部门、机构、专业人员、网络运营者、关键信息基础设施的运营者、网络安全服务机构等对所收集和获取的网络安全信息进行系统的分析评估，针对网络安全事件发生的可能性进行预测，并对网络安全事件发生后的影响程度，包括影响主体、影响持续时间、影响业务范围、地域范围、级别等进行预测，制定网络安全事件预测评估分析报告，为预警研判和预警发布提供分析基础。

一、我国网络安全信息分析的现状

根据《网络安全法》第五十四条的规定，网络安全事件发生的风险增大时，省级以上人民政府有关部门应当按照规定的权限和程序，并根据网络安全风险的特点和可能造成的危害，组织有关部门、机构和专业人员，对网络安全风险信息进行分析评估，预测事件发生的可能性、影响范围和危害程度。根据工信部《互联网网络安全信息通报实施办法》第十条的规定，网络安全信息通报的内容应当包括事件信息和预警信息。其中预警信息是指存在潜在安全威胁或隐患但尚未造成实际危害和影响的信息，或者对事件信息分析后得出的预防性信息。基于此，部分预警信息的获取实际上基于对所收集获取的事件信息所进行的分析研判。此外，《国家网络安全事件应急预案》规定，各省（区、市）、各部门组织对监测信息进行研判，认为需要立即采取防范措施的，应当及时通知有关部门和单位，对可能发生重大及以上网络安全事件的信息及时向应急办报告。各省（区、市）、各部门可根据监测研判情况，发布本地区、本行业的橙色及以下预警。应急办组织研判、确定和发布红色预警和涉及多省（区、市）、多部门、多行业的预警。

目前，我国已经建立了以国家网络与信息安全信息通报中心为核心，包括公安部信息安全等级保护评估中心、国家互联网应急中心、中国信息安全认证中心、中国信息安全测评中心、公安部计算机信息系统安全产品质量监督检验中心、计算机病毒防治产品检验中心等在内的机构，负责对网络安全事件进行监测、通报、预警、处置和宣传。然而，网络安全工作涉及部门众多，网络安全信息来源分散、数据量大，且有关网络安全信息的分析报告数据分散在各个部门，包括公安部、工信部等分别掌握着自己的数据，没有一个系统的、全面的、深入的数据分析机构，导致各自分析各自的数据，出具各自的报告，造成态势分析的片面性和不及时性。

二、网络安全信息分析的要求

为了避免“信息孤岛”“信息壁垒”等现象的出现，现行的网络安全管理法律法规要求相关部门在履行各自职责的基础上对本部门内部收集的以及来源于外部的网络安全威胁、漏洞和事件信息等网络安全信息进行整合分析。例如，工信部《互联网网络安全信息通报实施办法》规定，国家互联网应急中心在接到预警信息后，应立即组织对预警信息进行跟踪、分析，有重要情况应及时向通信保障局报告。第十七条规定，通信保障局根据信息性质、内容、紧急程度等，必要时组织相关单位、专家对信息进行研判。工信部《公共互联网网络安全威胁监测与处置办法》第七条规定，电信主管部门委托国家计算机网络应急技术处理协调中心、中国信息通信研究院等专业机构对相关单位提交的网络安全威胁信息进行认定，并提出处置建议。由此可见，网络安全信息分析的要求主要包括如下几项：

（一）建立国家层面的网络威胁情报共享与分析中心

建议中央网信办建立国家层面的网络威胁情报共享和分析中心，负责汇总、协调、整合、分析公安部信息安全等级保护评估中心、国家互联网应急中心、中国信息安全认证中心、中国信息安全测评中心、公安部计算机信息系统安全产品质量监督检验中心、计算机病毒防治产品检验中心等在内的机构以及来自网络运营者收集的网络威胁、漏洞和事件信息等，提升国家整体的网络安全态势感知能力。

（二）建立网络安全信息分析的合作伙伴关系

根据网络安全信息分析，要求政府各有关部门，国家互联网应急中心等机构组织，网络安全企业、网络安全研究机构等企业之间建立网络安全信息分析的合作伙伴关系，利用各参与主体的技术能力和资源优势对其掌握的网络安全信息进行分析研判，为预警发布提供有力支撑。

（三）开展网络安全风险分析评估

根据网络安全信息分析，要求国家政府有关部门组织网络安全主管部门、机构、专业人员、网络运营者、关键信息基础设施的运营者、网络安全服务机构等对所获得的网络安全风险信息进行系统的分析评估，针对网络安全事件发生的可能性进行预测，并对网络安全事件发生后的影响程度，包括影响主体、影响持续时间、影响业务范围、地域范围、级别等进行预测，制定网络安全事件预测评估分析报告。①

（四）根据网络安全监测的不同目标进行针对性分析

正如前文所述，根据监测目标的不同，网络安全监测分为信息安全事件监测、运行状态监测、脆弱性与威胁监测、策略与配置监测。基于此，全国信息安全标准化技术委员会《信息安全技术　网络安全监测基本要求与实施指南（征求意见稿）》第5.3条规定，采集到的数据应从安全事件、运行状态、脆弱性与威胁、策略与配置方面进行分析，发现安全事件或威胁，具体应符合如下要求：

---

① 杨合庆主编：《〈中华人民共和国网络安全法〉释义》，中国民主法制出版社2017年版。

1. 安全事件分析

安全事件分析应具备：（1）采用多种关联分析技术综合分析，发现病毒感染、恶意代码、数据泄露、攻击入侵、设备故障、系统状态变化、人员违规行为与误操作等安全事件或风险；（2）安全事件关联分析能力，通过关联分析比对识别异常行为；（3）基于流量基线检测异常的能力，识别网络访问、违规访问、访问频次和访问路径等异常；（4）Web 异常检测功能，通过 HTTP 协议流量分析、检测渗透行为；（5）邮件异常检测能力，通过对 SMTP/POP3/IMAP 协议流量分析、检测基于电子邮件的外部渗透行为；（6）按照组织内对事件分类分级的方法，对安全事件进行相应的分类分级，并按照流程进行处置分析。

2. 运行状态分析

运行状态分析应具备：（1）提供满足实际需求的运行状态监控，通过可视化图表查看监控信息，设置告警阈值，并进行运行状态的历史分析。（2）提供各种运行状态指标的对比分析，提供基于时间段、基于资产等不同维度的对比分析，并进行动态直观展示。（3）通过安全管控、安全审计、健康性评估等对系统运行状态管理分析。

3. 脆弱性与威胁分析

脆弱性与威胁分析应具备：（1）脆弱性感知能力，对资产进行脆弱性检测和数据展示；根据不同维度进行展示，包括单个资产、安全域、信息系统等维度；（2）威胁感知能力，对威胁进行展示和关联，包括已（未）遭受到的威胁；已遭受威胁需要对威胁进行分类，提取出关键威胁指标，提供组织的威胁态势；未遭受威胁需要对外部威胁情报进行分类展示、关联，提供与组织相关的位置威胁分析；（3）威胁判定能力，将多个威胁进行关联分析和评估。

4. 策略与配置分析

策略与配置分析应具备：（1）通过策略与配置的对比分析，分析配置的符合性；（2）通过配置的变更分析，获取配置的动态变化进行审核监测。

法条链接目录

1. 中华人民共和国网络安全法
2. 互联网网络安全信息通报实施办法
3. 国家网络安全事件应急预案

4. 公共互联网网络安全威胁监测与处置办法
5. 信息安全技术 网络安全监测基本要求与实施指南（征求意见稿）

第四节 网络安全信息通报

适用要点

1. 网络安全信息通报的组织机构及其工作机制
2. 网络安全信息通报的内容

网络安全事件本身固有的突发性、破坏性强的特点决定了必须建立快速有效的网络安全信息通报制度。网络安全信息通报对网络安全监测预警具有重要意义，发挥着跨部门、多层级的信息交流与共享平台的作用，是协调有关部门、整合多方资源、实现综合防控、主动防范的重要措施。网络安全信息通报是网络安全管理过程中传递信息、积极防范、协调联通、综合防御的有效手段，也是国家网络安全管理的基础性工作。《网络安全法》第二十五条、第五十一条、第五十二条和第五十四条分别要求建立国家层面、关键行业和领域、以及省级以上政府有关部门、网络运营者之间的全国性、立体的网络安全信息通报机制。

一、网络安全信息通报的组织机构及其工作机制

《网络安全法》第二十五条规定，在发生危害网络安全的事件时，网络运营者应立即启动应急预案，采取相应的补救措施，并按照规定向有关主管部门报告。第五十二条规定，负责关键信息基础设施安全保护工作的部门，应当建立健全本行业、本领域的网络安全监测预警和信息通报制度，并按照规定报送网络安全监测预警信息。由此可见，《网络安全法》要求构建全国立体的网络安全监测预警的信息通报制度，包括国家网信部门、负责关键信息基础设施安全保护的工作部门、省级人民政府及其有关部门；要求构建网络运营者之间自上而下的信息通知通告和自下而上的信息报送报告制度，以促使上述主体之间实现互联互通，加强跨部门、跨地区的信息交流与情报合作，提高国家对网络安全威胁的发现能力、预警能力、防护能力和反制能力。

目前，我国已经建立了由中央网信办、公安部牵头，工业和信息化部、国家发展改革委、国家保密局等按职责分工负责的网络安全信息通报机制：国家网信部门负责统筹协调有关部门的网络安全信息通报工作。负责关键信息基础设施安全保护工作的部门，应当建立健全本行业、本领域的网络安全信息通报制度，并按照规定报送网络安全监测预警信息。省级以上人民政府有关部门应当按照规定的权限和程序，并根据网络安全风险的特点和可能造成的危害，要求有关部门、机构和人员及时收集、报告有关信息，加强对网络安全风险的监测。在发生危害网络安全的事件时，网络运营者应当立即启动应急预案，采取相应的补救措施，并按照规定向有关主管部门报告。

二、网络安全信息通报的具体要求

（一）信息报送应遵循及时、客观、真实、准确、完整的原则

根据工信部《互联网网络安全信息通报实施办法》第六条的规定，信息报送应遵循及时、客观、真实、准确、完整的原则，不得迟报、谎报、瞒报、漏报。

（二）制定和完善内部的信息通报机制

根据工信部《互联网网络安全信息通报实施办法》第八条的规定，信息报送单位应制定并完善本单位信息通报机制，明确负责信息通报工作的主管领导和承担信息通报工作的责任部门、负责人和联络人，及时汇总本单位内部不同部门、不同渠道掌握的网络安全信息。

（三）对需要报送的信息进行分类、分级

信息报送单位应按照工信部《互联网网络安全信息通报实施办法》第十条、第十一条规定以及《国家网络安全事件应急预案》的相关规定，参照《信息安全技术　信息安全事件分类分级指南》（GB/Z 20986—2007），对需要报送的信息进行分类、分级，并根据分类分级的相应规定报送相关信息。

（四）信息报送原则上应以书面形式为准

根据工信部《互联网网络安全信息通报实施办法》第十八条的规定，信息报送单位原则上应以书面形式报送网络安全信息，并加盖单位公章。紧急情况可以先电话联系，后补书面报告。

三、网络安全信息通报的内容

根据工信部《互联网网络安全信息通报实施办法》第十条规定，网络安全信息通报的内容应当包括事件信息和预警信息。其中事件信息是指已经发生的网络安全事件信息。预警信息是指存在潜在安全威胁或隐患但尚未造成实际危害和影响的信息，或者对事件信息分析后得出的预防性信息。

（一）网络安全信息报送/报告的内容

具体而言，下级向上级报送/报告的事件信息应包括：事件发生单位的概况、事件发生的时间、事件的简要经过、初步估计的危害和影响、已采取的措施、其他应当报告的情况等。预警信息报送/报告的内容应包括：信息的基本情况描述；可能产生的危害及程度；可能影响的用户及其范围；截至信息报送时，已知晓该信息的单位/人员范围；建议应采取的应对措施及建议；等等。具体规定如下。

1. 基础电信业务经营者

针对基础电信业务经营者而言，报送的网络安全信息应当包括：本单位提供互联网接入服务的普通电信用户、专线用户、重要信息系统用户业务发生阻断、拥塞等异常情况；本单位 IP 基础网络设施，包括互联网国际设施、国内互联网设备和链路、IDC 等发生瘫痪、阻断等异常情况；本单位域名解析服务系统发生瘫痪、解析异常、域名劫持等异常情况；本单位网上营业厅、门户网站、移动 Wap 类业务、或与互联网相连的网络和系统发生系统瘫痪、阻断、用户数据丢失等异常情况；影响互联网业务正常运营、影响用户正常访问互联网、造成重大社会影响和经济损失等异常情况；本单位网内漏洞等网络安全隐患及处置情况；本单位网内发生拒绝服务攻击或其他流量异常事件情况；本单位网内木马和僵尸网络、病毒等恶意代码传播情况；本单位网内路由系统出现的路由劫持情况；本单位垃圾邮件监测、预警和处置情况；获知的由本单位提供服务的重要信息系统用户内部发生的网络安全异常情况；通过各种渠道获得的其他信息。

2. 互联网域名注册管理、服务机构

针对互联网域名注册管理、服务机构而言，报送的网络安全信息应当包括：本单位域名系统解析服务异常等情况，包括系统稳定性、解析成功率、响应时间、解析数据和数据库等方面出现的异常情况；网页挂马、网络仿冒、域名劫持等网络安全事件；域名系统相关的系统漏洞等网络安全风险信息及处置情况；可疑域名或域名注册行为等情况；通过各种渠道获得的其他信息。

3. 增值电信业务经营者

针对增值电信业务经营者（IDC、门户网站、搜索引擎服务提供商等）而言，第一，IDC 报送的网络安全信息应当包括：IDC 网络出口链路中断或拥塞；由 IDC 提供服务的网站或托管主机感染病毒、木马和僵尸恶意代码，或被利用实施网络攻击、网络仿冒等网络安全事件的情况；通过各种渠道获得的其他信息。第二，门户网站、搜索引擎服务提供商等报送的网络安全信息应当包括：网络接入链路中断或拥塞；系统瘫痪、遭到入侵或控制、应用服务中断等；用户数据被篡改、丢失等；垃圾邮件发现和处置情况；系统感染恶意代码情况；网页篡改、网络仿冒等情况；通过各种渠道获得的其他信息。

（二）网络安全信息通告/通报的内容

上级部门向下级部门通告/通报的事件信息主要包括：事件统计情况、造成的危害、影响程度、态势分析、典型案例。预警信息通告内容主要包括：受影响的系统、可能产生的危害和危害程度、可能影响的用户及范围、应采取的应对措施及建议。例如，根据《国家网络安全事件应急预案》的规定，预警信息包括事件的类别、预警级别、起始时间、可能影响范围、警示事项、应采取的措施和时限要求、发布机关等。

法条链接目录

1. 中华人民共和国网络安全法
2. 互联网网络安全信息通报实施办法
3. 公共互联网网络安全威胁监测与处置办法
4. 国家网络安全事件应急预案

第五节　网络安全预警信息发布与预警响应

适用要点

1. 政府有关部门的网络安全预警信息发布职责
2. 网络运营者的网络安全预警信息发布义务
3. 预警响应

《网络安全法》第五十一条规定，国家网信部门应当按照规定统一发布网络安全监测预警信息。根据《网络安全法》第五十四条第三项的规定，网络安全事件发生的风险增大时，省级以上人民政府有关部门应当按照规定的权限和程序，并根据网络安全风险的特点和可能造成的危害，向社会发布网络安全风险预警，发布避免、减轻危害的措施。

一、预警信息发布

（一）政府有关部门的网络安全预警信息发布职责

依照《网络安全法》第五十一条、第五十四条的规定，国家网信部门拥有统一面向社会发布网络安全监测预警信息的权力，而省级以上政府有关部门只有在网络安全事件发生的风险增大时，才有权根据风险评估结果，通过政府门户网站、新闻媒体、委托国家互联网应急中心发布等方式及时向社会发布网络安全风险预警以及避免、减轻危害的措施。

具体而言，国家网信部门负责网络安全风险监测通报工作，制定网络安全事件监测通报规划和方案。其核心职能之一就是作为常设的监测预警机构，及时准确地收集掌握各种情报信息，及时把握网络安全事件发生的规律和动态，有效地保证对网络安全事件的性质、范围和严重程度作出准确的判断，并为接下来的应急处置奠定基础。另外，建议国家网信部门设立网络安全风险监测中心，对网络安全风险的发生、扩散以及影响其发生、扩散的因素进行监测；通过多种途径对国外发生、国内尚未发生的网络安全事件或者国内新发生的网络安全事件进行监测；对各行业主管部门报送的网络安全事件信息进行风险评估，及时将这些信息共享给其他存有依赖性的网络运营者及其行业主管部门，并指导其做出适当的应对措施。

省级以上政府有关部门，包括省级以上政府网信、工信、公安、国家安全、保密行政管理、密码管理等部门在网络安全事件发生的风险增大时，应当按照《网络安全法》《国家网络安全事件应急预案》的要求发布预警信息，具体落实网络安全预警信息的发布职责。

（二）网络运营者的网络安全预警信息发布义务

《网络安全法》第五十五条规定，发生网络安全事件，要求网络运营者采取技术措施和其他必要措施，消除安全隐患，防止危害扩大，并及时向社会发布与公众有关的警示信息。针对网络运营者而言，发生网络安全事件后，负责事件处置的部门经调查评估，认为该事件对社会公众产生较大影响的，应当及时、准确、客观地向社会发布与公众有关的警示信息。一方面，要统一、及时、准确，避免社会公众产生误解；另一方面，应当告知公众相关的网络安全知识，以及受事件影响的社会公众应采取的消除安全隐患、防止损害扩大的措施，维护社会公众利益。

二、预警响应

在发布预警信息后，应及时启动预警响应。《国家网络安全事件应急预案》将网络安全事件预警等级分为四级：由高到低依次用红色、橙色、黄色和蓝色表示，分别对应发生或可能发生特别重大、重大、较大和一般网络安全事件。

（一）红色预警响应

启动红色预警响应后，应急办组织预警响应工作，联系专家和有关机构，组织对事态发展情况进行跟踪研判，研究制定防范措施和应急工作方案，协调组织资源调度和部门联动的各项准备工作；有关省（区、市）、部门网络安全事件应急指挥机构实行二十四小时值班，相关人员保持通信联络畅通，加强网络安全事件监测和事态发展信息搜集工作，组织指导应急支撑队伍、相关运行单位开展应急处置或准备、风险评估和控制工作，重要情况报应急办；国家网络安全应急技术支撑队伍进入待命状态，针对预警信息研究制定应对方案，检查应急车辆、设备、软件工具等，确保处于良好状态。

（二）橙色预警响应

启动橙色预警响应后，有关省（区、市）、部门网络安全事件应急指挥机构启动相应应急预案，组织开展预警响应工作，做好风险评估、应急准备和风险控制工作；有关省（区、市）、部门及时将事态发展情况报应急办；应急办密切关注事态发展，有关重大事项及时通报相关省（区、市）和部门；国家网络安全应急技术支撑队伍保持联络畅通，检查应急车辆、设备、软件工具等，确保处于良好状态。

（三）黄色、蓝色预警响应

启动黄色或者蓝色预警响应，有关地区、部门网络安全事件应急指挥机构启动相应应急预案，指导组织开展预警响应。

预警响应并非无限期地持续下去，《国家网络安全事件应急预案》规定预警发布部门或地区应根据实际情况确定是否解除预警，并及时发布预警解除信息。

三、典型案例

国家互联网应急中心在其网站发布“关于一种蠕虫式勒索病毒的风险提示”，其中针对 Wannacry 勒索软件病毒的传播现状、影响范围、攻击特征及可采取的防范措施向社会公众作出了具体的网络安全预警信息发布。其中指出，据境内外媒体报道，近日一种新型的勒索病毒在全球范围内发作，在工业和信息化部指导下立即组织进行了研判。经研判，确实是一款从 2017 年 5 月 12 日起在全球范围传播扩散的新型病毒，已影响到包括我国用户在内的多个国家的用户。该勒索病毒利用 Windows 操作系统 445 端口存在的漏洞进行传播，并具有自我复制、主动传播的特性。勒索病毒感染用户计算机后，将对计算机中的文档、图片等实施高强度加密，并向用户勒索赎金。在此提醒广大用户及时采取如下措施进行防范：第一，及时升级 Windows 操作系统，目前微软公司已发布相关补丁程序 MS17-010，可通过微软公司正规渠道进行升级。第二，安装并及时更新杀毒软件。第三，不要轻易打开来源不明的电子邮件。第四，及时关闭计算机、网络设备上的 445 端口。第五，定期在不同的存储介质上备份计算机上的重要文件。详细情况见《关于防范 Windows 操作系统勒索软件 Wannacry 的情况通报》。

法条链接目录

1. 中华人民共和国网络安全法
2. 国家网络安全事件应急预案

第九章

应急处置

核心内容

1. 网络安全事件应急预案
2. 网络安全事件应急机制
3. 网络安全事件应急演练
4. 约谈措施
5. 网络临时管制措施
6. 突发事件应对

本章综述

互联网与经济社会各领域日益深层次融合，网络安全风险的客观性和损害结果的不可逆性，决定了建立事前、事中、事后的治理体系对于保障新形势下网络安全显得尤为重要，其中网络安全应急处置制度作为事件发生后采取的首要措施，对减轻网络安全事件引发的损害具有重要意义。《网络安全法》第五章“监测预警与应急处置”，对建立网络安全应急工作机制和制定应急预案、预警信息的发布及网络安全事件应急处置措施、网络安全事件引发的突发事件，以及临时网络管制作了具体规定。

第一节　网络安全事件应急预案

适用要点

1. 我国的应急预案体系
2. 网络安全事件应急预案
3. 网络安全事件的分类分级

《网络安全法》第五十三条规定，国家网信部门协调有关部门建立健全网络安全风险评估和应急工作机制，制定网络安全事件应急预案，并定期组织演练。负责关键信息基础设施安全保护工作的部门应当制定本行业、本领域的网络安全事件应急预案，并定期组织演练。网络安全事件应急预案应当按照事件发生后的危害程度、影响范围等因素对网络安全事件进行分级，并规定相应的应急处置措施。应急预案作为一种事前预防措施，可以最大限度地预防和减少网络安全事件及其造成的损害，维护国家安全和社会稳定，保障公民合法权益免受侵犯。我国2013年公布的《突发事件应急预案管理办法》已有对突发事件应对的具体规定，其中确立了应急预案管理遵循统一规划、分类指导、分级负责、动态管理的原则。网络安全事件作为社会突发事件的一种，其应急预案管理也应遵循上述原则，加强应急预案的制定、审批、备案、公布、演练、修订和保障工作，充分发挥网络安全应急预案重要作用。

一、我国应急预案体系

（一）突发事件应急预案

《突发事件应对法》第十七条规定，国家建立健全突发事件应急预案体系。国务院制定国家突发事件总体应急预案，组织制定国家突发事件专项应急预案；国务院有关部门根据各自的职责和国务院相关应急预案，制定国家突发事件部门应急预案。地方各级人民政府和县级以上地方各级人民政府有关部门根据有关法律、法规、规章、上级人民政府及其有关部门的应急预案以及本地区的实际情况，制定相应的突发事件应急预案。应急预案制定机关应当根据实际需要和情势变化，适时修订应急预案。应急预案的制定、修订程序由国务院规定。

2006年，国务院发布《国家突发公共事件总体应急预案》，规定全国突发公共事件应急预案体系包括突发公共事件总体应急预案、突发公共事件专项应急预案、突发公共事件部门应急预案、突发公共事件地方应急预案、企事业单位根据有关法律法规制定的应急预案、举办大型会展和文化体育等重大活动应当制定的应急预案六类。在突发公共事件应急管理工作中，国务院是最高行政领导机构。作为突发公共事件的预先预测和应对，应急预案不应当停留在制定层面，各地区、各部门还需要结合实际情况，有计划、有重点地组织有关部门对相关的预案进行演练。

2013年，国务院发布《突发事件应急预案管理办法》（以下简称《办法》）

规定不同层级的预案内容应当有所侧重，如国家层面的应急预案应当突出应对原则、组织指挥机制等，省级层面的应急预案应当侧重规范省级层面的应对行动，市级层面的应急预案要突出应急处置的主体职能等。该《办法》不仅规定应急演练，还要求定期对预案的内容进行评估，并及时修订，使预案的内容更具科学性、针对性和可操作性。

2017 年，国务院印发《国家突发事件应急体系建设“十三五”规划》，规定了可以充分发挥互联网、大数据、职能辅助决策等新技术在应急预案中的作用，推进应急预案数字化应用。

（二）安全生产应急预案

《安全生产法》第三十七条规定，生产经营单位应当制定应急预案，告知从业人员和相关人员在紧急情况下应当采取的应急措施。2006 年，国家安监总局制定了《矿山事故灾难应急预案》《危险化学品事故灾难应急预案》《陆上石油天然气储运事故灾难应急预案》《陆上石油天然气开采事故灾难应急预案》《海洋石油天然气作业事故灾难应急预案》《冶金事故灾难应急预案》。2009 年，国家安监总局制定了《生产安全事故应急预案管理办法》，2016 年对该办法作了修订。

《环境保护法》《水污染防治法》《大气污染防治法》《固体废物污染环境防治法》《深海海底区域资源勘探开发法》《石油天然气管道保护法》《食品安全法》《旅游法》《特种设备安全法》《港口法》《消防法》《防震减灾法》《野生动物保护法》也规定了制定相关领域应急预案。

二、网络安全事件应急预案

（一）网络安全事件应急预案的制定

根据我国《网络安全法》第五十三条的规定，国家网信部门协调有关部门制定网络安全事件应急预案，负责关键信息基础设施安全保护工作的部门应当制定本行业、本领域的网络安全事件应急预案。

《国家突发事件应急体系建设“十三五”规划》提出，完善国家网络安全保障体系，提高关键信息基础设施的风险防控能力，保障金融、电力、通信、交通等基础性行业业务系统安全平稳运行。2017 年 1 月，中央网信办印发了《国家网络安全事件应急预案》（以下简称《预案》），《预案》分为总则、组织机构与职责、监测与预警、应急处置、调查与评估、预防工作、保障措施、附则八个部分，全面系统地规定了应对网络安全事件的措施，为各方面实际操作提供了具体依据。《预案》是国家层面针对网络安全事件适用的综合应急预案。除此以外，负责关键信息基础设施安全保护工作的部门也应当落实《网络安全法》的规定，制定本行业、本领域的网络安全事件应急预案，这些预案要紧密结合本行业、本企业实际情况作出有针对性、可操作性强的安排。

除国家层面的网络安全应急预案外，有的部门制定了本行业、本领域的网络安全应急预案，例如：《银行业重要信息系统突发事件应急管理规范（试行）》《证券期货业网络与信息安全事件应急预案》《公共互联网网络安全突发事件应急预案》。2017 年 5 月 31 日，工业和信息化部印发《工业控制系统信息安全事件应急管理工作指南》，自 2017 年 7 月 1 日起施行。该指南适用于工业和信息化主管部门、工业企业开展工控安全应急管理工作，规定了组织机构与职责、工作机制、监测通报、敏感时期的应急管理、应急处置等内容。另外，地方政府及相关部门也制定了相关应急预案，例如，山东保监局 2015 年制定了《山东保险业网络与信息安全突发事件应急预案》。

《网络安全法》施行后，各部门、各行业应按照《网络安全法》的规定制定或修改应急预案，有必要出台网络安全事件应急预案管理办法，规范应急预案的制定工作，提高应急预案的科学性。实践中，要避免各种预案相重叠导致网络安全事件发生后相关主体疲于应对。例如，企业网络安全事件发生后，可能同时触发《国家突发公共事件总体应急预案》《国家网络安全事件应急预案》、关键信息基础设施的行业网络安全事件应急预案、安全生产应急预案等，涉及多个主管单位的介入，如果让企业分别向多个部门汇报情况、接受多头指挥，会导致企业在应对网络安全事件时无所适从。在制定应急预案时应当充分考虑上述问题，相关部门在执行预案时也要注意协调。

（二）网络安全事件的分类分级

我国《网络安全法》第五十三条第三款规定，网络安全事件应急预案应当按照事件发生后的危害程度、影响范围等因素对网络安全事件进行分级，并规定相应的应急处置措施。网络安全事件所造成的危害，小到针对个人用户的篡改账户或密码，窃取数据等非法利益；大到针对国家关键信息基础设施和社会稳定运作基础，危害国家安全。针对不同危害程度和影响范围，应对网络安全事件分级分类管理，有的放矢地加以应对，从而在保障国家、社会和个人利益不受非法损害的同时提高资源的利用效率。

1. 网络安全事件的分类

《国家网络安全事件应急预案》规定，网络安全事件是指由于人为原因、软硬件缺陷或故障、自然灾害等，对网络和信息系统或者其中的数据造成危害，对社会造成负面影响的事件。根据《国家网络安全事件应急预案》，网络安全事件分为以下七类：

（1）有害程序事件分为计算机病毒事件、蠕虫事件、特洛伊木马事件、僵尸网络事件、混合程序攻击事件、网页内嵌恶意代码事件和其他有害程序事件。

（2）网络攻击事件分为拒绝服务攻击事件、后门攻击事件、漏洞攻击事件、网络扫描窃听事件、网络钓鱼事件、干扰事件和其他网络攻击事件。

（3）信息破坏事件分为信息篡改事件、信息假冒事件、信息泄露事件、信息窃取事件、信息丢失事件和其他信息破坏事件。

（4）信息内容安全事件是指通过网络传播法律法规禁止信息，组织非法串联、煽动集会游行或炒作敏感问题并危害国家安全、社会稳定和公众利益的事件。

（5）设备设施故障分为软硬件自身故障、外围保障设施故障、人为破坏事故和其他设备设施故障。

（6）灾害性事件是指由自然灾害等其他突发事件导致的网络安全事件。

（7）其他事件是指不能归为以上分类的网络安全事件。

2. 网络安全事件的分级

《信息安全技术　信息安全事件分类分级指南》（GB/Z 20986—2007）对信息安全事件的分级主要考虑了三个要素：（1）信息系统的重要程度，主要考虑信息系统所承载的业务对国家安全、经济建设、社会生活的重要性以及业务对信息系统的依赖程度，划分为特别重要信息系统、重要信息系统和一般信息系统；（2）系统损失，是指由于信息安全事件对信息系统的软硬件、功能及数据的破坏，导致系统业务中断，从而给事发组织所造成的损失，其大小主要考虑恢复系统正常运行和消除安全事件负面影响所需付出的代价，划分为特别严重的系统损失、严重的系统损失、较大的系统损失和较小的系统损失；（3）社会影响，是指信息安全事件对社会所造成影响的范围和程度，其大小主要考虑国家安全、社会秩序、经济建设和公众利益等方面的影响，划分为特别重大的社会影响、重大的社会影响、较大的社会影响和一般的社会影响。

根据信息安全事件的分级考虑要素，将信息安全事件划分为四个级别，即特别重大事件（Ⅰ级）、重大事件（Ⅱ级）、较大事件（Ⅲ级）和一般事件（Ⅳ级）。

（1）特别重大事件（Ⅰ级），是指能够导致特别严重影响或破坏的信息安全事件，包括以下情况：会使特别重要信息系统遭受特别严重的系统损失；产生特别重大的社会影响。

（2）重大事件（Ⅱ级），是指能够导致严重影响或破坏的信息安全事件，包括以下情况：会使特别重要信息系统遭受严重的系统损失，或使重要信息系统遭受特别严重的系统损失；产生重大的社会影响。

（3）较大事件（Ⅲ级），是指能够导致较严重影响或破坏的信息安全事件，包括以下情况：会使特别重要信息系统遭受较大的系统损失，或使重要信息系统遭受严重的系统损失，一般信息系统遭受特别严重的系统损失；产生较大的社会影响。

（4）一般事件（Ⅳ级），是指不满足以上条件的信息安全事件，包括以下情况：会使特别重要信息系统遭受较小的系统损失，或使重要信息系统遭受较大的系统损失，一般信息系统遭受严重或严重以下级别的系统损失；产生一般的社会影响。

《国家网络安全事件应急预案》将网络安全事件分为四级：特别重大网络安全事件、重大网络安全事件、较大网络安全事件、一般网络安全事件。

（1）符合下列情形之一的，为特别重大网络安全事件：①重要网络和信息系统遭受特别严重的系统损失，造成系统大面积瘫痪，丧失业务处理能力；②国家秘密信息、重要敏感信息和关键数据丢失或被窃取、篡改、假冒，对国家安全和社会稳定构成特别严重威胁；③其他对国家安全、社会秩序、经济建设和公众利益构成特别严重威胁、造成特别严重影响的网络安全事件。

（2）符合下列情形之一且未达到特别重大网络安全事件的，为重大网络安全事件：①重要网络和信息系统遭受严重的系统损失，造成系统长时间中断或局部瘫痪，业务处理能力受到极大影响；②国家秘密信息、重要敏感信息和关键数据丢失或被窃取、篡改、假冒，对国家安全和社会稳定构成严重威胁；③其他对国家安全、社会秩序、经济建设和公众利益构成严重威胁、造成严重影响的网络安全事件。

（3）符合下列情形之一且未达到重大网络安全事件的，为较大网络安全事件：①重要网络和信息系统遭受较大的系统损失，造成系统中断，明显影响系统效率，业务处理能力受到影响；②国家秘密信息、重要敏感信息和关键数据丢失或被窃取、篡改、假冒，对国家安全和社会稳定构成较严重威胁；③其他对国家安全、社会秩序、经济建设和公众利益构成较严重威胁、造成较严重影响的网络安全事件。

（4）除上述情形外，对国家安全、社会秩序、经济建设和公众利益构成一定威胁、造成一定影响的网络安全事件，为一般网络安全事件。

法条链接目录

1. 中华人民共和国网络安全法
2. 突发事件应急预案管理办法
3. 中华人民共和国突发事件应对法
4. 国家突发公共事件总体应急预案
5. 国家突发事件应急体系建设“十三五”规划
6. 中华人民共和国安全生产法
7. 生产安全事故应急预案管理办法
8. 国家网络安全事件应急预案
9. 银行业重要信息系统突发事件应急管理规范（试行）
10. 证券期货业网络与信息安全事件应急预案
11. 公共互联网网络安全突发事件应急预案
12. 工业控制系统信息安全事件应急管理工作指南
13. 信息安全技术　信息安全事件分类分级指南（GB/Z 20986—2007）

第二节　网络安全事件应急机制

适用要点

1. 应急组织机构
2. 应急程序

网络安全事件发生后，及时启动应急预案是确保损失最小化的重要举措，协调有力的应急组织机构和完善的应急程序是应急预案有效执行的保障。网络安全事件应急处置涉及多个部门，既要明确统筹协调机构的职责，也要明确其他机构的配合机制。发生网络安全事件，为确保及时报告和启动应急响应，必须明确操作标准和责任主体，避免相互推诿、贻误时机。应急是特殊状态，符合条件时也应当及时按照程序结束应急响应。严格按照程序执行应急响应机制，是实现应急响应有力、有序、有效的保障。

一、应急组织机构

按照《国家网络安全事件应急预案》的规定，在中央网络安全和信息化领导小组的领导下，中央网络安全和信息化领导小组办公室统筹协调组织国家网络安全事件应对工作，建立健全跨部门联动处置机制，工业和信息化部、公安部、国家保密局等相关部门按照职责分工负责相关网络安全事件应对工作。必要时成立国家网络安全事件应急指挥部（以下简称“指挥部”），负责特别重大网络安全事件处置的组织指挥和协调。国家网络安全应急办公室（以下简称“应急办”）设在中央网信办，具体工作由中央网信办网络安全协调局承担。

中央和国家机关各部门按照职责和权限，负责本部门、本行业网络和信息系统网络安全事件的应急处置工作。各省（区、市）网信部门在本地区党委网络安全和信息化领导小组统一领导下，统筹协调组织本地区网络和信息系统网络安全事件的应急处置工作。

二、应急处置

（一）国家层面的网络安全事件应急处置

网络安全事件发生后，事发单位应立即启动应急预案，实施处置并及时报送信息。各有关地区、部门立即组织先期处置，控制事态，消除隐患，同时组织研判，注意保存证据，做好信息通报工作。对于初判为特别重大、重大网络安全事件的，立即报告应急办。

网络安全事件应急响应分为四级，分别对应特别重大、重大、较大和一般网络安全事件，根据网络安全事件的级别启动不同级别的应急响应。

属特别重大网络安全事件的，及时启动Ⅰ级响应，成立指挥部，履行应急处置工作的统一领导、指挥、协调职责，应急办24小时值班。有关省（区、市）、部门应急指挥机构进入应急状态，在指挥部的统一领导、指挥、协调下，负责本省（区、市）、本部门应急处置工作或支援保障工作，24小时值班，并派员参加应急办工作。有关省（区、市）、部门跟踪事态发展，检查影响范围，及时将事态发展变化情况、处置进展情况报应急办。指挥部对应对工作进行决策部署，有关省（区、市）和部门负责组织实施。

网络安全事件的Ⅱ级响应，由有关省（区、市）和部门根据事件的性质和情况确定。（1）事件发生省（区、市）或部门的应急指挥机构进入应急状态，按照相关应急预案做好应急处置工作；（2）事件发生省（区、市）或部门及时将事态发展变化情况报应急办，应急办将有关重大事项及时通报相关地区和部门；（3）处置中需要其他有关省（区、市）、部门和国家网络安全应急技术支撑队伍配合和支持的，商应急办予以协调，相关省（区、市）、部门和国家网络安全应急技术支撑队伍应根据各自职责，积极配合、提供支持；（4）有关省（区、市）和部门根据应急办的通报，结合各自实际有针对性地加强防范，防止造成更大范围影响和损失。

Ⅲ级、Ⅳ级响应，由事件发生地区和部门按相关预案进行应急响应。

（二）行业层面的网络安全事件应急处置

各行业主管部门应依照《网络安全法》和《国家网络安全事件应急预案》的相关规定制定本行业的网络安全事件应急处置机制。以互联网行业为例，工信部《公共互联网网络安全威胁监测与处置办法》规定相关专业机构、基础电信企业、网络安全企业、互联网企业、域名注册管理和服务机构等监测发现网络安全威胁后，属于本单位自身问题的，应当立即进行处置，涉及其他主体的，应当及时将有关信息按照规定的内容要素和格式提交至工业和信息化部和相关省、自治区、直辖市通信管理局。电信主管部门委托国家计算机网络应急技术处理协调中心、中国信息通信研究院等专业机构对相关单位提交的网络安全威胁信息进行认定，并提出处置建议。

电信主管部门对专业机构的认定和处置意见进行审查后，可以对网络安全威胁采取以下一项或多项处置措施：（1）通知基础电信企业、互联网企业、域名注册管理和服务机构等，由其对恶意 IP 地址（或宽带接入账号）、恶意域名、恶意 URL、恶意电子邮件账号或恶意手机号码等，采取停止服务或屏蔽等措施；（2）通知网络服务提供者，由其清除本单位网络、系统或网站中存在的可能传播扩散的恶意程序；（3）通知存在漏洞、后门或已经被非法入侵、控制、篡改的网络服务和产品的提供者，由其采取整改措施，消除安全隐患；对涉及党政机关和关键信息基础设施的，同时通报其上级主管单位和网信部门；（4）其他可以消除、制止或控制网络安全威胁的技术措施。电信主管部门的处置通知应当通过书面或可验证来源的电子方式等形式送达相关单位，紧急情况下，可先电话通知，后补书面通知。

基础电信企业、互联网企业、域名注册管理和服务机构等应当为电信主管部门依法查询 IP 地址归属、域名注册等信息提供技术支持和协助，并按照电信主管部门的通知和时限要求采取相应处置措施，反馈处置结果。负责网络安全威胁认定的专业机构应当对相关处置情况进行验证。

三、应急结束

《国家网络安全事件应急预案》规定，结束Ⅰ级响应的，由应急办提出建议，报指挥部批准后，及时通报有关省（区、市）和部门。结束Ⅱ级响应的，由事件发生省（区、市）或部门决定，报应急办，应急办通报相关省（区、市）和部门。

四、调查与评估

特别重大网络安全事件由应急办组织有关部门和省（区、市）进行调查处理和总结评估，并按程序上报。重大及以下网络安全事件由事件发生地区或部门自行组织调查处理和总结评估，其中，重大网络安全事件相关总结调查报告报应急办。总结调查报告应对事件的起因、性质、影响、责任等进行分析评估，提出处理意见和改进措施。事件的调查处理和总结评估工作原则上在应急响应结束后三十天内完成。

法条链接目录

1. 中华人民共和国网络安全法
2. 国家突发事件应急体系建设“十三五”规划
3. 国家网络安全事件应急预案

第三节　网络安全事件应急演练

适用要点

1. 网络安全事件应急演练的主体
2. 网络安全事件应急演练效果评估

应急预案仅仅是对潜在可能发生的网络安全事件的一种预测和应对。为了提升应急预案的科学性和针对性，应急预案编制单位应当建立应急演练制度，根据实际情况采取实战演练等方式，组织开展人员广泛参与、处置联动性强、形式多样、节约高效的应急演练。通过实践，发现应急预案中存在的问题与不足，及时进行改进，增强预案的合理性和可操作性，提升应对能力和操作能力，有效减少网络安全事件发生后造成的损失。《网络安全法》第五十三条规定，国家网信部门协调有关部门建立健全网络安全风险评估和应急工作机制，制定网络安全事件应急预案，并定期组织演练。负责关键信息基础设施安全保护工作的部门应当制定本行业、本领域的网络安全事件应急预案，并定期组织演练。网络安全事件应急预案应当按照事件发生后的危害程度、影响范围等因素对网络安全事件进行分级，并规定相应的应急处置措施。

一、应急演练的必要性

在国际上，网络安全应急演练是加强网络安全保护的普遍做法。例如，2011 年 11 月，欧盟与美国举行了首次网络安全联合演练，以加强网络基础建设。2016 年 10 月，为加强针对金融机构的网络攻击应对力度，日本金融厅首次启动了有 77 家金融机构参加的大规模联合演练。通过演练，可以检验网络安全措施是否到位、网络安全事件应急预案是否可行，提升相关部门、单位之间以及单位内部各部门之间的协调配合能力。另外，演练有利于以更生动的形式提高各方面对网络安全的重视程度，也有利于及时发现问题，尽早改进和完善相关制度与措施，增强网络安全预测、防御等能力，有效降低网络安全事件造成的损失和危害。

为进一步加强网络安全保障能力，工信部通信保障局在 2012 年组织北京市通信管理局、江苏省通信管理局、新疆维吾尔自治区通信管理局、中国电信、中国移动、中国联通、国家计算机网络应急技术处理协调中心及北京分中心等单位，联合开展了互联网网络安全应急演练。2017 年 8 月 6 日，山西省粮食局举行网络与信息安全应急演练，模拟服务器突发故障中断、门户网站无法正常访问等突发问题，迅速启动应急预案。

二、应急演练的主体

《网络安全法》规定的演练主要包括两个方面：一类是有关部门组织的演练，包括国家网信部门协调有关部门组织演练，负责关键信息基础设施安全保护工作的部门组织演练，工信部组织通信行业开展互联网安全应急演练、证监会组织证券期货业开展信息安全联合应急演练等；另一类是网络运营者自行组织的演练。实践中，国内某些机构还参加国际网络安全演练。例如，国家计算机网络应急技术处理协调中心多次参加亚太地区、东盟地区网络安全应急演练。

三、应急演练的频率

《网络安全法》规定的演练应当定期进行，目的是加强演练的常态化、机制化，而不是时断时续、可有可无。《国家网络安全事件应急预案》规定，中央网信办协调有关部门定期组织演练，检验和完善预案，提高实战能力。各省（区、市）、各部门每年至少组织一次预案演练，并将演练情况报中央网信办。中央网信办及有关地区和部门对不按照规定制定预案和组织开展演练的，依照相关规定对有关责任人给予处分；构成犯罪的，依法追究刑事责任。《突发事件应急预案管理办法》第二十二条规定："专项应急预案、部门应急预案至少每3年进行一次应急演练。""地震、台风、洪涝、滑坡、山洪泥石流等自然灾害易发区域所在地政府，重要基础设施和城市供水、供电、供气、供热等生命线工程经营管理单位，矿山、建筑施工单位和易燃易爆物品、危险化学品、放射性物品等危险物品生产、经营、储运、使用单位，公共交通工具、公共场所和医院、学校等人员密集场所的经营单位或者管理单位等，应当有针对性地经常组织开展应急演练。"《生产安全事故应急预案管理办法》第三十三条规定："生产经营单位应当制定本单位的应急预案演练计划，根据本单位的事故风险特点，每年至少组织一次综合应急预案演练或者专项应急预案演练，每半年至少组织一次现场处置方案演练。"

四、应急演练效果评估

演练可以是综合性的，也可以是专项演练，需要根据网络安全形势发展的实际情况，特别注意网络安全威胁场景的变化和更新，并在应急演练工作结束后及时进行演练效果评估，查找问题，完善应急预案。《突发事件应急预案管理办法》第二十三条规定："应急演练组织单位应当组织演练评估。评估的主要内容包括：演练的执行情况，预案的合理性与可操作性，指挥协调和应急联动情况，应急人员的处置情况，演练所用设备装备的适用性，对完善预案、应急准备、应急机制、应急措施等方面的意见和建议等。鼓励委托第三方进行演练评估。"《生产安全事故应急预案管理办法》第三十四条规定："应急预案演练结束后，应急预案演练组织单位应当对应急预案演练效果进行评估，撰写应急预案演练评估报告，分析存在的问题，并对应急预案提出修订意见。”

法条链接目录

1. 中华人民共和国网络安全法
2. 国家网络安全事件应急预案
3. 突发事件应急预案管理办法
4. 生产安全事故应急预案管理办法

第四节　约谈措施

适用要点

1. 约谈措施的应用领域
2. 约谈的性质和效力
3. 约谈的实施主体和程序

约谈制度，是指上级管理部门对未履行或未全面正确履行职责，或未按时完成重要工作任务的下级组织或者监管对象所进行的问责谈话制度。约谈制度首创于我国税务系统，迄今已广泛运用于工商、土地、社保、环保、安全生产、食品安全、消费维权、价格等多个领域。《网络安全法》规定，省级以上人民政府有关部门在履行网络安全监督管理职责中，发现网络存在较大安全风险或者发生安全事件的，可以按照规定的权限和程序对该网络的运营者的法定代表人或者主要负责人进行约谈。网络运营者应当按照要求采取措施，进行整改，消除隐患。

一、约谈的概念和应用

约谈作为一种问责谈话制度，分为两种类型：一种是上级行政机关约谈履职不力的下级行政机关负责人；另一种是行政机关约谈企业等被监管对象。约谈在我国自2003年税务系统首创后，经过十多年的发展，在工商、环保等诸多领域也开始应用，并且相关的许多法规、规章、规范性文件中对约谈都进行了规定。

目前，规定约谈措施的法律包括《水污染防治法》《大气污染防治法》《境外非政府组织境内活动管理法》《食品安全法》《网络安全法》。其中，《水污染防治法》和《大气污染防治法》规定的约谈是行政机关之间的约谈。《食品安全法》第一百一十四条规定，食品生产经营过程中存在食品安全隐患，未及时采取措施消除的，县级以上人民政府食品药品监督管理部门可以对食品生产经营者的法定代表人或者主要负责人进行责任约谈。食品生产经营者应当立即采取措施，进行整改，消除隐患。责任约谈情况和整改情况应当纳入食品生产经营者食品安全信用档案。

在网络安全领域，监管部门曾多次约谈网络服务提供者。2010 年爆发“3Q 大战”后，工信部约谈了两个企业的负责人，在短时间内恢复了 QQ 软件和 360 产品的兼容。为治理违法有害信息，国家网信办和北京等地网信办已尝试在依法处罚之外，通过约谈一些违法情节严重的互联网新闻信息服务单位，督促其采取有效措施进行整改。2015 年，国家网信办及北京市网信办约谈了网易和新浪。2015 年 4 月，国家网信办发布《互联网新闻信息服务单位约谈工作规定》（“约谈十条”），推动约谈工作进一步程序化、规范化。

二、约谈的性质

约谈体现了柔性执法精神，一定程度上可以缓解行政机关和被监管对象的紧张关系，降低监管成本，提高监管效率。但行政机关对被监管对象的约谈，性质如何定位，尚且存在不同认识。有的认为，约谈制度是行政指导或类行政指导行为，因为约谈具有双向互动性，行政主体在谈话中必然要听取行政相对人的意见，了解情况，提供警示、指导。有的认为，约谈制度是一种行政行为，具有强制性。

将约谈定性为没有强制力的行政指导行为，可以降低监管部门被提起行政诉讼的风险。以价格领域的约谈为例，国家发改委价格司有关负责人表示，约谈是一种沟通方式，不是行政干预，更谈不上干涉企业定价自主权，其主要目的是通过交流情况，沟通信息，引导企业更好地行使定价权，提醒经营者遵守国家相关法律法规和政策，自觉规范价格行为。

全国人大常委会法工委经济法室直接参与本法起草制定工作的人员编写的《〈中华人民共和国网络安全法〉释义》中指出，《网络安全法》第五十六条规定的约谈是一种行政指导行为，具有警示告诫、督促履行义务和教育指导等功能。

三、约谈主体和对象

监管部门如果因为约谈的柔性和执法成本低风险性而随意开展约谈，可能会影响企业的正常经营。被监管部门约谈，哪怕本质上不涉及违法行为，也可能影响企业声誉和形象。因此，监管部门要认识到约谈的严肃性，避免随意开展约谈、随意公开约谈信息等情况。《网络安全法》第五十六条将约谈的主体限定为“省级以上人民政府有关部门”，体现了审慎的精神。另外，考虑到履行网络安全监督管理职责的部门涉及网信部门、工信部门、公安部门、关键信息基础设施的有关行业主管部门等，在实践中还应当避免重复约谈。

约谈对象是网络的运营者的法定代表人或者主要负责人。约谈主体可以根据情况确定是约谈法定代表人还是主要负责人，为达到充分沟通的效果，可以允许法定代表人或主要负责人带本企业相关人员参加约谈。

四、约谈的程序

《网络安全法》第五十六条中强调，约谈要按照“规定的权限和程序”进行。目前对此尚无详细规定，但考虑到目前国家网信办已经出台的针对互联网新闻信息服务单位的“约谈十条”，《网络安全法》第五十六条规定的约谈在实践中可能参考“约谈十条”的规定的程序。例如，应当提前告知约谈事由，并约定时间、地点和参加人员等。实施约谈时，应当由两名以上执法人员参加，主动出示证件，并记录约谈情况。

五、约谈的效力

依照《网络安全法》第五十六条的规定，网络运营者被约谈后，应当按照要求采取措施，进行整改，消除隐患。网络运营者拒绝约谈的，构成《网络安全法》第六十九条第二项规定的“拒绝、阻碍有关部门依法实施的监督检查的”，由主管部门责令改正；拒不改正或者情节严重的，处五万元以上五十万元以下罚款，对直接负责的主管人员和其他直接责任人员，处一万元以上十万元以下罚款。此外，互联网新闻信息服务单位被约谈后，依照“约谈十条”第八条的规定，国家互联网信息办公室、地方互联网信息办公室可将与互联网新闻信息服务单位的约谈情况向社会公开。约谈情况记入互联网新闻信息服务单位日常考核和年检档案。

法条链接目录

1. 中华人民共和国网络安全法
2. 中华人民共和国水污染防治法
3. 中华人民共和国大气污染防治法
4. 中华人民共和国境外非政府组织境内活动管理法
5. 中华人民共和国食品安全法
6. 互联网新闻信息服务单位约谈工作规定

第五节　网络临时管制措施

适用要点

1. 网络临时管制措施的内容
2. 网络临时管制措施的适用条件

恐怖主义、极端主义等势力利用网络煽动、策划、组织和实施暴力恐怖活动，直接威胁人民生命财产安全、社会秩序；网络谣言、低俗文化和淫秽色情、暴力等违法有害信息侵蚀青少年身心健康，败坏社会风气，误导价值取向，危害文化安全。除此之外，个别国家强化网络威慑战略，加剧网络空间军备竞赛，也为网络空间的和平与发展带来巨大挑战。网络临时管制措施是在非常时期维护国家安全和社会稳定的一项重要制度。《网络安全法》第五十八条规定，因维护国家安全和社会公共秩序，处置重大突发社会安全事件的需要，经国务院决定或者批准，可以在特定区域对网络通信采取限制等临时措施。

一、网络临时管制措施的作用

网络临时管制措施，是应对网络突发事件的重要措施，包括网络通信限制以及其他措施，例如，限制或禁止使用电子邮件系统传输相关信息，限制或停止使用即时通信攻击，关闭相关网站，限制或停止互联网服务等。《突发事件应对法》第四十八条规定:“突发事件发生后,履行统一领导职责或者组织处置突发事件的人民政府应当针对其性质、特点和危害程度,立即组织有关部门,调动应急救援队伍和社会力量,依照本章的规定和有关法律、法规、规章的规定采取应急处置措施。”第四十九条规定的应急处置措施中包括了禁止或者限制使用有关设备、设施。《反恐怖主义法》第六十一条规定,恐怖事件发生后,负责应对处置的反恐怖主义工作领导机构可以决定由有关部门和单位在特定区域内实施互联网、无线电、通信管制。

二、网络临时管制的实施条件

(一)基于维护国家安全和社会稳定

网络临时管制措施一旦实施,会对大量用户的正常通信、访问网站产生影响,因而必须对网络临时管制措施进行严格限制。网络临时管制,必须是出于维护国家安全和社会公共秩序,处置重大突发社会安全事件的需要。除此之外,禁止实施网络临时管制措施。

《网络安全法》第五十八条中使用的“重大突发社会安全事件”概念,涉及与《突发事件应对法》等相关规定的衔接问题,根据《突发事件应对法》的规定,突发事件是指突然发生,造成或者可能造成严重社会危害,需要采取应急处置措施予以应对的自然灾害、事故灾难、公共卫生事件和社会安全事件。《突发事件应对法》将自然灾害、事故灾难、公共卫生事件分为特别重大、重大、较大和一般四级,未明确对社会安全事件的分级。

《重大、特别重大突发公共事件分级标准(试行)》规定了六类“社会安全事件”,包括群体性事件、金融突发事件、涉外突发事件、影响市场稳定的突发事件、恐怖袭击事件和刑事案件。其中,界定了群体性事件、金融突发事件、涉外突发事件、影响市场稳定的突发事件和刑事案件除恐怖袭击事件的“特别重大”和“重大”认定标准,对于恐怖袭击事件,未进一步区分“特别重大”和“重大”。

《网络安全法》第五十八条中的“重大突发社会安全事件”,应涵盖《重大、特别重大突发公共事件分级标准(试行)》中划定的“重大”和“特别重大”社会安全事件,也包括恐怖袭击等在相关细则中没有进一步明确区分“重大”和“特别重大”的突发社会安全事件。

(二)经国务院决定或者批准

对于需要采取网络临时管制措施,符合条件的,国务院可以直接决定采取限制网络通信措施，也可以是地方政府、相关部门等向国务院提出申请，经国务院批准后执行。因此，无论是上述哪种情况，经过国务院决定或者批准都是必备的程序。

（三）在特定区域实施

临时限制网络通信措施，可能会给网络运营者和使用者带来不便，甚至造成损失，这是保护国家安全和社会公共利益所要承担的义务和履行的责任，是面对国家安全和社会利益时个人自由的让渡，但并不意味着网络临时管制措施可以无限制地使用。网络临时管制措施针对的是特定区域的特定事件，因此，实施范围也仅限于该特定区域，对于其他区域，禁止实施网络临时管制措施。

除此之外，事件的发生具有时间性，在事件持续的过程中，应当综合考虑突发社会安全事件的性质、严重程度、影响范围等因素，尽可能降低对正常生活的影响。当事件结束后，网络临时管制措施的条件消除，必须立刻采取消管制措施，尽快恢复通信、网站访问等。

需要注意的是，在实行网络通信管制措施的过程中，网络运营者和使用者可以事先采取合理措施尽可能避免损失，例如，在网络服务合同中将此种情形列为己方的免责条款。

法条链接目录

1. 中华人民共和国网络安全法
2. 中华人民共和国国家网络空间安全战略
3. 中华人民共和国国家安全法
4. 中华人民共和国突发事件应对法
5. 中华人民共和国反恐怖主义法
6. 重大、特别重大突发公共事件分级标准（试行）

第六节 突发事件应对

适用要点

1. 网络安全事件、突发事件和生产安全事故的关系
2. 突发事件的处置措施

网络安全事件与突发事件、生产安全事故存在一定的交叉，有的网络安全事件可能属于或导致突发事件、生产安全事故。不同事件或事故的处理主管部门、处理程序、处理方式等存在差异，如果对同一事件或事故，不同部门依据不同法律要求介入，会引起不必要的混乱，影响对事件或事故的有效处理。为解决该问题，《网络安全法》第五十七条规定："因网络安全事件，发生突发事件或者生产安全事故的，应当依照《中华人民共和国突发事件应对法》、《中华人民共和国安全生产法》等有关法律、行政法规的规定处置。"

一、网络安全事件、突发事件和生产安全事故的关系

根据《国家网络安全事件应急预案》的规定，网络安全事件是指由于人为原因、软硬件缺陷或故障、自然灾害等，对网络和信息系统或者其中的数据造成危害，对社会造成负面影响的事件，可分为有害程序事件、网络攻击事件、信息破坏事件、信息内容安全事件、设备设施故障、灾害性事件和其他事件。级别上分为四级：特别重大、重大、较大和一般。

根据《突发事件应对法》第三条的规定，突发事件是指突然发生，造成或者可能造成严重社会危害，需要采取应急处置措施予以应对的自然灾害、事故灾害、公共卫生事件和社会安全事件。自然灾害、事故灾害、公共卫生事件分为特别重大、重大、较大和一般四级。

生产安全事故，是指生产经营活动中发生的造成人身伤亡或财产损失的事故。国务院2007年颁布的《生产安全事故报告和调查处理条例》将生产安全事故分为四级：特别重大事故，是指造成30人以上死亡，或者100人以上重伤（包括急性工业中毒，下同），或者1亿元以上直接经济损失的事故；重大事故，是指造成10人以上30人以下死亡，或者50人以上100人以下重伤，或者5000万元以上1亿元以下直接经济损失的事故；较大事故，是指造成3人以上10人以下死亡，或者10人以上50人以下重伤，或者1000万元以上5000万元以下直接经济损失的事故；一般事故，是指造成3人以下死亡，或者10人以下重伤，或者1000万元以下直接经济损失的事故。

二、突发事件处置

（一）突发事件处置机制

1. 一般采取属地管理

突发事件处置一般采取属地管理，由突发事件发生地人民政府负责处置。

县级人民政府对本行政区域内突发事件的应对工作负责。涉及两个以上行政区域的，由有关行政区域共同的上一级人民政府负责，或者由各有关行政区域的上一级人民政府共同负责。突发事件发生地县级人民政府不能消除或者不能有效控制突发事件引起的严重社会危害的，应当及时向上级人民政府报告。上级人民政府应当及时采取措施，统一领导应急处置工作。法律、行政法规规定由国务院有关部门对突发事件的应对工作负责的，从其规定；地方人民政府应当积极配合并提供必要的支持。

2. 政府内部工作机制

国务院在总理领导下研究、决定和部署特别重大突发事件的应对工作；根据实际需要，设立国家突发事件应急指挥机构；必要时，可以派出工作组指导有关工作。

县级以上地方各级人民政府设立由本级人民政府主要负责人、相关部门负责人、驻当地中国人民解放军和中国人民武装警察部队有关负责人组成的突发事件应急指挥机构；根据实际工作需要，设立相关类别突发事件应急指挥机构。

（二）突发事件处置措施

自然灾害、事故灾难或者公共卫生事件发生后，履行统一领导职责的人民政府可以采取下列一项或者多项应急处置措施：（1）组织营救和救治受害人员，疏散、撤离并妥善安置受到威胁的人员以及采取其他救助措施；（2）迅速控制危险源，标明危险区域，封锁危险场所，划定警戒区，实行交通管制以及其他控制措施；（3）立即抢修被损坏的交通、通信、供水、排水、供电、供气、供热等公共设施，向受到危害的人员提供避难场所和生活必需品，实施医疗救护和卫生防疫以及其他保障措施；（4）禁止或者限制使用有关设备、设施，关闭或者限制使用有关场所，中止人员密集的活动或者可能导致危害扩大的生产经营活动以及采取其他保护措施；（5）启用本级人民政府设置的财政预备费和储备的应急救援物资，必要时调用其他急需物资、设备、设施、工具；（6）组织公民参加应急救援和处置工作，要求具有特定专长的人员提供服务；（7）保障食品、饮用水、燃料等基本生活必需品的供应；（8）依法从严惩处囤积居奇、哄抬物价、制假售假等扰乱市场秩序的行为，稳定市场价格，维护市场秩序；（9）依法从严惩处哄抢财物、干扰破坏应急处置工作等扰乱社会秩序的行为，维护社会治安；（10）采取防止发生次生、衍生事件的必要措施。

社会安全事件发生后，负责处置工作的人民政府应当立即组织有关部门并由公安机关针对事件的性质和特点，依照有关法律、行政法规和国家其他有关规定，采取下列一项或者多项应急处置措施：（1）强制隔离使用器械相互对抗或者以暴力行为参与冲突的当事人，妥善解决现场纠纷和争端，控制事态发展；（2）对特定区域内的建筑物、交通工具、设备、设施以及燃料、燃气、电力、水的供应进行控制；（3）封锁有关场所、道路，查验现场人员的身份证件，限制有关公共场所内的活动；（4）加强对易受冲击的核心机关和单位的警卫，在国家机关、军事机关、国家通讯社、广播电台、电视台、外国驻华使领馆等单位附近设置临时警戒线；（5）法律、行政法规和国务院规定的其他必要措施。

严重危害社会治安秩序的事件发生时，公安机关应当立即依法出动警力，根据现场情况依法采取相应的强制性措施，尽快使社会秩序恢复正常。

发生突发事件，严重影响国民经济正常运行时，国务院或者国务院授权的有关主管部门可以采取保障、控制等必要的应急措施，保障人民群众的基本生活需要，最大限度地减轻突发事件的影响。

（三）突发事件的应对

1. 人民政府。履行统一领导职责或者组织处置突发事件的人民政府，必要时可以向单位和个人征用应急救援所需设备、设施、场地、交通工具和其他物资，请求其他地方人民政府提供人力、物力、财力或者技术支援，要求生产、供应生活必需品和应急救援物资的企业组织生产、保证供给，要求提供医疗、交通等公共服务的组织提供相应的服务。还应当组织协调运输经营单位，优先运送处置突发事件所需物资、设备、工具、应急救援人员和受到突发事件危害的人员。除了对物资等的安排，还应当按照有关规定统一、准确、及时地发布有关突发事件事态发展和应急处置工作的信息。

2. 居民委员会、村民委员会和其他组织。突发事件发生地的居民委员会、村民委员会和其他组织应当按照当地人民政府的决定、命令，进行宣传动员，组织群众开展自救和互救，协助维护社会秩序。

3. 突发事件发生单位。受到发生事故灾难的单位，应当立即组织本单位应急救援队伍和工作人员营救受害人员，疏散、撤离、安置受到威胁的人员，控制危险源，标明危险区域，封锁危险场所，并采取其他防止危害扩大的必要措施，同时向所在地县级人民政府报告；对因本单位的问题引发的或者主体是本单位人员的社会安全事件，有关单位应当按照规定上报情况，并迅速派出负责人赶赴现场开展劝解、疏导工作。

4. 其他单位。突发事件发生地的其他单位应当服从人民政府发布的决定、命令，配合人民政府采取的应急处置措施，做好本单位的应急救援工作，并积极组织人员参加所在地的应急救援和处置工作。

5. 事故发生地公民。突发事件发生地的公民应当服从人民政府、居民委员会、村民委员会或者所属单位的指挥和安排，配合人民政府采取的应急处置措施，积极参加应急救援工作，协助维护社会秩序。

（四）突发事件应对的特殊情况

1. 发生特别重大突发事件，对人民生命财产安全、国家安全、公共安全、环境安全或者社会秩序构成重大威胁，采取《突发事件应对法》和其他有关法律、法规、规章规定的应急处置措施不能消除或者有效控制、减轻其严重社会危害，需要进入紧急状态的，由全国人民代表大会常务委员会或者国务院依照宪法和其他有关法律规定的权限和程序决定。

2. 紧急状态期间采取的非常措施，依照有关法律规定执行或者由全国人民代表大会常务委员会另行规定。

3. 突发事件的威胁和危害得到控制或者消除后，履行统一领导职责或者组织处置突发事件的人民政府应当停止执行依照本法规定采取的应急处置措施，同时采取或者继续实施必要措施，防止发生自然灾害、事故灾难、公共卫生事件的次生、衍生事件或者重新引发社会安全事件。

法条链接目录

1. 中华人民共和国网络安全法
2. 中华人民共和国突发事件应对法
3. 生产安全事故报告和调查处理条例
4. 国家网络安全事件应急预案

第十章

通信协助执法

核心内容

1. 协助执法概述
2. 通信监控配合
3. 数据留存
4. 协助解密
5. 协助取证
6. 数据提供

本章综述

协助执法是公民和机构应尽的法律义务。《网络安全法》第二十八条对协助执法之规定，并非简单重申，体现了网络安全的特点。一是主体的特定与延展。单位法人或者机构，只要运营网络，都是适格主体。随着物联网时代的到来，网络运营者的范围会越来越广；二是协助内容的多样与复杂。除一般性地提供便利与人力支持外，更为重要的是要提供技术支持及网络运营相关信息的支撑；三是协助执法的事件性与周期性。协助执法常因某一事件而起，有时是即时或适时的，有时则需要回溯相关历史信息。对于重要的网络服务平台，可能需要司法机关提前部署协助执法相关事宜，进行周期性建设；四是权利与义务的对等与平衡。网络运营者的义务对执法机关、司法机关来说意味着权力，需相关法律明确程序与要求，保证执法、司法活动的合规性和公正性。就网络运营者而言，自身权利与义务相匹配，才能更好地落实这一规定；五是公益与私利的冲突与协调。该条立法的出发点是反恐和犯罪侦查的需要以及促进社会的和谐与稳定，但不可避免地会对网络运营者及其用户权益造成侵害。在个人利益、社会利益、公共安全与国家安全之间做好取舍，在秩序与自由之间寻求平衡，是相关配套立法与执法、司法要考虑的问题。理解上述特点，有助于我们总体把握立法之要义，践行法律之规定。

第一节 协助执法概述

适用要点

1. 通信协助执法的立法背景
2. 通信协助执法的法律要件

《网络安全法》第二十八条规定，网络运营者应当为公安机关、国家安全机关依法维护国家安全和侦查犯罪的活动提供技术支持和协助。这一规定总括了我国相关法律条款之规定，对网络运营者在网络领域协助执法义务作出明确规定，既继承、集成，又发展、统领，体现了《网络安全法》的定位。该条明确了网络运营者协助侦查的主体地位，某种意义上是对网络社会治理中公权力部分让与与授权的肯定，体现了共治的理念和实践的呼唤，有助于应对日益严峻的网络违法犯罪活动。这一规定，并非中国独家有之，在美国的《爱国者法案》、《外国情报监视法》以及欧盟《网络犯罪公约》、《数据留存指令》中都有类似的义务规定，顺应了形势任务发展的需要，体现了自由与安全的平衡，有助于与世界上通行的惯例做法接轨。

落实好这一规定，要明确责任主体，既包括网络所有者，也包括网络管理者和网络服务提供者；要明确协助条件，公安机关和国家安全机关依法维护国家安全和侦查犯罪活动，需要执法机关提供合理的根据和相应的法律手续；要明确协助的内容，除一般性的协助以外，更为重要的是提供通信侦控配合、数据留存、协助解密、协助取证等技术支持。同时也要看到，网络运营者的责任不是无条件、绝对执行的，法律也规定了相应的抗辩和救济条款，对拒不履行相应义务规定了相应的惩戒措施，需要辩证看待。

一、协助执法义务的相关立法

对网络运营者的协助执法义务，除《网络安全法》的规定外，我国其他部门法也有所涉及，有的还作出了比较详细的规定。比如，公安机关和国家安全机关从部门角度制定了规范性文件，对技术侦查的协助义务进行了规定。

（一）《宪法》

《宪法》第四十条规定，中华人民共和国公民的通信自由和通信秘密受法律的保护。除因国家安全或者追查刑事犯罪的需要，由公安机关或者检察机关依照法律规定的程序对通信进行检查外，任何组织或者个人不得以任何理由侵犯公民的通信自由和通信秘密。这一条文，为公安机关（包括国家安全机关）依法维护国家安全和侦查犯罪的活动提供了宪法保障。随着互联网时代的到来，传统的通信技术和服务逐渐被网络通信所替代、融合，传统的通信服务经营者也演变为网络运营者。作为通信监察的相对方，网络运营者提供技术支持和协助，乃应有之义。

（二）《国家安全法》

《国家安全法》第十一条规定，中华人民共和国公民、一切国家机关和武装力量、各政党和各人民团体、企业事业组织和其他社会组织，都有维护国家安全的责任和义务。根据《国家安全法》第七十七条的规定，公民和组织应当履行下列维护国家安全的义务：遵守宪法、法律法规关于国家安全的有关规定；及时报告危害国家安全活动的线索；如实提供所知悉的涉及危害国家安全活动的证据；为国家安全工作提供便利条件或者其他协助；向国家安全机关、公安机关和有关军事机关提供必要的支持和协助。

（三）《刑事诉讼法》

《刑事诉讼法》第五十二条规定，人民法院、人民检察院和公安机关有权向有关单位和个人收集、调取证据。有关单位和个人应当如实提供证据，对涉及国家秘密、商业秘密、个人隐私的证据，应当保密。凡是伪造证据、隐匿证据或者毁灭证据的，无论属于何方，必须受法律追究。第六十条规定，凡是了解案件情况的人，都有作证的义务。第一百三十五条规定，任何单位和个人，有义务按照人民检察院和公安机关的要求，交出可以证明犯罪嫌疑人有罪或者无罪的物证、书证、视听资料等证据。上述规定，还对相关单位的义务作出明确规定。此外，《刑事诉讼法》对侦查主体的权力作出了规定。第一百二十六条规定，侦查人员对于与犯罪有关的场所、物品、人身、尸体应当进行勘验或者检查。第一百三十四条规定，为了收集犯罪证据、查获犯罪人，侦查人员可以对犯罪嫌疑人以及可能隐藏罪犯或者犯罪证据的人的身体、物品、住处和其他有关的地方进行搜查。上述条款规定了网络运营者协助公安机关、国家安全机关配合执法的义务。

（四）其他

《电信条例》第六十一条规定，电信业务经营者在电信网络设计、建设和运行中，应当做到与国家安全和电信安全的需求同步规划、同步建设、同步运行。该条款的规定，规定电信业务经营者配合公安机关、国家安全机关开展通信侦控系统建设的法律责任。由于互联网技术的快速发展，该条无法涵盖互联网信息服务提供者、互联网服务接入者，而且对通信侦控系统建设的内容也规定得比较笼统、无法适应现实需要。《反恐怖主义法》第十八条规定，电信业务经营者、互联网服务提供者应当为公安机关、国家安全机关依法进行防范、调查恐怖活动提供技术接口和解密等技术支持和协助。该条弥补了我国通信侦控系统建设有关内容的不足，但是缺少目前国际反恐领域较为流行的数据留存制度。此外，《关于维护互联网安全的决定》《互联网信息服务管理办法》等法律法规，规定了网络运营者保留日志六十天以及网络安全事件报告义务。该项制度被视为数据留存制度的雏形，但是相关规定比较笼统。

二、法律要件

（一）协助主体——网络运营者

《网络安全法》第二十八条规定，网络运营者应当为公安机关、国家安全机关依法维护国家安全和侦查犯罪的活动提供技术支持和协助。由此可以看出，提供执法协助的主体应当是所有的网络运营者。根据《网络安全法》第七十六条第三项的解释，网络运营者是指网络的所有者、管理者和网络服务提供者。因此，网络所有者、管理者和网络服务提供者共同构成了通信协助执法的主体。

（二）协助条件——维护国家安全和侦查犯罪活动

国家安全，是指国家政权、主权统一，领土完整，人民福祉、经济社会可持续发展和国家其他重大利益处于相对没有危险和不受内外威胁的状态，以及保障持续安全状态的能力。中华人民共和国公民、一切国家机关和武装力量、各政党和各人民团体、企业事业组织和其他社会组织，都有维护国家安全的责任和义务。侦查犯罪活动，是为了查明犯罪事实、抓获犯罪嫌疑人而依法进行的专门调查工作和采取有关强制性措施的活动。人民警察依法执行职务，公民和组织应当给予支持和协助。上述规定，解决了必要性的问题，但正当性涉及对“依法”的理解。我们认为，依法不仅包括遵守法律条文，也应当包括遵循法的精神，需同时具备实质要件与形式要件。

1. 实质要件——合理根据

我国《宪法》保护公民通信自由和通信秘密，但同时对涉及维护国家安全和侦查犯罪需要又作出了例外规定。这是对个人权利和社会公益、自由与安全平衡的结果。由此，对《网络安全法》规定的理解，也必须遵循《宪法》的本意与精神。一方面，公民的个人信息和隐私权应当受到法律保护，包括相关企业和网络运营者的商业秘密和其他信息；另一方面，司法机关在履职过程中，面临的情况或多或少是模糊不清的，必须给予足够空间、犯错成本。如何保持平衡就须践行“合理根据”原则：理性的人根据事实得出可能的结论，基于调查已获取的情况，审慎地去要求网络运营者提供相应的配合。对该原则过于强调会对执法工作产生障碍。但若重视不够，会使守法者的合法权益陷入任意摆布之中。当然，“合理根据”主要是从执法者的角度出发的，并非一个实用的技术性概念。网络运营者无法对是否合理进行有效判断，并对不合理的配合义务进行拒止。但如相关协助要求明显与国家安全或侦查犯罪无关，则网络运营者可以提出抗辩。比如，索要网络服务平台所有用户信息，要求提供网络运营者的商业秘密等。网络运营者的服务对象涉及国家秘密的，需具体分析。合理性问题涉及向谁提供信息、提供哪些信息、如何提供信息、如何使用信息等诸多程序性细节，同时还涉及如何平衡保护公民隐私权与发现案件事实真相、节约司法资源几种价值取向与冲突。

2. 形式要件——司法令状

对于如何启动协助执法活动，法律并无明确规定。从法律的严肃性和程序性出发，应当进行相应的制度设计。我国司法实践中，搜查证是由侦查机关负责人签发的，是用以证明侦查人员开展搜集行为正当合法的法律手续，这样的令状不可能用于对私人公司的搜查授权。侦查人员要求第三方代为搜集电子数据、协助计算机搜查所需令状实质上是“必须履行的法定义务”。有专家建议，要求第三方协助的，应当开具一种特殊的《协助调查令》或《协助调查通知书》。当然，在特殊情况下，如犯罪嫌疑人可能存在毁灭证据的重大风险，出于公共利益（诉讼利益）的需要，无证搜查也是一种必要的证据保全措施，有其存在的正当根据。[①]

（三）协助内容——技术支持和帮助

网络运营者一般情况下可视为证人。结合网络安全的特点，网络运营者除承担发现犯罪事实、查找犯罪嫌疑人、固定电子证据等义务外，还需承担如下义务：

1. 通信侦控配合义务

该义务是指配合执法机关动态实时获取相关通信信息，既包括通信内容，也包括通信流量信息。

2. 数据留存义务

鉴于执法机关对网络通信监控数据的依赖程度越来越高，有必要区别对待实时通信数据和存储通信流量数据。各国普遍的做法是，对执法机关的实时通信数据，尤其是通信内容数据，继续执行审慎严格的规定，对通信流量数据则适用较为灵活的数据留存制度，并纷纷建立统一的网络监控大数据存储中心，为各个通信监控业务部门提供查询渠道。留存数据多为历史数据和静态数据，强调对通信数据的存储，既包括用户订购服务信息，也包括用户通信流量信息、网络服务传输信息等，对这些数据的留存，有助于事件回溯。此外，由数据留存衍生出数据保全义务，即网络运营者应当采取技术性措施和其他必要措施，如复制、镜像等，防止相关信息毁损、丢失或被篡改，确保信息安全。

3. 协助解密义务

密码技术不断升级，需要网络运营者对传输信息进行解密，以帮助执法机关解读被加密信息之含义。除个案提供协助解密义务外，还包括依据行业标准和技术能力建设密钥恢复系统或密钥托管系统。

4. 协助取证义务

协助取证是指网络运营者对运营过程中产生的数据，以何种方式、何种程度向执法机关提供，并依法作证的义务。

（四）法律监督——权力制衡

技术侦查法制化是人类文明进步对刑事侦查活动的基本要求，也是犯罪侦查自身发展的趋势。技术侦查不仅要满足正当性程序，还要实现技术侦查

---

① ［日］田口守一：《刑事诉讼法》，刘迪等译，法律出版社2000年版，第68页。

措施有效性与合法性的平衡。通过立法规范秘密侦查活动是法治的需要，内容包括：明确监听的适用对象、实施程序以及执法监督，确认监听材料的证据效力以及规定违规的法律后果。针对不同隐私敏感度的数据规定不同程度的授权程序。例如，对通信内容的监控规定了司法机关审批程序；对非通信内容的数据调取，采用执法机关审批程序，并限制通信监控数据的使用部门及使用范围，防止通信监控权滥用并保护隐私。

（五）协助保护——法律救济

1. 请求保护权

我国《国家安全法》第八十条规定，公民和组织支持、协助国家安全工作的行为受法律保护。因支持、协助国家安全工作，本人或者其近亲属的人身安全面临危险的，可以向公安机关、国家安全机关请求予以保护。公安机关、国家安全机关应当会同有关部门依法采取保护措施。《刑事诉讼法》第六十一条规定，人民法院、人民检察院和公安机关应当保障证人及其近亲属的安全。对证人及其近亲属进行威胁、侮辱、殴打或者打击报复，构成犯罪的，依法追究刑事责任；尚不够刑事处罚的，依法给予治安管理处罚。第六十二条规定，对于危害国家安全犯罪、恐怖活动犯罪、黑社会性质的组织犯罪、毒品犯罪等案件，证人、鉴定人、被害人因在诉讼中作证，本人或者其近亲属的人身安全面临危险的，人民法院、人民检察院和公安机关应当采取一项或者多项保护措施。

2. 利益补偿权

我国《国家安全法》第八十一条规定，公民和组织因支持、协助国家安全工作导致财产损失的，按照国家有关规定给予补偿；造成人身伤害或者死亡的，按照国家有关规定给予抚恤优待。《刑事诉讼法》第六十三条规定，证人因履行作证义务而支出的交通、住宿、就餐等费用，应当给予补助。证人作证的补助列入司法机关业务经费，由同级政府财政予以保障。有工作单位的证人作证，所在单位不得克扣或者变相克扣其工资、奖金及其他福利待遇。

3. 批评建议权

我国《国家安全法》第八十二条规定，公民和组织对国家安全工作有向国家机关提出批评建议的权利，对国家机关及其工作人员在国家安全工作中的违法失职行为有提出申诉、控告和检举的权利。

法条链接目录

1. 中华人民共和国网络安全法
2. 中华人民共和国宪法
3. 中华人民共和国国家安全法
4. 中华人民共和国刑事诉讼法
5. 中华人民共和国刑法
6. 中华人民共和国电信条例
7. 中华人民共和国反恐怖主义法
8. 互联网信息服务管理办法
9. 全国人民代表大会常务委员会关于维护互联网安全的决定

第二节 通信监控配合

适用要点

1. 通信监控配合的基本要求
2. 通信监控配合的程序原则

通信监控配合，或称协助通信监控，是指网络运营者按照法律规定或要求配合执法机关利用通信技术对监控对象的通信信息予以实时探知并进行收集记录的活动。我国《反恐怖主义法》第十八条规定，电信业务经营者、互联网服务提供者应当为公安机关、国家安全机关依法进行防范、调查恐怖活动提供技术接口和解密等技术支持和协助。提供技术接口是最为常见的措施之一，通常是通信监控的代名词。我国相关立法显得比较单薄，规定得不够全面。西方多数国家已经制定专门法律：例如，美国《通信协助执法法》和法国《邮政和电信法》都规定通信服务者应当为执法机关实施通信侦控提供必要的技术支持；欧盟委员会《通信拦截法案》对通信服务提供者规定了协助执法的义务，并要求各国执法机关对网络运营、服务提供商提出落实的具体要求；英国《监控权法》则直接授权政府有关部门有权对企业、组织和个人之间的传统通信形式、电子邮件及其他信息交流实行截收和解码。

一、通信监控

通信监控，又称为合法拦截，指对正在通信网络传输中的通信内容进行拦截，以获取特定用户通信信息的过程。一般情况下，通信监控分为对通信内容信息的监控和对通信流量信息的监控。通信内容信息，更多的是强调通信的语言、文字、图片类信息，反映的是实质性对话内容；通信流量信息往往是动态的，关注用户使用信息，包含更多网络服务及传输要素，是实时定位上网对象、了解上网服务种类的有效方式。此外，也可依内容分为针对专门对象或事项的以及无专门对象或事项的。

通信监控本质上是一种技术侦查手段，一方面必须符合相关法律规定，另一方面也必须有技术支撑保障。国家安全机关或公安机关针对严重社会犯罪实施技术侦查手段，因而必须履行严格的法律程序。其前提条件是，网络运营者进行必要的能力建设，涉及硬件、软件、技术、管理等，必须谋划在先、部署在先、投入在先。

二、通信监控的基本要求

对一个风险社会来说，实施监控是必要的，是政府、企业、个人的共同责任，需运用法律、技术和管理等多种手段综合施策。而作为网络社会连接者和桥梁的网络运营者，应该承担相应的义务。

（一）能力建设是基础

能力建设主要指网络运营者负责安装专门设备，提供技术接口，建设专门执法系统模块，实施特定数据保护等。司法机关也可要求网络运营者根据行业特点和技术水平，修改和设计其设备、设施和服务，以确保执法部门具备必要的监控能力。借助这一技术措施，司法机关可以实时访问网络运营者的数据库或服务器，感知监控对象的网络活动动态。

（二）通信监控是条件

通信监控是《刑事诉讼法》规定的技术侦查措施的一种，其必须严格遵守法律法规的要求。同时，这也是提供通信监控协助义务的前提条件。国内外对通信监控实施的条件规定得非常严格：例如，法国规定，只有限于侦查必需的情况才能开展；美国立法规定，用尽常规侦查措施之后才予以考虑。

（三）信息保密是保障

网络运营者必须对侦控对象及侦控内容保密。同时，也要配备专人负责侦控系统建设，并对系统功能、使用情况保密。违反保密义务的，需承担相应的法律责任。

三、通信监控程序规定

（一）适用范围特定

根据《刑事诉讼法》和《公安机关办理刑事案件程序规定》，可以对下列严重危害社会的犯罪案件采取技术侦查措施：危害国家安全犯罪、恐怖活动犯罪、黑社会性质的组织犯罪、重大毒品犯罪案件；故意杀人、故意伤害致人重伤或者死亡、强奸、抢劫、绑架、放火、爆炸、投放危险物质等严重暴力犯罪案件；集团性、系列性、跨区域性重大犯罪案件；利用电信、计算机网络、寄递渠道等实施的重大犯罪案件；针对计算机网络实施的重大犯罪案件；其他严重危害社会的犯罪案件，依法可能判处七年以上有期徒刑的。此外，公安机关追捕被通缉或者批准、决定逮捕的在逃的犯罪嫌疑人、被告人，可以采取追捕所必需的技术侦查措施。

（二）法律手续严格

《公安机关办理刑事案件程序规定》第二百五十六条规定，需要采取技术侦查措施的，应当制作呈请采取技术侦查措施报告书，报设区的市一级以上公安机关负责人批准，制作采取技术侦查措施决定书。需要解除技术侦查措施的，负责技术侦查的部门报批准机关负责人批准，制作解除技术侦查措施决定书，并及时通知办案部门。对复杂、疑难案件，采取技术侦查措施的有效期限届满仍需要继续采取技术侦查措施的，经负责技术侦查的部门审核后，报批准机关负责人批准，制作延长技术侦查措施期限决定书。在有效期限内，需要变更技术侦查措施种类或者适用对象的，应当按照本规定第二百五十六条规定重新办理批准手续。采取技术侦查措施收集的材料作为证据使用的，采取技术侦查措施决定书应当附卷。人民检察院等部门决定采取技术侦查措施，交公安机关执行的，由设区的市一级以上公安机关按照规定办理相关手续后，交负责技术侦查的部门执行，并将执行情况通知人民检察院等部门。

（三）时间期限法定

《刑事诉讼法》第一百四十九条规定，批准决定应当根据侦查犯罪的需要，确定采取技术侦查措施的种类和适用对象。批准决定自签发之日起三个月以内有效。对于不需要继续采取技术侦查措施的，应当及时解除；对于复杂、疑难案件，期限届满仍有必要继续采取技术侦查措施的，经过批准，有效期可以延长，每次不得超过三个月。

（四）符合保密要求

《刑事诉讼法》第一百五十条规定，侦查人员对采取技术侦查措施过程中知悉的国家秘密、商业秘密和个人隐私，应当保密；对采取技术侦查措施获取的与案件无关的材料，必须及时销毁。采取技术侦查措施获取的材料，只能用于对犯罪的侦查、起诉和审判，不得用于其他用途。公安机关依法采取技术侦查措施，有关单位和个人应当配合，并对有关情况予以保密。

四、通信监控原则

（一）必要性原则

必要性原则，是指实施通信监控对于国家安全、公共利益来说是十分必要而不可避免的。由于监控的对象是用户的通信信息，因而，暗含着侵犯人权的危险。在某种意义上讲，它是以个人的权利牺牲为代价而换取国家安全和公共利益。因此，只有在重大的国家安全、公共利益受到影响时才可授权实施通信监控，禁止任何个人、组织、单位为了私利而实施监控行为。

（二）相称性原则

相称性原则，是指监控实施的目的实现和监控的手段之间相匹配，体现了目的和手段的平衡关系，强调的是一个“度”的把握。无论是无效的手段，还是过分的手段都将是不正当的。

（三）特定性原则

特定性原则又称为明确性原则，是指监控的授权和实施必须特定。特定性原则是现代法治的一个基本原则和基本要求，也是一部法律在实践中的可操作性和实际有效性的衡量指标。

（四）保密性原则

保密性原则，是指对于在监控中获知的公民信息应当采取适当措施进行保密，当监控结束后对于已经截获的公民信息应当立即销毁。在数据泄露、隐私侵犯日益严重的背景下，保密性原则已经不仅仅存在于网络安全立法领域，而是扩展到更广泛的领域。保密性原则已经成为信息时代最重要的原则之一。

上述原则在一定程度上限制了监控权的实施范围，对具体监控行为实施提出了依照授权书规定执行的原则性要求，对于避免政府权力的过分扩张、保护公民的隐私权及其他基本人权有一定积极作用，已为许多国家的监控立法所确认。

五、典型案例

2010年8月，在RIM黑莓遭印度等国“封杀”事件中，RIM黑莓公司承诺作出妥协，保证在该年9月1日前提供部分黑莓企业邮件的部分权限，在年底前完全开放权限。印度电信对于通过黑莓手机发出的企业电子邮件的监控内容，也作出与印度官方相同的要求。根据印度电信的建议，印度安全部门有权阅读所有黑莓邮件信息，并可查明发件人及收件人。同时，每一封电子邮件在通过黑莓服务器发出的时候，也要在监控系统上进行备份，所有黑莓网络服务提供商都装有这种监控系统。①

法条链接目录

1. 中华人民共和国网络安全法
2. 中华人民共和国刑事诉讼法
3. 公安机关办理刑事案件程序规定
4. 中华人民共和国反恐怖主义法

第三节 数据留存

适用要点

1. 数据留存界定
2. 数据留存的要求

我国现行法律法规中，并未对数据留存进行明确界定，但关于数据留存的相关规定早已有之。例如，《互联网信息服务管理办法》第十四条规定，从

① 《黑莓被迫妥协 印度提出具体监控内容》，http：//digi. tech. qq. com/a/20100820/000546. htm。

事新闻、出版以及电子公告等服务项目的互联网信息服务提供者，应当记录提供的信息内容及其发布时间、互联网地址或者域名；互联网接入服务提供者应当记录上网用户的上网时间、用户账号、互联网地址或者域名、主叫电话号码等信息。互联网信息服务提供者和互联网接入服务提供者的记录备份应当保存六十日，并在国家有关机关依法查询时予以提供。

一、数据留存的概念

数据留存，是指网络运营者应执法机关要求，保存用户使用通信网络所产生的特定通信数据，配合刑事犯罪或反恐活动调查，以维护国家安全和社会稳定的活动。根据欧盟 Directive 2006/24/EC 的规定，数据留存是指为了维护国家安全、国防事务、公共安全而要求公共通信网络或公共通信服务提供者将流量数据和位置数据存留一定时间（无具体时限，仅规定六个月到二年的期限），以协助执法机关调查严重犯罪与恐怖主义犯罪。根据欧盟的数据留存指令报告，可以访问留存数据的部门包括法官、检察官、国家安全机关、刑事警察、国防部、军队、税务、情报、海关等部门。美国《爱国者法案》指出，数据留存的目的是维护国家安全，或为了预防或侦查犯罪或起诉可能与国家安全有直接或间接关系的犯罪。

二、数据留存的要求

（一）合法性

合法性原则要求数据留存必须基于法律规定或执法机关的专门要求，没有法律规定，或没有执法机关的专门要求，网络运营者没有义务进行数据留存。《互联网信息服务管理办法》第十四条规定，网络运营者的数据留存义务既包括日志数据，也包括内容数据。《网络安全法》实施后，网络运营者留存日志数据的期限不得少于六个月，留存内容数据的期限应依照《互联网信息服务管理办法》的规定为六十日。

（二）特定性

特定性，是指数据留存的权力机关范围特定。根据我国法律规定，只有法律明确授权的公安机关和国家安全机关才有权要求通信服务提供者对通信流量数据进行留存。未经授权的数据留存行为属于对公民隐私权的侵犯。

（三）程序性

法律对数据留存规定了严格的程序。只有依照法定程序进行，才是有效的。执法部门依据法律授权，启动访问数据留存程序，网络运营者应当予以响应。例如，美国CALEA要求以适当的授权启动访问数据留存信息，防止未经授权的数据留存。

（四）比例性

比例原则通常包含适当性原则、必要性原则和狭义比例原则。数据留存比例原则的要求是，执法机关应合理衡量这一行为所保护的公权益、用户隐私的侵犯及对企业造成的成本压力三者之间的关系。如果数据留存对于调查严重犯罪的作用微小却严重侵犯用户隐私，或为企业带来巨大成本，则属于违反比例原则，并造成法益的不平衡。

（五）标准性

标准性原则是数据留存区别于其他通信监控的显著特征。目前比较流行的欧盟ETSI标准将留存数据分为订户数据、使用数据、设备资料、电路元件数据、可选服务数据五类。订户数据，是指与预定某种特定服务相关的信息，如姓名、地址、邮政编码、国家ID号、出生日期、服务标识、位置等。使用数据，是指与使用某种特定服务相关的信息，如电话记录。设备资料，是指与最终用户设备或电话听筒相关的信息。电路元件数据，是指与潜在的网络基础设施中的部件相关的信息，如基站的位置和标识符。可选服务数据，是指与使用的可选服务相关的信息，如DNS。

法条链接目录

互联网信息服务管理办法

第四节　协助解密

适用要点

1. 协助解密的具体要求
2. 密码监管机制

《反恐怖主义法》第十八条规定，电信业务经营者、互联网服务提供者应当为公安机关、国家安全机关依法进行防范、调查恐怖活动提供技术接口和解密等技术支持和协助。

一、协助解密的具体要求

协助解密，是指网络运营者按照法律规定或要求，为配合国家安全部门或执法机关职能的实现，在法律许可的范围内，利用相关技术手段和措施，对加密的信息进行解密，将不可读的信息转换为可读信息，从而获取相关通信情报信息的活动。协助解密一般遵循下列具体要求：（1）按照“谁加密、谁解密”的原则，负责向执法机关提供解密技术支持；（2）对于确实需要密钥报备的网络运营者，应按照法律规定，要求其提供用户密钥；（3）对于密钥为第三方持有或用户自身持有的，应要求网络运营者建立密钥恢复机制。

二、密码监管机制

协助解密的核心是对密钥的管理。目前，全球有三种密码监管机制：密钥托管、密钥恢复和自由放任机制。从实践看，建立密钥托管和密钥恢复机制的国家，在衡量了两种机制对执法机关实现网络通信监控的重要意义及对公民隐私保护的侵害风险之后，大都采取了自愿的密钥托管机制，但同时也规定了网络运营者应尽的义务。尚未建立密钥监管机制的国家，一般在刑事诉讼法典中简略规定了通信服务提供者负有协助执法机关实施网络通信监控数据解密的义务。

（一）密钥托管机制

密钥托管机制最早由美国于1993年提出，是指政府部门要求密码使用者将可恢复明文信息的私有加密密钥备份提供给经授权认证的可信赖第三方（即商用密钥托管代理商）进行保管和代理，并在必要时协助国家执法机关获取原始明文信息。密钥托管无法单纯依靠市场推动发展，必须通过行政力量予以推广。伴随全球化发展，单独一个或几个国家开展密钥托管机制极易导致用户流向尚未实施密钥托管的国外网络通信服务，从而绕过本国密钥托管机制，并加重服务商的经济负担，导致用户流失。

（二）密钥恢复机制

密码使用者在依照法律要求为其加密数据提供非正常明文访问途径以外

的访问途径，在执法机关提出协助要求时能够为其提供明文访问。这种法律制度允许企业对自己加密密钥进行备份和保管，不同于一般的加密和解密操作，可以在用户丢失、损坏自己密钥的情况下依然能够实现明文访问。密钥恢复机制可以避免密钥托管机制引发的争议，但由于用户对于加密通信密钥恢复的商业需求十分有限，为某些特定的通信协议设计和实现密钥恢复十分困难，目前为止仍无法同时满足政府执法需求和用户安全加密要求。此外，最安全实用的商业密钥恢复系统并不支持实时、第三方、隐蔽的网络通信监控活动，尤其是密钥恢复机制是由加密使用者自己对密钥备份管理的情况下。

（三）自由放任机制

尽管密钥托管机制和密钥恢复机制有效地保障了执法机关通信监控工作的开展，但也或多或少对密码技术的发展形成阻碍，一旦滥用，必将对企业的商业秘密和公民的个人隐私造成不可估量的负面影响。许多国家出于保障数据信息安全和公民个人隐私的目的，采取了自由放任机制。所谓密码自由放任机制，是指一国维持既有密码策略，不对个人、密码服务商或生产商增加任何新的密码应用限制条件或颁布任何新的密码法律法规。自由放任机制虽避免了因为维护国家安全等公益而对公民个人隐私所造成的不利影响，却依然无法克服密码技术被用于非法用途时对执法机关获取有效情报和提高侦查破案证据能力所造成的阻碍。为此，为保障国家安全和社会公共利益，保障执法机关执法活动的顺利进行，一般会在涉及通信执法领域的密码管理制度中明确规定，通信服务提供者在其有能力对被加密的监控信息进行解密时，需依法向被授权的执法机关提供解密协助或明文。

三、典型案例

2016 年 2 月，苹果公司向法院提交文件，正式就法院要求公司开发工具协助 FBI 解密一名恐怖分子 iPhone 的命令提出反对意见。① 调查显示，大多数美国人在法院要求苹果公司协助解密恐怖分子 iPhone 问题上支持美国政府。但在苹果公司年度股东大会上，首席执行官蒂姆·库克的立场得到了股东支

---

① 苹果股东支持库克立场：不协助美国 FBI 解密 Phone，http：//www. chinamac. com/2016/0228/47665. html。

持。随后，一家名为 Cellebrite 的以色列公司帮助 FBI（美国联邦调查局）解密恐怖袭击犯罪嫌疑人赛义德·法鲁克的 iPhone，要价 15278 美元。[①] 事实上，苹果专卖店也在使用 Cellebrite 的设备。苹果销售代表利用它把用户旧手机中的通讯录和其他内容迁移到新手机上。有趣的是，Cellebrite 在网站上指出，其设备适用于运行 iOS 8 的 iPhone，但没有提及是否支持 iOS 9。法鲁克的 iPhone 运行 iOS 9。鉴于众多安全厂商竞相向政府销售服务，赛义德的手机在没有苹果公司帮助下被解密不会让人感到意外。Cellebrite 竞争对手 Susteen 销售主管杰里米·科比（Jeremy Kirby）表示，“任何加密技术都会被破解，只是资金和时间问题而已”。

法条链接目录

中华人民共和国反恐怖主义法

第五节 协助取证

适用要点

1. 协助取证的范围
2. 协助取证的程序

对网络运营者来说，协助取证主要是应执法机关的要求，收集、提取、保全相关电子证据的义务。由侦查人员自行侦查取证是获取犯罪证据的最佳方式，但在面对网络犯罪时，单独依靠侦查人员的能力往往不现实。网络犯罪的技术性和复杂性，电子证据的脆弱性、易修改性都决定了技术协助的必要性。对网络证据的搜集、审查、判断，不仅仅是一个法律问题，而且是一个技术问题。刑事诉讼中的人权保障，也决定了技术协助的必要性，以避免“地毯式”搜查。[②]

---

① 这家帮助 FBI 解密 iPhone 的以色列公司是苹果合作伙伴，http：//www.chinamac.com/2016/0328/48897.html。

② 蔡巍：《犯罪侦查中的技术协助》，《法学杂志》2007 年第 6 期。

一、协助取证的范围

网络运营者协助侦查人员取证，是信息时代侦查活动的重要环节。协助取证的范围包括以下内容：

1. 网页、博客、微博客、朋友圈、网盘等网络平台存储的信息；

2. 手机短信、电子邮件、即时通信、通讯群组等网络应用服务的通信信息；

3. 用户注册信息、身份认证信息、电子交易记录、通信记录、登录日志等信息；

4. 文档、图片、音视频、数字证书、计算机程序等电子文件。

二、程序规定

1. 执法人员提交相关法律手续及身份证明，这是协助取证的首要环节。在需要协助取证的情况下，所提供的相关法律手续及身份证明是执法人员协助取证活动合法性的证明，也是网络运营者提供协助取证的依据；

2. 协助取证方法符合技术标准，指派专人配合收集、提取、扣押、冻结电子数据；

3. 网络运营者应当对获知的信息进行严格保密。对于执法协助过程中获知的信息，网络运营者除了向司法机关提供证据外，不得向其他人随意透露证据的内容。对于涉及国家秘密、商业秘密和个人隐私的电子数据，应当保密。

法条链接目录

最高人民检察院、公安部关于电子数据收集提取判断的规定

第六节　数据提供

适用要点

1. 用户基础数据

2. 用户上网行为数据

3. 互联网信息服务者相关数据

网络运营者配合司法机关提供技术支持，无论是通信监控配合、数据留存，还是协助解密、协助取证，都需要提供掌握或获取的数据。通过查询用户基本信息，基本可以得知用户的身份情况。获取上网对象的上网时间及 IP 地址后，司法机关会向网络运营者查询哪个网络用户在这一段时间被运营者分配了使用权限，进而追踪到上网用户。此外，通过对上网用户名的通联使用情况查询，例如，拨打和接收的电话、发送和接收的电子邮件以及访问的网站，可识别个人的位置、个人的同伴以及小组的成员，了解有组织犯罪及其团伙的组织结构。总之，数据在犯罪侦查中意义重大，可为执法部门进行情报分析，并提供溯源线索。依据《网络安全法》第二十四条关于实名制之规定以及《互联网信息服务管理办法》相关规定，并结合我国司法实践，网络运营者需提供三类数据：一是用户基础数据，二是用户上网行为数据，三是互联网信息服务者相关数据。这三类数据，回答了犯罪行为的基本要素：谁、在什么时间、在什么地方、做了什么，上述信息对侦查犯罪有重要意义。

一、用户基础数据

用户及网络服务资料信息，即备案信息，是联系用户网上行为及用户的纽带，是用户自愿提交的，由网络运营者例行收集，对司法机关确认通信监控目标有辅助作用。

其中，最为重要的是接入用户的实名认证信息，常见的有电话及入网实名、网络实名、网吧实名等。实名制信息，既包括订购网络服务者，也包括使用网络服务者，有时两者是分离的。这类数据包括：一是用户信息，例如，谁是某个指定电话号码的用户，谁是某个电子邮件账户的持有者；二是向一个用户或账户持有者提供转发/重定向服务的有关信息，包括交付和转发地址；用户或者账户持有者的账户信息，包括姓名、安装地址以及账单，包括付款方式、付款细节；三是用户使用的电信服务的连接、断开、重新连接的相关信息。此外，用户使用后者被提供仪器的相关信息，包括制造商、型号、序列号以及设备代码。

二、用户上网行为信息

《互联网信息服务管理办法》第十四条规定，从事新闻、出版以及电子公告等服务项目的互联网信息服务提供者，应当记录提供的信息内容及其发布时间、互联网地址或者域名；互联网接入服务提供者应当记录上网用户的上网时间、用户账号、互联网地址或者域名、主叫电话号码等信息。互联网信息服务提供者和互联网接入服务提供者的记录备份应当保存六十日，并在国家有关机关依法查询时予以提供。据此，可将用户上网信息分为以下两类。

（一）网络信息服务上的数据

网络信息服务上的数据即作为服务端的网络服务运营者应当记录在其服务上活动运行的特定数据，通常定义为识别发送者或接收者的数据，识别发送和接收信息的设备和位置的数据，识别或选择传输信息时所使用的设备的数据以及设备启动信号的数据，识别一个计算机文件或计算机程序的数据。具体包括：追踪一个将要或者已经在传输中的通信的来源地或者目的地的数据（包括来电记录）；识别将要、已经或者可能已经发出或者接收的通信设备位置的数据（例如，移动电话的位置）；从组成或附属于通信的数据中识别出通信的发送者或者接收者（包括副本接收者）的数据；识别正在或者已经传输的通信经过设备的路由信息（例如，动态 IP 地址分配、文件传输日志和电子邮件标题）；网页浏览信息，在某种程度上，只有主机、服务器、域名或者 IP 地址是可以披露的。这些数据，由网络运营者所持有，只有他们的技术人员才能掌握。公安机关或国家安全机关可要求获取数据并披露这些数据，甚至可以要求运营者去获取尚未掌握的通信数据。

（二）特定用户上网数据

特定用户上网数据一般是指用户与任何人使用通信服务相关的信息，或者其中的一部分，例如，通话记录、互联网连接记录、服务使用时间或时段、下载或上传的数据量的信息、服务使用信息、使用转发或重定向信息等。这类信息通常由网络运营者收集并提供给使用者或者订购者，用以证明特定期限内服务使用以及服务费计算情况的证明。用户使用信息对司法机关调查工作十分重要，利用这部分数据，可以追溯到用户的网上行为，用以定位犯罪嫌疑人。

三、互联网信息服务经营者许可备案信息

犯罪嫌疑人的相关活动，无论是登录还是实施具体行为，都要通过互联网信息服务提供者实现。相关设备和服务器是违法犯罪活动的重要现场。掌握互联网信息服务经营者信息，有助于确定犯罪行为发生地和关联场所，进

而获取更大量的信息。我国对互联网信息服务实行许可备案制度。《互联网信息服务管理办法》规定，从事经营性互联网信息服务，应当向省、自治区、直辖市电信管理机构或者国务院信息产业主管部门申请办理互联网信息服务增值电信业务经营许可证，并实施备案。经营性 ICP 主要是指利用网上广告、代制作网页、出租服务器内存空间、主机托管、有偿提供特定信息内容、电子商务及其他网上应用服务等方式获得收入的 ICP。非经营性 ICP，主要是指政府上网工程的各级政府部门的网站、新闻机构的电子版报刊和企事业单位的各类公益性网部、本单位对产品或业务作自我宣传的网站等。属于非经营性 ICP 的单位应当进行备案登记。备案后的登记表，一份由通信管理局留存，一份由备案单位持有并作为已经备案的证明，向 ISP 或电信企业及工商行政管理部门办理有关手续。

法条链接目录

1. 中华人民共和国网络安全法
2. 全国人民代表大会常务委员会关于加强网络信息保护的决定
3. 互联网信息服务管理办法

第十一章

法律救济

核心内容

1. 管辖
2. 电子证据
3. 法律责任

本章综述

本章首先论述了《网络安全法》涉及的行政、刑事法律的管辖。从《网络安全法》规定行政和刑事执法的职权范围出发，旨在明确在《网络安全法》的施行中，任何可能涉及的行政、刑事违法、犯罪行为的管辖主体，这是行政、刑事执法与司法的基本程序问题之一。其次，本章取证、举证到质证全周期叙述了电子数据证据，随着电子数据证据作为一类独立证据类型的确立，和网络环境下证据电子化的新常态，电子证据的形成、收集与固定已经成为执法主体、网络运营者等所有主体的日常工作，是证明主体合法合规和惩治打击违法犯罪的实质依据。最后，通过对《网络安全法》法律责任的体系化梳理，本章从违法、犯罪行为的表现形式与构成，一般违法责任，再到构成犯罪的刑事责任逐次推进，构成了可供比对的《网络安全法》行为合法性规范。整体而言，本章内容是对违反其他章节内容的后果总结，可以作为评判是否构成违法、犯罪的快速检索工具，读者可基于需要，进行实质性或量化的参照。

第一节　管　辖

适用要点

1. 行政职权划分与行政管辖
2. 司法管辖
3. 法律风险防范

网络空间治理成为国家治理的重要方面，依法治理网络空间成为网络社会安全、健康、有序发展的保障。我国《网络安全法》的实施，对于网络空间治理法治化具有里程碑式的意义，强调国家依法维护网络空间主权，明确凡是在我国境内建设、运营、维护和使用网络，以及网络安全的监督管理活动适用《网络安全法》，宣示对我国境内相关网络活动的管辖权。在国际层面上，网络主权是管辖本国网络、维护本国网络安全的前提。

一、行政职权划分与行政管辖

行政管辖是指行政机关之间就某一类行政事务的首次处理所作的权限划分。行政主体作出具体行政行为必须享有相应的管辖权。行政管辖依据性质主要分为级别管辖、地域管辖、特殊管辖（包括移送管辖、指定管辖等）。

（一）级别管辖

级别管辖，是指同一行政主体系统内部确定上下级行政主体之间首次处理行政事务的分工和权限。如《互联网信息内容管理行政执法程序规定》第七条规定，市（地、州）级以下互联网信息内容管理部门依职权管辖本行政区域内的互联网信息内容行政处罚案件；省、自治区、直辖市互联网信息内容管理部门依职权管辖本行政区域内重大、复杂的互联网信息内容行政处罚案件；国家互联网信息内容管理部门依职权管辖应当由自己实施行政处罚的案件及全国范围内发生的重大、复杂的互联网信息内容行政处罚案件。

（二）地域管辖

地域管辖，是指同一行政主体系统内部确定同级行政主体之间首次处理行政事务的分工和权限。如《互联网信息内容管理行政执法程序规定》第六条规定，行政处罚由违法行为发生地的互联网信息内容管理部门管辖。违法行为发生地包括实施违法行为的网站备案地，工商登记地（工商登记地与主营业地不一致的，应按主营业地），网站建立者、管理者、使用者所在地，网络接入地，计算机等终端设备所在地等。一般地域管辖，以行政区划为基础。当两个以上行政机关均有管辖权时，确定地域管辖权的原则有排他原则、便利原则、效率原则。

1. 在先立案优先管辖与行为地管辖结合

当两个行政机关对于行政相对人的同一违法行为均有管辖权时，则应由在先立案的行政机关管辖，必要时也可由行为地行政机关管辖。如《互联网信息内容管理行政执法程序规定》第八条规定，对当事人的同一违法行为，两个以上互联网信息内容管理部门均有管辖权的，由先行立案的部门管辖，必要时可移送主要行为发生地。

2. 行为人所在地

如广告违法行为，广告活动涉及的行为地广泛，难以确定管辖，此时行为人的住所较为固定单一，因此，由行为人住所地的行政机关进行管辖较为便利。自2016年9月1日起施行的《互联网广告管理暂行办法》第十八条规定，对互联网广告违法行为实施行政处罚，由广告发布者所在地工商行政管理部门管辖。

（三）特殊管辖

特殊管辖能够有效解决管辖冲突，主要包括移送管辖、指定管辖。

移送管辖一般为无管辖权的机关将案件移送给有管辖权的机关，或上级机关可提管下级事务，或将自己有管辖权的事务移交下级办理。如《互联网信息内容管理行政执法程序规定》第十条规定，互联网信息内容管理部门发现案件不属于其管辖的，应当及时移送有管辖权的互联网信息内容管理部门。受移送的互联网信息内容管理部门认为移送不当的，应当报请共同的上一级互联网信息内容管理部门指定管辖，不得再次移送；《互联网信息内容管理行政执法程序规定》第九条规定，上级互联网信息内容管理部门认为必要时，可以直接办理下级互联网信息内容管理部门管辖的案件，也可以将自己管辖的案件移交下级互联网信息内容管理部门办理。下级互联网信息内容管理部门对其管辖的案件由于特殊原因不能行使管辖权的，可以报请上级互联网信息内容管理部门管辖或者指定管辖。

指定管辖，是指行政管辖权发生争议，应报请共同的上一级指定管辖机关或有管辖权的机关认为不便管辖的可报上级指定管辖。如《互联网信息内容管理行政执法程序规定》第八条规定，两个以上的互联网信息内容管理部门对管辖权有争议的，应当协商解决；协商不成的，报请共同的上一级互联网信息内容管理部门指定管辖。

二、司法管辖

司法管辖分为民事诉讼管辖、行政诉讼管辖和刑事诉讼管辖。网络安全法律体系中司法管辖主要表现为刑事诉讼管辖。刑事诉讼管辖包括公安机关侦查管辖和审判机关管辖。

（一）公安机关侦查管辖

1. 地域管辖的一般规定

网络犯罪案件由犯罪地公安机关立案侦查，必要时，可以由犯罪嫌疑人居住地公安机关立案侦查。网络犯罪案件的犯罪地包括用于实施犯罪行为的网站服务器所在地，网络接入地，网站建立者、管理者所在地，被侵害的计算机信息系统或其管理者所在地，犯罪嫌疑人、被害人使用的计算机信息系统所在地，被害人被侵害时所在地，被害人财产遭受损失地等。涉及多个环节的网络犯罪案件，犯罪嫌疑人为网络犯罪提供帮助的，其犯罪地或者居住地公安机关可以立案侦查。

2. 地域管辖的特殊规定

有多个犯罪地的网络犯罪案件，由最初受理的公安机关或者主要犯罪地公安机关立案侦查。有争议的，按照有利于查清犯罪事实、有利于诉讼的原则，由共同上级公安机关指定有关公安机关立案侦查。需要提请批准逮捕、移送审查起诉、提起公诉的，由该公安机关所在地的人民检察院、人民法院受理。

具有下列情形之一的，有关公安机关可以在其职责范围内并案侦查，需要提请批准逮捕、移送审查起诉、提起公诉的，由该公安机关所在地的人民检察院、人民法院受理：（1）一人犯数罪的；（2）共同犯罪的；（3）共同犯罪的犯罪嫌疑人、被告人还实施其他犯罪的；（4）多个犯罪嫌疑人、被告人实施的犯罪存在关联，并案处理有利于查明案件事实的。

对因网络交易、技术支持、资金支付结算等关系形成多层级链条、跨区域的网络犯罪案件，共同上级公安机关可以按照有利于查清犯罪事实、有利于诉讼的原则，指定有关公安机关一并立案侦查，需要提请批准逮捕、移送审查起诉、提起公诉的，由该公安机关所在地的人民检察院、人民法院受理。

具有特殊情况，由异地公安机关立案侦查更有利于查清犯罪事实、保证案件公正处理的跨省（自治区、直辖市）重大网络犯罪案件，可以由公安部与最高人民检察院和最高人民法院指定管辖。

3. 级别管辖的规定

县级公安机关负责侦查发生在本辖区内的刑事案件；设区的市一级以上

公安机关负责重大的危害国家安全犯罪、恐怖活动犯罪、涉外犯罪、经济犯罪、集团犯罪案件的侦查；上级公安机关认为有必要的，可以侦查下级公安机关管辖的刑事案件；下级公安机关认为案情重大需要上级公安机关侦查的刑事案件，可以请求上一级公安机关管辖。

（二）网络犯罪案件审判机关管辖

对于网络相关犯罪审判机关管辖权的确定，即人民法院内部在审理第一审刑事案件时的权限和分工，主要分为级别管辖、地域管辖、专门管辖、移送管辖、指定管辖。在法院的地域管辖中，以犯罪地法院管辖为主，被告人居住地（包括户籍所在地、经常居住地）为辅；以最初受理的法院审判为主，主要犯罪地法院审判为辅；两个以上法院均有管辖权的，由最先受理的法院管辖。与民事诉讼、行政诉讼管辖不同的是，我国现有法律中尚未规定刑事诉讼管辖权异议制度。在法院的级别管辖中，基层人民法院管辖第一审普通刑事案件。中级人民法院管辖下列第一审刑事案件：危害国家安全、恐怖活动案件；可能判处无期徒刑、死刑的案件。高级人民法院管辖的第一审刑事案件，是全省（自治区、直辖市）性的重大刑事案件。最高人民法院管辖的第一审刑事案件，是全国性的重大刑事案件。

（三）特殊网络犯罪案件的管辖

对于电信网络诈骗犯罪案件，《最高人民法院　最高人民检察院　公安部关于办理电信网络诈骗等刑事案件适用法律若干问题的意见》规定：电信网络诈骗犯罪案件一般由犯罪地公安机关立案侦查，如果由犯罪嫌疑人居住地公安机关立案侦查更为适宜的，可以由犯罪嫌疑人居住地公安机关立案侦查。犯罪地包括犯罪行为发生地和犯罪结果发生地。“犯罪行为发生地”包括用于电信网络诈骗犯罪的网站服务器所在地，网站建立者、管理者所在地，被侵害的计算机信息系统或其管理者所在地，犯罪嫌疑人、被害人使用的计算机信息系统所在地，诈骗电话、短信息、电子邮件等的拨打地、发送地、到达地、接受地，以及诈骗行为持续发生的实施地、预备地、开始地、途经地、结束地。“犯罪结果发生地”包括被害人被骗时所在地，以及诈骗所得财物的实际取得地、藏匿地、转移地、使用地、销售地等。

对于网络赌博犯罪案件，《最高人民法院　最高人民检察院　公安部关于办理网络赌博犯罪案件适用法律若干问题的意见》规定：网络赌博犯罪案件的地域管辖，应当坚持以犯罪地管辖为主、被告人居住地管辖为辅的原则。“犯罪地”包括赌博网站服务器所在地、网络接入地，赌博网站建立者、管理者所在地，以及赌博网站代理人、参赌人实施网络赌博行为地等。

法条链接目录

1. 中华人民共和国网络安全法
2. 中华人民共和国行政处罚法
3. 互联网新闻信息服务管理规定
4. 互联网信息内容管理行政执法程序规定
5. 公安机关办理刑事案件程序规定
6. 最高人民法院　最高人民检察院　公安部关于办理电信网络诈骗等刑事案件适用法律若干问题的意见
7. 中华人民共和国刑事诉讼法
8. 最高人民法院　最高人民检察院　公安部关于办理网络赌博犯罪案件适用法律若干问题的意见

第二节　电子数据证据

适用要点

1. 电子数据证据的界定
2. 电子数据证据的取证
3. 电子数据证据的审查与效力

《网络安全法》第四十七条、第四十八条、第五十条等要求网络运营者等主体保存危害网络安全行为的“有关记录”，是对各行为主体负面行为的证据要求；第二十一条、第三十四条的网络运营者（含关键信息基础设施运营者）的安全保护义务规范，乃至第二十六条、第三十七条、第三十八条等的评估规范（以及散见于其他条款的检测、监测等条款）等，则可以视为对各行为主体正面行为的证据要求，行为的合法性与否，最终需要通过完整有效的证据链予以证明。整体上来说，《网络安全法》分散的电子数据证据（以下简称“电子证据”）规定，需要借助于相关规定、解释等的程序梳理其脉络，并形成充分的支撑。2017 年 6 月 1 日施行的《互联网信息内容管理行政执法程序规定》（以下简称《行政执法规定》）专章规定了调查取证，集中体现了网信部门作为行政执法机关进行行政执法的电子证据规范要求，与2013年1月1日开始施行的《公安机关办理行政案件程序规定》（其规定了公安部门作为行政执法机关的执法程序依据）、2001年5月10日施行的《通信行政处罚程序规定》（其规定了电信部门行政执法的一般程序），以及最高人民法院、最高人民检察院、公安部发布并于2016年10月1日起施行的《关于办理刑事案件收集提取和审查判断电子数据若干问题的规定》（结合2013年1月1日开始施行的《公安机关办理刑事案件程序规定》）可以一并视为网络环境下行政执法与刑事司法层面的配套制度。《网络安全法》与现行若干相关配套规定，构筑了电子证据取证、举证与质证的证据生命周期全貌，为《网络安全法》中各参与主体行为的合法性提供了评判的根本依据，其回应和解答的是对《网络安全法》实施状况进行有效度量的基本问题。规定相互结合有助于强化对《网络安全法》涉及电子证据条款的理解，而与网络安全基本法的协同，也有利于提升相关规定的执行效力。

一、《网络安全法》中的电子证据

按照《互联网信息内容管理行政执法程序规定》的定义，电子数据是指案件发生过程中形成的，以数字化形式存储、处理、传输的，能够证明案件事实的数据，包括但不限于网页、博客、微博客、即时通信工具、论坛、贴吧、网盘、电子邮件、网络后台等方式承载的电子信息或文件。电子数据主要存在于计算机设备、移动通信设备、互联网服务器、移动存储设备、云存储系统等电子设备或存储介质中。根据《关于办理刑事案件收集提取和审查判断电子数据若干问题的规定》（以下简称《刑事案件规定》）的定义，电子数据证据是案件发生过程中形成的，以数字化形式存储、处理、传输的，能够证明案件事实的数据。因而可以认为，在行政执法和刑事司法领域，这一定义的内涵与范围一致，其列举等同适用，实际上也是对民事、行政和刑事诉讼领域电子证据实务的全新总结，《网络安全法》的电子数据证据也应作同样的解释。《网络安全法》中体现的电子证据内容，主要包括如下几项。

1. 通过证据产生、留存和保全规则为网络运营者等主体预设了电子证据相关义务。如《网络安全法》第二十一条规定的网络运营者网络日志监测、记录和留存义务，与数据备份和加密义务。再比如，《网络安全法》第三十七条规定的关键信息基础设施的运营者境内运营中收集和产生的个人信息和重要数据的境内存储义务和出境安全评估义务。这些都是网络运营者等主体必须直接作出回应的合规要求。

2. 通过评估等制度为网信部门等监管主体的执法构筑了检验和度量的法定职责。在《网络安全法》的体系下，网络安全风险、企业合规风险都是基于对网络数据与信息的检测和评估完成的。如第三十八条规定的关键信息基础设施的运营者年度风险评估和报送规定。再如，第三十九条规定，国家网信部门应当统筹协调有关部门对关键信息基础设施的安全风险进行抽查检测，提出改进措施，必要时可以委托网络安全服务机构对网络存在的安全风险进行检测评估。检测、评估的对象、结果都必须严格以网络运营者、关键信息基础设施运营者运营过程中产生、留存和保全的数据为基准和依据。

3. 通过真实身份提供与核验的身份认证规则，实现了对参与网络活动的“任何个人和组织”的最终对应，力图解决的是行为主体认定和归责“关联性”的基本问题。特别是第二十四条关于实名制的规定，即网络运营者应当要求用户提供真实身份信息，否则网络运营者不得为其提供相关服务。同时，第四十条至第四十五条的规定以期寻求实名制下的利益平衡和促动机制，如何贯彻“后台实名、前台自愿”原则，正需要电子证据建立关联和对应。

4. 保存有关记录和协助执法的规定，包括第二十八条网络运营者应当为公安机关、国家安全机关依法维护国家安全和侦查犯罪的活动提供技术支持和执法协助的规定，第四十七条、第四十八条和第五十条要求网络运营者、电子信息发送服务提供者和应用软件下载服务提供者在发生违法或网络安全事件时，应当“保存有关记录”的规定。以上这些都与《刑事案件规定》第三条“人民法院、人民检察院和公安机关有权依法向有关单位和个人收集、调取电子数据。有关单位和个人应当如实提供”共同建立了协助取证规则。

二、关联的法律法规规定

2012 年修订后的《民事诉讼法》《刑事诉讼法》，以及 2014 年修订的《行政诉讼法》均将电子数据纳入证据类型之列，至此电子证据取得独立的法律地位。以刑事法律为例，《关于办理危害计算机信息系统安全刑事案件应用法律若干问题的解释》、《关于适用〈中华人民共和国刑事诉讼法〉的解释》(以下简称《刑事诉讼法解释》)、《关于办理网络犯罪案件适用刑事诉讼程序若干问题的意见》和《网络安全法》《刑事案件规定》《公安机关办理行政案件程序规定》《通信行政处罚程序规定》以及针对特定刑事案件类型的司法解释类文件等共同构成了现有电子证据的法律渊源，《行政执法规定》更是作为《网络安全法》的直接配套制度。基于此，网信、公安、电信、检察和法院等执法、司法机构分别从部门规章、规范性文件和标准等层面对电子证据的取证、举证和质证作出了规定，特别是《行政执法规定》、《刑事案件规定》两个规定对取证要求和方式作出了进一步的澄清，这些都为《网络安全法》中电子证据规定的完备性和有效性提供了支撑。但与电子证据相关的网信部门的取证授权和程序、数据留存范围和期限（不仅限于网络日志）、协助取证的“补偿”与否等问题，仍有待在后续配套制度建设中回应和完善。

由于《网络安全法》涉及对电子证据的收集、提取（“取证”）规范，且取证在电子证据生命周期中处于首要环节，也是两个规定重点论述的内容，因此，本节以两个规定为主并综合相关规定，对电子证据的阐述按照取证、举证、质证、审查的过程分别进行，并着重于取证和审查环节。其中，对电子证据的取证主要属于网信、公安、电信和检察院职责，对电子证据的举证、质证属于检察院职责，对电子证据真实性、合法性、关联性的审查，则贯穿网信、公安、检察院和法院诉讼程序全过程。

（一）电子证据取证

1. 取证综述

（1）取证范围。两个规定以列举加概述的方式对属于电子证据取证范围的数据进行了规定：电子数据包括但不限于下列信息、电子文件：①网页、博客、微博客、朋友圈、贴吧、网盘等网络平台发布的信息；②手机短信、电子邮件、即时通信、通讯群组等网络应用服务的通信信息；③用户注册信息、身份认证信息、电子交易记录、通信记录、登录日志等信息；④文档、图片、音视频、数字证书、计算机程序等电子文件。基于以上规定，《网络安全法》第二十一条规定的“网络日志”，第四十七条、第四十八条、第五十条等规定的“有关记录”“个人信息”“重要数据”等，以及危害网络安全活动所产生的数字化形式数据均属于电子证据的范畴。

（2）取证原则。电子证据的取证法律原则可以归纳为：全面性（完整性）、客观性（真实性）、（形式）合法性、及时性。对此《关于办理刑事案件收集提取和审查判断电子数据若干问题的规定》规定：侦查机关应当遵守法定程序，遵循有关技术标准，全面、客观、及时地收集、提取电子数据。相关原则体现在下述具体的取证规则应用中，故对原则的概念性内容不再赘述。

（3）取证规则。基于取证法律原则，在电子证据取证时，应通过采取相应的技术和制度规范，保护电子证据的完整性：①扣押、封存电子数据原始存储介质；②计算电子数据完整性校验值；③制作、封存电子数据备份；④冻结电子数据；⑤对收集、提取电子数据的相关活动进行录像；⑥其他保护电子数据完整性的方法。对电子证据真实、完整与合法性，主要是通过审查和验证规则予以明确。

电子数据的收集、提取应当符合法律法规、国家标准、行业标准和技术规范，并保证所收集、提取的电子数据的完整性、合法性、真实性、关联性，否则，不得作为认定事实的依据。《刑事案件规定》在第二十二条至第二十四条作出了具体规定。为了确保电子数据的真实性，第二十二条对电子证据重点审查内容进行了详细的规定；对于电子数据的完整性，第二十三条规定了不同的验证方法；第二十四条规定了收集、提取电子数据是否合法的重点审查内容。此外，《刑事案件规定》第六条规定的在线提取制度，即“初查过程中收集、提取的电子数据，以及通过网络在线提取的电子数据，可以作为证据使用”，及第九条规定的“对于原始存储介质位于境外或者远程计算机信息系统上的电子数据，可以通过网络在线提取”，应限定在特定的执法阶段和有限效力，并依法严格批准的情形。整体上，取证规则应确保取证过程和结果处于详细记录和监督的状态下。

2. 取证程序

《行政执法规定》第十八条至第三十二条对调查取证的方法和流程（“取证程序”）作出了相应规定，并贯穿执法程序的始终。具体内容包括如下。

第十八条规定，互联网信息内容管理部门进行案件调查取证时，执法人员不得少于两人，并应当出示执法证。必要时，也可以聘请专业人员进行协助。向有关单位、个人收集、调取证据时，应当告知其有如实提供证据的义务。

第二十二条规定，互联网信息内容管理部门在立案前，可以采取询问（并制作《询问笔录》）、勘验、检查、鉴定、调取证据材料等措施，互联网信息内容管理部门在立案后，可以对物品、设施、场所采取先行登记保存等措施。

第二十四条规定，互联网信息内容管理部门对于涉及互联网信息内容违法的场所、物品、网络应当进行勘验、检查，及时收集、固定书证、物证、视听资料以及电子数据。

第二十六条规定，互联网信息内容管理部门可以向有关单位、个人调取能够证明案件事实的证据材料，并且可以根据需要拍照、录像、复印和复制。调取的视听资料、电子数据应当是原始载体或备份介质。调取原始载体或备份介质确有困难的，可以收集复制件，并注明制作方法、制作时间、制作人等情况。调取声音资料的应当附有该声音内容的文字记录。

第二十七条规定，在证据可能灭失或者以后难以取得的情况下，经互联网信息内容管理部门负责人批准，执法人员可以依法对涉案计算机、服务器、硬盘、移动存储设备、存储卡等涉嫌实施违法行为的物品先行登记保存，制作《登记保存物品清单》，向当事人出具《登记保存物品通知书》。先行登记保存期间，当事人或有关人员不得损毁、销毁或者非法转移证据。互联网信息内容管理部门实施先行登记保存时，应当通知当事人或者持有人到场，并在现场笔录中对采取的相关措施情况予以记载。

第二十九条规定，为了收集、保全电子数据，互联网信息内容管理部门可以采取现场取证，远程取证，责令有关单位、个人固定和提交等措施。现场取证、远程取证结束后应当制作《电子取证工作记录》。

第三十条规定，执法人员在调查取证过程中，应当要求当事人在笔录或者其他材料上签字、捺指印、盖章或者以其他方式确认。当事人拒绝到场，拒绝签字、捺指印、盖章或者以其他方式确认，或者无法找到当事人的，应当由两名执法人员在笔录或者其他材料上注明原因，并邀请有关人员作为见证人签字或者盖章，也可以采取录音、录像等方式记录。

与之类似，《公安机关办理行政案件程序规定》第七章专章规定了“调查取证”，涉及从一般规定，到勘验、检查、鉴定和保全的规范性要求，《通信行政处罚程序规定》也有类似规定。整体上，上述规定适用于行政执法的电子证据取证，而由于刑事案件对电子证据的取证规则等提出了更为严格的要求，因此，在行政执法案件中，根据对电子证据等事实与法律的综合评判，认为涉嫌构成犯罪的，应移送并适用《刑事案件规定》。其第七条至第十七条对取证程序的相应规定如图 11-1 所示。

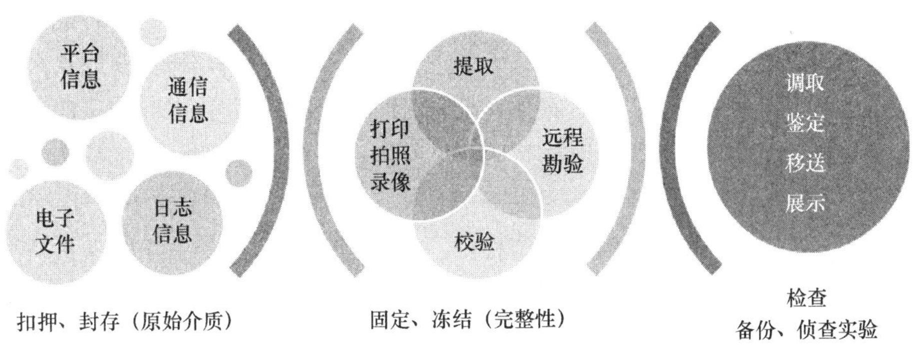

图 11-1　电子取证程序

第七条规定，在收集、提取电子证据时，侦查人员必须为两名以上，取证的方法也应当符合相关技术标准。第八条、第九条和第十条规定，对于能够扣押的电子数据原始存储介质，应当按照规定进行扣押；对于无法扣押的，可以对电子证据进行提取，还应当在笔录中注明不能扣押的原因、原始存储介质的存放地点或来源等信息；也可以通过打印、拍照、录像等方式固定证据，并作出说明。第十一条至第十二条对电子数据冻结适用情形和程序作出了具体的规定。第十三条至第十五条规定了电子数据收集、提取的程序规定、注意事项等内容。第十六条是关于电子数据检查的适用情况和程序要求。

3. 司法鉴定

《行政执法规定》第二十五条规定，互联网信息内容管理部门可以委托司法鉴定机构就案件中的专门性问题出具鉴定意见；不属于司法鉴定范围的，可以委托有能力或者有条件的机构出具检测报告或者检验报告。《刑事案件规定》第十七条规定，对电子证据涉及的专门性问题难以确定的，由司法鉴定机构出具鉴定意见，或者由公安部指定的机构出具报告。对于人民检察院直接受理的案件，也可以由最高人民检察院指定的机构出具报告。2015 年《关于司法鉴定管理问题的决定》和 2016 年《司法鉴定程序通则》修订后，司法部于 2017 年 3 月发布了《关于印发司法鉴定文书格式的通知》，对司法鉴定的委托、鉴定和意见作出了进一步规定。

鉴定机构应有专门的程序或方法保证检材/样本的完整性，包括：（1）在条件允许的情况下，应对送检的存储设备进行完整备份，并只在副本上进行处理与分析；（2）在没有替代方法只能直接操作检材/样本时，应尽可能避免对检材/样本造成永久性改变；（3）如不可避免可能对检材/样本造成永久性改变，必须征得客户的同意，评估对检材/样本的影响，并以书面和录像方式记录操作过程。此外，“保管链”的记录应能证明在物理检材/样本从接收到返还（或清理）之间的所有转移过程处于鉴定机构的全面控制之下。

对司法鉴定出具的鉴定报告等材料，《刑事案件规定》第二十六条进一步规定了举证和质证的要求。公诉人、当事人或者辩护人、诉讼代理人对电子证据鉴定意见有异议，可以申请人民法院通知鉴定人出庭作证。人民法院认为鉴定人有必要出庭的，鉴定人应当出庭作证。经人民法院通知，鉴定人拒不出庭作证的，鉴定意见不得作为定案的根据。对没有正当理由拒不出庭作证的鉴定人，人民法院应当通报司法行政机关或者有关部门。公诉人、当事人或者辩护人、诉讼代理人可以申请法庭通知有专门知识的人出庭，就鉴定意见提出意见。对电子证据涉及的专门性问题的报告，参照适用。

（二）电子证据移送展示

《刑事案件规定》第十八条至第二十一条对电子证据的移送与展示作出了具体规定：第十八条对收集、提取的原始存储介质或者电子证据的移送进行了具体规定，包括可以直接展示的电子证据、无法直接展示的电子证据和冻结的电子证据。第十九条规定，对侵入、非法控制计算机信息系统的程序、工具以及计算机病毒等无法直接展示的电子证据，应当附电子证据属性、功能等情况的说明。对于数据统计量、数据同一性等问题，侦查机关还应当出具说明。第二十条规定，报请人民检察院审查批准逮捕犯罪嫌疑人，或者对侦查终结的案件移送人民检察院审查起诉的，公安机关应当将电子证据一并移送人民检察院，对于未符合要求的，应当按要求补充移送或补正。当向法庭提交的电子证据需要展示时，可以借助设备等进行演示、播放，必要时还可以聘请专业人员进行操作并作出说明。

（三）电子证据审查

1. 一般要求

《刑事诉讼法解释》第九十二条规定了对视听资料着重审查的内容，其规定对电子证据亦有参考价值，《行政执法规定》也规定存储在电子介质中的录音资料和影像资料，适用电子证据的规定。同时第九十三条规定，对电子邮件、电子数据交换、网上聊天记录、博客、微博客、手机短信、电子签名、域名等电子数据，应当着重审查以下内容：（1）是否随原始存储介质移送；在原始存储介质无法封存、不便移动或者依法应当由有关部门保管、处理、返还时，提取、复制电子数据是否由二人以上进行，是否足以保证电子数据的完整性，有无提取、复制过程及原始存储介质存放地点的文字说明和签名；（2）收集程序、方式是否符合法律及有关技术规范；经勘验、检查、搜查等侦查活动收集的电子数据，是否附有笔录、清单，并经侦查人员、电子数据持有人、见证人签名；没有持有人签名的，是否注明原因；远程调取境外或者异地的电子数据的，是否注明相关情况；对电子数据的规格、类别、文件格式等注明是否清楚；（3）电子数据内容是否真实，有无删除、修改、增加等情形；（4）电子数据与案件事实有无关联；（5）与案件事实有关联的电子数据是否全面收集。对电子数据有疑问的，应当进行鉴定或者检验。

2. 电子证据的瑕疵处理与非法排除

《刑事诉讼法解释》第九十四条规定，视听资料、电子数据具有下列情形之一的，不得作为定案的根据：（1）经审查无法确定真伪的；（2）制作、取得的时间、地点、方式等有疑问，不能提供必要证明或者作出合理解释的。

上述条款在《刑事案件规定》进一步得以明确为“瑕疵处理”规则、“非法排除”规则（充实了对刑事诉讼法解释“非法证据排除”规定的内容），从正反方面周延和完备了取证规则和违反的后果。对于未符合前述取证规则的取证活动，《刑事案件规定》第二十七条规定，电子数据的收集、提取程序有下列瑕疵，经补正或者作出合理解释的，可以采用；不能补正或者作出合理解释的，不得作为定案的根据：（1）未以封存状态移送的；（2）笔录或者清单上没有侦查人员、电子数据持有人（提供人）、见证人签名或者盖章的；（3）对电子数据的名称、类别、格式等注明不清的；（4）有其他瑕疵的。第二十八规定，电子数据具有下列情形之一的，不得作为定案的根据：（1）电子数据系篡改、伪造或者无法确定真伪的；（2）电子数据有增加、删除、修改等情形，影响电子数据真实性的；（3）其他无法保证电子数据真实性的情形。

综上，与《网络安全法》同步的两个规定以及《公安机关办理刑事案件程序规定》等程序性规定，对电子证据收集、提取、移送、展示、审查、判断的“生命周期”全程作出了详细规定，对网络运营者、网信部门等《网络安全法》主体都作出了全面规范，排除了对瑕疵或无法满足电子数据取证原则证据的定案适用，可以理解为是对《网络安全法》这一具有公法性质的网络空间基本组织、行为法的程序性支撑制度。

法条链接目录

1. 中华人民共和国网络安全法

2. 最高人民法院 最高人民检察院 公安部关于办理刑事案件收集提取和审查判断电子数据若干问题的规定

3. 中华人民共和国刑事诉讼法

4. 中华人民共和国行政诉讼法

5. 最高人民法院 最高人民检察院关于办理危害计算机信息系统安全刑事案件应用法律若干问题的解释

6. 最高人民法院关于适用《中华人民共和国刑事诉讼法》的解释

7. 最高人民法院 最高人民检察院 公安部关于办理网络犯罪案件适用刑事诉讼程序若干问题的意见

8. 全国人民代表大会常务委员会关于司法鉴定管理问题的决定

9. 司法鉴定程序通则

10. 互联网信息内容管理行政执法程序规定

第三节 法律责任

适用要点

1. 未履行网络安全保护义务的法律责任

2. 违反产品和服务安全的法律责任

3. 实施危害网络安全行为的法律责任

4. 网络运营者未履行实名制义务的法律责任

5. 违法开展网络安全认证、检测、风险评估等活动的法律责任

6. 违法发布网络安全信息的法律责任

7. 侵害个人信息的法律责任

8. 关键信息基础设施运营者的其他特殊法律责任

9. 未履行或拒绝履行执法协助义务的法律责任

10. 境外机构、组织、个人危害我国关键信息基础设施的法律责任

11. 法律责任的衔接与竞合

《网络安全法》通过专章形式，明确了各主体的行政、刑事法律责任。一方面与《治安管理处罚法》《刑法》相衔接，另一方面也针对网络空间违法、犯罪行为的特点，创设了约谈、资格刑、信用评价机制以及相应的技术反制措施等，是网络安全预防、控制、处置三位一体治理思路的重要一环。全国各地相继出现违反《网络安全法》的行政执法“第一案”引起社会各界的广泛关注。从现有执法案例可以看出以下特点：(1) 执法机关主要为网信部门和各级公安部门；(2) 查处依据不仅包括《网络安全法》，还包括了《计算机信息系统安全保护条例》《互联网信息服务管理办法》等行政法规和《信息安全等级保护管理办法》《互联网用户账号名称管理规定》等规范性文件；(3) 处罚对象集中于网络运营者这一核心责任主体；(4) 处罚行为主要包括网络运营者不履行《网络安全法》第二十一条所规定的网络安全等级保护义务，第二十四条所规定的用户真实身份管理义务，第四十七条所规定的平台违法违规信息管理义务；(5) 行政处罚措施包括了警告、罚款、暂停相关业务等类型。

一、法律责任整体分析

《网络安全法》第六章详细规定了违反《网络安全法》的法律责任，以惩戒危害网络空间安全的行为，具体分析如下。

从责任主体看，《网络安全法》的法律责任涉及一般网络运营者、关键信息基础设施的网络运营者、直接负责的主管人员和其他直接责任人员、网络产品或服务提供者等责任主体。网络运营者是网络空间中的关键节点，是法律责任的核心主体。《网络安全法》将网络运营者的网络安全义务和责任法定化，在第三章“网络运行安全”和第四章“网络信息安全”中明确了网络运营者建立网络安全等级保护制度、事件应急处置、个人信息保护、违法信息处置、投诉处理、配合监督检查、协助执法等具体的法律义务，并在法律责任中规定了不履行相应义务的行政处罚责任。

从行为内容看，《网络安全法》处罚的行为包括侵犯个人信息、违反网络产品或服务的安全审查、从事危害网络安全的活动、不履行安全保护和风险告知义务、违法发布网络安全信息、境外存储有关数据等，这些行为也是目前网络空间发生的最频繁和最常见的违法活动。

从处罚方式看，《网络安全法》主要涉及行政处罚，既包括警告、罚款、责令暂停相关业务、停业整顿、关闭网站、关闭通讯群组、吊销相关业务许可证或者吊销营业执照、没收违法所得、拘留等传统处罚类型，也包括一些新型的准行政处罚类型，例如，限制从业资格（职业禁入）、失信公示、约谈等。此外，还包含了针对特定运营者的处分措施和针对境外实体的制裁措施。

二、《网络安全法》的执法机关与职责分工

总体来说，《网络安全法》施行后，网络安全领域立法呈现的滞后性有所缓解，但由于关键信息基础设施保护、数据出境评估、网络安全等级保护等《网络安全法》重要配套制度的制定与出台仍在审慎论证，《网络安全法》与现行法律法规之间的有效衔接问题尚需梳理，部门规章、地方立法及政策的制定和调整工作也需要相互协调，因此，执行的效果和条款的科学性尚待检验。

根据《网络安全法》第八条的规定，目前，我国形成了网信、电信、公安等部门各司其职并在网信部门统筹协调下开展网络安全保护和监督管理的工作机制。根据《国务院关于授权国家互联网信息办公室负责互联网信息内容管理工作的通知》，网信部门具有管理网络信息内容的职责。从法律责任条款中具体处罚的监管机构规定来看，除《网络安全法》第六十三条、第六十四条和第六十七条明确规定由公安机关实施处罚外，其余处罚条款均未明确处罚监管机构，一律概括为“有关主管部门”，包括工信、工商、文化等部门。

三、行政责任与刑事责任衔接

《网络安全法》致力于完善“两法衔接”机制，开始探索网络安全行政执法权与刑事司法权的有效衔接。如《网络安全法》第六十三条规定的从事危害网络安全的活动中的窃取网络数据，提供专门用于从事危害网络安全活动的程序、工具的行为，与《刑法》第二百八十五条第二款规定的非法获取计算机信息系统数据罪，提供侵入、非法控制计算机信息系统程序、工具罪相衔接。第六十三条规定的为他人从事危害网络安全的活动提供技术支持、广告推广、支付结算等帮助，与《刑法》第二百八十七条之二中规定的帮助信息网络犯罪活动罪相衔接。第六十四条规定的窃取或者以其他非法方式获取、非法出售或者非法向他人提供个人信息的行为，与《刑法》第二百五十三条之一规定的侵犯公民个人信息罪相衔接。第六十七条规定的设

立用于实施违法犯罪活动的网站、通讯群组，或者利用网络发布涉及实施违法犯罪活动的信息，与《刑法》第二百八十七条之一规定的非法利用信息网络罪相衔接。

作为现有执法案例核心条款之一的《网络安全法》第五十九条也存在和《刑法》第二百八十六条之一规定的拒不履行信息网络安全管理义务罪的衔接问题。第五十九条规定，网络运营者不履行网络安全保护义务的，由有关主管部门责令改正而拒不改正，或者导致危害网络安全等后果的，予以罚款（双罚制），也就是说，责令改正并非第五十九条实施行政罚款的前置条件，现有若干案件中，因发生了黑客入侵事件造成危害后果，直接予以双罚；而《刑法》第二百八十六条之一的拒不履行信息网络安全管理义务罪则以责令改正拒不改正为前置条件，其入刑条件为责令改正拒不改正和情节严重。考虑到网络空间中网络运营者的多样性和普遍化，这对不同监管部门的监管和部门间协调提出了更高要求。

四、责任竞合与法律适用

考虑到未来可能出现的网信部门和公安机关分别适用《网络安全法》、《治安管理处罚法》对同一违法行为进行罚款等行政处罚，或同一执法机关在选择适用不同执法依据时而产生执法真空或重复执法问题，如《网络安全法》第六十三条规定的从事危害网络安全的活动中的非法侵入他人网络、干扰他人网络正常功能与《治安管理处罚法》第二十九条第一项“违反国家规定，侵入计算机信息系统，造成危害”和第二项“违反国家规定，对计算机信息系统功能进行删除、修改、增加、干扰，造成计算机信息系统不能正常运行的”形成竞合，因此，依照特别法优于一般法、新法优于旧法的原则，应优先适用《网络安全法》的规定。

五、法律责任一览表

罚则	未履行网络安全保护义务	关键信息基础设施的运营者不履行网络安全保护义务	国家机关政务网络的运营者不履行网络安全保护义务	违反产品和服务安全义务	网络运营者未履行实名制义务	违法开展网络安全认证、检测、风险评估等活动	违法发布网络安全信息	实施危害网络安全行为	侵害个人信息	关键信息基础设施运营者违反数据本地化要求	关键信息基础设施运营者违反国家安全审查规定	未加强对用户发布信息的管理	未履行或拒绝履行执法协助义务	监管部门、政务机构的特殊法律责任	境外机构、组织、个人危害我国关键信息基础设施
发现网络存在较大安全风险或者发生安全事件的,可对网络运营者的法定代表人或者主要负责人进行约谈	√	√	√	√	√	√	√	√	√	√	√	√			
由有关主管部门责令改正,给予警告	√	√	√(由其上级机关或者有关机关责令改正)	√	√	√	√		√(可以根据情节单处或者并处警告、没收违法所得、处违法所得一倍以上十倍以下罚款,没有违法所得的,处一百万元以下罚款)	由有关主管部门责令改正,给予警告,没收违法所得,处五万元以上五十万元以下罚款,并可以责令暂停相关业务、停业整顿、关闭网站、吊销相关业务许可证或者吊销营业执照	由有关主管部门责令停止使用,处采购金额一倍以上十倍以下罚款	√(包括没收违法所得)	√		对来源于中华人民共和国境外的(我国法律、行政法规禁止发布或者传输的信息的)信息,应当(通知有关机构)采取技术措施和其他必要措施阻断传播
拒不改正、情节严重的,或者导致危害网络安全等后果的处罚	处一万元以上十万元以下罚款	处十万元以上一百万元以下罚款		处五万元以上五十万元以下罚款	处五万元以上五十万元以下罚款,并可以由有关主管部门责令暂停相关业务、停业整顿、关闭网站、吊销相关业务许可证或者吊销营业执照	处一万元以上十万元以下罚款,并可以由有关主管部门责令暂停相关业务、停业整顿、关闭网站、吊销相关业务许可证或者吊销营业执照	处一万元以上十万元以下罚款,并可以由有关主管部门责令暂停相关业务、停业整顿、关闭网站、吊销相关业务许可证或者吊销营业执照		可以责令暂停相关业务、停业整顿、关闭网站、吊销相关业务许可证或者吊销营业执照			处十万元以上五十万元以下罚款,并可以责令暂停相关业务、停业整顿、关闭网站、吊销相关业务许可证或者吊销营业执照	处五万元以上五十万元以下罚款		依法追究法律责任。国务院公安部门和有关部门可以决定对该机构、组织、个人采取冻结财产或者其他必要的制裁措施

续表

罚则	未履行网络安全保护义务	关键信息基础设施的运营者不履行网络安全保护义务	国家机关政务网络的运营者不履行网络安全保护义务	违反产品和服务安全义务	网络运营者未履行实名制义务	违法开展网络安全认证、检测、风险评估等活动	违法发布网络安全信息	实施危害网络安全行为	侵害个人信息	关键信息基础设施运营者违反数据本地化要求	关键信息基础设施运营者违反国家安全审查规定	未加强对用户发布信息的管理	未履行或拒绝履行执法协助义务	监管部门、政务机构的特殊法律责任	境外机构、组织、个人危害我国关键信息基础设施
对直接负责的主管人员和其他直接责任人的处罚	处五千元以上五万元以下罚款	处一万元以上十万元以下罚款	依法给予处分	处一万元以上十万元以下罚款	处一万元以上十万元以下罚款	处五千元以上五万元以下罚款	处五千元以上五万元以下罚款		处一万元以上十万元以下罚款	处一万元以上十万元以下罚款	处一万元以上十万元以下罚款	处一万元以上十万元以下罚款	处一万元以上十万元以下罚款	依法给予处分	
尚不构成犯罪的处罚								由公安机关没收违法所得，处五日以下拘留，可以并处五万元以上五十万元以下罚款；情节较重的，处五日以上十五日以下拘留，可以并处十万元以上一百万元以下罚款						网信部门和有关部门的工作人员玩忽职守、滥用职权、徇私舞弊，尚不构成犯罪的，依法给予处分	
特殊规定								受到治安管理处罚的人员，五年内不得从事网络安全管理和网络运营关键岗位的工作；受到刑事处罚的人员，终身不得从事网络安全管理和网络运营关键岗位的工作	窃取或者以其他非法方式获取、非法出售或者非法向他人提供个人信息，尚不构成犯罪的，由公安机关没收违法所得，并处违法所得一倍以上十倍以下罚款，没有违法所得的，处一百万元以下罚款						

续表

罚则	未履行网络安全保护义务	关键信息基础设施的运营者不履行网络安全保护义务	国家机关政务网络的运营者不履行网络安全保护义务	违反产品和服务安全义务	网络运营者未履行实名制义务	违法开展网络安全认证、检测、风险评估等活动	违法发布网络安全信息	实施危害网络安全行为	侵害个人信息	关键信息基础设施运营者违反数据本地化要求	关键信息基础设施运营者违反国家安全审查规定	未加强对用户发布信息的管理	未履行或拒绝履行执法协助义务	监管部门、政务机构的特殊法律责任	境外机构、组织、个人危害我国关键信息基础设施
刑事责任	拒不履行信息网络安全管理义务罪	拒不履行信息网络安全管理义务罪	拒不履行信息网络安全管理义务罪	生产、销售不符合安全标准的产品罪				非法侵入计算机信息系统罪；非法获取计算机信息系统数据、非法控制计算机信息系统罪；提供侵入、非法控制计算机信息系统程序、工具罪；破坏计算机信息系统罪；帮助信息网络犯罪活动罪	侵害公民个人信息罪			帮助信息网络犯罪活动罪	拒绝提供间谍犯罪、恐怖主义犯罪、极端主义犯罪证据罪	滥用职权罪；玩忽职守罪；拒不履行信息网络安全管理义务罪	

法条链接目录

1. 中华人民共和国网络安全法
2. 中华人民共和国计算机信息系统安全保护条例
3. 互联网信息服务管理办法
4. 信息安全等级保护管理办法
5. 互联网用户账号名称管理规定

附录一

名词解释

A

安全操作系统　Secure Operating System

指为了对所管理的数据与资源提供适当的保护级，而有效地控制硬件与软件功能的操作系统。

安全策略　Secuity Policy

指在某个安全区域内（一个安全区域，通常是指属于某个组织的一系列处理和通信资源），用于所有与安全相关活动的一套规则。

安全测试　Security Testing

指用于确定系统的安全特征按设计要求实现的过程。这一过程包括现场功能测试、渗透测试和验证。

安全规范　Security Specifications

指系统所需要的安全功能的本质与特征的详细描述。

安全过滤器　Security Filter

指对传输的数据强制执行安全策略的可信子系统。

安全内核　Security Kernel

指控制对系统资源的访问而实现基本安全规程的计算机系统的中心部分。

安全配置管理　Secure Configuration Management

指控制系统硬件与软件结构更改的一组规程，其目的是保证这种更改不致违反系统的安全策略。

安全评估　Security Evaluation

指为评定在系统内安全处理敏感信息的可信度而做的评估。

安全需求　Security Requirements

指为使设备、信息、应用及设施符合安全策略的要求而需要采取的保护类型及保护等级。

安全状态　Secure State

指在未授权情况下，不会出现主体访问客体的情况。

暗入口　Trap Door

指一种隐蔽的软件或硬件机制，激活后就可避过系统保护机制。

安全套接层　SSL

指为网络通信提供安全及数据完整性的一种安全协议。

B

保密性　Confidentiality

指信息只被授权的个人、实体或进程访问和利用，而不泄露给未授权的个人、实体或进程以及被其利用。

保证　Assurance

指信息系统安全特征、结构准确传递和执行安全策略的可信度的一种度量。

备份规程　Backup Procedure

指在系统发生故障或灾难后，为恢复数据文件、程序库存和为重新启动或更换信息系统的设备而采取的措施。

标记　Label

指：（1）在计算机安全中，表示客体安全等级并描述客体中信息敏感性的信息；（2）在数据安全中，反映信息密级以及表示信息敏感性种类的信息标志。

C

串道　Cross-Talk

指能量从一信道到另一信道的无意的传输。

D

端对端加密　End-to-End encryption

指从通信网络源点到终点的信息加密。

对抗　Countermeasure

指任何减少系统的脆弱性或降低对系统威胁的行动、设备、规程、技术或其他措施。

多访问权终端　Multiple access Rights Teminal

指可由几个等级的用户（例如，对数据具有不同访问权的用户）使用的终端。

多级安全　Multilevel Secure

指一类包含不同等级敏感信息的系统，它既可供那些确有必要且具有不同安全许可和已知需要的用户同时访问，又能阻止用户去访问其无权访问的信息。

多级设备　Multilevel Device

指在无泄露风险而允许同时处理两个或两个以上安全级别的数据时所使用的设备。为此，当处理数据时，敏感性标记要以同一形式（例如，机器可读或人可读）存储在同一个物理媒体上。

单点登录 SSO

在多个应用系统中，用户只需要登录一次就可以访问所有相互信任的应用系统。

E

恶意软件 Malware

指在计算机系统上执行恶意任务的病毒、蠕虫和特洛伊木马的程序，通过破坏软件进程来实施控制。

F

访问表 Access List

指用户、程序和/或进程以及每个将进行的访问等级的规格说明的列表。

访问控制 Access Control

指限制已授权的用户、程序、进程或计算机网络中其他系统访问本系统资源的过程。

访问控制机制 Access Control

指在信息系统中，为检测和防止未授权访问，以及为使授权访问正确进行所设计的硬件或软件功能、操作规程、管理规程和它们的各种组合。

访问类别 Access Category

指根据信息系统中被授权访问资源或资源组而规定的用户、程序、数据或进程等的等级。

访问类型 Access Type

指程序或文件的访问权的种类，如读、写、执行、增加、修改、删除和建立。

访问期 Access Period

指访问权有效的一个时间段，一般以日或周表示。

非法进入 Piggy Back Entry

指通过另一个用户的合法连接而获得对信息系统的未授权访问。

非公众信息 Nonpublic Information

指信息网络中涉及国家秘密、商业秘密和个人隐私的信息以及各组织的敏感信息，不允许公众自由访问。

分割 Compartmentalization

指：(1) 为了避免其他用户或程序未授权访问或并行访问，把操作系统用户程序和数据文件在主存储器中彼此隔开；(2) 为了减少数据的风险，把敏感数据分成若干小的隔离块。

风险管理 Risk Management

指通过识别信息系统中存在的危险、有害因素，并运用定性或定量的统计分析方法确定其风险严重程度，进而确定风险控制的优先顺序和风险控制措施，以达到改善信息系统安全、减少和杜绝安全事件的目标而采取的措施和规定。

G

个人身份识别号　Person Identfication Number（PIN）

指存取控制中的识别个人身份号，在使用终端或访问、传输信息前，用户必须输入的唯一的个人号码。

公众信息　Public Information

指信息网络中国家秘密、商业秘密和个人隐私以及各组织的敏感信息以外的公众可自由访问的信息。

故障保护　Fail Safe

指在信息系统中，发现硬件或软件故障时，程序或其他处理操作自动终止并得到的保护。

故障访问　Failure Access

指在信息系统中，由于硬件或软件故障，而对数据进行未授权或无意的访问。

故障控制　Failure Control

指在信息系统中，用于查出硬件和软件故障，并提供恢复故障保护或故障弱化的方法。

故障弱化　Fail Soft

指在余度系统中出现故障后，采取阻止故障直接向后传递的措施来减弱故障造成的后果。

国家重要信息系统　National Major Information System

指用于国家事务、经济建设、国防建设、尖端科学技术等领域的涉及国家安全、经济安全、社会稳定的重要网络信息系统。

管理安全　Administrative Security

指为数据提供适当的保护等级而建立一些管理上的限制和附加的控制。

H

恢复规程　Recovery Procedure

指系统失效或被渗透后为恢复系统的计算能力和数据文件所必须采取的措施。

回叫　Call Back

指一种识别远程终端的过程，在回叫时，主机系统断开呼叫者，然后拨远程终端的授权电话号码重新连接。

环境　Environment

指影响系统开发、运行、维护的外部情况、条件和客体的集合。

J

假冒 Impersonation

指通过伪装成授权用户，试图获得对系统的访问。

基础信息网络 Fundamental Information Network

指在具有相当规模的地区或部门范围内为一般信息网络和用户进行信息资源开发利用和信息技术应用提供信息存储、处理和传输的基础支撑的信息网络。

计算机安全 Computer Security

指保护信息系统免遭拒绝服务、未授权（意外的或有意的）暴露、修改和数据破坏的措施和控制。

计算机信息系统 Computer Information System

指基于计算机设备和技术的信息系统。

技术攻击 Technological Attack

指通过避开硬件、软件、存取控制机械或者使之失效的方式，而不是靠扰乱系统人员或其他用户的方式进行的攻击。

拒绝服务攻击 DDoS

指使用多个被挟持的系统同时访问特定网站或系统，导致其服务中断的一种攻击方式。

加密算法 Encryption Algorithm

指实施一系列变换，使信息变成密文的一组数学规则。

简码表 Brevity Lists

指通过使用几个字符来表示长而固定不变的句子，来缩短发送信息的时间的代码集。

鉴别 Authentication

指（1）验证用户、设备和其他实体的身份；（2）验证数据的完整性。

鉴别符 Authenticator

指用于确认用户、设备和其他实体身份或验证其合格性的一种手段。

解密 Decrypt

指使用适当的密钥，将已加密的文本转换成明文。

界限检查 Bounds Checking

指为检测是否访问了特许权限外的存储器，而对计算机程序的结果进行的检查。

禁止 Interdiction

指阻止或拒绝用户使用系统资源的行为。

K

可控隔离 Controllable Isolation

指授权的范围或区域被减至一个任意小的集或活动区域时的受控共享。

可用性 Availability

指信息能按被授权者要求访问和使用的特性。

客体 Object

指一种包含或接收信息的被动实体。对一个客体的访问隐含着对其包含信息的访问。客体的实例有：记录、程序块、页面、段、文件、目录、目录树和程序，还有位、字节、字、字段、处理器、视频显示器、键盘、时钟、打印机和网络节点等。

客体重用 Object Reuse

指对曾经包含一个或几个客体的存贮媒体（如页框、盘扇面、磁带）重新分配和重用。为了安全地重分配、重用，媒体不得包含重分配前的残留数据。

可信计算基 Trusted Computing Base

指计算机系统内保护装置的总体，包括硬件、固件、软件和负责执行安全策略的组合体。安全建立了一个基本的保护环境并提供一个可信计算机系统所要求的附加用户服务。

可信计算机系统 Trusted Computer System

指采用充分的软件和硬件保证措施，能同时处理大量敏感或不同类别信息的系统。

可信软件 Trusted Software

指可信计算机的软件部分。

可信通路 Trusted Path

指终端人员能借以直接同可信计算机通信的一种机制。该机制只能由有关终端人员或可信计算机启动，并且不能被不可信软件所模仿。

口令 Password

指用来鉴别实体身份的受保护或秘密的字符单。

控制区 Control Zone

指用半径来表示的空间。该空间包围着用于处理敏感信息的设备，并在有效的物理和技术的控制之下，以防止未授权的进入或泄露。

跨站脚本 XSS

指攻击者在看上去来源可靠的链接中恶意嵌入代码，当用户点击链接时嵌入代码作为客户要求的一部分提交并且会在用户电脑上执行，一般来说会被攻击者盗取信息。

L

联机加密操作 Online Crypto-Operation

指使用直接与信号线相连的加密设备，使加密与传送、接收与解密成为单向连续的过程。

浏览 Browsing

指为定位或获取信息，在不知道所查看信息的存在或格式时，对存储器进行的全面搜索。

漏洞　Bug

指网络产品和服务中能够被威胁利用的弱点。

勒索软件　Ransomware

指一种恶意软件，通过骚扰、恐吓甚至采用绑架用户文件等方式，使用户数据资产或计算资源无法正常使用，并以此为条件向用户勒索钱财。

零日漏洞　Zero-day

指被发现后立即被恶意利用的安全漏洞。通俗地讲，即安全补丁与瑕疵曝光的同一日内，相关的恶意程序就出现。

M

密码安全　Cryptosecurity

指由于合理使用技术上有效的加密系统而得到的安全和保护。

密码产品　Cryptographic Product

指采用密码技术实现加解密和认证功能的软硬件产品。

密码分析　Cryptanalysis

指在不知道加密算法中使用的原始密钥的情况下，把密码转换成明文的步骤和运算。

密码算法　Crypto-Algorithm

指用来从明文产生密钥流或密文，或从密钥流或密文产生明文的严密定义的规程或一系列规则或步骤。

密码系统　Cryptographic System

指为提供单一的加密（脱密或编码）手段而配套使用的文档、装置、设备以及相关的技术。

明文　Plain Text

指具有含义且不用解密便能阅读或执行的可理解的文本或信号。

密钥　Key

指密码术中一系列控制加密、解密操作的符号。

密钥管理　Key Management

指涉及密钥有关信息（如初始化矢量）的组成、分配、存储和销毁的规程。

N

内部安全审计　Internal Security Audit

指被审计机构内的管理人员负责实施的一种安全审计。

Q

强制访问控制　Mandatory Access Control

指根据客体所含信息的敏感性及主体对这些敏感的信息访问的正式授权来限制对客体访问的一种手段。

确认 Validation

指为确定是否符合安全规定和要求而进行的测试和评价。

窃取 Eavesdropping

指通过使用非搭线窃听的办法未授权截获信息。

R

人事安全 Personal Security

指为保证有权访问敏感信息的人具有所需的适当的特权许可证而建立的规程。

S

搜寻 Scavenging

指搜索残余数据以获取未授权数据。

涉密信息 Classified Information

指依据国家相关法律法规界定的国家秘密信息。

涉密信息系统 Classified Information System

指存储、处理和传输涉密信息的信息系统。

审计跟踪 Audit Trail

指系统活动的流水记录。该记录按事件从始至终的途径、顺序，重视、审查和检验每个事件的环境及活动。

审批 Ccreditation

指给予信息系统在操作环境下处理敏感数据的授权和批准。

渗透 Penetration

指成功绕过系统安全控制的活动。

渗透测试 Penetration Testing

指组织专门程序员或分析员进行系统渗透，以发现系统安全脆弱性。

渗透概述 Penetration Profile

指对有效渗透所需活动的描述。

渗透印迹 Penetration Signature

指由渗透产生的特征或识别标志。

时间相关口令 Time-Dependent Password

指在设定的时间段内有效的口令。

数据安全 Data Security

指保护数据免受偶然的或恶意的修改、破坏或暴露。

数据损害 Data Contamination

指一种故意的或偶然的处理或行为，导致改变原始数据的完整性。

身份验证　Authentication

指在请求访问系统资源时确认用户身份的机制。

数据泄露　Data exfiltration

指数据未经授权的复制。它可以手动或通过恶意程序自动进行。

T

特洛伊木马　Trojan Horse

指具有明显或实际有用功能，包含了附加的（隐藏的）能暗中利用合法授权的功能，以此破坏计算机安全与完整性的计算机程序。

特权指令　Privileged Instructions

指一般只在信息系统以执行状态运行时才执行的一组指令，例如，中断处理。

通信安全　Communications Security

指保证电信可靠性和拒绝接受未授权人的信息而采取的保护，它包括加密安全、传输安全、发射安全和物理安全。

通信流安全　Traffic Flow Security

指由密码装置的功能形成的保护。这类装置隐藏了通信线路中有效信息的存在，通常是使线路一直显得忙碌，或者将有效信息的源地址及目的地址加密。

脱机加密操作　Offline Crypto-Operation

指区别于加密文本传送、按自身固有的操作执行以手动或由无信号线连接的机器方式的加密或解密。

W

外部安全审计　External Security Audit

指独立于被审计对象的组织机构进行的安全审计。

完整性　Integrity

指信息的准确性和完全性。

网络安全　Network Security

指通过采取必要措施，防范对网络的攻击、侵入、干扰、破坏和非法使用以及意外事故，使网络处于稳定可靠运行的状态，以及保障网络数据的完整性、保密性、可用性的能力。

网络应用服务　Network Application Service

指利用网络资源满足各种不同应用业务需求的信息传递和处理的服务。

网络与信息系统　Network and Information System

指基于网络设备和技术的信息系统，一般称为网络信息系统。

文件保护　File Protection

指在信息系统中，为防止文件被非法访问、修改、删除而建立的处理和规程的集合。

无防备攻击 Nak Attack

指一种渗透技术。它利用了操作系统不能适当处理异步中断的潜在脆弱性，使在这类中断发生时该系统处于无保护状态。

物理安全 Physical Security

指应用物理障碍或控制规程作为对资源和敏感信息造成威胁的防护手段和对抗措施。

S

SQL 注入

指通过把 SQL 命令插入到 Web 表单提交或页面请求的查询字符串，最终达到欺骗服务器执行恶意的 SQL 命令的攻击方式。

W

Web 应用防火墙 WAF

指集 Web 防护、网页保护、负载均衡、应用交付于一体的 Web 整体安全防护设备的一款产品。

X

消除 Purging

指：（1）按序检查存储器并去除无效或过时的数据文件；（2）通过擦除重写存储器或重新设置寄存器来去除过时数据；（3）对磁性或其他存储媒体的敏感信息进行抹除或重写。

限制区 Restricted Area

指为了设备或财产的安全或防护，进行特殊限制或控制的访问区域。

泄漏 Compromise

指未授权的暴露或丢失敏感信息。

信息 Information

指包括信息的数据表示、物理载体和信息内容。信息的数据表示指通过网络与信息系统存储、处理、传输的数据；信息的物理载体指计算机通信设施；信息内容指以数据表示的文字、声音、图像所表述的情报、知识和意向。

信息安全 Information Security

指包括信息的保密性、完整性、可用性的保持；计算机通信设施运行的正常；信息内容的合法和受法律保护。

信息安全保护 Information Security Protection

指为确保信息安全而采取的手段，包括信息安全的技术研发与应用、管理机制的构建与运行、法律法规的制定与执行等。

信息安全产品 Information Security Product

指服务于信息安全的信息技术产品。

信息安全服务 Information Security Service

指与信息安全相关的咨询、设计、检测、评估、人员培训等服务。

信息技术产品 Information Technology Product

指实现网络信息系统运行中的特定功能，构建网络信息系统并使其正常运行的软硬件产品。

信息内容安全 Information Content Security

指信息内容必须符合国家法律法规的规定；个人、法人和其他组织依法利用网络信息系统存储、处理、传输的信息受法律保护，其合法权益不受侵犯。

信息网络 Information Network

指信息网络是指基于计算机网络技术和通信技术，由地理分散的用户构建的实现信息和计算资源的共享和用户间信息传输的网络系统。

信息系统 Information System

指信息和用于存储、处理和传输信息的相互关联、相互作用的一组要素，是基础设施、组织、人员、设备和信息的总和。

信息系统安全 Information System Security

指为了提供对信息系统的保护，在计算机硬件、软件和数据上所建立的技术安全设施和管理规程。

形式验证 Formal Verification

指使用形式证明的过程，以论证系统形式说明与形式安全策略模型间的一致性（设计验证），或论证形式说明与它的程序实现间的一致性（执行验证）。

形式证明 Formal Proof

指完善而可信的数学论证，它为每个证明步骤、每个理论或一套理论的真实性提供充足的逻辑证明。

Y

验证 Verification

指对两个适当级别的规格说明进行比较的过程。例如，安全策略模型与顶层规格说明、顶层规格说明与源码、或者源码与目标码的比较。

隐蔽存储信道 Covert Channel

指使两个共同运行的进程，以违反系统安全策略的方式传输信息的通信信道。

隐蔽计时信道 Covert Timing Channel

指一种隐蔽信道，在这种信道上，一个进程通过调整自身对系统资源（例如，CPU 时间）的使用，向另一进程发送信息。这种处理又影响了第二个进程观测到的实际响应时间。

隐蔽系统 Concealment System

指把敏感信息嵌入到不相关的数据中，使其隐蔽起来，从而达到保密的一种手段。

隐蔽信道 Covert Storage Channel

指包含由一个进程直接或间接写一个存储地址，而由另一个进程直接或间接读一个存储地址的隐蔽信道。

域 Domain

指程序运行中的唯一确定的上下文信息（例如，访问参数）。实际上是一个主体有能力访问的客体集合。

远程处理安全 Teleprocessing Security

指为防止远程处理系统中有意、无意或未授权的信息暴露、获取、操纵或修改而设计的保护措施。

用户标识 User Identification（User ID）

指信息系统用以标识用户的一个独特符号或字符串。

Z

自动安全监控 Automated Security Monitoring

指使用自动规程以保证安全控制不被绕过。

自主访问控制 Discretionary Access Control

指根据用户、进程、所属的群的标识和已知需要来限制对客体访问的一种手段。自主访问的含义是有访问许可的主体能够向其他主体转让访问权。

最小特权 Least Privilege

指要求系统主体赋予授权任务所需的最大限制特权的原则。这一原则的应用可限制事故、错误、未授权使用带来的损害。

职能 Accuntability

指作用在系统上活动的功能。借助这个功能可跟踪到对这些活动应负责任的人员。

执行态 Execution State

指在信息系统操作中，允许特权指令执行的状态。

终端标识 Terminal Identification

指信息系统为终端建立唯一标识的手段。

附录二

网络安全法律法规目录汇编

1. 中华人民共和国网络安全法
2. 中华人民共和国刑法
3. 中华人民共和国国家安全法
4. 中华人民共和国反恐怖主义法
5. 全国人民代表大会常务委员会关于维护互联网安全的决定
6. 全国人民代表大会常务委员会关于加强网络信息保护的决定
7. 中华人民共和国治安管理处罚法
8. 中华人民共和国保守国家秘密法
9. 中华人民共和国突发事件应对法
10. 中华人民共和国电子签名法
11. 中华人民共和国未成年人保护法
12. 中华人民共和国测绘法
13. 中华人民共和国计算机信息系统安全保护条例
14. 中华人民共和国无线电管理条例
15. 中华人民共和国计算机信息网络国际联网管理暂行规定
16. 商用密码管理条例
17. 计算机信息系统国际联网保密管理规定
18. 计算机病毒防治管理办法
19. 最高人民法院关于审理扰乱电信市场管理秩序案件具体应用法律若干问题的解释
20. 中华人民共和国电信条例
21. 互联网信息服务管理办法
22. 互联网站登载新闻业务管理暂行规定
23. 中国公用计算机互联网国际联网管理办法
24. 计算机信息网络国际联网安全保护管理办法
25. 最高人民法院关于审理为境外窃取、刺探、收买、非法提供国家秘密、情报案件具体应用法律若干问题的解释
26. 外商投资电信企业管理规定

27. 互联网上网服务营业场所管理条例
28. 中华人民共和国居民身份证法
29. 互联网等信息网络传播视听节目管理办法
30. 网络出版服务管理规定
31. 最高人民法院　最高人民检察院关于办理利用互联网、移动通讯终端、声讯台制作、复制、出版、贩卖、传播淫秽电子信息刑事案件具体应用法律若干问题的解释（一）
32. 最高人民法院关于审理破坏公用电信设施刑事案件具体应用法律若干问题的解释
33. 计算机信息系统保密管理暂行规定
34. 电信服务规范
35. 网络产品和服务安全审查办法（试行）
36. 互联网新闻信息服务管理规定
37. 最高人民法院　最高人民检察院关于办理侵犯公民个人信息刑事案件适用法律若干问题的解释
38. 互联网安全保护技术措施规定
39. 电子银行业务管理办法
40. 互联网电子邮件服务管理办法
41. 最高人民法院　最高人民检察院关于办理利用互联网、移动通讯终端、声讯台制作、复制、出版、贩卖、传播淫秽电子信息刑事案件具体应用法律若干问题的解释（二）
42. 最高人民检察院关于渎职侵权犯罪案件立案标准的规定
43. 互联网新闻信息服务许可管理实施细则
44. 金融机构客户身份识别和客户身份资料及交易记录保存管理办法
45. 信息安全等级保护管理办法
46. 工业控制系统信息安全事件应急管理工作指南
47. 互联网视听节目服务管理规定
48. 软件产品管理办法
49. 商业银行信息科技风险管理指引
50. 网络视听节目内容审核通则
51. 地图管理条例
52. 通信网络安全防护管理办法
53. 公开募捐平台服务管理办法
54. 最高人民法院　最高人民检察院　公安部关于办理刑事案件收集提取和审查判断电子数据若干问题的规定
55. 网络游戏管理暂行办法
56. 人民银行关于银行业金融机构做好个人金融信息保护工作的通知
57. 互联网文化管理暂行规定

58. 最高人民法院　最高人民检察院关于办理诈骗刑事案件具体应用法律若干问题的解释

59. 最高人民法院　最高人民检察院关于办理危害计算机信息系统安全刑事案件应用法律若干问题的解释

60. 规范互联网信息服务市场秩序若干规定

61. 互联网直播服务管理规定

62. 证券期货业信息安全保障管理办法

63. 最高人民法院关于审理侵害信息网络传播权民事纠纷案件适用法律若干问题的规定

64. 网络表演经营活动管理办法

65. 移动智能终端应用软件预置和分发管理暂行规定

66. 电话用户真实身份信息登记规定

67. 电信和互联网用户个人信息保护规定

68. 最高人民法院　最高人民检察院关于办理利用信息网络实施诽谤等刑事案件适用法律若干问题的解释

69. 中华人民共和国保守国家秘密法实施条例

70. 互联网信息搜索服务管理规定

71. 人口健康信息管理办法（试行）

72. 移动互联网应用程序信息服务管理规定

73. 即时通信工具公众信息服务发展管理暂行规定

74. 最高人民法院关于审理利用信息网络侵害人身权益民事纠纷案件适用法律若干问题的规定

75. 专网及定向传播视听节目服务管理规定

76. 互联网用户账号名称管理规定

77. 互联网危险物品信息发布管理规定

78. 互联网新闻信息服务单位约谈工作规定

79. 通信短信息服务管理规定

80. 关键信息基础设施安全保护条例（征求意见稿）

81. 互联网新业务安全评估管理办法（征求意见稿）

82. 民航网络信息安全管理规定（暂行）（征求意见稿）

83. 个人信息和重要数据出境安全评估办法（征求意见稿）

84. 中华人民共和国密码法（草案征求意见稿）

85. 未成年人网络保护条例（送审稿）

附录三

《网络安全法（草案）》历次审议稿及最终稿对照表

第一次审议稿	第二次审议稿	第三次审议稿	最终稿
第一章　总　　则	**第一章　总　　则**	**第一章　总　　则**	**第一章　总　　则**
第一条　为了保障网络安全，维护网络空间主权和国家安全、社会公共利益，保护公民、法人和其他组织的合法权益，促进经济社会信息化健康发展，制定本法。	**第一条**　为了保障网络安全，维护网络空间主权和国家安全、社会公共利益，保护公民、法人和其他组织的合法权益，促进经济社会信息化健康发展，制定本法。	**第一条**　为了保障网络安全，维护网络空间主权和国家安全、社会公共利益，保护公民、法人和其他组织的合法权益，促进经济社会信息化健康发展，制定本法。	**第一条**　为了保障网络安全，维护网络空间主权和国家安全、社会公共利益，保护公民、法人和其他组织的合法权益，促进经济社会信息化健康发展，制定本法。
第二条　在中华人民共和国境内建设、运营、维护和使用网络，以及网络安全的监督管理，适用本法。	**第二条**　在中华人民共和国境内建设、运营、维护和使用网络，以及网络安全的监督管理，适用本法。	**第二条**　在中华人民共和国境内建设、运营、维护和使用网络，以及网络安全的监督管理，适用本法。	**第二条**　在中华人民共和国境内建设、运营、维护和使用网络，以及网络安全的监督管理，适用本法。
第三条　国家坚持网络安全与信息化发展并重，遵循积极利	**第三条**　国家坚持网络安全与信息化发展并重，遵循积极利	**第三条**　国家坚持网络安全与信息化发展并重，遵循积极利	**第三条**　国家坚持网络安全与信息化发展并重，遵循积极利

续表

用、科学发展、依法管理、确保安全的方针，推进网络基础设施建设，鼓励网络技术创新和应用，建立健全网络安全保障体系，提高网络安全保护能力。	用、科学发展、依法管理、确保安全的方针，推进网络基础设施建设，鼓励网络技术创新和应用，建立健全网络安全保障体系，提高网络安全保护能力。	用、科学发展、依法管理、确保安全的方针，推进网络基础设施建设和互联互通，鼓励网络技术创新和应用，支持培养网络安全人才，建立健全网络安全保障体系，提高网络安全保护能力。	用、科学发展、依法管理、确保安全的方针，推进网络基础设施建设和互联互通，鼓励网络技术创新和应用，支持培养网络安全人才，建立健全网络安全保障体系，提高网络安全保护能力。
第十一条 国家制定网络安全战略，明确保障网络安全的基本要求和主要目标，提出完善网络安全保障体系、提高网络安全保护能力、促进网络安全技术和产业发展、推进全社会共同参与维护网络安全的政策措施等。	**第四条** 国家制定并不断完善网络安全战略，明确保障网络安全的基本要求和主要目标，提出完善网络安全保障体系、提高网络安全保护能力、促进网络安全技术和产业发展、推进全社会共同参与维护网络安全的政策措施等。提出重点领域的网络安全政策、工作任务和措施。	**第四条** 国家制定并不断完善网络安全战略，明确保障网络安全的基本要求和主要目标，提出重点领域的网络安全政策、工作任务和措施。	**第四条** 国家制定并不断完善网络安全战略，明确保障网络安全的基本要求和主要目标，提出重点领域的网络安全政策、工作任务和措施。
	第五条 国家采取措施，监测、防御、处置来源于中华人民共和国境内外的网络安全风险和威胁，保护关键信息基础设施免受攻击、侵入、干扰和破坏，依法惩治网络违法犯罪活动，维护网络空间安全和秩序。	**第五条** 国家采取措施，监测、防御、处置来源于中华人民共和国境内外的网络安全风险和威胁，保护关键信息基础设施免受攻击、侵入、干扰和破坏，依法惩治网络违法犯罪活动，维护网络空间安全和秩序。	**第五条** 国家采取措施，监测、防御、处置来源于中华人民共和国境内外的网络安全风险和威胁，保护关键信息基础设施免受攻击、侵入、干扰和破坏，依法惩治网络违法犯罪活动，维护网络空间安全和秩序。
第四条 国家倡导诚实守信、健康文明的网络行为，采取措施提高全社会的网络安全意识	**第六条** 国家倡导诚实守信、健康文明的网络行为，推动传播社会主义核心价值观，采取	**第六条** 国家倡导诚实守信、健康文明的网络行为，推动传播社会主义核心价值观，采取	**第六条** 国家倡导诚实守信、健康文明的网络行为，推动传播社会主义核心价值观，采取措施

续表

和水平，形成全社会共同参与促进网络安全的良好环境。	措施提高全社会的网络安全意识和水平，形成全社会共同参与促进网络安全的良好环境。	措施提高全社会的网络安全意识和水平，形成全社会共同参与促进网络安全的良好环境。	提高全社会的网络安全意识和水平，形成全社会共同参与促进网络安全的良好环境。
第五条 国家积极开展网络空间治理、网络技术研发和标准制定、打击网络违法犯罪等方面的国际交流与合作，推动构建和平、安全、开放、合作的网络空间。	**第七条** 国家积极开展网络空间治理、网络技术研发和标准制定、打击网络违法犯罪等方面的国际交流与合作，推动构建和平、安全、开放、合作的网络空间，建立多边、民主、透明的网络治理体系。	**第七条** 国家积极开展网络空间治理、网络技术研发和标准制定、打击网络违法犯罪等方面的国际交流与合作，推动构建和平、安全、开放、合作的网络空间，建立多边、民主、透明的网络治理体系。	**第七条** 国家积极开展网络空间治理、网络技术研发和标准制定、打击网络违法犯罪等方面的国际交流与合作，推动构建和平、安全、开放、合作的网络空间，建立多边、民主、透明的网络治理体系。
第六条 国家网信部门负责统筹协调网络安全工作和相关监督管理工作。国务院工业和信息化、公安部门和其他有关部门依照本法和有关法律、行政法规的规定，在各自职责范围内负责网络安全保护和监督管理工作。 县级以上地方人民政府有关部门的网络安全保护和监督管理职责按照国家有关规定确定。	**第八条** 国家网信部门负责统筹协调网络安全工作和相关监督管理工作。国务院工业和信息化电信主管部门、公安部门和其他有关部门机关依照本法和有关法律、行政法规的规定，在各自职责范围内负责网络安全保护和监督管理工作。 县级以上地方人民政府有关部门的网络安全保护和监督管理职责按照国家有关规定确定。	**第八条** 国家网信部门负责统筹协调网络安全工作和相关监督管理工作。国务院电信主管部门、公安部门和其他有关机关依照本法和有关法律、行政法规的规定，在各自职责范围内负责网络安全保护和监督管理工作。 县级以上地方人民政府有关部门的网络安全保护和监督管理职责，按照国家有关规定确定。	**第八条** 国家网信部门负责统筹协调网络安全工作和相关监督管理工作。国务院电信主管部门、公安部门和其他有关机关依照本法和有关法律、行政法规的规定，在各自职责范围内负责网络安全保护和监督管理工作。 县级以上地方人民政府有关部门的网络安全保护和监督管理职责，按照国家有关规定确定。
	第九条 网络运营者开展经营和服务活动，必须遵守法律、行政法规，遵守社会公德、商业道德，诚实信用，履行网络安全	**第九条** 网络运营者开展经营和服务活动，必须遵守法律、行政法规，遵守社会公德、商业道德，诚实信用，履行网络安全	**第九条** 网络运营者开展经营和服务活动，必须遵守法律、行政法规，尊重社会公德，遵守商业道德，诚实信用，履行网络

续表

	保护义务，接受政府和社会公众的监督，承担社会责任。	保护义务，接受政府和社会公众的监督，承担社会责任。	安全保护义务，接受政府和社会的监督，承担社会责任。
第七条 建设、运营网络或者通过网络提供服务，应当依照法律、法规的规定和国家标准、行业标准的强制性要求，采取技术措施和其他必要措施，保障网络安全、稳定运行，有效应对网络安全事件，防范违法犯罪活动，维护网络数据的完整性、保密性和可用性。	**第十条** 建设、运营网络或者通过网络提供服务，应当依照法律、行政法规的规定和国家标准的强制性要求，采取技术措施和其他必要措施，保障网络安全、稳定运行，有效应对网络安全事件，防范网络违法犯罪活动，维护网络数据的完整性、保密性和可用性。	**第十条** 建设、运营网络或者通过网络提供服务，应当依照法律、行政法规的规定和国家标准的强制性要求，采取技术措施和其他必要措施，保障网络安全、稳定运行，有效应对网络安全事件，防范网络违法犯罪活动，维护网络数据的完整性、保密性和可用性。	**第十条** 建设、运营网络或者通过网络提供服务，应当依照法律、行政法规的规定和国家标准的强制性要求，采取技术措施和其他必要措施，保障网络安全、稳定运行，有效应对网络安全事件，防范网络违法犯罪活动，维护网络数据的完整性、保密性和可用性。
第八条 网络相关行业组织按照章程，加强行业自律，制定网络安全行为规范，指导会员依法加强网络安全保护，提高网络安全保护水平，促进行业健康发展。	**第十一条** 网络相关行业组织按照章程，加强行业自律，制定网络安全行为规范，指导会员加强网络安全保护，提高网络安全保护水平，促进行业健康发展。	**第十一条** 网络相关行业组织按照章程，加强行业自律，制定网络安全行为规范，指导会员加强网络安全保护，提高网络安全保护水平，促进行业健康发展。	**第十一条** 网络相关行业组织按照章程，加强行业自律，制定网络安全行为规范，指导会员加强网络安全保护，提高网络安全保护水平，促进行业健康发展。
第九条 国家保护公民、法人和其他组织依法使用网络的权利，促进网络接入普及，提升网络服务水平，为社会提供安全、便利的网络服务，保障网络信息依法有序自由流动。 任何个人和组织使用网络应当遵守宪法和法律，遵守公共秩序，尊重社会公德，不得危害网	**第十二条** 国家保护公民、法人和其他组织依法使用网络的权利，促进网络接入普及，提升网络服务水平，为社会提供安全、便利的网络服务，保障网络信息依法有序自由流动。 任何个人和组织使用网络应当遵守宪法法律，遵守公共秩序，尊重社会公德，不得危害网	**第十二条** 国家保护公民、法人和其他组织依法使用网络的权利，促进网络接入普及，提升网络服务水平，为社会提供安全、便利的网络服务，保障网络信息依法有序自由流动。 任何个人和组织使用网络应当遵守宪法法律，遵守公共秩序，尊重社会公德，不得危害网	**第十二条** 国家保护公民、法人和其他组织依法使用网络的权利，促进网络接入普及，提升网络服务水平，为社会提供安全、便利的网络服务，保障网络信息依法有序自由流动。 任何个人和组织使用网络应当遵守宪法法律，遵守公共秩序，尊重社会公德，不得危害网

续表

络安全，不得利用网络从事危害国家安全、宣扬恐怖主义和极端主义、宣扬民族仇恨和民族歧视、传播淫秽色情信息、侮辱诽谤他人、扰乱社会秩序、损害公共利益、侵害他人知识产权和其他合法权益等活动。	络安全，不得利用网络从事危害国家安全，煽动颠覆国家政权和推翻社会主义制度，宣扬恐怖主义和极端主义，宣扬民族仇恨和民族歧视，传播暴力、淫秽色情信息，侮辱诽谤他人、扰乱社会秩序、损害公共利益、编造、传播虚假信息扰乱经济秩序和社会秩序，以及侵害他人名誉、隐私、知识产权和其他合法权益等活动。	络安全，不得利用网络从事危害国家安全、荣誉和利益，煽动颠覆国家政权、推翻社会主义制度，煽动分裂国家、破坏国家统一，宣扬恐怖主义、极端主义，宣扬民族仇恨、民族歧视，传播暴力、淫秽色情信息，编造、传播虚假信息扰乱经济秩序和社会秩序，以及侵害他人名誉、隐私、知识产权和其他合法权益等活动。	络安全，不得利用网络从事危害国家安全、荣誉和利益，煽动颠覆国家政权、推翻社会主义制度，煽动分裂国家、破坏国家统一，宣扬恐怖主义、极端主义，宣扬民族仇恨、民族歧视，传播暴力、淫秽色情信息，编造、传播虚假信息扰乱经济秩序和社会秩序，以及侵害他人名誉、隐私、知识产权和其他合法权益等活动。
		第十三条 国家支持研究开发有利于未成年人健康成长的网络产品和服务，依法惩治利用网络从事危害未成年人身心健康的活动，为未成年人提供安全、健康的网络环境。	**第十三条** 国家支持研究开发有利于未成年人健康成长的网络产品和服务，依法惩治利用网络从事危害未成年人身心健康的活动，为未成年人提供安全、健康的网络环境。
第十条 任何个人和组织都有权对危害网络安全的行为向网信、工业和信息化、公安等部门举报。收到举报的部门应当及时依法作出处理；不属于本部门职责的，应当及时移送有权处理的部门。	**第十三条** 任何个人和组织都有权对危害网络安全的行为向网信、工业和信息化、电信、公安等部门举报。收到举报的部门应当及时依法作出处理；不属于本部门职责的，应当及时移送有权处理的部门。	**第十四条** 任何个人和组织有权对危害网络安全的行为向网信、电信、公安等部门举报。收到举报的部门应当及时依法作出处理；不属于本部门职责的，应当及时移送有权处理的部门。	**第十四条** 任何个人和组织有权对危害网络安全的行为向网信、电信、公安等部门举报。收到举报的部门应当及时依法作出处理；不属于本部门职责的，应当及时移送有权处理的部门。 有关部门应当对举报人的相关信息予以保密，保护举报人的合法权益。

续表

第二章　网络安全战略、规划与促进	第二章　网络安全支持与促进	第二章　网络安全支持与促进	第二章　网络安全支持与促进
第十一条　国家制定网络安全战略，明确保障网络安全的基本要求和主要目标，提出完善网络安全保障体系、提高网络安全保护能力、促进网络安全技术和产业发展、推进全社会共同参与维护网络安全的政策措施等。	（调整为总则第四条）	（调整为总则第四条）	（调整为总则第四条）
第十二条　国务院通信、广播电视、能源、交通、水利、金融等行业的主管部门和国务院其他有关部门应当依据国家网络安全战略，编制关系国家安全、国计民生的重点行业、重要领域的网络安全规划，并组织实施。	（调整为第三十条）	（调整为第三十二条）	（调整为第三十二条）
第十三条　国家建立和完善网络安全标准体系。国务院标准化行政主管部门和国务院其他有关部门根据各自的职责，组织制定并适时修订有关网络安全管理以及网络产品、服务和运行安全的国家标准、行业标准。 国家支持企业参与网络安全国家标准、行业标准的制定，并	**第十四条**　国家建立和完善网络安全标准体系。国务院标准化行政主管部门和国务院其他有关部门根据各自的职责，组织制定并适时修订有关网络安全管理以及网络产品、服务和运行安全的国家标准、行业标准。 国家支持企业、网络相关行业组织等参与网络安全国家标准、	**第十五条**　国家建立和完善网络安全标准体系。国务院标准化行政主管部门和国务院其他有关部门根据各自的职责，组织制定并适时修订有关网络安全管理以及网络产品、服务和运行安全的国家标准、行业标准。 国家支持企业、研究机构、高等学校、网络相关行业组织参	**第十五条**　国家建立和完善网络安全标准体系。国务院标准化行政主管部门和国务院其他有关部门根据各自的职责，组织制定并适时修订有关网络安全管理以及网络产品、服务和运行安全的国家标准、行业标准。 国家支持企业、研究机构、高等学校、网络相关行业组织参

续表

鼓励企业制定严于国家标准、行业标准的企业标准。	行业标准的制定，并鼓励企业制定严于国家标准、行业标准的企业标准。	与网络安全国家标准、行业标准的制定，并鼓励企业制定严于国家标准、行业标准的企业标准。	与网络安全国家标准、行业标准的制定。
第十四条 国务院和省、自治区、直辖市人民政府应当统筹规划，加大投入，扶持重点网络安全技术产业和项目，支持网络安全技术的研究开发、应用和推广，保护网络技术知识产权，支持科研机构、高等院校和企业参与国家网络安全技术创新项目。	**第十五条** 国务院和省、自治区、直辖市人民政府应当统筹规划，加大投入，扶持重点网络安全技术产业和项目，支持网络安全技术的研究开发和应用，推广安全可信的网络产品和服务，保护网络技术知识产权，支持企业、研究机构和高等院校等参与国家网络安全技术创新项目。	**第十六条** 国务院和省、自治区、直辖市人民政府应当统筹规划，加大投入，扶持重点网络安全技术产业和项目，支持网络安全技术的研究开发和应用，推广安全可信的网络产品和服务，保护网络技术知识产权，支持企业、研究机构和高等学校等参与国家网络安全技术创新项目。	**第十六条** 国务院和省、自治区、直辖市人民政府应当统筹规划，加大投入，扶持重点网络安全技术产业和项目，支持网络安全技术的研究开发和应用，推广安全可信的网络产品和服务，保护网络技术知识产权，支持企业、研究机构和高等学校等参与国家网络安全技术创新项目。
	第十六条 国家推进网络安全社会化服务体系建设，鼓励有关企业、机构开展网络安全认证、检测和风险评估等安全服务。	**第十七条** 国家推进网络安全社会化服务体系建设，鼓励有关企业、机构开展网络安全认证、检测和风险评估等安全服务。	**第十七条** 国家推进网络安全社会化服务体系建设，鼓励有关企业、机构开展网络安全认证、检测和风险评估等安全服务。
	第十七条 国家鼓励开发网络数据安全保护和利用技术，促进公共数据资源开放，推动技术创新和经济社会发展。 国家支持创新网络安全管理方式，运用网络新技术，提升网络安全保护水平。	**第十八条** 国家鼓励开发网络数据安全保护和利用技术，促进公共数据资源开放，推动技术创新和经济社会发展。 国家支持创新网络安全管理方式，运用网络新技术，提升网络安全保护水平。	**第十八条** 国家鼓励开发网络数据安全保护和利用技术，促进公共数据资源开放，推动技术创新和经济社会发展。 国家支持创新网络安全管理方式，运用网络新技术，提升网络安全保护水平。
第十五条 各级人民政府及	**第十八条** 各级人民政府及	**第十九条** 各级人民政府及	**第十九条** 各级人民政府及

续表

其有关部门应当组织开展经常性的网络安全宣传教育，并指导、督促有关单位做好网络安全宣传教育工作。 大众传播媒介应当有针对性地面向社会进行网络安全宣传教育。	其有关部门应当组织开展经常性的网络安全宣传教育，并指导、督促有关单位做好网络安全宣传教育工作。 大众传播媒介应当有针对性地面向社会进行网络安全宣传教育。	其有关部门应当组织开展经常性的网络安全宣传教育，并指导、督促有关单位做好网络安全宣传教育工作。 大众传播媒介应当有针对性地面向社会进行网络安全宣传教育。	其有关部门应当组织开展经常性的网络安全宣传教育，并指导、督促有关单位做好网络安全宣传教育工作。 大众传播媒介应当有针对性地面向社会进行网络安全宣传教育。
第十六条 国家支持企业和高等院校、职业学校等教育培训机构开展网络安全相关教育与培训，采取多种方式培养网络安全技术人才，促进网络安全技术人才交流。	**第十九条** 国家支持企业和高等院校、职业学校等教育培训机构开展网络安全相关教育与培训，采取多种方式培养网络安全技术人才，促进网络安全技术人才交流。	**第二十条** 国家支持企业和高等学校、职业学校等教育培训机构开展网络安全相关教育与培训，采取多种方式培养网络安全人才，促进网络安全人才交流。	**第二十条** 国家支持企业和高等学校、职业学校等教育培训机构开展网络安全相关教育与培训，采取多种方式培养网络安全人才，促进网络安全人才交流。
第三章 网络运行安全	**第三章 网络运行安全**	**第三章 网络运行安全**	**第三章 网络运行安全**
第一节 一般规定	**第一节 一般规定**	**第一节 一般规定**	**第一节 一般规定**
第十七条 国家实行网络安全等级保护制度。网络运营者应当按照网络安全等级保护制度的要求，履行下列安全保护义务，保障网络免受干扰、破坏或者未经授权的访问，防止网络数据泄露或者被窃取、篡改： （一）制定内部安全管理制度和操作规程，确定网络安全负责人，落实网络安全保护责任；	**第二十条** 国家实行网络安全等级保护制度。网络运营者应当按照网络安全等级保护制度的要求，履行下列安全保护义务，保障网络免受干扰、破坏或者未经授权的访问，防止网络数据泄露或者被窃取、篡改： （一）制定内部安全管理制度和操作规程，确定网络安全负责人，落实网络安全保护责任；	**第二十一条** 国家实行网络安全等级保护制度。网络运营者应当按照网络安全等级保护制度的要求，履行下列安全保护义务，保障网络免受干扰、破坏或者未经授权的访问，防止网络数据泄露或者被窃取、篡改： （一）制定内部安全管理制度和操作规程，确定网络安全负责人，落实网络安全保护责任；	**第二十一条** 国家实行网络安全等级保护制度。网络运营者应当按照网络安全等级保护制度的要求，履行下列安全保护义务，保障网络免受干扰、破坏或者未经授权的访问，防止网络数据泄露或者被窃取、篡改： （一）制定内部安全管理制度和操作规程，确定网络安全负责人，落实网络安全保护责任；

续表

（二）采取防范计算机病毒和网络攻击、网络入侵等危害网络安全行为的技术措施； （三）采取记录、跟踪网络运行状态，监测、记录网络安全事件的技术措施，并按照规定留存网络日志； （四）采取数据分类、重要数据备份和加密等措施； （五）法律、行政法规规定的其他义务。 网络安全等级保护的具体办法由国务院规定。	（二）采取防范计算机病毒和网络攻击、网络侵入等危害网络安全行为的技术措施； （三）采取监测、记录、跟踪网络运行状态、监测、记录网络安全事件的技术措施，并留存网络日志不少于六个月； （四）采取数据分类、重要数据备份和加密等措施； （五）法律、行政法规规定的其他义务。 网络安全等级保护的具体办法由国务院规定。	（二）采取防范计算机病毒和网络攻击、网络侵入等危害网络安全行为的技术措施； （三）采取监测、记录网络运行状态、网络安全事件的技术措施，并按照规定留存相关的网络日志不少于六个月； （四）采取数据分类、重要数据备份和加密等措施； （五）法律、行政法规规定的其他义务。	（二）采取防范计算机病毒和网络攻击、网络侵入等危害网络安全行为的技术措施； （三）采取监测、记录网络运行状态、网络安全事件的技术措施，并按照规定留存相关的网络日志不少于六个月； （四）采取数据分类、重要数据备份和加密等措施； （五）法律、行政法规规定的其他义务。
第十八条 网络产品、服务应当符合相关国家标准、行业标准。网络产品、服务的提供者不得设置恶意程序；其产品、服务具有收集用户信息功能的，应当向用户明示并取得同意；发现其网络产品、服务存在安全缺陷、漏洞等风险时，应当及时向用户告知并采取补救措施。 网络产品、服务的提供者应当为其产品、服务持续提供安全维护；在规定或者当事人约定的期间内，不得终止提供安全维护。	**第二十一条** 网络产品、服务应当符合相关国家标准的强制性要求、行业标准。网络产品、服务的提供者不得设置恶意程序；其产品、服务具有收集用户信息功能的，应当向用户明示并取得同意；发现其网络产品、服务存在安全缺陷、漏洞等风险时，应当及时告知用户并采取补救措施，并按照规定向有关主管部门报告。 网络产品、服务的提供者应当为其产品、服务持续提供安全	**第二十二条** 网络产品、服务应当符合相关国家标准的强制性要求。网络产品、服务的提供者不得设置恶意程序；发现其网络产品、服务存在安全缺陷、漏洞等风险时，应当立即采取补救措施，按照规定及时告知用户并向有关主管部门报告。 网络产品、服务的提供者应当为其产品、服务持续提供安全维护；在规定或者当事人约定的期限内，不得终止提供安全维护。 网络产品、服务具有收集用	**第二十二条** 网络产品、服务应当符合相关国家标准的强制性要求。网络产品、服务的提供者不得设置恶意程序；发现其网络产品、服务存在安全缺陷、漏洞等风险时，应当立即采取补救措施，按照规定及时告知用户并向有关主管部门报告。 网络产品、服务的提供者应当为其产品、服务持续提供安全维护；在规定或者当事人约定的期限内，不得终止提供安全维护。 网络产品、服务具有收集用

续表

	维护；在规定或者当事人约定的期间内，不得终止提供安全维护。 网络产品、服务具有收集用户信息功能的，其提供者应当向用户明示并取得同意；收集公民个人信息的，应当遵守本法和有关法律、行政法规关于公民个人信息保护的规定。	户信息功能的，其提供者应当向用户明示并取得同意；涉及用户公民个人信息的，还应当遵守本法和有关法律、行政法规关于公民个人信息保护的规定。	户信息功能的，其提供者应当向用户明示并取得同意；涉及用户个人信息的，还应当遵守本法和有关法律、行政法规关于个人信息保护的规定。
第十九条　网络关键设备和网络安全专用产品应当按照相关国家标准、行业标准的强制性要求，由具备资格的机构安全认证合格或者安全检测符合要求后，方可销售。国家网信部门会同国务院有关部门制定、公布网络关键设备和网络安全专用产品目录，并推动安全认证和安全检测结果互认，避免重复认证、检测。	**第二十二条**　网络关键设备和网络安全专用产品应当按照相关国家标准的强制性要求、行业标准，由具备资格的机构安全认证合格或者安全检测符合要求后，方可销售。国家网信部门会同国务院有关部门制定、公布网络关键设备和网络安全专用产品目录，并推动安全认证和安全检测结果互认，避免重复认证、检测。	**第二十三条**　网络关键设备和网络安全专用产品应当按照相关国家标准的强制性要求，由具备资格的机构安全认证合格或者安全检测符合要求后，方可销售或者提供。国家网信部门会同国务院有关部门制定、公布网络关键设备和网络安全专用产品目录，并推动安全认证和安全检测结果互认，避免重复认证、检测。	**第二十三条**　网络关键设备和网络安全专用产品应当按照相关国家标准的强制性要求，由具备资格的机构安全认证合格或者安全检测符合要求后，方可销售或者提供。国家网信部门会同国务院有关部门制定、公布网络关键设备和网络安全专用产品目录，并推动安全认证和安全检测结果互认，避免重复认证、检测。
第二十条　网络运营者为用户办理网络接入、域名注册服务，办理固定电话、移动电话等入网手续，或者为用户提供信息发布服务，应当在与用户签订协议或者确认提供服务时，要求用户提供真实身份信息。用户不提供真实身份信息的，网络运营者	**第二十三条**　网络运营者为用户办理网络接入、域名注册服务，办理固定电话、移动电话等入网手续，或者为用户提供信息发布、即时通讯等服务，应当在与用户签订协议或者确认提供服务时，应当要求用户提供真实身份信息。用户不提供真实身份信	**第二十四条**　网络运营者为用户办理网络接入、域名注册服务，办理固定电话、移动电话等入网手续，或者为用户提供信息发布、即时通讯等服务，在与用户签订协议或者确认提供服务时，应当要求用户提供真实身份信息。用户不提供真实身份信息	**第二十四条**　网络运营者为用户办理网络接入、域名注册服务，办理固定电话、移动电话等入网手续，或者为用户提供信息发布、即时通讯等服务，在与用户签订协议或者确认提供服务时，应当要求用户提供真实身份信息。用户不提供真实身份信息的，

续表

不得为其提供相关服务。 国家支持研究开发安全、方便的电子身份认证技术，推动不同电子身份认证技术之间的互认、通用。	息的，网络运营者不得为其提供相关服务。 国家实施网络可信身份战略，支持研究开发安全、方便的电子身份认证技术，推动不同电子身份认证技术之间的互认、通用。	的，网络运营者不得为其提供相关服务。 国家实施网络可信身份战略，支持研究开发安全、方便的电子身份认证技术，推动不同电子身份认证之间的互认。	网络运营者不得为其提供相关服务。 国家实施网络可信身份战略，支持研究开发安全、方便的电子身份认证技术，推动不同电子身份认证之间的互认。
第二十一条 网络运营者应当制定网络安全事件应急预案，及时处置系统漏洞、计算机病毒、网络入侵、网络攻击等安全风险；在发生危害网络安全的事件时，立即启动应急预案，采取相应的补救措施，并按照规定向有关主管部门报告。	**第二十四条** 网络运营者应当制定网络安全事件应急预案，及时处置系统漏洞、计算机病毒、网络攻击、网络侵入等安全风险；在发生危害网络安全的事件时，立即启动应急预案，采取相应的补救措施，并按照规定向有关主管部门报告。	**第二十五条** 网络运营者应当制定网络安全事件应急预案，及时处置系统漏洞、计算机病毒、网络攻击、网络侵入等安全风险；在发生危害网络安全的事件时，立即启动应急预案，采取相应的补救措施，并按照规定向有关主管部门报告。	**第二十五条** 网络运营者应当制定网络安全事件应急预案，及时处置系统漏洞、计算机病毒、网络攻击、网络侵入等安全风险；在发生危害网络安全的事件时，立即启动应急预案，采取相应的补救措施，并按照规定向有关主管部门报告。
	第二十五条 开展网络安全认证、检测、风险评估等活动，向社会发布系统漏洞、计算机病毒、网络攻击、网络侵入等网络安全信息，应当遵守国家有关规定。	**第二十六条** 开展网络安全认证、检测、风险评估等活动，向社会发布系统漏洞、计算机病毒、网络攻击、网络侵入等网络安全信息，应当遵守国家有关规定。	**第二十六条** 开展网络安全认证、检测、风险评估等活动，向社会发布系统漏洞、计算机病毒、网络攻击、网络侵入等网络安全信息，应当遵守国家有关规定。
第二十二条 任何个人和组织不得从事入侵他人网络、干扰他人网络正常功能、窃取网络数据等危害网络安全的活动；不得	**第二十六条** 任何个人和组织不得从事非法侵入他人网络、干扰他人网络正常功能、窃取网络数据等危害网络安全的活动；	**第二十七条** 任何个人和组织不得从事非法侵入他人网络、干扰他人网络正常功能、窃取网络数据等危害网络安全的活动；	**第二十七条** 任何个人和组织不得从事非法侵入他人网络、干扰他人网络正常功能、窃取网络数据等危害网络安全的活动；

续表

提供从事入侵网络、干扰网络正常功能、窃取网络数据等危害网络安全活动的工具和制作方法；不得为他人实施危害网络安全的活动提供技术支持、广告推广、支付结算等帮助。	不得提供专门用于从事侵入网络、干扰网络正常功能和防护措施、窃取网络数据等危害网络安全活动的程序、工具；明知他人从事危害网络安全的活动的，不得为其提供技术支持、广告推广、支付结算等帮助。	不得提供专门用于从事侵入网络、干扰网络正常功能及防护措施、窃取网络数据等危害网络安全活动的程序、工具；明知他人从事危害网络安全的活动的，不得为其提供技术支持、广告推广、支付结算等帮助。	不得提供专门用于从事侵入网络、干扰网络正常功能及防护措施、窃取网络数据等危害网络安全活动的程序、工具；明知他人从事危害网络安全的活动的，不得为其提供技术支持、广告推广、支付结算等帮助。
第二十三条 为国家安全和侦查犯罪的需要，侦查机关依照法律规定，可以要求网络运营者提供必要的支持与协助。	**第二十七条** 网络运营者应当为公安机关、国家安全机关依法维护国家安全和侦查犯罪的活动提供必要的技术支持和协助。	**第二十八条** 网络运营者应当为公安机关、国家安全机关依法维护国家安全和侦查犯罪的活动提供技术支持和协助。	**第二十八条** 网络运营者应当为公安机关、国家安全机关依法维护国家安全和侦查犯罪的活动提供技术支持和协助。
第二十四条 国家支持网络运营者之间开展网络安全信息收集、分析、通报和应急处置等方面的合作，提高网络运营者的安全保障能力。 有关行业组织建立健全本行业的网络安全保护规范和协作机制，加强对网络安全风险的分析评估，定期向会员进行风险警示，支持、协助会员应对网络安全风险。	**第二十八条** 国家支持网络运营者之间在网络安全信息收集、分析、通报和应急处置等方面进行合作，提高网络运营者的安全保障能力。 有关行业组织建立健全本行业的网络安全保护规范和协作机制，加强对网络安全风险的分析评估，定期向会员进行风险警示，支持、协助会员应对网络安全风险。	**第二十九条** 国家支持网络运营者之间在网络安全信息收集、分析、通报和应急处置等方面进行合作，提高网络运营者的安全保障能力。 有关行业组织建立健全本行业的网络安全保护规范和协作机制，加强对网络安全风险的分析评估，定期向会员进行风险警示，支持、协助会员应对网络安全风险。	**第二十九条** 国家支持网络运营者之间在网络安全信息收集、分析、通报和应急处置等方面进行合作，提高网络运营者的安全保障能力。 有关行业组织建立健全本行业的网络安全保护规范和协作机制，加强对网络安全风险的分析评估，定期向会员进行风险警示，支持、协助会员应对网络安全风险。
		第三十条 国家网信部门和有关部门在关键信息基础设施保护履行网络安全保护职责中获取	**第三十条** 网信部门和有关部门在履行网络安全保护职责中获取的信息，只能用于维护网络

续表

		的信息，只能用于维护网络安全的需要，不得用于其他用途。	安全的需要，不得用于其他用途。
第二节　关键信息基础设施的运行安全	**第二节　关键信息基础设施的运行安全**	**第二节　关键信息基础设施的运行安全**	**第二节　关键信息基础设施的运行安全**
第二十五条　国家对提供公共通信、广播电视传输等服务的基础信息网络，能源、交通、水利、金融等重要行业和供电、供水、供气、医疗卫生、社会保障等公共服务领域的重要信息系统，军事网络，设区的市级以上国家机关等政务网络，用户数量众多的网络服务提供者所有或者管理的网络和系统（以下称关键信息基础设施），实行重点保护。关键信息基础设施安全保护办法由国务院制定。	**第二十九条**　国家对一旦遭到破坏、丧失功能或者数据泄露，可能严重危害国家安全、国计民生、公共利益的关键信息基础设施，在网络安全等级保护制度的基础上，实行重点保护。关键信息基础设施的具体范围和安全保护办法由国务院制定。 国家鼓励关键信息基础设施以外的网络运营者自愿参与关键信息基础设施保护体系。	**第三十一条**　国家对公共通信和信息服务、能源、交通、水利、金融、公共服务、电子政务等重要行业和领域，以及其他一旦遭到破坏、丧失功能或者数据泄露，可能严重危害国家安全、国计民生、公共利益的关键信息基础设施，在网络安全等级保护制度的基础上，实行重点保护。关键信息基础设施的具体范围和安全保护办法由国务院制定。 国家鼓励关键信息基础设施以外的网络运营者自愿参与关键信息基础设施保护体系。	**第三十一条**　国家对公共通信和信息服务、能源、交通、水利、金融、公共服务、电子政务等重要行业和领域，以及其他一旦遭到破坏、丧失功能或者数据泄露，可能严重危害国家安全、国计民生、公共利益的关键信息基础设施，在网络安全等级保护制度的基础上，实行重点保护。关键信息基础设施的具体范围和安全保护办法由国务院制定。 国家鼓励关键信息基础设施以外的网络运营者自愿参与关键信息基础设施保护体系。
第二十六条　国务院通信、广播电视、能源、交通、水利、金融等行业的主管部门和国务院其他有关部门（以下称负责关键信息基础设施安全保护工作的部门）按照国务院规定的职责，分别负责指导和监督关键信息基础设施运行安全保护工作。	**第三十条**　按照国务院规定的职责分工，负责关键信息基础设施安全保护工作的部门分别编制并组织实施本行业、本领域的关键信息基础设施安全规划，指导和监督关键信息基础设施运行安全保护工作。	**第三十二条**　按照国务院规定的职责分工，负责关键信息基础设施安全保护工作的部门分别编制并组织实施本行业、本领域的关键信息基础设施安全规划，指导和监督关键信息基础设施运行安全保护工作。	**第三十二条**　按照国务院规定的职责分工，负责关键信息基础设施安全保护工作的部门分别编制并组织实施本行业、本领域的关键信息基础设施安全规划，指导和监督关键信息基础设施运行安全保护工作。

续表

第二十七条 建设关键信息基础设施应当确保其具有支持业务稳定、持续运行的性能，并保证安全技术措施同步规划、同步建设、同步使用。	**第三十一条** 建设关键信息基础设施应当确保其具有支持业务稳定、持续运行的性能，并保证安全技术措施同步规划、同步建设、同步使用。	**第三十三条** 建设关键信息基础设施应当确保其具有支持业务稳定、持续运行的性能，并保证安全技术措施同步规划、同步建设、同步使用。	**第三十三条** 建设关键信息基础设施应当确保其具有支持业务稳定、持续运行的性能，并保证安全技术措施同步规划、同步建设、同步使用。
第二十八条 除本法第十七条的规定外，关键信息基础设施的运营者还应当履行下列安全保护义务： （一）设置专门安全管理机构和安全管理负责人，并对该负责人和关键岗位的人员进行安全背景审查； （二）定期对从业人员进行网络安全教育、技术培训和技能考核； （三）对重要系统和数据库进行容灾备份； （四）制定网络安全事件应急预案，并定期组织演练； （五）法律、行政法规规定的其他义务。	**第三十二条** 除本法第二十条的规定外，关键信息基础设施的运营者还应当履行下列安全保护义务： （一）设置专门安全管理机构和安全管理负责人，并对该负责人和关键岗位的人员进行安全背景审查； （二）定期对从业人员进行网络安全教育、技术培训和技能考核； （三）对重要系统和数据库进行容灾备份； （四）制定网络安全事件应急预案，并定期组织演练； （五）法律、行政法规规定的其他义务。	**第三十四条** 除本法第二十一条的规定外，关键信息基础设施的运营者还应当履行下列安全保护义务： （一）设置专门安全管理机构和安全管理负责人，并对该负责人和关键岗位的人员进行安全背景审查； （二）定期对从业人员进行网络安全教育、技术培训和技能考核； （三）对重要系统和数据库进行容灾备份； （四）制定网络安全事件应急预案，并定期进行演练； （五）法律、行政法规规定的其他义务。	**第三十四条** 除本法第二十一条的规定外，关键信息基础设施的运营者还应当履行下列安全保护义务： （一）设置专门安全管理机构和安全管理负责人，并对该负责人和关键岗位的人员进行安全背景审查； （二）定期对从业人员进行网络安全教育、技术培训和技能考核； （三）对重要系统和数据库进行容灾备份； （四）制定网络安全事件应急预案，并定期进行演练； （五）法律、行政法规规定的其他义务。
第三十条 关键信息基础设施的运营者采购网络产品或者服务，可能影响国家安全的，应当通过国家网信部门会同国务院有	**第三十三条** 关键信息基础设施的运营者采购网络产品和服务，可能影响国家安全的，应当通过国家网信部门会同国务院有	**第三十五条** 关键信息基础设施的运营者采购网络产品和服务，可能影响国家安全的，应当通过国家网信部门会同国务院有	**第三十五条** 关键信息基础设施的运营者采购网络产品和服务，可能影响国家安全的，应当通过国家网信部门会同国务院有

续表

关部门组织的安全审查。具体办法由国务院规定。	关部门组织的国家安全审查。具体办法由国务院规定。	关部门组织的国家安全审查。	关部门组织的国家安全审查。
第二十九条 关键信息基础设施的运营者采购网络产品和服务，应当与提供者签订安全保密协议，明确安全和保密义务与责任。	**第三十四条** 关键信息基础设施的运营者采购网络产品和服务，应当与提供者签订安全保密协议，明确安全和保密义务与责任。	**第三十六条** 关键信息基础设施的运营者采购网络产品和服务，应当按照规定与提供者签订安全保密协议，明确安全和保密义务与责任。	**第三十六条** 关键信息基础设施的运营者采购网络产品和服务，应当按照规定与提供者签订安全保密协议，明确安全和保密义务与责任。
第三十一条 关键信息基础设施的运营者应当在中华人民共和国境内存储在运营中收集和产生的公民个人信息等重要数据；因业务需要，确需在境外存储或者向境外的组织或者个人提供的，应当按照国家网信部门会同国务院有关部门制定的办法进行安全评估。法律、行政法规另有规定的从其规定。	**第三十五条** 关键信息基础设施的运营者在中华人民共和国境内运营中收集和产生的公民个人信息和重要业务数据应当在境内存储。因业务需要，确需向境外提供的，应当按照国家网信部门会同国务院有关部门制定的办法进行安全评估；法律、行政法规另有规定的，依照其规定。	**第三十七条** 关键信息基础设施的运营者在中华人民共和国境内运营中收集和产生的个人信息和重要数据应当在境内存储。因业务需要，确需向境外提供的，应当按照国家网信部门会同国务院有关部门制定的办法进行安全评估；法律、行政法规另有规定的，依照其规定。	**第三十七条** 关键信息基础设施的运营者在中华人民共和国境内运营中收集和产生的个人信息和重要数据应当在境内存储。因业务需要，确需向境外提供的，应当按照国家网信部门会同国务院有关部门制定的办法进行安全评估；法律、行政法规另有规定的，依照其规定。
第三十二条 关键信息基础设施的运营者应当自行或者委托专业机构对其网络的安全性和可能存在的风险每年至少进行一次检测评估，并对检测评估情况及采取的改进措施提出网络安全报告，报送相关负责关键信息基础设施安全保护工作的部门。	**第三十六条** 关键信息基础设施的运营者应当自行或者委托网络安全服务机构对其网络的安全性和可能存在的风险每年至少进行一次检测评估，并将检测评估情况和改进措施报送相关负责关键信息基础设施安全保护工作的部门。	**第三十八条** 关键信息基础设施的运营者应当自行或者委托网络安全服务机构对其网络的安全性和可能存在的风险每年至少进行一次检测评估，并将检测评估情况和改进措施报送相关负责关键信息基础设施安全保护工作的部门。	**第三十八条** 关键信息基础设施的运营者应当自行或者委托网络安全服务机构对其网络的安全性和可能存在的风险每年至少进行一次检测评估，并将检测评估情况和改进措施报送相关负责关键信息基础设施安全保护工作的部门。

续表

第三十三条 国家网信部门应当统筹协调有关部门，建立协作机制。对关键信息基础设施的安全保护可以采取下列措施： （一）对关键信息基础设施的安全风险进行抽查检测，提出改进措施，必要时可以委托专业检验检测机构对网络存在的安全风险进行检测评估； （二）定期组织关键信息基础设施的运营者进行网络安全应急演练，提高关键信息基础设施应对网络安全事件的水平和协同配合能力； （三）促进有关部门、关键信息基础设施运营者以及网络安全服务机构、有关研究机构等之间的网络安全信息共享； （四）对网络安全事件的应急处置与恢复等，提供技术支持与协助。	**第三十七条** 国家网信部门应当统筹协调有关部门对关键信息基础设施的安全保护采取下列措施： （一）对关键信息基础设施的安全风险进行抽查检测，提出改进措施，必要时可以委托网络安全服务机构对网络存在的安全风险进行检测评估； （二）定期组织关键信息基础设施的运营者进行网络安全应急演练，提高应对网络安全事件的水平和协同配合能力； （三）促进有关部门、关键信息基础设施运营者以及有关研究机构、网络安全服务机构等之间的网络安全信息共享； （四）对网络安全事件的应急处置与恢复等，提供技术支持与协助。	**第三十九条** 国家网信部门应当统筹协调有关部门对关键信息基础设施的安全保护采取下列措施： （一）对关键信息基础设施的安全风险进行抽查检测，提出改进措施，必要时可以委托网络安全服务机构对网络存在的安全风险进行检测评估； （二）定期组织关键信息基础设施的运营者进行网络安全应急演练，提高应对网络安全事件的水平和协同配合能力； （三）促进有关部门、关键信息基础设施的运营者以及有关研究机构、网络安全服务机构等之间的网络安全信息共享； （四）对网络安全事件的应急处置与恢复等，提供技术支持和协助。	**第三十九条** 国家网信部门应当统筹协调有关部门对关键信息基础设施的安全保护采取下列措施： （一）对关键信息基础设施的安全风险进行抽查检测，提出改进措施，必要时可以委托网络安全服务机构对网络存在的安全风险进行检测评估； （二）定期组织关键信息基础设施的运营者进行网络安全应急演练，提高应对网络安全事件的水平和协同配合能力； （三）促进有关部门、关键信息基础设施的运营者以及有关研究机构、网络安全服务机构等之间的网络安全信息共享； （四）对网络安全事件的应急处置与网络功能的恢复等，提供技术支持和协助。
	第三十八条 国家网信部门和有关部门在关键信息基础设施保护中获取的信息，只能用于维护网络安全的需要，不得用于其他用途。	调整至第三十条	调整至第三十条

续表

第四章 网络信息安全	第四章 网络信息安全	第四章 网络信息安全	第四章 网络信息安全
第三十四条 网络运营者应当建立健全用户信息保护制度，加强对用户个人信息、隐私和商业秘密的保护。	**第三十九条** 网络运营者应当建立健全用户信息保护制度，对其收集的用户信息必须严格保密。	**第四十条** 网络运营者应当建立健全用户信息保护制度，对其收集的用户信息必须严格保密。	**第四十条** 网络运营者应当对其收集的用户信息严格保密，并建立健全用户信息保护制度。
第三十五条 网络运营者收集、使用公民个人信息，应当遵循合法、正当、必要的原则，明示收集、使用信息的目的、方式和范围，并经被收集者同意。 网络运营者不得收集与其提供的服务无关的公民个人信息，不得违反法律、行政法规的规定和双方的约定收集、使用公民个人信息，并应当依照法律、行政法规的规定或者与用户的约定，处理其保存的公民个人信息。 网络运营者收集、使用公民个人信息，应当公开其收集、使用规则。	**第四十条** 网络运营者收集、使用公民个人信息，应当遵循合法、正当、必要的原则，明示收集、使用信息的目的、方式和范围，并经被收集者同意。 网络运营者不得收集与其提供的服务无关的公民个人信息，不得违反法律、行政法规的规定和双方的约定收集、使用公民个人信息，并应当依照法律、行政法规的规定或者与用户的约定，处理其保存的公民个人信息。 网络运营者收集、使用公民个人信息，应当公开其收集、使用规则。	**第四十一条** 网络运营者收集、使用公民个人信息，应当遵循合法、正当、必要的原则，明示收集、使用信息的目的、方式和范围，并经被收集者同意。 网络运营者不得收集与其提供的服务无关的公民个人信息，不得违反法律、行政法规的规定和双方的约定收集、使用个人信息，并应当依照法律、行政法规的规定和与用户的约定，处理其保存的公民个人信息。 网络运营者收集、使用公民个人信息，应当公开其中搜集、使用规则。	**第四十一条** 网络运营者收集、使用个人信息，应当遵循合法、正当、必要的原则，公开收集、使用规则，明示收集、使用信息的目的、方式和范围，并经被收集者同意。 网络运营者不得收集与其提供的服务无关的个人信息，不得违反法律、行政法规的规定和双方的约定收集、使用个人信息，并应当依照法律、行政法规的规定和与用户的约定，处理其保存的个人信息。
第三十六条 网络运营者对其收集的公民个人信息必须严格保密，不得泄露、篡改、毁损，不得出售或者非法向他人提供。 网络运营者应当采取技术措	**第四十一条** 网络运营者不得泄露、篡改、毁损其收集的公民个人信息；未经被收集者同意，不得向他人提供公民个人信息。但是，经过处理无法识别特	**第四十二条** 网络运营者不得泄露、篡改、毁损其收集的个人信息；未经被收集者同意，不得向他人提供公民个人信息。但是，经过处理无法识别特定个人	**第四十二条** 网络运营者不得泄露、篡改、毁损其收集的个人信息；未经被收集者同意，不得向他人提供个人信息。但是，经过处理无法识别特定个人且不

续表

施和其他必要措施，确保公民个人信息安全，防止其收集的公民个人信息泄露、毁损、丢失。在发生或者可能发生信息泄露、毁损、丢失的情况时，应当立即采取补救措施，告知可能受到影响的用户，并按照规定向有关主管部门报告。	定个人且不能复原的除外。 网络运营者应当采取技术措施和其他必要措施，确保公民个人信息安全，防止其收集的公民个人信息泄露、毁损、丢失。在发生或者可能发生公民个人信息泄露、毁损、丢失的情况时，应当立即采取补救措施，告知可能受到影响的用户，并按照规定向有关主管部门报告。	且不能复原的除外。 网络运营者应当采取技术措施和其他必要措施，确保公民其收集的个人信息安全，防止信息泄露、毁损、丢失。在发生或者可能发生公民个人信息泄露、毁损、丢失的情况时，应当立即采取补救措施，按照规定及时告知可能受到影响的用户，并向有关主管部门报告。	能复原的除外。 网络运营者应当采取技术措施和其他必要措施，确保其收集的个人信息安全，防止信息泄露、毁损、丢失。在发生或者可能发生个人信息泄露、毁损、丢失的情况时，应当立即采取补救措施，按照规定及时告知用户并向有关主管部门报告。
第三十七条　公民发现网络运营者违反法律、行政法规的规定或者双方的约定收集、使用其个人信息的，有权要求网络运营者删除其个人信息；发现网络运营者收集、存储的其个人信息有错误的，有权要求网络运营者予以更正。	**第四十二条**　公民发现网络运营者违反法律、行政法规的规定或者双方的约定收集、使用其个人信息的，有权要求网络运营者删除其个人信息；发现网络运营者收集、存储的其个人信息有错误的，有权要求网络运营者予以更正。	**第四十三条**　公民个人发现网络运营者违反法律、行政法规的规定或者双方的约定收集、使用其个人信息的，有权要求网络运营者删除其个人信息；发现网络运营者收集、存储的其个人信息有错误的，有权要求网络运营者予以更正。网络运营者应当采取措施予以删除或者更正。	**第四十三条**　个人发现网络运营者违反法律、行政法规的规定或者双方的约定收集、使用其个人信息的，有权要求网络运营者删除其个人信息；发现网络运营者收集、存储的其个人信息有错误的，有权要求网络运营者予以更正。网络运营者应当采取措施予以删除或者更正。
第三十八条　任何个人和组织不得窃取或者以其他非法方式获取公民个人信息，不得出售或者非法向他人提供公民个人信息。	**第四十三条**　任何个人和组织不得窃取或者以其他非法方式获取公民个人信息，不得非法出售或者非法向他人提供公民个人信息。	**第四十四条**　任何个人和组织不得窃取或者以其他非法方式获取公民个人信息，不得非法出售或者非法向他人提供公民个人信息。	**第四十四条**　任何个人和组织不得窃取或者以其他非法方式获取个人信息，不得非法出售或者非法向他人提供个人信息。
第三十九条　依法负有网络	**第四十四条**　依法负有网络	**第四十五条**　依法负有网络	**第四十五条**　依法负有网络

续表

安全监督管理职责的部门，必须对在履行职责中知悉的公民个人信息、隐私和商业秘密严格保密，不得泄露、出售或者非法向他人提供。	安全监督管理职责的部门及其工作人员，必须对在履行职责中知悉的公民个人信息、隐私和商业秘密严格保密，不得泄露、出售或者非法向他人提供。	安全监督管理职责的部门及其工作人员，必须对在履行职责中知悉的公民个人信息、隐私和商业秘密严格保密，不得泄露、出售或者非法向他人提供。	安全监督管理职责的部门及其工作人员，必须对在履行职责中知悉的个人信息、隐私和商业秘密严格保密，不得泄露、出售或者非法向他人提供。
第四十条 网络运营者应当加强对其用户发布的信息的管理，发现法律、行政法规禁止发布或者传输的信息的，应当立即停止传输该信息，采取消除等处置措施，防止信息扩散，保存有关记录，并向有关主管部门报告。	**第四十五条** 网络运营者应当加强对其用户发布的信息的管理，发现法律、行政法规禁止发布或者传输的信息的，应当立即停止传输该信息，采取消除等处置措施，防止信息扩散，保存有关记录，并向有关主管部门报告。	**第四十七条** 网络运营者应当加强对其用户发布的信息的管理，发现法律、行政法规禁止发布或者传输的信息的，应当立即停止传输该信息，采取消除等处置措施，防止信息扩散，保存有关记录，并向有关主管部门报告。	**第四十七条** 网络运营者应当加强对其用户发布的信息的管理，发现法律、行政法规禁止发布或者传输的信息的，应当立即停止传输该信息，采取消除等处置措施，防止信息扩散，保存有关记录，并向有关主管部门报告。
		第四十六条 任何个人和组织不得设立用于实施诈骗，传授犯罪方法，制作或者销售违禁物品、管制物品等违法犯罪活动的网站、通讯群组，不得利用网络发布涉及实施诈骗，制作或者销售违禁物品、管制物品以及其他违法犯罪活动的信息。	**第四十六条** 任何个人和组织应当对其使用网络的行为负责，不得设立用于实施诈骗，传授犯罪方法，制作或者销售违禁物品、管制物品等违法犯罪活动的网站、通讯群组，不得利用网络发布涉及实施诈骗，制作或者销售违禁物品、管制物品以及其他违法犯罪活动的信息。
第四十一条 电子信息发送者发送的电子信息，应用软件提供者提供的应用软件不得设置恶	**第四十六条** 任何个人和组织发送的电子信息、提供的应用软件，不得设置恶意程序，不得	**第四十八条** 任何个人和组织发送的电子信息、提供的应用软件，不得设置恶意程序，不得	**第四十八条** 任何个人和组织发送的电子信息、提供的应用软件，不得设置恶意程序，不得

续表

意程序，不得含有法律、行政法规禁止发布或者传输的信息。 电子信息发送服务提供者和应用软件下载服务提供者，应当履行安全管理义务，发现电子信息发送者、应用软件提供者有前款规定行为的，应当停止提供服务，采取消除等处置措施，保存有关记录，并向有关主管部门报告。	含有法律、行政法规禁止发布或者传输的信息。 电子信息发送服务提供者和应用软件下载服务提供者，应当履行安全管理义务，发现其用户有前款规定行为的，应当停止提供服务，采取消除等处置措施，保存有关记录，并向有关主管部门报告。	含有法律、行政法规禁止发布或者传输的信息。 电子信息发送服务提供者和应用软件下载服务提供者，应当履行安全管理义务，知道其用户有前款规定行为的，应当停止提供服务，采取消除等处置措施，保存有关记录，并向有关主管部门报告。	含有法律、行政法规禁止发布或者传输的信息。 电子信息发送服务提供者和应用软件下载服务提供者，应当履行安全管理义务，知道其用户有前款规定行为的，应当停止提供服务，采取消除等处置措施，保存有关记录，并向有关主管部门报告。
第四十二条 网络运营者应当建立网络信息安全投诉、举报平台，公布投诉、举报方式等信息，及时受理并处理有关网络信息安全的投诉和举报。	**第四十七条** 网络运营者应当建立网络信息安全投诉、举报制度，公布投诉、举报方式等信息，及时受理并处理有关网络信息安全的投诉和举报。 网络运营者对网信部门和有关部门依法实施的监督检查，应当予以配合。	**第四十九条** 网络运营者应当建立网络信息安全投诉、举报制度，公布投诉、举报方式等信息，及时受理并处理有关网络信息安全的投诉和举报。 网络运营者对网信部门和有关部门依法实施的监督检查，应当予以配合。	**第四十九条** 网络运营者应当建立网络信息安全投诉、举报制度，公布投诉、举报方式等信息，及时受理并处理有关网络信息安全的投诉和举报。 网络运营者对网信部门和有关部门依法实施的监督检查，应当予以配合。
第四十三条 国家网信部门和有关部门依法履行网络安全监督管理职责，发现法律、行政法规禁止发布或者传输的信息的，应当要求网络运营者停止传输，采取消除等处置措施，保存有关记录；对来源于中华人民共和国境外的上述信息，应当通知有关	**第四十八条** 国家网信部门和有关部门依法履行网络信息安全监督管理职责，发现法律、行政法规禁止发布或者传输的信息的，应当要求网络运营者停止传输，采取消除等处置措施，保存有关记录；对来源于中华人民共和国境外的上述信息，应当通知	**第五十条** 国家网信部门和有关部门依法履行网络信息安全监督管理职责，发现法律、行政法规禁止发布或者传输的信息的，应当要求网络运营者停止传输，采取消除等处置措施，保存有关记录；对来源于中华人民共和国境外的上述信息，应当通知	**第五十条** 国家网信部门和有关部门依法履行网络信息安全监督管理职责，发现法律、行政法规禁止发布或者传输的信息的，应当要求网络运营者停止传输，采取消除等处置措施，保存有关记录；对来源于中华人民共和国境外的上述信息，应当通知

续表

机构采取技术措施和其他必要措施阻断信息传播。	有关机构采取技术措施和其他必要措施阻断传播。	有关机构采取技术措施和其他必要措施阻断传播。	有关机构采取技术措施和其他必要措施阻断传播。
第五章　监测预警与应急处置	**第五章　监测预警与应急处置**	**第五章　监测预警与应急处置**	**第五章 监测预警与应急处置**
第四十四条　国家建立网络安全监测预警和信息通报制度。国家网信部门应当统筹协调有关部门加强网络安全信息收集、分析和通报工作，按照规定统一发布网络安全监测预警信息。	**第四十九条**　国家建立网络安全监测预警和信息通报制度。国家网信部门应当统筹协调有关部门加强网络安全信息收集、分析和通报工作，按照规定统一发布网络安全监测预警信息。	**第五十一条**　国家建立网络安全监测预警和信息通报制度。国家网信部门应当统筹协调有关部门加强网络安全信息收集、分析和通报工作，按照规定统一发布网络安全监测预警信息。	**第五十一条**　国家建立网络安全监测预警和信息通报制度。国家网信部门应当统筹协调有关部门加强网络安全信息收集、分析和通报工作，按照规定统一发布网络安全监测预警信息。
第四十五条　负责关键信息基础设施安全保护工作的部门，应当建立健全本行业、本领域的网络安全监测预警和信息通报制度，并按照规定报送网络安全监测预警信息。	**第五十条**　负责关键信息基础设施安全保护工作的部门，应当建立健全本行业、本领域的网络安全监测预警和信息通报制度，并按照规定报送网络安全监测预警信息。	**第五十二条**　负责关键信息基础设施安全保护工作的部门，应当建立健全本行业、本领域的网络安全监测预警和信息通报制度，并按照规定报送网络安全监测预警信息。	**第五十二条**　负责关键信息基础设施安全保护工作的部门，应当建立健全本行业、本领域的网络安全监测预警和信息通报制度，并按照规定报送网络安全监测预警信息。
第四十六条　国家网信部门协调有关部门建立健全网络安全应急工作机制，制定网络安全事件应急预案，并定期组织演练。 负责关键信息基础设施安全保护工作的部门应当制定本行业、本领域的网络安全事件应急预案，并定期组织演练。 网络安全事件应急预案应当	**第五十一条**　国家网信部门协调有关部门建立健全网络安全风险评估和应急工作机制，制定网络安全事件应急预案，并定期组织演练。 负责关键信息基础设施安全保护工作的部门应当制定本行业、本领域的网络安全事件应急预案，并定期组织演练。	**第五十三条**　国家网信部门协调有关部门建立健全网络安全风险评估和应急工作机制，制定网络安全事件应急预案，并定期组织演练。 负责关键信息基础设施安全保护工作的部门应当制定本行业、本领域的网络安全事件应急预案，并定期组织演练。	**第五十三条**　国家网信部门协调有关部门建立健全网络安全风险评估和应急工作机制，制定网络安全事件应急预案，并定期组织演练。 负责关键信息基础设施安全保护工作的部门应当制定本行业、本领域的网络安全事件应急预案，并定期组织演练。

续表

按照事件发生后的危害程度、影响范围等因素对网络安全事件进行分级，并规定相应的应急处置措施。	网络安全事件应急预案应当按照事件发生后的危害程度、影响范围等因素对网络安全事件进行分级，并规定相应的应急处置措施。	网络安全事件应急预案应当按照事件发生后的危害程度、影响范围等因素对网络安全事件进行分级，并规定相应的应急处置措施。	网络安全事件应急预案应当按照事件发生后的危害程度、影响范围等因素对网络安全事件进行分级，并规定相应的应急处置措施。
第四十七条 网络安全事件即将发生或者发生的可能性增大时，县级以上人民政府有关部门应当依照有关法律、行政法规和国务院规定的权限和程序，发布相应级别的预警信息，并根据即将发生的事件的特点和可能造成的危害，采取下列措施： （一）要求有关部门、机构和人员及时收集、报告有关信息，加强对网络安全事件发生、发展情况的监测； （二）组织有关部门、机构和专业人员，对网络安全事件信息进行分析评估，预测事件发生的可能性、影响范围和危害程度 （三）向社会发布与公众有关的预测信息和分析评估结果； （四）按照规定向社会发布可能受到网络安全事件危害的警告，发布避免、减轻危害的措施。	**第五十二条** 网络安全事件发生的风险增大时，省级以上人民政府有关部门应当按照规定的权限和程序，并根据网络安全风险的特点和可能造成的危害，采取下列措施： （一）要求有关部门、机构和人员及时收集、报告有关信息，加强对网络安全风险的监测； （二）组织有关部门、机构和专业人员，对网络安全风险信息进行分析评估，预测事件发生的可能性、影响范围和危害程度； （三）向社会发布网络安全风险预警，发布避免、减轻危害的措施。	**第五十四条** 网络安全事件发生的风险增大时，省级以上人民政府有关部门应当按照规定的权限和程序，并根据网络安全风险的特点和可能造成的危害，采取下列措施： （一）要求有关部门、机构和人员及时收集、报告有关信息，加强对网络安全风险的监测； （二）组织有关部门、机构和专业人员，对网络安全风险信息进行分析评估，预测事件发生的可能性、影响范围和危害程度； （三）向社会发布网络安全风险预警，发布避免、减轻危害的措施。	**第五十四条** 网络安全事件发生的风险增大时，省级以上人民政府有关部门应当按照规定的权限和程序，并根据网络安全风险的特点和可能造成的危害，采取下列措施： （一）要求有关部门、机构和人员及时收集、报告有关信息，加强对网络安全风险的监测； （二）组织有关部门、机构和专业人员，对网络安全风险信息进行分析评估，预测事件发生的可能性、影响范围和危害程度； （三）向社会发布网络安全风险预警，发布避免、减轻危害的措施。

续表

第四十八条 发生网络安全事件，县级以上人民政府有关部门应当立即启动网络安全事件应急预案，对网络安全事件进行调查和评估，要求网络运营者采取技术措施和其他必要措施，消除安全隐患，防止危害扩大，并及时向社会发布与公众有关的警示信息。	**第五十三条** 发生网络安全事件，县级以上人民政府有关部门应当立即启动网络安全事件应急预案，对网络安全事件进行调查和评估，要求网络运营者采取技术措施和其他必要措施，消除安全隐患，防止危害扩大，并及时向社会发布与公众有关的警示信息。	**第五十五条** 发生网络安全事件，应当立即启动网络安全事件应急预案，对网络安全事件进行调查和评估，要求网络运营者采取技术措施和其他必要措施，消除安全隐患，防止危害扩大，并及时向社会发布与公众有关的警示信息。	**第五十五条** 发生网络安全事件，应当立即启动网络安全事件应急预案，对网络安全事件进行调查和评估，要求网络运营者采取技术措施和其他必要措施，消除安全隐患，防止危害扩大，并及时向社会发布与公众有关的警示信息。
	第五十四条 省级以上人民政府有关部门在履行网络安全监督管理职责中，发现网络存在较大安全风险或者发生安全事件的，可以按照规定的权限和程序对该网络的运营者的法定代表人或者主要负责人进行约谈。网络运营者应当按照要求采取措施，进行整改，消除隐患。	**第五十六条** 省级以上人民政府有关部门在履行网络安全监督管理职责中，发现网络存在较大安全风险或者发生安全事件的，可以按照规定的权限和程序对该网络的运营者的法定代表人或者主要负责人进行约谈。网络运营者应当按照要求采取措施，进行整改，消除隐患。	**第五十六条** 省级以上人民政府有关部门在履行网络安全监督管理职责中，发现网络存在较大安全风险或者发生安全事件的，可以按照规定的权限和程序对该网络的运营者的法定代表人或者主要负责人进行约谈。网络运营者应当按照要求采取措施，进行整改，消除隐患。
第四十九条 因网络安全事件，发生突发事件或者安全生产事故的，应当依照《中华人民共和国突发事件应对法》、《中华人民共和国安全生产法》等有关法律的规定处置。	**第五十五条** 因网络安全事件，发生突发事件或者安全生产事故的，应当依照《中华人民共和国突发事件应对法》、《中华人民共和国安全生产法》等有关法律、行政法规的规定处置。	**第五十七条** 因网络安全事件，发生突发事件或者生产安全事故的，应当依照《中华人民共和国突发事件应对法》、《中华人民共和国安全生产法》等有关法律、行政法规的规定处置。	**第五十七条** 因网络安全事件，发生突发事件或者生产安全事故的，应当依照《中华人民共和国突发事件应对法》、《中华人民共和国安全生产法》等有关法律、行政法规的规定处置。

续表

第五十条 因维护国家安全和社会公共秩序，处置重大突发社会安全事件的需要，国务院或者省、自治区、直辖市人民政府经国务院批准，可以在部分地区对网络通信采取限制等临时措施。	**第五十六条** 因维护国家安全和社会公共秩序，处置重大突发社会安全事件的需要，经国务院决定或者批准，可以在特定区域对网络通信采取限制等临时措施。	**第五十八条** 因维护国家安全和社会公共秩序，处置重大突发社会安全事件的需要，经国务院决定或者批准，可以在特定区域对网络通信采取限制等临时措施。	**第五十八条** 因维护国家安全和社会公共秩序，处置重大突发社会安全事件的需要，经国务院决定或者批准，可以在特定区域对网络通信采取限制等临时措施。
第六章 法律责任	**第六章 法律责任**	**第六章 法律责任**	**第六章 法律责任**
第五十一条 网络运营者不履行本法第十七条、第二十一条规定的网络安全保护义务的，由有关主管部门责令改正，给予警告；拒不改正或者导致危害网络安全等后果的，处一万元以上十万元以下罚款；对直接负责的主管人员处五千元以上五万元以下罚款。 关键信息基础设施的运营者不履行本法第二十七条至第二十九条、第三十二条规定的网络安全保护义务的，由有关主管部门责令改正，给予警告；拒不改正或者导致危害网络安全等后果的，处十万元以上一百万元以下罚款；对直接负责的主管人员处一万元以上十万元以下罚款。	**第五十七条** 网络运营者不履行本法第二十条、第二十四条规定的网络安全保护义务的，由有关主管部门责令改正，给予警告；拒不改正或者导致危害网络安全等后果的，处一万元以上十万元以下罚款；对直接负责的主管人员处五千元以上五万元以下罚款。 关键信息基础设施的运营者不履行本法第三十一条、第三十二条、第三十四条、第三十六条规定的网络安全保护义务的，由有关主管部门责令改正，给予警告；拒不改正或者导致危害网络安全等后果的，处十万元以上一百万元以下罚款；对直接负责的主管人员处一万元以上十万元以下罚款。	**第五十九条** 网络运营者不履行本法第二十一条、第二十五条规定的网络安全保护义务的，由有关主管部门责令改正，给予警告；拒不改正或者导致危害网络安全等后果的，处一万元以上十万元以下罚款，对直接负责的主管人员处五千元以上五万元以下罚款。 关键信息基础设施的运营者不履行本法第三十三条、第三十四条、第三十六条、第三十八条规定的网络安全保护义务的，由有关主管部门责令改正，给予警告；拒不改正或者导致危害网络安全等后果的，处十万元以上一百万元以下罚款，对直接负责的主管人员处一万元以上十万元以下罚款。	**第五十九条** 网络运营者不履行本法第二十一条、第二十五条规定的网络安全保护义务的，由有关主管部门责令改正，给予警告；拒不改正或者导致危害网络安全等后果的，处一万元以上十万元以下罚款，对直接负责的主管人员处五千元以上五万元以下罚款。 关键信息基础设施的运营者不履行本法第三十三条、第三十四条、第三十六条、第三十八条规定的网络安全保护义务的，由有关主管部门责令改正，给予警告；拒不改正或者导致危害网络安全等后果的，处十万元以上一百万元以下罚款，对直接负责的主管人员处一万元以上十万元以下罚款。

续表

第五十二条 网络产品、服务的提供者，电子信息发送者，应用软件提供者违反本法规定，有下列行为之一的，由有关主管部门责令改正，给予警告；拒不改正或者导致危害网络安全等后果的，处五万元以上五十万元以下罚款；对直接负责的主管人员处一万元以上十万元以下罚款： （一）设置恶意程序的； （二）其产品、服务具有收集用户信息功能，未向用户明示并取得同意的； （三）对其产品、服务存在的安全缺陷、漏洞等风险未及时向用户告知并采取补救措施的； （四）擅自终止为其产品、服务提供安全维护的。	**第五十八条** 违反本法第二十一条第一款、第二款和第四十六条第一款规定，有下列行为之一的，由有关主管部门责令改正，给予警告；拒不改正或者导致危害网络安全等后果的，处五万元以上五十万元以下罚款；对直接负责的主管人员处一万元以上十万元以下罚款： （一）设置恶意程序的； （二）其产品、服务具有收集用户信息功能，未向用户明示并取得同意的；对其产品、服务存在的安全缺陷、漏洞等风险未及时告知用户并采取补救措施，或者未按照规定向有关主管部门报告的； （三）擅自终止为其产品、服务提供安全维护的。	**第六十条** 违反本法第二十二条第一款、第二款和第四十八条第一款规定，有下列行为之一的，由有关主管部门责令改正，给予警告；拒不改正或者导致危害网络安全等后果的，处五万元以上五十万元以下罚款，对直接负责的主管人员处一万元以上十万元以下罚款： （一）设置恶意程序的； （二）对其产品、服务存在的安全缺陷、漏洞等风险未立即采取补救措施，或者未按照规定及时告知用户并向有关主管部门报告的； （三）擅自终止为其产品、服务提供安全维护的。	**第六十条** 违反本法第二十二条第一款、第二款和第四十八条第一款规定，有下列行为之一的，由有关主管部门责令改正，给予警告；拒不改正或者导致危害网络安全等后果的，处五万元以上五十万元以下罚款，对直接负责的主管人员处一万元以上十万元以下罚款： （一）设置恶意程序的； （二）对其产品、服务存在的安全缺陷、漏洞等风险未立即采取补救措施，或者未按照规定及时告知用户并向有关主管部门报告的； （三）擅自终止为其产品、服务提供安全维护的。
第五十三条 网络运营者违反本法规定，未要求用户提供真实身份信息，或者对不提供真实身份信息的用户提供相关服务的，由有关主管部门责令改正；拒不改正或者情节严重的，处五万元以上五十万元以下罚款，并可以由有关主管部门责令暂停相	**第五十九条** 网络运营者违反本法第二十三条第一款规定，未要求用户提供真实身份信息，或者对不提供真实身份信息的用户提供相关服务的，由有关主管部门责令改正；拒不改正或者情节严重的，处五万元以上五十万元以下罚款，并可以由有关主管	**第六十一条** 网络运营者违反本法第二十四条第一款规定，未要求用户提供真实身份信息，或者对不提供真实身份信息的用户提供相关服务的，由有关主管部门责令改正；拒不改正或者情节严重的，处五万元以上五十万元以下罚款，并可以由有关主管	**第六十一条** 网络运营者违反本法第二十四条第一款规定，未要求用户提供真实身份信息，或者对不提供真实身份信息的用户提供相关服务的，由有关主管部门责令改正；拒不改正或者情节严重的，处五万元以上五十万元以下罚款，并可以由有关主管

续表

关业务、停业整顿、关闭网站、撤销相关业务许可或者吊销营业执照；对直接负责的主管人员和其他直接责任人员处一万元以上十万元以下罚款。	部门责令暂停相关业务、停业整顿、关闭网站、吊销相关业务许可证或者吊销营业执照；对直接负责的主管人员和其他直接责任人员处一万元以上十万元以下罚款。	部门责令暂停相关业务、停业整顿、关闭网站、吊销相关业务许可证或者吊销营业执照，对直接负责的主管人员和其他直接责任人员处一万元以上十万元以下罚款。	部门责令暂停相关业务、停业整顿、关闭网站、吊销相关业务许可证或者吊销营业执照，对直接负责的主管人员和其他直接责任人员处一万元以上十万元以下罚款。
	第六十条 违反本法第二十五条规定，开展网络安全认证、检测、风险评估等活动，或者向社会发布系统漏洞、计算机病毒、网络攻击、网络侵入等网络安全信息的，责令改正，给予警告；拒不改正或者情节严重的，处一万元以上十万元以下罚款，并可以由有关主管部门责令暂停相关业务、停业整顿、关闭网站、吊销相关业务许可证或者吊销营业执照；对直接负责的主管人员和其他直接责任人员处五千元以上五万元以下罚款。	**第六十二条** 违反本法第二十六条规定，开展网络安全认证、检测、风险评估等活动，或者向社会发布系统漏洞、计算机病毒、网络攻击、网络侵入等网络安全信息的，由有关主管部门责令改正，给予警告；拒不改正或者情节严重的，处一万元以上十万元以下罚款，并可以由有关主管部门责令暂停相关业务、停业整顿、关闭网站、吊销相关业务许可证或者吊销营业执照，对直接负责的主管人员和其他直接责任人员处五千元以上五万元以下罚款。	**第六十二条** 违反本法第二十六条规定，开展网络安全认证、检测、风险评估等活动，或者向社会发布系统漏洞、计算机病毒、网络攻击、网络侵入等网络安全信息的，由有关主管部门责令改正，给予警告；拒不改正或者情节严重的，处一万元以上十万元以下罚款，并可以由有关主管部门责令暂停相关业务、停业整顿、关闭网站、吊销相关业务许可证或者吊销营业执照，对直接负责的主管人员和其他直接责任人员处五千元以上五万元以下罚款。
	第六十一条 违反本法第二十六条规定，从事危害网络安全的活动，或者提供专门用于从事危害网络安全活动的程序、工具，或者为他人从事危害网络安	**第六十三条** 违反本法第二十七条规定，从事危害网络安全的活动，或者提供专门用于从事危害网络安全活动的程序、工具，或者为他人从事危害网络安全的	**第六十三条** 违反本法第二十七条规定，从事危害网络安全的活动，或者提供专门用于从事危害网络安全活动的程序、工具，或者为他人从事危害网络安

续表

	全的活动提供技术支持、广告推广、支付结算等帮助，尚不构成犯罪的，由公安机关没收违法所得，处五日以下拘留，可以并处一万元以上十万元以下罚款；情节较重的，处五日以上十五日以下拘留，可以并处五万元以上五十万元以下罚款。 单位有前款规定行为的，由公安机关没收违法所得，处十万元以上五十万元以下罚款，并对其直接负责的主管人员和其他责任人员依照前款规定处罚。 违反本法第二十六条规定，受到治安管理处罚或者刑事处罚的人员，终身不得从事网络安全管理和网络运营关键岗位的工作。	活动提供技术支持、广告推广、支付结算等帮助，尚不构成犯罪的，由公安机关没收违法所得，处五日以下拘留，可以并处一万元以上十万元以下罚款；情节较重的，处五日以上十五日以下拘留，可以并处五万元以上五十万元以下罚款。 单位有前款规定行为的，由公安机关没收违法所得，处十万元以上五十万元以下罚款，并对其直接负责的主管人员和其他责任人员依照前款规定处罚。 违反本法第二十七条规定，受到治安管理处罚的人员，五年内不得从事网络安全管理和网络运营关键岗位的工作；受到刑事处罚的人员，终身不得从事网络安全管理和网络运营关键岗位的工作。	全的活动提供技术支持、广告推广、支付结算等帮助，尚不构成犯罪的，由公安机关没收违法所得，处五日以下拘留，可以并处五万元以上五十万元以下罚款；情节较重的，处五日以上十五日以下拘留，可以并处十万元以上一百万元以下罚款。 单位有前款行为的，由公安机关没收违法所得，处十万元以上一百万元以下罚款，并对直接负责的主管人员和其他直接责任人员依照前款规定处罚。 违反本法第二十七条规定，受到治安管理处罚的人员，五年内不得从事网络安全管理和网络运营关键岗位的工作；受到刑事处罚的人员，终身不得从事网络安全管理和网络运营关键岗位的工作。
第五十四条 网络运营者违反本法规定，侵害公民个人信息依法得到保护的权利的，由有关主管部门责令改正，可以根据情节单处或者并处警告、没收违法所得、处违法所得一倍以上十倍	**第六十二条** 网络运营者、网络产品或者服务的提供者违反本法第二十一条第三款、第四十条至第四十二条规定，侵害公民个人信息依法得到保护的权利的，由有关主管部门责令改正，	**第六十四条** 网络运营者、网络产品或者服务的提供者违反本法第二十二条第三款、第四十一条至第四十三条规定，侵害公民个人信息依法得到保护的权利的，由有关主管部门责令改正，	**第六十四条** 网络运营者、网络产品或者服务的提供者违反本法第二十二条第三款、第四十一条至第四十三条规定，侵害公民个人信息依法得到保护的权利的，由有关主管部门责令改正，

续表

以下罚款，没有违法所得的，处五十万元以下罚款；情节严重的，可以责令暂停相关业务、停业整顿、关闭网站、撤销相关业务许可或者吊销营业执照；对直接负责的主管人员和其他直接责任人员处一万元以上十万元以下罚款。 违反本法规定，窃取或者以其他方式非法获取、出售或者非法向他人提供公民个人信息，尚不构成犯罪的，由公安机关没收违法所得，并处违法所得一倍以上十倍以下罚款，没有违法所得的，处五十万元以下罚款。	可以根据情节单处或者并处警告、没收违法所得、处违法所得一倍以上十倍以下罚款，没有违法所得的，处五十万元以下罚款；情节严重的，可以责令暂停相关业务、停业整顿、关闭网站、吊销相关业务许可证或者吊销营业执照；对直接负责的主管人员和其他直接责任人员处一万元以上十万元以下罚款。 违反本法第四十三条规定，窃取或者以其他方式非法获取、非法出售或者非法向他人提供公民个人信息，尚不构成犯罪的，由公安机关没收违法所得，并处违法所得一倍以上十倍以下罚款，没有违法所得的，处五十万元以下罚款。	可以根据情节单处或者并处警告、没收违法所得、处违法所得一倍以上十倍以下罚款，没有违法所得的，处五十万元以下罚款；情节严重的，可以责令暂停相关业务、停业整顿、关闭网站、吊销相关业务许可证或者吊销营业执照；对直接负责的主管人员和其他直接责任人员处一万元以上十万元以下罚款。 违反本法第四十四条规定，窃取或者以其他方式非法获取、非法出售或者非法向他人提供公民个人信息，尚不构成犯罪的，由公安机关没收违法所得，并处违法所得一倍以上十倍以下罚款，没有违法所得的，处五十万元以下罚款。	可以根据情节单处或者并处警告、没收违法所得、处违法所得一倍以上十倍以下罚款，没有违法所得的，处一百万元以下罚款，对直接负责的主管人员和其他直接责任人员处一万元以上十万元以下罚款；情节严重的，并可以责令暂停相关业务、停业整顿、关闭网站、吊销相关业务许可证或者吊销营业执照。 违反本法第四十四条规定，窃取或者以其他非法方式获取、非法出售或者非法向他人提供公民个人信息，尚不构成犯罪的，由公安机关没收违法所得，并处违法所得一倍以上十倍以下罚款，没有违法所得的，处一百万元以下罚款。
第五十五条 关键信息基础设施的运营者违反本法第三十条规定，使用未经安全审查或者安全审查未通过的网络产品或者服务的，由有关主管部门责令停止使用，处采购金额一倍以上十倍以下罚款；对直接负责的主管人员和其他直接责任人员处一万元以上十万元以下罚款。	**第六十三条** 关键信息基础设施的运营者违反本法第三十三条规定，使用未经安全审查或者安全审查未通过的网络产品或者服务的，由有关主管部门责令停止使用，处采购金额一倍以上十倍以下罚款；对直接负责的主管人员和其他直接责任人员处一万元以上十万元以下罚款。	**第六十五条** 关键信息基础设施的运营者违反本法第三十五条规定，使用未经安全审查或者安全审查未通过的网络产品或者服务的，由有关主管部门责令停止使用，处采购金额一倍以上十倍以下罚款；对直接负责的主管人员和其他直接责任人员处一万元以上十万元以下罚款。	**第六十五条** 关键信息基础设施的运营者违反本法第三十五条规定，使用未经安全审查或者安全审查未通过的网络产品或者服务的，由有关主管部门责令停止使用，处采购金额一倍以上十倍以下罚款；对直接负责的主管人员和其他直接责任人员处一万元以上十万元以下罚款。

续表

第五十六条 关键信息基础设施的运营者违反本法规定，在境外存储网络数据，或者未经安全评估向境外的组织或者个人提供网络数据的，由有关主管部门责令改正，给予警告，没收违法所得，处五万元以上五十万元以下罚款，并可以责令暂停相关业务、停业整顿、关闭网站、撤销相关业务许可或者吊销营业执照；对直接负责的主管人员和其他直接责任人员处一万元以上十万元以下罚款。	**第六十四条** 关键信息基础设施的运营者违反本法第三十五条规定，在境外存储网络数据，或者向境外提供网络数据的，由有关主管部门责令改正，给予警告，没收违法所得，处五万元以上五十万元以下罚款，并可以责令暂停相关业务、停业整顿、关闭网站、吊销相关业务许可证或者吊销营业执照；对直接负责的主管人员和其他直接责任人员处一万元以上十万元以下罚款。	**第六十六条** 关键信息基础设施的运营者违反本法第三十七条规定，在境外存储网络数据，或者向境外提供网络数据的，由有关主管部门责令改正，给予警告，没收违法所得，处五万元以上五十万元以下罚款，并可以责令暂停相关业务、停业整顿、关闭网站、吊销相关业务许可证或者吊销营业执照；对直接负责的主管人员和其他直接责任人员处一万元以上十万元以下罚款。	**第六十六条** 关键信息基础设施的运营者违反本法第三十七条规定，在境外存储网络数据，或者向境外提供网络数据的，由有关主管部门责令改正，给予警告，没收违法所得，处五万元以上五十万元以下罚款，并可以责令暂停相关业务、停业整顿、关闭网站、吊销相关业务许可证或者吊销营业执照；对直接负责的主管人员和其他直接责任人员处一万元以上十万元以下罚款。
		第六十七条 违反本法第四十六条规定，设立用于实施违法犯罪活动的网站、通讯群组，或者利用网络发布涉及实施违法犯罪活动的信息，尚不构成犯罪的，由公安机关处五日以下拘留，可以并处一万元以上十万元以下罚款；情节较重的，处五日以上十五日以下拘留，可以并处五万元以上五十万元以下罚款。 单位有前款行为的，由公安机关处十万元以上五十万元以下罚款，并对直接负责的主管人员	**第六十七条** 违反本法第四十六条规定，设立用于实施违法犯罪活动的网站、通讯群组，或者利用网络发布涉及实施违法犯罪活动的信息，尚不构成犯罪的，由公安机关处五日以下拘留，可以并处一万元以上十万元以下罚款；情节较重的，处五日以上十五日以下拘留，可以并处五万元以上五十万元以下罚款。关闭用于实施违法犯罪活动的网站、通讯群组。 单位有前款行为的，由公安

续表

		和其他直接责任人员依照前款规定处罚。	机关处十万元以上五十万元以下罚款，并对直接负责的主管人员和其他直接责任人员依照前款规定处罚。
第五十七条 网络运营者违反本法规定，对法律、行政法规禁止发布或者传输的信息未停止传输、采取消除等处置措施、保存有关记录的，由有关主管部门责令改正，给予警告，没收违法所得；拒不改正或者情节严重的，处十万元以上五十万元以下罚款，并可以责令暂停相关业务、停业整顿、关闭网站、撤销相关业务许可或者吊销营业执照；对直接负责的主管人员和其他直接责任人员处二万元以上二十万元以下罚款。 电子信息发送服务提供者、应用软件下载服务提供者，未履行本法规定的安全义务的，依照前款规定处罚。	**第六十五条** 网络运营者违反本法第四十五条规定，对法律、行政法规禁止发布或者传输的信息未停止传输、采取消除等处置措施、保存有关记录的，由有关主管部门责令改正，给予警告，没收违法所得；拒不改正或者情节严重的，处十万元以上五十万元以下罚款，并可以责令暂停相关业务、停业整顿、关闭网站、吊销相关业务许可证或者吊销营业执照；对直接负责的主管人员和其他直接责任人员处一万元以上十万元以下罚款。 电子信息发送服务提供者、应用软件下载服务提供者，未履行本法第四十六条第二款规定的安全管理义务的，依照前款规定处罚。	**第六十八条** 网络运营者违反本法第四十七条规定，对法律、行政法规禁止发布或者传输的信息未停止传输、采取消除等处置措施、保存有关记录的，由有关主管部门责令改正，给予警告，没收违法所得；拒不改正或者情节严重的，处十万元以上五十万元以下罚款，并可以责令暂停相关业务、停业整顿、关闭网站、吊销相关业务许可证或者吊销营业执照，对直接负责的主管人员和其他直接责任人员处一万元以上十万元以下罚款。 电子信息发送服务提供者、应用软件下载服务提供者，不履行本法第四十八条第二款规定的安全管理义务的，依照前款规定处罚。	**第六十八条** 网络运营者违反本法第四十七条规定，对法律、行政法规禁止发布或者传输的信息未停止传输、采取消除等处置措施、保存有关记录的，由有关主管部门责令改正，给予警告，没收违法所得；拒不改正或者情节严重的，处十万元以上五十万元以下罚款，并可以责令暂停相关业务、停业整顿、关闭网站、吊销相关业务许可证或者吊销营业执照，对直接负责的主管人员和其他直接责任人员处一万元以上十万元以下罚款。 电子信息发送服务提供者、应用软件下载服务提供者，不履行本法第四十八条第二款规定的安全管理义务的，依照前款规定处罚。
第五十九条 网络运营者违反本法规定，有下列行为之一的，由有关主管部门责令改正；	**第六十六条** 网络运营者违反本法规定，有下列行为之一的，由有关主管部门责令改正；	**第六十九条** 网络运营者违反本法规定，有下列行为之一的，由有关主管部门责令改正；	**第六十九条** 网络运营者违反本法规定，有下列行为之一的，由有关主管部门责令改正；

续表

拒不改正或者情节严重的，处五万元以上五十万元以下罚款；对直接负责的主管人员和其他直接责任人员，处一万元以上十万元以下罚款： （一）未将网络安全风险、网络安全事件向有关主管部门报告的； （二）拒绝、阻碍有关部门依法实施的监督检查的； （三）拒不提供必要的支持与协助的。	拒不改正或者情节严重的，处五万元以上五十万元以下罚款；对直接负责的主管人员和其他直接责任人员，处一万元以上十万元以下罚款： （一）未将网络安全风险、网络安全事件向有关主管部门报告的； （二）不按照有关部门的要求对法律、行政法规禁止发布或者传输的信息，采取停止传输、消除等处置措施的； （三）拒绝、阻碍有关部门依法实施的监督检查的； （四）拒不向公安机关、国家安全机关提供技术支持和协助的。	拒不改正或者情节严重的，处五万元以上五十万元以下罚款；对直接负责的主管人员和其他直接责任人员，处一万元以上十万元以下罚款： （一）未将网络安全风险、网络安全事件向有关主管部门报告的； （二）不按照有关部门的要求对法律、行政法规禁止发布或者传输的信息，采取停止传输、消除等处置措施的； （三）拒绝、阻碍有关部门依法实施的监督检查的； （四）拒不向公安机关、国家安全机关提供技术支持和协助的。	拒不改正或者情节严重的，处五万元以上五十万元以下罚款，对直接负责的主管人员和其他直接责任人员，处一万元以上十万元以下罚款： （一）未将网络安全风险、网络安全事件向有关主管部门报告的；不按照有关部门的要求对法律、行政法规禁止发布或者传输的信息，采取停止传输、消除等处置措施的； （二）拒绝、阻碍有关部门依法实施的监督检查的； （三）拒不向公安机关、国家安全机关提供技术支持和协助的。
第五十八条 发布或者传输法律、行政法规禁止发布或者传输的信息的，依照有关法律、行政法规的规定处罚。	**第六十七条** 发布或者传输本法第十二条第二款和其他法律、行政法规禁止发布或者传输的信息的，依照有关法律、行政法规的规定处罚。	**第七十条** 发布或者传输本法第十二条第二款和其他法律、行政法规禁止发布或者传输的信息的，依照有关法律、行政法规的规定处罚。	**第七十条** 发布或者传输本法第十二条第二款和其他法律、行政法规禁止发布或者传输的信息的，依照有关法律、行政法规的规定处罚。
	第六十八条 有本法规定的违法行为的，依照有关法律、行政法规的规定记入信用档案，并予以公示。	**第七十一条** 有本法规定的违法行为的，依照有关法律、行政法规的规定记入信用档案，并予以公示。	**第七十一条** 有本法规定的违法行为的，依照有关法律、行政法规的规定记入信用档案，并予以公示。
第六十条 有本法第二十二	（合并到第七十一条）		

续表

条规定的危害网络安全的行为，尚不构成犯罪的，或者有其他违反本法规定的行为，构成违反治安管理行为的，依法给予治安管理处罚。			
第六十一条 国家机关政务网络的运营者不履行本法规定的网络安全保护义务的，由其上级机关或者有关机关责令改正；对直接负责的主管人员和其他直接责任人员依法给予处分。	**第六十九条** 国家机关政务网络的运营者不履行本法规定的网络安全保护义务的，由其上级机关或者有关机关责令改正；对直接负责的主管人员和其他直接责任人员依法给予处分。	**第七十二条** 国家机关政务网络的运营者不履行本法规定的网络安全保护义务的，由其上级机关或者有关机关责令改正；对直接负责的主管人员和其他直接责任人员依法给予处分。	**第七十二条** 国家机关政务网络的运营者不履行本法规定的网络安全保护义务的，由其上级机关或者有关机关责令改正；对直接负责的主管人员和其他直接责任人员依法给予处分。
第六十二条 依法负有网络安全监督管理职责的部门的工作人员，玩忽职守、滥用职权、徇私舞弊，尚不构成犯罪的，依法给予行政处分。	**第七十条** 依法负有网络安全监督管理职责的部门的工作人员，玩忽职守、滥用职权、徇私舞弊，尚不构成犯罪的，依法给予处分。	**第七十三条** 网信部门和有关部门违反本法第三十条规定，将在履行网络安全保护职责中获取的信息用于其他用途的，对直接负责的主管人员和其他直接责任人员依法给予处分。 网信部门和有关部门的工作人员玩忽职守、滥用职权、徇私舞弊，尚不构成犯罪的，依法给予处分。	**第七十三条** 网信部门和有关部门违反本法第三十条规定，将在履行网络安全保护职责中获取的信息用于其他用途的，对直接负责的主管人员和其他直接责任人员依法给予处分。 网信部门和有关部门的工作人员玩忽职守、滥用职权、徇私舞弊，尚不构成犯罪的，依法给予处分。
第六十三条 违反本法规定，给他人造成损害的，依法承担民事责任。	**第七十一条** 违反本法规定，给他人造成损害的，依法承担民事责任。 违反本法规定，构成违反治安管理行为的，依法给予治安管	**第七十四条** 违反本法规定，给他人造成损害的，依法承担民事责任。 违反本法规定，构成违反治安管理行为的，依法给予治安管	**第七十四条** 违反本法规定，给他人造成损害的，依法承担民事责任。 违反本法规定，构成违反治安管理行为的，依法给予治安管

续表

	理处罚；构成犯罪的，依法追究刑事责任。	理处罚；构成犯罪的，依法追究刑事责任。	理处罚；构成犯罪的，依法追究刑事责任。
第六十四条 违反本法规定，构成犯罪的，依法追究刑事责任。	（合并到第七十一条）	**第七十五条** 境外的机构、组织、个人从事攻击、侵入、干扰、破坏等危害中华人民共和国的关键信息基础设施的活动，造成严重后果的，依法追究法律责任；国务院公安部门和有关部门并可以决定对该机构、组织、个人采取冻结财产或者其他必要的制裁措施。	**第七十五条** 境外的机构、组织、个人从事攻击、侵入、干扰、破坏等危害中华人民共和国的关键信息基础设施的活动，造成严重后果的，依法追究法律责任；国务院公安部门和有关部门并可以决定对该机构、组织、个人采取冻结财产或者其他必要的制裁措施。
附　　则	**第七章　附　　则**		**第七章　附　　则**
第六十五条 本法下列用语的含义： （一）网络，是指由计算机或者其他信息终端及相关设备组成的按照一定的规则和程序对信息进行收集、存储、传输、交换、处理的网络和系统。 （二）网络安全，是指通过采取必要措施，防范对网络的攻击、入侵、干扰、破坏和非法使用以及意外事故，使网络处于稳定可靠运行的状态，以及保障网络存储、传输、处理信息的完整性、保密性、可用性的能力。	**第七十二条** 本法下列用语的含义： （一）网络，是指由计算机或者其他信息终端及相关设备组成的按照一定的规则和程序对信息进行收集、存储、传输、交换、处理的系统。 （二）网络安全，是指通过采取必要措施，防范对网络的攻击、侵入、干扰、破坏和非法使用以及意外事故，使网络处于稳定可靠运行的状态，以及保障网络数据的完整性、保密性、可用性的能力。	**第七十六条** 本法下列用语的含义： （一）网络，是指由计算机或者其他信息终端及相关设备组成的按照一定的规则和程序对信息进行收集、存储、传输、交换、处理的系统。 （二）网络安全，是指通过采取必要措施，防范对网络的攻击、侵入、干扰、破坏和非法使用以及意外事故，使网络处于稳定可靠运行的状态，以及保障网络数据的完整性、保密性、可用性的能力。	**第七十六条** 本法下列用语的含义： （一）网络，是指由计算机或者其他信息终端及相关设备组成的按照一定的规则和程序对信息进行收集、存储、传输、交换、处理的系统。 （二）网络安全，是指通过采取必要措施，防范对网络的攻击、侵入、干扰、破坏和非法使用以及意外事故，使网络处于稳定可靠运行的状态，以及保障网络数据的完整性、保密性、可用性的能力。

续表

（三）网络运营者，是指网络的所有者、管理者以及利用他人所有或者管理的网络提供相关服务的网络服务提供者，包括基础电信运营者、网络信息服务提供者、重要信息系统运营者等。 （四）网络数据，是指通过网络收集、存储、传输、处理和产生的各种电子数据。 （五）公民个人信息，是指以电子或者其他方式记录的公民的姓名、出生日期、身份证件号码、个人生物识别信息、职业、住址、电话号码等个人身份信息，以及其他能够单独或者与其他信息结合能够识别公民个人身份的各种信息。	（三）网络运营者，是指网络的所有者、管理者和网络服务提供者。 （四）网络数据，是指通过网络收集、存储、传输、处理和产生的各种电子数据。 （五）公民个人信息，是指以电子或者其他方式记录的能够单独或者与其他信息结合识别公民个人身份的各种信息，包括但不限于公民的姓名、出生日期、身份证件号码、个人生物识别信息、住址、电话号码等。	（三）网络运营者，是指网络的所有者、管理者和网络服务提供者。 （四）网络数据，是指通过网络收集、存储、传输、处理和产生的各种电子数据。 （五）公民个人信息，是指以电子或者其他方式记录的能够单独或者与其他信息结合识别自然人个人身份的各种信息，包括但不限于自然人的姓名、出生日期、身份证件号码、个人生物识别信息、住址、电话号码等。	（三）网络运营者，是指网络的所有者、管理者和网络服务提供者。 （四）网络数据，是指通过网络收集、存储、传输、处理和产生的各种电子数据。 （五）公民个人信息，是指以电子或者其他方式记录的能够单独或者与其他信息结合识别自然人个人身份的各种信息，包括但不限于自然人的姓名、出生日期、身份证件号码、个人生物识别信息、住址、电话号码等。
第六十六条 存储、处理涉及国家秘密信息的网络的运行安全保护，除应当遵守本法外，还应当遵守保密法律、行政法规的规定。	**第七十三条** 存储、处理涉及国家秘密信息的网络的运行安全保护，除应当遵守本法外，还应当遵守保密法律、行政法规的规定。	**第七十七条** 存储、处理涉及国家秘密信息的网络的运行安全保护，除应当遵守本法外，还应当遵守保密法律、行政法规的规定。	**第七十七条** 存储、处理涉及国家秘密信息的网络的运行安全保护，除应当遵守本法外，还应当遵守保密法律、行政法规的规定。
第六十七条 军事网络和信息安全保护办法，由中央军事委员会制定。	**第七十四条** 军事网络的安全保护，由中央军事委员会另行规定。	**第七十八条** 军事网络的安全保护，由中央军事委员会另行规定。	**第七十八条** 军事网络的安全保护，由中央军事委员会另行规定。
第六十八条 本法自 年 月 日起施行。	**第七十五条** 本法自 年 月 日起施行。	**第七十九条** 本法自 年 月 日起施行。	**第七十九条** 本法自2017年6月1日起施行。

附录四

《网络安全法》关键字索引

关键字	对应条款
A	
安全保护义务	第九条、第十条、第二十一条、第二十二条、第三十九条、第五十五条、第五十九条、第七十二条
安全审查	第三十五条、第六十五条
B	
保密协议	第三十六条
E	
恶意程序	第二十二条、第四十八条、第六十条
G	
个人信息存储	第四十三条、第七十七条
个人信息处理	第四十一条、第四十二条、第七十七条
个人信息非法出售	第四十四条、第四十五条、第六十四条
个人信息收集	第二十二条、第三十七条、第四十条、第四十一条、第四十二条、第四十三条
个人信息使用	第四十一条、第四十三条
个人信息提供	第四十一条、第四十二条、第四十五条、第六十四条
国际交流合作	第七条
国家安全	第一条、第十二条、第二十八条、第三十一条、第三十五条、第五十八条
国家秘密	第七十七条
公共数据	第十八条
关键信息基础设施	第五条、第三十一条、第三十二条、第三十三条、第三十四条、第三十五条、第三十六条、第三十七条、第三十八条、第三十九条、第五十二条、第五十三条、第五十九条、第六十五条、第六十六条、第七十五条
J	
计算机病毒	第二十一条、第二十五条、第二十六条、第六十二条
监测预警	第五十一条、第五十二条
监督管理	第二条、第八条、第三十二条、第五十条、第六十九条
检测	第十七条、第二十三条、第二十六条、第三十八条、第三十九条、第六十二条

续表

关键字	对应条款
境外网络安全风险和威胁	第五条、第七十五条
K	
可信身份战略	第二十四条
L	
漏洞	第二十二条、第二十五条、第二十六条、第六十条、第六十二条
P	
评估	第十七条、第二十六条、第二十九条、第三十七条、第三十八条、第三十九条、第五十三条、第五十四条、第五十五条、第六十二条
Q	
企业内部安全管理制度	第二十一条
R	
人员安全	第三十四条、第四十五条、第五十四条
认证	第十七条、第二十三条、第二十四条、第二十六条、第六十二条
S	
社会化服务体系	第十七条
实名制	第二十四条、第六十一条
数据备份	第二十一条、第三十四条
数据本地化	第三十七条、第六十六条
数据分类	第二十一条
数据泄露	第二十一条、第三十一条、第四十二条、第四十五条
T	
投诉举报	第十四条、第四十九条
通知删除权	第四十三条
W	
网络安全保护	第三条、第八条、第十一条、第十八条、第二十一条、第二十九条、第三十条
网络安全保障	第一条、第三条、第十条、第二十一条、第二十九条
网络安全标准	第七条、第十条、第十五条、第二十二条、第二十三条
网络安全等级保护制度	第二十一条、第三十一条
网络安全教育	第十九条、第三十四条
网络安全人才	第三条、第二十条
网络安全事件	第十条、第二十一条、第二十五条、第三十四条、第三十九条、第五十三条、第五十四条、第五十五条、第五十七条
网络安全信息	第二十六条、第二十九条、第三十九条、第五十一条、第六十二条
网络安全意识	第六条

续表

关键字	对应条款
网络安全战略	第四条
网络安全专用产品	第二十三条
网络产品和服务	第十三条、第十六条、第三十五条、第三十六条、第六十五条
网络干扰	第五条、第二十一条、第二十七条、第七十五条
网络攻击	第二十一条、第二十五条、第二十六条、第六十二条
网络行业组织	第十一条、第十五条、第二十九条、第五十二条、第五十三条
网络关键设备	第二十三条
网络侵入	第二十一条、第二十五条、第二十六条、第六十二条
网络破坏	第五条、第二十一条
网络日志	第二十一条
网络空间主权	第一条
网络技术创新	第三条、第十六条、第十八条
网络建设	第二条、第十条
网络数据	第十条、第十八条、第二十一条、第二十七条、第六十六条、第七十六条
网络违法犯罪	第五条、第七条、第十条、第二十八条、第四十六条
网络维护	第二条、第二十二条、第六十条
网络运行	第十条、第二十一条、第三十二条、第三十三条、第七十七条
未成年人保护	第十三条
X	
信息保密	第十四条、第三十六条、第四十条、第四十五条
信息传输	第四十七条、第四十八条、第五十条、第六十八条、第六十九条、第七十条
信息共享	第三十九条
信息内容治理	第四十七条、第四十八条、第五十条、第六十七条、第六十八条、第六十九条、第七十条
信息通报	第五十一条、第五十二条
信用档案	第七十一条
Y	
应急预案	第二十五条、第三十四条、第五十三条、第五十五条
约谈	第五十六条
Z	
重要数据	第二十一条、第三十七条
执法协助	第二十八条、第三十九条、第六十九条

附录五

《信息安全条例（草案）》

（2004 年 8 月 30 日）

第一章　总　　则

［立法目的和宗旨］

第一条　为了保障信息安全，促进信息化健康发展，维护国家安全、社会秩序和公共利益，保护公民、法人和其他组织的合法权益，根据宪法和有关法律，制定本条例。

［适用范围］

第二条　中华人民共和国境内的信息安全保障活动，适用本条例。

本条例所称信息，是指网络与信息系统中制作、存储、加工、处理、发送、传输、接收的信息。

本条例所称信息安全保障，是指保障网络与信息系统功能的正常发挥；保障信息的完整性、保密性和可用性，防止非法入侵和对信息的篡改或泄露；保障利用网络与信息系统制作、存储、加工、处理、发送、传输、接收的信息内容符合国家有关法律、法规的规定。

［保障信息权利原则］

第三条　公民在网络与信息系统应用中的通信自由、通信秘密以及其他合法权益受法律保护。除因国家安全或者追查犯罪的需要，由公安机关、国家安全机关、检察机关依照法律规定的程序对特定信息内容进行检查外，任何单位或个人不得以任何理由侵犯公民的通信自由和通信秘密。

任何单位或个人不得利用网络与信息系统危害国家安全，泄露国家秘密或商业秘密，侵犯国家利益、社会利益、集体利益或公民合法权益，从事违法犯罪活动。

［依法监督管理原则］

第四条　信息安全监督管理各职能部门应当依照法定的权限、范围、条件和程序，对信息安全保护工作进行监督管理。

［等级保护原则］

第五条　信息安全保障实行等级保护制度。

信息安全保障实行国家保护、社会保护和自我防护相结合的原则。国家重点保障涉及国家安全、经济安全和重大社会公共利益的网络与信息系统的安全。

［救济原则］

第六条 信息安全监督管理各职能部门作出信息安全保障行政行为的，应当将行为的事实、理由和依据告知当事人。

当事人对信息安全监督管理各职能部门作出的信息安全保障行政行为享有陈述权和申辩权；有权依法申请行政复议或者提起行政诉讼；因信息安全监督管理各职能部门违法实施信息安全保障行政行为致使其合法权益受到损害的，有权要求国家赔偿。

第二章 机构与职责

［政府机构及其职责］

第七条 国务院统一领导全国信息安全保障工作。国务院信息化工作办公室负责全国信息安全保障工作的组织与协调。

各级人民政府应当加强对信息安全保障工作的领导，组织、协调信息安全监督管理各职能部门及政府其他有关部门、企事业单位或个人共同维护信息安全。

［公安部门］

第八条 公安部主管全国信息安全的监督管理工作。公安机关对信息安全保障工作履行以下监督管理职责：

（一）监督、检查、指导信息安全保护工作；

（二）依法查处利用或者针对网络与信息系统的违法犯罪案件；

（三）信息安全保障工作其他有关监督管理职能。

［保密部门］

第九条 国家保密局负责全国信息安全中保密的监督管理工作。国家保密部门对信息安全中的保密工作履行以下监督管理职责：

（一）监督、检查网络与信息系统运营、使用单位以及上网用户建立、落实保密制度和保密措施的情况；

（二）对网络与信息系统的保密管理人员进行审查和考核；

（三）组织查处网上泄密情况，督促有关部门及时采取补救措施，监督有关单位限期删除网上涉及国家秘密的信息。

［密码管理部门］

第十条 国家密码管理委员会办公室负责全国信息安全保护中密码工作的监督与管理。国家密码管理机构对信息系统中密码和密码产品的使用进行监督与管理。

[其他相关管理部门]

第十一条 国务院其他有关部门在规定的职责范围内负责与信息安全保障相关的监督管理工作。

第三章 信息安全等级保护

[等级保护制度]

第十二条 国家制定信息安全等级保护的管理规范和技术标准，对网络与信息系统分等级实行安全保护，对网络与信息系统中使用的信息安全产品按等级进行管理，对网络与信息系统中发生的信息安全事件分等级进行响应、处置，信息安全监督管理各职能部门根据网络与信息系统的安全保护等级实施不同强度的监督管理。

信息安全等级保护实施细则由国务院另行制定。

[安全保护及监督管理等级的构成]

第十三条 网络与信息系统划分为以下五个安全保护等级：

（一）第一级为一般的网络与信息系统，其受到破坏后，会对公民、法人和其他组织的合法权益产生一定影响，但不危害国家安全、社会秩序和公共利益，依照国家管理规范和技术标准进行自主保护；

（二）第二级为一定程度上涉及国家安全和公共利益的一般网络与信息系统，其受到破坏后，会对国家安全、社会秩序和公共利益造成一定损害，在信息安全监督管理各职能部门指导下依照国家管理规范和技术标准进行自主保护；

（三）第三级为涉及国家安全和公共利益的网络与信息系统，其受到破坏后，会对国家安全、社会秩序和公共利益造成较大损害，依照国家管理规范和技术标准进行自主保护，信息安全监督管理各职能部门对其进行监督、检查；

（四）第四级为涉及国家安全和公共利益的重要网络与信息系统，其受到破坏后，会对国家安全、社会秩序和公共利益造成严重损害，依照国家管理规范和技术标准进行自主保护，信息安全监督管理各职能部门对其进行强制监督、检查；

（五）第五级为涉及国家安全和公共利益的重要网络与信息系统的核心子系统，其受到破坏后，会对国家安全、社会秩序和公共利益造成特别严重损害，依照国家管理规范和技术标准进行自主保护，国家指定专门部门、专门机构进行专门监督。

网络与信息系统安全保护等级的具体实施办法和标准规范，由公安部会同有关部门制定。

[信息安全保护等级的特殊划分]

第十四条 包含多个子系统的网络与信息系统，其运营、使用单位应当根据国家等级保护管理规范和技术标准以及网络与信息系统内各子系统的重要程度，分别确定安全保护等级。

因网络与信息系统的应用类型、范围等条件的变化及其他原因，安全保护需求需要变更的，网络与信息系统的运营、使用单位应当根据国家等级保护管理规范和技术标准的要求，重新确定网络与信息系统的安全保护等级。

［信息安全保护等级的确定和备案］

第十五条 网络与信息系统的运营、使用单位根据本条例第十三条、第十四条的规定以及国家等级保护管理规范和技术标准，自行确定其网络与信息系统的安全保护等级。

安全保护等级在二级以上的网络与信息系统，由其运营、使用单位报送本地区地市级公安机关备案；跨地域的网络与信息系统，由其主管部门向所在地同级公安机关进行总备案，所属分系统分别由其当地运营、使用单位向本地区地市级公安机关备案。

［安全保护等级委托划分］

第十六条 网络与信息系统的运营、使用单位可以委托境内具有合法资质证明或资格条件的信息安全检测评估机构在其技术检测和安全风险评估结果的基础上，根据本条例第十三条、第十四条的规定以及国家等级保护管理规范和技术标准对其网络与信息系统进行安全等级划分。

网络与信息系统安全保护等级具有下列情形之一的，公安部门和网络与信息系统运营、使用单位的上级主管部门可以委托境内具有合法资质证明或资格条件的信息安全检测评估机构在其技术检测和安全风险评估的基础上，根据本条例第十三条、第十四条的规定以及国家等级保护管理规范和技术标准对其网络与信息系统进行安全等级划分：

（一）网络与信息系统的运营、使用单位不依法划分或确定其安全保护等级的；

（二）公安部门和网络与信息系统运营、使用单位的上级主管部门在监督检查过程中发现网络与信息系统安全保护等级划分不符合本条例有关规定或者国家等级保护管理规范和技术标准的；

（三）网络与信息系统的运营、使用单位不依据已经确定的安全保护等级依法采取安全保护措施的；

（四）法律、法规规定的其他情形。

信息安全检测评估机构划分的信息安全保护等级与网络与信息系统运营、使用单位自行划分的信息安全保护等级不一致的，以信息安全检测评估机构划分的信息安全保护等级为准。

网络与信息系统的运营、使用单位应当根据信息安全检测评估机构划分的信息安全保护等级，按照国家等级保护管理规范和技术标准对其网络与信息系统进行安全保护。

［网络与信息系统主管部门的安全保护职责］

第十七条 安全保护等级在三级以上的网络与信息系统，其主管部门应当根据国家等级保护管理规范和技术标准，履行下列安全保护职责：

（一）审核批准其主管的网络与信息系统的安全保护等级；

（二）领导其主管的网络与信息系统运营、使用单位依照信息安全等级保护管理规范和技术标准，落实信息安全保护措施；

（三）对其主管的网络与信息系统落实安全保护措施的情况进行检查，督促运营、使用单位消除安全隐患。

[网络与信息系统运营、使用单位的安全保护责任]

第十八条 网络与信息系统的运营、使用单位应当依照法律法规和信息安全等级保护管理规范、技术标准，建立以下安全保护制度、落实以下安全保护措施：

（一）确定网络与信息系统的安全保护等级；

（二）根据网络与信息系统的安全保护等级，同步规划、同步建设、同步运行信息安全设施；

（三）根据网络与信息系统的安全保护等级，选择使用与其安全保护等级相适应的信息安全产品；

（四）依照信息安全等级保护管理规范和技术标准，依法采取鉴别用户身份、实现访问控制、防病毒、防入侵、网络安全隔离、数据备份和冗灾恢复等安全技术措施。

安全保护等级在三级以上的网络与信息系统，其运营、使用单位除须建立上款规定的安全保护制度、落实上款规定的安全保护措施外，还应当建立以下安全保护制度、落实以下安全保护措施：

（一）对网络与信息系统安全状况进行检测、评估，确保其符合相应安全保护等级的安全标准，及时消除安全隐患和漏洞；

（二）建立日志留存制度，记录系统运行和用户登录使用情况，并将记录备份保存60日以上；

（三）制定应急处置预案，定期组织演练；

（四）应当建立安全组织，指定专职安全人员；

（五）依照法律、法规和信息安全等级保护管理规范、技术标准，应当建立的其他安全保护制度和安全保护措施。

[公安机关对信息安全等级保护的监督内容]

第十九条 公安机关在接受网络与信息系统安全保护等级备案时，发现其确定的安全保护等级不符合信息安全等级保护管理规范和技术标准的，应当通知网络与信息系统的主管部门及运营、使用单位进行整改。

公安机关应当根据信息安全等级保护管理规范和技术标准，检查安全保护等级在三级以上的网络与信息系统等级保护制度和措施的落实情况，发现其不符合信息安全等级保护管理规范和技术标准的，公安机关应当通知网络与信息系统的建设、运营、使用单位限期进行整改，并将有关情况通知其上级主管部门。网络与信息系统的上级主管部门应当督促建设、运营、使用单位及时进行整改。

公安机关发现安全保护等级为四级的网络与信息系统存在重大安全隐患或者未达到信息安全等级保护管理规范和技术标准要求的，可以向该网络与信息系统的上级主管部门提出停机整顿的建议。

公安机关发现安全保护等级在二级以下的网络与信息系统存在安全隐患或者未达到网络与信息系统安全等级保护管理规范和技术标准要求的，应当通知其整改。

第四章 网络与信息系统安全

第一节 建设与运行安全

[**建设要求**]

第二十条 新建、改建、扩建网络与信息系统的，应当确定其安全保护等级，依照信息安全等级保护管理规范和技术标准进行系统建设。

[**系统安全风险评估**]

第二十一条 网络与信息系统建设工程竣工后，应当由具有合法资质证明或资格条件的信息安全风险评估机构进行系统评估；经系统安全风险评估符合相应级别安全标准的，才能投入使用。

网络与信息系统建成投入运营、使用后，应当根据已经确定的安全保护等级，依照信息安全等级保护管理规范和技术标准，自行或委托具有合法资质证明或资格条件的安全风险评估机构定期进行系统安全风险评估。

网络与信息系统具有下列情形之一的，公安部门和网络与信息系统运营、使用单位的上级主管部门可以委托境内具有合法资质证明或资格条件的信息安全风险估机构对其网络与信息系统的安全性能、运行环境等进行安全风险评估：

（一）网络与信息系统的运营、使用单位不依法划分或确定其安全保护等级的；

（二）公安部门和网络与信息系统运营、使用单位的上级主管部门在监督检查过程中发现网络与信息系统安全保护等级划分不符合本条例有关规定或者信息安全等级保护管理规范和技术标准的；

（三）网络与信息系统的运营、使用单位不依据已经确定的安全保护等级依法采取安全保护措施的；

（四）网络与信息系统的运营、使用单位不依据本条例对其网络与信息系统的安全性能、运行环境等进行安全风险评估的；

（五）法律、法规规定的其他情形。

网络与信息系统的运营、使用单位应当根据信息安全风险评估机构做出的安全风险评估结果，按照国家等级保护管理规范和技术标准对其网络与信息系统进行安全保护。

[**网络设施的安全责任和义务**]

第二十二条 网络与信息系统的运营、使用单位应当采取必要的技术措施或安全措施，确保其建设、运营或使用的网络与信息系统处于正常、安全的工作状态。

第二节 互联网络安全

［国际联网途径］

第二十三条 网络与信息系统进行国际联网的，应当使用国家公用电信网提供的国际出入口信道。任何单位或个人不得自行建立国际出入口信道，不得使用其他信道进行国际联网。

公民、法人或其他组织使用的网络与信息系统需要进行国际联网的，应当通过基础电信网络实现国际联网。任何单位或个人不得接入或使用其他网络与信息系统实现国际联网。

［互联网运营服务的安全管理］

第二十四条 从事互联网接入、主机托管、空间租用等网络运营服务的单位，应当建立、落实以下安全管理制度和安全技术措施：

（一）自批准营业起15日内向县级以上公安机关备案；

（二）实行用户实名登记制度，在用户申请服务时，如实登记用户基本情况、应用和服务种类及法定有效证明文件，并在服务协议中明确告知用户所应承担的信息安全法律责任；

（三）负责每月将用户登记情况及所分配的IP地址等有关情况报县级以上公安机关备案；

（四）建立日志留存制度。提供互联网接入服务的单位应当记录用户上网的起止时间、用户账号、互联网地址或者域名、拨号用户的主叫号码等信息；提供主机托管服务的单位应当记录托管主机的互联网地址或域名；提供虚拟主机服务的单位应当记录该主机维护者的用户账号、互联网地址或域名、维护的起止时间、维护内容以及网络访问者的互联网地址或域名、访问时间、访问内容等信息。记录备份保留60日以上；

（五）定期会同用户检查服务协议约定的网络应用和服务范围、种类、内容，发现用户经营超出协议约定范围、种类的，从事互联网运营服务的单位应当及时予以纠正，发现用户经营的内容违反国家有关法律、法规规定的，应当保存有关记录，并向当地公安机关报告；

（六）发生危害信息安全的重大事件启动国家应急处置预案时，应当按照应急处置预案的规定或者省级以上公安机关的决定，采取暂时中断连接、中止服务的措施；

（七）对提供上网服务的场所，应当要求其使用固定的互联网地址。

［公共上网场所的安全管理］

第二十五条 上网服务提供者应当建立、落实以下安全管理制度和安全技术措施：

（一）经营性上网服务场所应当经文化、公安、工商等主管部门审批合格后方可营业，非经营性上网服务场所应当自开放起15日内向县级以上公安机关备案；

（二）提供上网服务的服务器应当使用固定的互联网地址；

（三）如实登记用户有效身份证明文件、上网时间等有关情况，用户登记记录应当保留60日以上；

（四）安装具有防病毒、防入侵、防违法信息传播、记录上网用户日志等功能的安全技术设施，并保证其在线正常运行；

（五）发现法律、法规所禁止的行为和信息，应当中止传播，保存有关日志和记录，并向当地公安机关报告。

［危害网络与信息系统安全的行为禁则］

第二十六条 任何单位或个人不得从事下列危害网络与信息系统安全的活动：

（一）未经允许，增加、修改、删除他人网络与信息系统中存储、处理、传输的数据或者程序；

（二）未经允许，增加、修改、删除或者干扰他人网络与信息系统的功能；

（三）未经允许，进入、使用他人网络与信息系统；

（四）故意制作、传播、使用计算机病毒等破坏性程序；

（五）破坏网络与信息系统运行环境、设备设施；

（六）窃取、盗用、篡改、破坏他人专有信息、通信内容及网络资源，或者未经允许收集、使用、提供、买卖他人专有信息和网络资源；

（七）故意阻塞、阻碍、中断信息网络、信息系统的信息传输；

（八）伪造、隐匿信息发送者真实标记或违背他人意愿发送垃圾信息；

（九）危害网络与信息系统安全的其他活动。

第三节 信息安全产品

［信息安全产品认证制度］

第二十七条 国家对信息安全产品实行认证认可制度，但是国家规定的特定信息安全产品除外。

信息安全产品认证认可办法由国家认证认可监督委员会会同有关部门制定。

特定信息安全产品的产品目录，由公安机关、国家安全机关、国家保密部门以及国家密码管理机构另行制定。

［信息安全产品使用等级的划分］

第二十八条 信息安全产品应当根据其可控性、可靠性、安全性和可监督性等要素确定其安全使用等级。信息安全监督管理各职能部门对信息安全产品的使用分等级进行管理。

不同安全保护等级的网络与信息系统应当使用与其安全保护等级相适应的信息安全产品。

信息安全产品安全使用等级管理办法，由公安部会同有关部门制定。

［用户对特定信息安全产品的知情权以及安全漏洞补救措施］

第二十九条 信息技术产品具有远程访问、控制功能并能够收集、发送用户信息的，其生产、销售单位应当向用户公开其用途并经用户同意后方可使用。

信息技术产品投入市场后发现安全漏洞、隐患的，其生产、销售单位应当及时向用户提供补丁、替换等安全补救措施，或予以召回。

[信息监控产品的核准制]

第三十条 在中华人民共和国境内生产、销售信息监控产品的，应当依法向公安部提出申请，取得公安部颁发的《信息监控产品生产、销售许可证》。

信息监控产品生产、销售许可证管理办法，由公安部会同国家安全部另行制定。

[信息监控产品的安装、加载和使用要求]

第三十一条 任何个人均不得购买、安装、加载、使用任何形式的信息监控产品。

任何单位均不得在他人网络与信息系统中安装、加载或使用任何形式的信息监控产品，法律、法规另有规定的除外。

网络与信息系统的建设、运营或使用单位应当安装、加载或使用具有《信息监控产品生产、销售许可证》的信息监控产品。

[在核准范围内依法使用信息监控产品的要求]

第三十二条 网络与信息系统的运营、使用单位应当在公安机关核准的范围内使用信息监控产品。

网络与信息系统的运营、使用单位在安装、加载或使用信息监控产品时，不得具有下列行为：

（一）擅自改变他人选定的信息传输路径；

（二）对他人信息内容进行修改、删除、增加等的操作；

（三）公布、泄露、篡改他人信息内容；

（四）法律、法规禁止的其他行为。

第四节 计算机病毒和破坏性程序防治

[计算机病毒样本的提交]

第三十三条 计算机病毒或者破坏性程序防治产品的设计者、开发者、研究者及生产者应当及时向公安部指定的信息安全技术检测评估机构提交计算机病毒或者破坏性程序的样本。

[计算机病毒样本确认]

第三十四条 对计算机病毒和破坏性程序样本的认定，由公安部指定的信息安全技术检测评估机构承担。

公安部指定的信息安全技术检测评估机构应当依据网络与信息系统等级保护管理规范和技术标准，对提交的计算机病毒或者破坏性程序样本进行分析、确认，并将确认结果上报公安部。

[计算机病毒预警信息的发布]

第三十五条 公安部或其指定的信息安全技术检测评估机构应当及时向社会公开发布

计算机病毒疫情和破坏性程序预警信息。

［有关计算机病毒的禁止性规定］

第三十六条 任何单位或个人不得从事下列与计算机病毒有关的活动：

（一）生产、销售、出租计算机病毒或者破坏性程序检测、清除、防护产品；

（二）制作、发布、复制、传播含有计算机病毒或者破坏性程序机理及其源程序的信息。

［计算机病毒防治机制］

第三十七条 网络与信息系统的运营、使用单位应当根据网络与信息系统安全保护等级，依照信息安全等级保护管理规范和技术标准建立健全计算机病毒和破坏性程序的防治机制。

第五节 网络信任体系

［密码管理］

第三十八条 网络与信息系统中使用的密码和密码产品，应当按照国家法律、法规的有关规定进行管理。

［保密管理］

第三十九条 涉及国家秘密的网络与信息系统，其运营或管理单位应当按照国家保密规定，建立并落实相应的保密制度和保密措施。

网络与信息系统的运营或管理单位发现网络与信息系统泄露国家秘密的，应当及时采取补救措施，并按有关规定及时报告当地保密工作部门。

［网络信任体系］

第四十条 国家鼓励建立网络信任体系。

网络信任体系的监督与管理办法，由国务院信息产业主管部门和国家密码管理委员会办公室会同有关部门另行制定。

第五章 信息内容安全

［信息数据保护］

第四十一条 公民、法人和其他组织依法应用网络与信息系统存储、处理、传输的数据、信息受法律保护。

利用网络与信息系统收集、使用、公开公民、法人或其他组织的数据、信息的，应当事先征得其所有人的同意，法律、法规另有规定的除外。

从事互联网运营服务、互联网信息服务的单位以及信息安全检测评估机构和安全从业人员对其在提供互联网运营服务、互联网信息服务和系统检测、评估等信息安全服务过程中收集的公民、法人和其他组织的信息、数据，应当妥善保管，未经当事人同意不得向第三方提供或者公开。

[信息监控授权和接口提供]

第四十二条 公安机关、国家安全机关为保障国家安全、追查犯罪，可以依法实施信息监控措施。

互联网运营服务和互联网信息服务单位应当根据公安机关、国家安全机关和检察机关的要求，提供信息监控接口并协助安装信息监控设备。

信息监控接口的标准由公安部会同有关部门另行制定。

[违法信息内容的禁则]

第四十三条 任何单位或个人不得利用网络与信息系统，制作、发布、复制、传播下列信息：

（一）煽动抗拒、破坏法律、法规实施的；

（二）煽动分裂国家、破坏国家统一的；

（三）煽动颠覆国家政权，推翻社会主义制度的；

（四）煽动民族仇恨、民族歧视，破坏民族团结，或者侵犯民族风俗习惯的；

（五）宣扬会道门、邪教、迷信，煽动破坏国家法律、法规实施的；

（六）传播虚假信息，扰乱证券、期货交易或者其他金融秩序的；

（七）侮辱、诽谤他人的；

（八）捏造或者歪曲事实，散布谣言，扰乱社会秩序的；

（九）宣扬淫秽、色情、暴力、恐怖的；

（十）教唆犯罪或者传授犯罪方法的；

（十一）违反法律、法规其他有关规定的。

[过滤]

第四十四条 公安机关、国家安全机关发现网络与信息系统中具有本条例第四十三条所列信息内容的，可以采取过滤措施，限制或禁止该类信息内容的传播。

[信息监控之限制]

第四十五条 公安机关、国家安全机关实施信息监控时不得具有下列行为：

（一）擅自改变用户选定的信息传输路径；

（二）对他人信息内容进行修改、删除、增加等的操作；

（三）公布、泄露、篡改他人信息内容；

（四）将信息监控手段用于保障国家安全、追查犯罪之外的其他目的；

（五）法律、法规禁止的其他行为。

[特定对象的监控应当遵守特定程序的义务]

第四十六条 公安机关、国家安全机关对下列网络与信息系统实施信息监控，应当遵守法律、法规规定的特别程序：

（一）涉及国家秘密、商业秘密的网络与信息系统；

（二）涉及国防建设、尖端科学技术、社会公共利益等领域的网络与信息系统；

（三）专用网络与信息系统；

（四）法律、法规规定的其他网络与信息系统。

[执业资格制度]

第四十七条 国家对信息监控技术人员和信息监控操作人员实行执业资格证书制度。

信息监控技术人员和信息监控操作人员执业资格证书管理办法，由公安部、国家安全部另行制定。

[竞业禁止原则]

第四十八条 信息监控技术人员不得从事信息监控操作工作，信息监控操作人员不得从事信息监控设备的设计、建设、运行、维护等技术工作。

信息监控技术人员和信息监控操作人员不得兼职从事与其职业相关的其他社会工作。信息监控技术人员和信息监控操作人员离职后五年内不得从事与其以前职业相关的其他职业。

[互联网新闻服务的安全管理]

第四十九条 建立新闻网站或者从事互联网新闻登载业务，应当报经国务院新闻办公室或者省、自治区、直辖市人民政府新闻办公室审核批准和备案，未经批准不得从事互联网新闻登载业务，不得链接境外新闻网站、登载境外新闻媒体和互联网站发布的新闻。

[互联网出版的安全管理]

第五十条 从事互联网出版活动，必须报经新闻出版总署或者省、自治区、直辖市新闻出版行政部门审核批准。未经批准，任何单位或个人不得开展互联网出版活动。从事互联网出版活动，应当遵守国家有关著作权的法律、法规，应当标明与所登载或者发送作品相关的著作权记录。

互联网出版机构应当实行编辑责任制度，由专门的编辑人员对出版内容进行审查，保障互联网出版内容的合法性。互联网出版机构出版涉及国家安全、社会秩序等方面的重大选题，应当依照重大选题备案的规定，报新闻出版总署备案。未经备案的重大选题，不得出版。

[互联网视听节目传播的安全管理]

第五十一条 在境内通过包括互联网在内的信息网络传播视听节目，必须报经国家广播电影电视总局审核批准并取得《网上传播视听节目许可证》，建立健全节目审查、播出等管理制度。

信息网络的拥有者和经营者不得以任何形式将网络出租、出让给未持有《网上传播视听节目许可证》的单位用以向公众传播视听节目，不得向未持有《网上传播视听节目许可证》的单位提供网络硬软件平台和其他与传播视听节目有关的服务。

境内互联网站不得向未持有《网上传播视听节目许可证》的境内网站以及传播视听节目的境外网站提供视听节目的链接服务。用于通过信息网络向公众传播的新闻类视听节目限于境内广播电台、电视台、广播电视台制作、播放的节目。

［互联网药品信息服务的安全管理］

第五十二条 从事互联网药品信息服务，应当报经国家药品监督管理局或者省、自治区、直辖市药品监督管理局审核或者备案。拟提供网上药品交易服务的，应当按照有关规定另行向国家药品监督管理局提出专项申请。

从事互联网药品信息服务的单位必须有两名以上了解药品管理法律、法规和药品知识，并经所在地的省、自治区、直辖市药品监督管理局考核认可的专业人员，采取并落实保证药品信息来源合法、真实、安全的管理措施。

［互联网信息服务的前置审批］

第五十三条 从事互联网信息服务，依照法律、行政法规以及国家有关规定须经有关主管部门审核同意的，在申请互联网信息服务经营许可或者履行备案手续前，应当依法经有关主管部门审核同意。

上述主管部门应当根据各自的法定职责，依照法律、行政法规以及国家有关规定对互联网上的信息内容进行审查和监督。

［互联网信息服务安全管理制度和技术措施］

第五十四条 从事互联网信息服务的单位，应当建立、落实以下安全管理制度和安全技术措施：

（一）自开通服务起 15 日内向县级以上公安机关备案；

（二）建立日志留存制度，记录用户登录起止时间、信息发布时间、互联网地址或者域名，自行发布信息的应当记录信息内容，记录备份保留 60 日以上；

（三）对公众信息和自行发布的信息实行巡查、审核制度，发现其中含有本条例第四十三条所禁止的信息的，应当立即删除，保存有关记录，并向当地公安机关报告，必要时可以中止对发送者的网络服务；

（四）提供互联网电子邮件服务、通信短信息服务的，应当对伪造、隐匿信息发送者真实标记或违背他人意愿发送的垃圾邮件和信息，采取防范和清理的安全技术措施，对其中涉嫌违法犯罪的邮件和信息应当及时向当地公安机关提供和报告；

（五）提供互联网交互式栏目、即时通信、视频下载等服务的，应当对违反本条例第五十一条的信息内容采取防范和清理的安全技术措施，并及时向当地公安机关提供和报告；

（六）在服务协议或者管理规则中明确告知用户应当承担的法律责任。

第六章 信息安全预警通报和应急处置

［信息安全预警机制］

第五十五条 网络与信息系统的运营、使用单位应当以信息共享、互为备份为原则，建立健全网络与信息安全事件的预警工作机制，及时跟踪、调研、分析信息安全事件，并向国家网络与信息安全信息通报中心报告信息安全事件的有关预警信息。

［国家信息安全通报机制］

第五十六条 国家建立统一的网络与信息安全事件通报预警机制。国家网络与信息安全信息通报中心负责全国信息安全相关信息的汇总、研判、通报和预警。

基础信息网络、重要信息系统的上级主管部门应当建立信息安全通报机制。

国家各有关部门、基础信息网络和重要信息系统主管部门应当将信息安全事件、安全威胁的相关信息及时报告国家网络与信息安全信息通报中心。

［信息安全事件举报制度］

第五十七条 国家建立信息安全事件举报制度，公布统一的信息安全事件举报电话或网站。

任何单位或个人可以向经依法公布的信息安全事件举报中心举报信息安全事件、事故或隐患。

信息安全事件举报中心在接到举报后，应当立即向国家网络与信息安全信息通报中心报告；国家网络与信息安全信息通报中心在接到报告后，应当通知当地公安机关对报告或举报的情况进行调查处理。

［信息安全事件的报告和协查义务］

第五十八条 任何单位或个人发现网络与信息系统中发生法律、法规所禁止的行为或者信息安全事件、事故的，应当在24小时以内向县级以上公安机关报告并协助查处。

任何单位或个人发现计算机病毒和破坏性程序的，应当向公安机关报告。因计算机病毒或破坏性程序引起的网络与信息系统瘫痪、程序和数据严重破坏等重大事故的，网络与信息系统的运营、使用单位应当及时向公安机关报告并保护现场。

网络与信息系统运营、使用单位应当根据公安机关的要求，如实提供危害信息安全和涉嫌违法犯罪的有关信息、资料及数据文件。

［信息安全事件等级的划分］

第五十九条 发生信息安全事件的，网络与信息系统的运营、使用单位应当确定该信息安全事件的等级。

网络与信息系统的运营、使用单位应当根据信息安全事件的下列情形确定信息安全事件等级：

（一）对网络与信息系统的破坏程度；

（二）所造成的社会影响；

（三）涉及的范围。

[运营、使用单位分等级制定预案并应急响应的义务]

第六十条 网络与信息系统运行或使用单位应当根据不同安全保护等级的网络与信息系统中发生的不同等级的信息安全事件，分别制定相应的应急预案，确定信息安全事件响应和处置的范围、程度以及采用的管理制度。

信息安全事件发生后，网络与信息系统运行或使用单位应当分等级按照预案进行响应和处置。

[国家信息安全事件应急处置预案]

第六十一条 国务院根据不同安全保护等级网络与信息系统中发生的不同等级的信息安全事件，组织有关部门分别制定国家信息安全事件应急处置预案。国家信息安全事件应急处置预案应当包括信息安全事件响应和处置的范围、程度以及处置措施等内容。

国务院有关部门应当将其制定的国家信息安全事件应急处置预案报送国务院信息化工作办公室。

[重大事件应急处置措施]

第六十二条 发生信息安全重大事件和重大威胁时，国务院组织启动国家信息安全重大事件应急处置预案，协调信息安全监管职能部门、企事业单位和个人实施紧急处置。在紧急情况下，国务院和各省、自治区、直辖市人民政府可以依据应急处置预案决定对全国或者本行政区域内的网络与信息系统采取暂时停机、暂停联网、暂停服务等管制措施，必要时，国务院可授权公安部就紧急处置事项发布专项通令。

网络与信息系统的上级主管部门及运营、使用单位和其他有关单位、个人在紧急处置中，应当服从国家有关主管部门的统一指挥，按照应急处置预案履行紧急处置的职责和义务。

第七章 信息安全服务机构

[资质条件和资质的申请批准程序]

第六十三条 在中华人民共和国境内从事信息安全服务活动的网络与信息系统安全检测评估机构，应当向　　　　提出申请，取得　　　　颁发的信息安全服务资质证书。

申请信息安全服务资质证书的，应当符合下列条件：

（一）具备符合信息安全等级保护管理规范和技术标准的专业技术人员和经营管理人员；

（二）具备相应的运营管理制度；

（三）具备相应的检测设备和设施；

（四）法律、法规规定的其他条件。

网络与信息系统安全检测评估机构资质认定标准和管理办法由　　　　会同有关部门

另行制定。

[资质证书的颁发和管理]

第六十四条 在接到网络与信息系统安全检测评估机构提出的资质申请后，应当依据网络与信息系统安全检测评估机构资质认定标准和管理办法，对其资质条件进行审核并确定其安全服务等级，经审核合格的，颁发《信息安全服务资质证书》；经审核不合格的，不予颁发《信息安全服务资质证书》，并以书面形式告知理由。

[信息安全服务机构的业务范围]

第六十五条 取得《信息安全服务资质证书》的网络与信息系统安全检测评估机构，可以接受委托，从事下列信息安全服务活动：

（一）为网络与信息系统、信息安全产品、信息安全事件等的安全保护等级划分提供技术检测和安全风险评估；

（二）为网络与信息系统、信息安全产品、信息安全事件等划分安全保护等级；

（三）为网络与信息系统提供系统检测和安全风险评估服务；

（四）对计算机病毒和破坏性程序的样本进行分析和认定；

（五）向社会公开发布计算机病毒疫情和破坏性程序的预警信息；

（六）法律、行政法规规定的其他安全服务活动。

未取得《信息安全服务资质证书》的网络与信息系统安全检测评估机构，不得从事有关信息安全服务活动。

[跨境服务]

第六十六条 在中华人民共和国境外设立的网络与信息系统安全检测评估机构，可依其所在国或所在地区政府与中华人民共和国政府之间签署的双边协定或双方共同参加的国际条约，向境内具有合法资质证明和资格条件的网络与信息系统安全检测评估机构申请进行相互认证认可。

获得相互认证认可的境外技术检测评估机构，可以委托境内具有合法资质证明或资格条件的网络与信息系统安全检测评估机构从事技术检测活动，不得以自己的名义在中华人民共和国境内从事技术检测活动。

未经相互认证认可，境外技术检测评估机构在中华人民共和国境内不得以自己的名义或者委托他人从事技术检测活动。

[安全服务过程应当承担的义务]

第六十七条 网络与信息系统安全检测评估机构应当履行下列义务：

（一）保存检测、评估过程中的内部验证和审核试验原始测试记录，以备事后查验与核证；

（二）保守被检测、被评估网络与信息系统的有关技术秘密；

（三）法律、法规规定的其他义务。

[安全服务过程中的禁止性行为]

第六十八条 网络与信息系统安全检测评估机构不得利用职业便利从事侵害他人合法权益的下列行为：

（一）未经委托人同意，使用或许可他人使用技术检测和安全风险评估结果；

（二）买卖、出租、转让、赠与或披露技术检测和安全风险评估结果；

（三）侵占、买卖、出租、转让他人技术成果；

（四）利用技术检测和安全风险评估结果破坏他人网络与信息系统；

（五）从事与被检测、被评估网络与信息系统有关的技术开发和对外咨询业务；

（六）法律、法规禁止的其他行为。

第八章 法律责任

[怠于履行安全保护等级划分义务的法律责任]

第六十九条 网络与信息系统建设、运营、使用单位具有下列行为之一的，由公安机关予以警告并责令改正；拒不改正的，由公安机关处以二千元以上、五千元以下罚款：

（一）违反本条例第十四条第一款、第十五条第一款，不依法确定网络与信息系统安全保护等级的；

（二）违反本条例第十四条第二款，不依法变更或重新确定网络与信息系统安全保护等级的；

（三）违反本条例第十五条第二款，不依法向公安机关报备其网络与信息系统安全保护等级的；

（四）违反本条例第二十条，不依法确定新建、改建、扩建的网络与信息系统的安全保护等级的。

[怠于行使安全保护制度和措施的法律责任]

第七十条 网络与信息系统运营、使用单位违反本条例第十八条，不依法建立安全保护制度、落实安全保护措施的，由公安机关予以警告并责令改正；拒不改正的，由公安机关处以二千元以上、五千元以下罚款；情节严重的，公安机关可以报告国务院信息化工作领导小组办公室，由其督促网络与信息系统主管部门及运营、使用单位进行整改。

[违反系统检测和评估义务的法律责任]

第七十一条 网络与信息系统建设、运营、使用单位具有下列行为之一的，由公安机关予以警告并责令改正；拒不改正的，由公安机关处以二千元以上、五千元以下罚款；情节严重的，公安机关可以报告国务院信息化工作领导小组办公室，由其督促网络与信息系统主管部门及运营、使用单位进行整改：

（一）违反本条例第二十一条第一款，建设工程竣工后未经系统检测和安全风险评估便投入使用，或者虽经系统检测和安全风险评估但不符合相应级别的安全标准便投入使用的；

（二）违反本条例第二十一条第二款，不依法定期进行系统检测和安全风险评估的。

[未尽安全管理制度和安全技术措施义务的法律责任]

第七十二条 网络运营、使用单位具有下列行为之一的，由公安机关给予警告，责令其限期改正，有违法所得的，没收违法所得，对单位直接负责的主管人员和直接责任人员可并处一千元以上五千元以下的罚款，对单位可并处一万元以上三万元以下的罚款；情节严重的，并可以给予六个月以内的停止联网、停机整顿的处罚，直至由原许可机构撤销许可或者取消联网资格：

（一）从事互联网接入、主机托管、空间租用等网络运营服务的单位违反本条例第二十四条，不依法建立、落实安全管理制度和安全技术措施的；

（二）上网服务提供者违反本条例第二十五条，不依法建立、落实安全管理制度和安全技术措施的；

（三）从事互联网信息服务的单位违反本条例第五十四条，不依法建立、落实安全管理制度和安全技术措施的。

[破坏、危害网络与信息系统安全的法律责任]

第七十三条 单位或个人从事危害信息安全和网络秩序的活动，具有本条例第二十六条规定的行为之一的，由公安机关给予警告，有违法所得的，没收违法所得，对个人可以并处一千元以上五千元以下的罚款，对单位可以并处一万元以上三万元以下的罚款；情节严重的，并可以给予六个月以内停止联网、停机整顿的处罚，必要时可以建议原发证、审批机构吊销经营许可证或者取消联网资格；构成违反治安管理行为的，依照治安管理处罚条例的规定处罚；构成犯罪的，依法追究刑事责任。

[怠于履行信息安全产品使用等级划分义务的责任]

第七十四条 信息安全产品的生产者违反本条例第二十八条第一款，不依法确定信息安全产品使用等级的，由公安机关予以警告并责令改正；拒不改正的，由公安机关处以二千元以上、五千元以下罚款。

[违法使用信息安全产品的法律责任]

第七十五条 网络与信息系统运营、使用单位违反本条例第二十八条第二款，使用与网络与信息系统安全保护等级不相适应的信息安全产品的，由公安机关予以警告并责令改正；拒不改正的，由公安机关处以二千元以上、五千元以下罚款。

[未尽告知及补救义务的责任]

第七十六条 信息安全产品的生产者、销售者具有下列行为之一，给公民、法人和其他组织造成损失，情节严重的，由公安机关给予警告，没收违法所得，并处违法所得一倍以上三倍以下的罚款；情节严重的，责令其停业整顿，直至由工商行政管理部门吊销营业执照；构成犯罪的，依法追究刑事责任：

（一）违反本条例第二十九条第一款，未向用户公开信息安全产品用途或未取得用户同意便要求用户使用信息安全产品；

（二）违反本条例第二十九条第二款，未能及时向用户提供安全补救措施或予以召回的。

[未取得使用等级许可证书的法律责任]

第七十七条 信息监控产品的生产者、销售者违反本条例第三十条第一款，未取得公安部颁发的《信息监控产品生产、销售许可证》，生产、销售信息监控产品的，由公安机关给予警告，没收违法所得，并处以违法所得一倍以上三倍以下的罚款；情节严重的，可建议工商管理部门责令其停业整顿或吊销其营业执照。

[违法安装、加载、使用信息监控产品的法律责任]

第七十八条 单位或个人具有下列行为之一的，除依法承担民事赔偿责任外，由公安机关给予警告并责令改正；拒不改正的，对个人可处一千元以上五千元以下的罚款，对单位可处一万元以上三万元以下的罚款；情节严重的，对单位可以给予六个月以内的停止联网、停机整顿的处罚，直至由原许可机构撤销许可或者取消联网资格：

（一）个人违反本条例第三十一条第一款，购买、安装、加载、使用信息监控产品的；

（二）单位或个人违反本条例第三十一条第二款，在他人网络与信息系统中安装、加载或使用信息监控产品的；

（三）网络与信息系统的建设、运营或使用单位违反本条例第三十一条第三款，安装、加载、使用不具有《信息监控产品生产、销售许可证》的信息监控产品的。

[不当使用信息监控产品的法律责任]

第七十九条 网络与信息系统的建设、运营或使用单位违反本条例第三十二条第一款，超过核准的范围使用信息监控产品，或者在安装、加载、使用信息监控产品时实施本条例第三十二条第二款规定的行为之一的，除依法承担民事赔偿责任外，由公安机关给予警告并责令改正；拒不改正的，可处一万元以上三万元以下的罚款；情节严重的，可以给予六个月以内的停止联网、停机整顿的处罚，直至由原许可机构撤销许可或者取消联网资格。

[违反病毒样本提交义务的法律责任]

第八十条 计算机病毒或破坏性程序的设计者、开发者、研究者及生产者违反本条例第三十三条，未及时向公安部指定的信息安全技术检测评估机构提交计算机病毒或者破坏性程序样本的，由公安机关予以警告并责令改正；造成计算机病毒大范围传播、发生大规模网络攻击或者其他严重危害后果的，对个人可以并处一千元以上五千元以下的罚款，对单位可以并处五千元以上一万五千元以下的罚款。

[违法从事与病毒有关活动的法律责任]

第八十一条 未经法定许可或授权，单位或个人具有本条例第三十六条规定的行为之一的，由公安机关对单位处以一千元以下罚款，对单位直接负责的主管人员和直接责任人员处以五百元以下罚款；对个人处以五百元以下罚款。

[违反保守国家秘密义务的法律责任]

第八十二条 单位或个人违反本条例第三十九条，未建立并落实相应的保密制度和保密措施，或者发现网络与信息系统泄露国家秘密，但未及时采取补救措施或未及时报告保密工作部门的，由保密部门和保密机构责令其停止使用、限期整改；情节严重的，督促其停止联网；泄露国家秘密，构成犯罪的，依法追究刑事责任；尚不够刑事处罚的，保密部门和保密机构可以酌情给予行政处分。

[违反个人数据保护义务的法律责任]

第八十三条 单位或个人违反本条例第四十一条第二款、第三款，未经所有人同意收集、使用、公开他人数据、信息的，或未经有关当事人同意公开、提供他人信息或数据的，应当依法承担民事赔偿责任；情节严重的，由公安机关予以警告并责令改正；拒不改正的，由公安机关处以二千元以上、五千元以下罚款。

[违反信息监控设备接口提供义务的法律责任]

第八十四条 互联网运营服务和互联网信息服务单位违反本条例第四十二条，未能根据公安机关和国家安全机关的要求提供信息监控接口或者协助安装信息监控设备的，由公安机关给予警告，有违法所得的，没收违法所得，并处一万元以上三万元以下的罚款；情节严重的，可并处六个月以内停止联网、停机整顿的处罚，并对其直接负责的主管人员和直接责任人员处一千元以上五千元以下的罚款，并由原许可机构撤销许可或者取消联网资格。

[违反信息内容安全义务的法律责任]

第八十五条 公民、法人或其他组织制作、发布、复制、传播本条例第四十三条所禁止的信息内容的，由公安机关给予警告，有违法所得的，没收违法所得，对个人可以并处一千元以上五千元以下的罚款，对单位可以并处一万元以上三万元以下的罚款；情节严重的，并可以给予六个月以内停止联网、停机整顿的处罚，必要时可以建议原发证、审批机构吊销经营许可证或者取消联网资格；构成违反治安管理行为的，依照治安管理处罚条例的规定处罚；构成犯罪的，依法追究刑事责任。

利用网络与信息系统制作、发布、复制、传播信息，违反其他法律、法规的，由新闻、出版、教育、卫生、药品监督管理和工商行政管理等相关主管部门依照有关法律、法规的规定处罚。

[公安机关、国家安全机关违法实施信息监控的法律责任]

第八十六条 信息监控技术人员和信息监控操作人员违反本条例第四十五条或第四十

六条，依法给予相应的行政处分；情节严重的，吊销其执业资格证书；情节特别严重、构成犯罪的，依法追究有关负责人员或直接责任人员的刑事责任。

公安机关、国家安全机关违反本条例第四十五条或第四十六条，应当依法承担国家赔偿责任。信息监控技术人员和信息监控操作人员因履行职务而产生的法律责任，由公安机关、国家安全机关承担。

[违反竞业禁止义务的法律责任]

第八十七条 信息监控技术人员和信息监控操作人员违反本条例第四十八条规定的竞业禁止义务，依法给予相应的行政处分；情节严重的，吊销其执业资格证书；情节特别严重、构成犯罪的，依法追究有关负责人员或直接责任人员的刑事责任。

[违反信息安全事件的报告和协查义务的法律责任]

第八十八条 单位或个人违反本条例第五十八条规定的信息安全事件报告和协查义务，由公安机关予以警告并责令改正；造成计算机病毒大范围传播、发生大规模网络攻击或者其他严重危害后果的，对个人可以并处一千元以上五千元以下的罚款，对单位可以并处五千元以上一万五千元以下的罚款。

[怠于履行信息安全事件等级划分义务的责任]

第八十九条 网络与信息系统运营、使用单位具有下列行为之一的，由公安机关予以警告并责令改正；拒不改正的，由公安机关处以二千元以上、五千元以下罚款：

（一）违反本条例第五十九条第一款，不依法划分信息安全事件等级的；

（二）违反本条例第六十条第一款，不依法制定信息安全事件应急预案的；

（三）违反本条例第六十条第二款，不依法对信息安全事件进行响应和处置的。

[应急处置行政失职的法律责任]

第九十条 网络与信息系统主管部门违反本条例第六十二条第二款，在信息安全紧急处置中，不服从国家主管部门的统一指挥，没有按照应急处置预案履行紧急处置职责、义务的，对政府主要领导人和政府部门主要负责人依法给予降级或者撤职的行政处分；造成计算机病毒、违法信息大范围传播，发生大规模网络攻击或者信息安全重大灾害事故，或者对国家安全、社会秩序和公共利益造成其他严重危害后果的，依法给予开除的行政处分；构成犯罪的，依法追究刑事责任。

网络与信息系统运营、使用单位和其他有关单位、个人违反本条例第六十二条第二款，由公安机关给予警告，对个人可以并处一千元以上五千元以下的罚款；对单位可以并处一万元以上三万元以下的罚款，造成前款严重危害后果的，并可对单位直接负责的主管人员和直接责任人员处五千元以上一万元以下的罚款；构成犯罪的，依法追究刑事责任。

[无资质证书或资格条件进行检测评估活动的法律责任]

第九十一条 网络与信息安全检测评估机构违反本条例第六十五条第二款，未取得

《信息安全服务资质证书》，却从事相关信息安全服务活动的，由公安机关给予警告并责令改正，有违法所得的，没收违法所得；没有违法所得的，处一万元以上、十万元以下罚款；造成他人经济损失的，依法赔偿实际经济损失。

获得境内技术检测评估机构认可的境外技术检测评估机构违反本条例第六十六条第二款，以自己的名义在境内从事技术检测评估活动的；或者未获得境内技术检测评估机构认可的境外技术检测评估机构违反本条例第六十六条第三款，在境内以自己的名义或者委托他人从事技术检测评估活动的，由公安机关给予警告并责令改正，有违法所得的，没收违法所得；没有违法所得的，处一万元以上、十万元以下罚款；造成他人经济损失的，依法赔偿实际经济损失。代理未经认可的境外技术检测评估机构在境内从事技术检测评估活动的，同罚。

[利用职业便利从事侵害他人合法权益活动的法律责任]

第九十二条 网络与信息系统安全检测评估机构违反本条例第六十七条、第六十八条，除依法承担相应的民事赔偿责任外，由公安机关给予警告并责令改正；情节严重的，给予一万元以上、二十万元以下罚款，并处停业整顿；情节特别严重的，给予二十万元以上、五十万元以下罚款，并处责令停产停业或吊销《系统安全检测评估资质证书》。

[行政机关失职的责任]

第九十三条 国务院信息化工作办公室、信息安全监督管理各职能部门、网络与信息系统上级主管部门、各级人民政府以及其他国家机关的工作人员玩忽职守、滥用职权、徇私舞弊，或者非法泄露国家秘密、商业秘密，侵犯国家利益、社会利益、集体利益或公民合法权益，从事违法犯罪活动的，依法给予相应的行政处分；构成犯罪的，依法追究刑事责任。

第九章 附 则

[术语解释]

第九十四条 本条例所称信息安全产品，是指与网络与信息系统安全相关，以计算机硬件或者软件形态集成，实现网络与信息系统特定运行功能，构建网络与信息系统并使其正常运行的产品。

[军队除外适用制度]

第九十五条 军队的信息安全工作，按照军队的有关规定执行。

[生效日期和新法取代旧法]

第九十六条 本条例自××年××月××日起施行。

1994年2月18日国务院颁布的《中华人民共和国计算机信息系统安全保护条例》、1997年12月11日国务院批准颁布的《计算机信息网络国际联网安全保护管理办法》同时废止。

附录六

《网络安全法》应知应会试题

1.《网络安全法》施行时间为（　　）。

a. 2016 年 11 月 7 日　b. 2017 年 6 月 1 日　c. 2016 年 12 月 31 日　d. 2017 年 1 月 1 日

2. 为了保障网络安全，维护网络空间主权和国家安全、(　　)，保护公民、法人和其他组织的合法权益，促进经济社会信息化健康发展，制定本法。

a. 国家利益　　b. 社会公共利益

c. 私人企业利益　　d. 国有企事业单位利益

3.《网络安全法》规定，网络运营者应当制定(　　)，及时处置系统漏洞、计算机病毒、网络攻击、网络侵入等安全风险。

a. 网络安全事件应急预案　　b. 网络安全事件补救措施

c. 网络安全事件应急演练方案　　d. 网站安全规章制度

4. 国家支持网络运营者之间在网络安全信息(　　)和(　　)等方面进行合作，提高网络运营者的安全保障能力。

a. 发布、收集　分析、事故处理　　b. 收集、分析　管理、应急处置

c. 收集、分析　通报、应急处置　　d. 审计、转发　处置、事故处理

5. 根据《网络安全法》规定，从事危害网络安全的活动，或者提供专门用于从事危害网络安全活动的程序、工具，或者为他人从事危害网络安全的活动提供技术支持、广告推广、支付结算等帮助，尚不构成犯罪的，由公安机关没收违法所得，处(　　)日以下拘留，可以并处(　　)以上(　　)以下罚款。

a. 三日　一万元　十万元　　b. 五日　五万元　十万元

c. 五日　五万元　五十万元　　d. 十日　五万元　十万元

6. 根据《网络安全法》规定，侵害个人信息依法得到保护的权利的，由有关主管部门责令改正，可以根据情节单处或者并处警告、没收违法所得、处违法所得(　　)以上(　　)以下罚款，没有违法所得的，处(　　)以下罚款，对直接负责的主管人员和其他直接责任人员处(　　)以上(　　)以下罚款；情节严重的，并可以责令暂停相关业务、停业整顿、关闭网站、吊销相关业务许可证或者吊销营业执照。

a. 十倍　一百倍　一百万元　十万元　一百万元

b. 一倍　一百倍　十万元　一百万元　十万元

c. 一倍　十倍　一百万元　一万元　十万元

d. 一倍　十倍　十万元　一万元　十万元

7. 根据《网络安全法》规定，窃取或者以其他非法方式获取、非法出售或者非法向他人提供个人信息，尚不构成犯罪的，由公安机关没收违法所得，并处违法所得(　　)以上(　　)以下罚款，没有违法所得的，处(　　)以下罚款。

a. 十倍　一百倍　一百万元　　b. 一倍　十倍　一百万元

c. 一倍　一百倍　十万元　　d. 十倍　一百倍　一百万元

8. 网络运营者应当为(　　)、国家安全机关依法维护国家安全和侦查犯罪的活动提供技术支持和协助。

a. 公安机关　　b. 网信部门　　c. 工信部门　　d. 检察院

9. 国家(　　)负责统筹协调网络安全工作和相关监督管理工作。

a. 公安部门　　b. 网信部门　　c. 工业和信息化部门　d. 通信管理部门

10. 关键信息基础设施的运营者采购网络产品和服务，可能影响(　　)的，应当通过国家网信部门会同国务院有关部门组织的国家安全审查。

a. 政府安全　　b. 信息安全　　c. 国家安全　　d. 网络安全

11. 关键信息基础设施的运营者应当自行或者委托网络安全服务机构(　　)对其网络的安全性和可能存在的风险检测评估。

a. 至少半年一次　　b. 至少一年一次　　c. 至少两年一次　　d. 至少每年两次

12. 根据《网络安全法》规定，对法律、行政法规禁止发布或者传输的信息未停止传输、采取消除等处置措施、保存有关记录的，由有关主管部门责令改正，给予警告，没收违法所得；拒不改正或者情节严重的，处(　　)罚款，并可以责令暂停相关业务、停业整顿、关闭网站、吊销相关业务许可证或者吊销营业执照，对直接负责的主管人员和其他直接责任人员处一万元以上十万元以下罚款。

a. 十万元以上五十万元以下　　b. 二十万元以上一百万元以下

c. 五十万元以上一百万元以下　　d. 五十万元以上二百万元以下

13. 根据《网络安全法》规定，未要求用户提供真实身份信息，或者对不提供真实身份信息的用户提供相关服务的，由有关主管部门责令改正；拒不改正或者情节严重的，处(　　)罚款，并可以由有关主管部门责令暂停相关业务、停业整顿、关闭网站、吊销相关业务许可证或者吊销营业执照，对直接负责的主管人员和其他直接责任人员处一万元以上十万元以下罚款。

a. 十万元以上五十万元以下　　b. 二十万元以上一百万元以下

c. 五十万元以上一百万元以下　　d. 五万元以上五十万元以下

14. 网络运营者应当对其收集的用户信息严格保密，并建立健全(　　)。

a. 用户信息保密制度　　b. 用户信息保护制度

c. 用户信息加密制度　　d. 用户信息保全制度

15. 网络运营者不得泄露、篡改、毁损其收集的个人信息；未经(　　)同意，不得向他人提供个人信息。但是，经过处理无法识别特定个人且不能复原的除外。

a. 本人　　b. 本人单位　　c. 被收集者　　d. 国家主管部门

16. 网信部门和有关部门违反《网络安全法》第三十条规定，将在履行网络安全保护职责中获取的信息用于其他用途的，对(　　)依法给予处分。

a. 所有相关人员

b. 相关领导

c. 主管人员

d. 直接负责的主管人员和其他直接负责人员

17. 国家坚持网络安全与信息化发展并重，遵循(　　)的方针，推进网络基础设施建设和互联互通，鼓励网络技术创新和应用，支持培养网络安全人才，建立健全网络安全保障体系，提高网络安全保护能力。

a. 积极利用、科学发展、依法管理、确保安全　b. 同步规划、同步建设、同步使用

c. 网络实名制　　d. 网络安全等级保护制度

18. 关键信息基础设施的运营者在中华人民共和国境内运营中收集和产生的个人信息和重要数据应当在境内存储。因业务需要，确需向境外提供的，应当按照(　　)会同国务院有关部门制定的办法进行安全评估；法律、行政法规另有规定的，依照其规定。

a. 公安机关　　b. 国家安全机关　　c. 国家网信部门　　d. 有关主管部门

19. 个人发现网络运营者违反法律、行政法规的规定或者双方的约定收集、使用其个人信息的，有权要求网络运营者(　　)其个人信息。

a. 删除　　b. 更正　　c. 保护　　d. 撤销

20. (　　)应当组织开展经常性的网络安全宣传教育。

a. 各级人民政府及其有关部门　　b. 公安机关

c. 网信部门　　d. 网络安全行业协会

21. 网络运营者应当留存相关的网络日志(　　)

a. 不少于六个月　　b. 不少于三个月　　c. 不少于一个月　　d. 不少于两年

22. 用户不提供真实身份信息的，网络运营者(　　)为其提供相关服务。

a. 视情　　b. 可以　　c. 不得

23. 网络产品、服务收集用户个人信息，其提供者(　　)取得用户同意。

a. 应当　　b. 根据具体情况　　c. 无须

24. 发生危害网络安全的事件，应当(　　)启动应急预案。

a. 及时　　b. 30 分钟内　　c. 立即　　d. 24 小时内

25. 网络运营者发现用户发布或传输违法信息，应立即(　　)。

a. 停止传输—保存记录—报告主管部门

b. 报告主管部门—停止传输—保存记录

c. 保存记录—报告主管部门—停止传输

26. ( )按照规定统一发布网络安全监测预警信息。

a. 公安机关 b. 电信部门 c. 网信部门

27. 网站不执行网信部门删帖指令，造成严重后果的，最严厉的处罚是( )。

a. 相关责任人入刑 b. 关闭网站 c. 停业整顿

28. 网信办对网络运营者不能进行的处罚是( )。

a. 暂停服务 b. 行政拘留 c. 停业整顿

29. 受到刑事处罚的网络运营者，( )不得从事网络安全管理和网络运营关键岗位的工作。

a. 五年内 b. 十年内 c. 终身

30. 网信部门和有关部门的工作人员玩忽职守、滥用职权、徇私舞弊，尚不构成犯罪的，给予( )。

a. 通报批评 b. 罚款 c. 处分

31. 非法出售个人信息尚不构成犯罪的，没收违法所得，并处违法所得( )罚款。

a. 一倍以上三倍以下 b. 一倍以上五倍以下 c. 一倍以上十倍以下

32. 违反《网络安全法》相关规定，对自然人最低可处罚款( )。

a. 2000 元 b. 3000 元 c. 5000 元

33. 《网络安全法》是一部( )。

a. 法律 b. 行政法规 c. 司法解释

34. ( )是《网络安全法》的第五章名称。

a. 网络监控与信息保护 b. 监测预警与应急处置

c. 安全监督与信息管理 d. 网络监控与应急措施

35. ( )不是我国国家网络空间安全战略的原则。

a. 尊重维护网络空间主权 b. 保护国家一切信息

c. 统筹网络安全与发展

36. 国家对下列( )群体给予网络环境特别保护。

a. 未成年人 b. 孕妇 c. 老人 d. 女性

37. 《网络安全法》对建设关键信息基础设施的性能有( )要求。

a. 支持业务稳定、持续运行 b. 高速、高质

c. 安全、高效 d. 无要求

38. 下列关于国家网信部门会同国务院有关部门组织的国家安全审查表述正确的是( )。

a. 每年检查一次

b. 所有网络安全活动都应审查

c. 采购网络产品和服务，可能影响国家安全的，应审查

d. 网络服务的提供者应当通过该审查。

39. 张某发现某网络运营者擅自收集、使用其个人信息，他可以(　　)。

a. 要求网络运营者删除其个人信息　　b. 要求网信办更正其个人信息

c. 向公安部门寻求帮助　　d. 自行寻找黑客删除信息

40. 根据《网络安全法》规定，(　　)应当履行安全管理义务。

a. 电子邮件接收者　　b. 应用软件下载服务提供者

c. 网络视频上传者　　d. 某网站后台客服人员

41. 国家网信部门应当统筹协调有关部门加强网络安全信息收集、分析和通报工作，这是(　　)。

a. 信息共享制度　　b. 监测预警与信息通报制度

c. 国家安全审查制度　　d. 网络安全等级保护制度

42. 军事网络的安全保护，由(　　)另行规定。

a. 全国人大常委会法工委　　b. 全国人大常委会

c. 国务院　　d. 中央军事委员会

43. 《网络安全法》共审议了(　　)次。

a. 一次　　b. 二次　　c. 三次　　d. 四次

44. 网络是虚拟的，在一定程度上为类似网络诈骗等一些违法行为提供了隐性保护伞。对此，《网络安全法》以法律的形式规定了(　　)。

a. 网络安全等级保护制度　　b. 网络安全监测预警制度

c. 网络实名制　　d. 信息通报制度

45. 《网络安全法》已于(　　)通过。

a. 2016/11/7　　b. 2016/11/8　　c. 2016/11/9　　d. 2016/11/10

46. 《网络安全法》由(　　) 审议通过。

a. 全国人大　　b. 全国人大常委会

c. 全国人大常委会法工委　　d. 国务院

47. 用户不向网络运营者提供真实信息的，网络运营者(　　)。

a. 不得为其提供相关服务　　b. 可以为其提供相关服务

c. 向上级部门请示　　d. 报告公安局

48. (　　)不是关键信息基础设施的运营者对从业人员的义务。

a. 网络教育　　b. 技术培训　　c. 技能考核　　d. 心理疏导

49. 关键信息基础设施的运营者应将其网络安全性和风险检测评估报送(　　)。

a. 负责关键信息基础设施安全保护工作的部门 b. 公安局

c. 国家安全局　　d. 法院

50. (　　)不是网络运营者收集、使用个人信息应明示的内容。

a. 收集、使用的目的　　b. 收集、使用的范围

c. 收集、使用的效果　　d. 收集、使用的方式

51. 任何个人和组织不得(　　)。

a. 非法出售个人信息
b. 收集个人信息
c. 使用个人信息
d. 分析个人信息

52. (　　)不是依法负有网络安全监督管理职责的部门及其工作人员的义务。

a. 保守商业秘密
b. 保护个人隐私
c. 保护人身安全
d. 不向他人非法提供个人信息

53. (　　)不是网络运营者对其用户发布违法信息的管理义务。

a. 停止传输该信息
b. 核实该信息
c. 保存相关记录
d. 向主管部门报告

54. 网络运营者应当公布(　　)，并及时受理和处理相关投诉和举报。

a. 投诉效果
b. 举报效果
c. 举报人信息
d. 举报方式

55. 采取网络通信临时限制措施需要经过(　　)的决定和批准。

a. 国务院
b. 全国人大常委会
c. 网信办
d. 全国人大

56. 发生网络安全事件，应启动(　　)。

a. 网络安全等级保护制度
b. 网络安全举报制度
c. 网络安全审查制度
d. 网络安全事件应急预案

57. 网络运营者不履行网络安全保护义务的，(　　)。

a. 主管部门责令改正
b. 公安局拘留
c. 主管部门取消运营资格
d. 网信办通报批评

58. 以非法方式获取、出售或非法向他人提供个人信息，尚不构成犯罪的，(　　)。

a. 由公安机关没收违法所得
b. 由公安机关拘留
c. 由网信办没收违法所得
d. 由网信办拘留

59. (　　)不是在境外储存网络数据，或者向境外提供网络数据的法律责任。

a. 由有关部门责令改正
b. 有关部门通报批评
c. 有关部门给予警告
d. 有关部门责令暂停相关业务

60. (　　)不属于网络运营者。

a. 网络所有者
b. 网络管理者
c. 网络使用者
d. 网络服务提供者

61. (　　)不是有关行业组织对会员的义务。

a. 定期向会员进行风险警示
b. 协助会员应对网络安全风险
c. 支持会员应对网络安全风险
d. 向会员提供网络安全建设资金

62. 《网络安全法》中关于关键信息基础设施的规定属于以下(　　)部分。

a. 网络安全支持与促进
b. 网络运行安全
c. 网络信息安全
d. 监测预警与应急处置

63. 根据《网络安全法》规定，大众传播媒介应当负有(　　)义务。

a. 及时宣传最新网络安全产品

b. 定期开展网络安全相关实体活动

c. 有针对性地面向社会进行网络安全宣传教育

d. 免费提供网络安全咨询服务

64.《网络安全法》将监测预警与应急处置工作制度化、法制化为建立统一高效的(　　)提供了法律依据。

a. 网络安全风险报告机制　　b. 情报共享机制

c. 研判处置机制　　d. 以上都是

65. 下列(　　)不是网络运营者的安全保护义务。

a. 数据分类　　b. 重要数据备份　　c. 重要数据加密　　d. 数据分享

66. 网络运营者不得(　　)其收集的个人信息。

a. 泄露、篡改、损毁　　b. 使用、篡改、损毁

c. 分析、泄露、损毁　　d. 核实、泄露、篡改

67. 网络安全事件应根据(　　)分级。

a. 事件发生时间　　b. 事件危害程度　　c. 事件发生地点　　d. 事件发生频次

68. 信息系统安全保护等级最低的是(　　)级。

a. 第一级　　b. 第二级　　c. 第四级　　d. 第五级

69. 网络运营者收集、使用个人信息必须符合(　　)原则。

a. 合理、公开、必要　　b. 合理、正当、透明

c. 合法、正当、必要　　d. 合法、公开、透明

70. 根据《网络安全法》规定，违反该法规定，给他人造成损害的，应依法(　　)。

a. 给予治安管理处罚　　b. 承担民事责任

c. 追究刑事责任　　d. 追究行政责任

71. 下列关于安全风险的措施，表述错误的是(　　)。

a. 网络运营者应当制定网络安全事件应急预案

b. 在发生危害网络安全的事件时，立即启动应急预案

c. 由于安全风险的不确定性，对网络运营者的要求可适当放松

d. 网络运营者应按照规定向有关主管部门报告

72. 关键信息基础设施的具体范围和安全保护办法由(　　)制定。

a. 全国人大　　b. 网信办　　c. 公安部　　d. 国务院

73. 网络安全事件发生的风险增大时，(　　)应当按照规定的权限和程序，并根据网络安全风险的特点和可能造成的危害，采取措施。

a. 县级以上人民政府有关部门　　b. 市级以上人民政府有关部门

c. 省级以上人民政府有关部门　　d. 国务院有关部门

74. 政府有关部门在履行网络安全监督管理职责中，发现网络存在较大安全风险或者发生安全事件的，可以按照规定的权限和程序对(　　)进行约谈。

a. 网络的运营者的法定代表人或者主要负责人

b. 网络运营商负责维护网络安全的工作人员

c. 网络运营商负责人指定的人员

d. 下级管理部门

75. 网络运营者不履行《网络安全法》关于关键信息基础设施的运行安全规定的网络安全保护义务，拒不改正或者导致危害网络安全等后果的，对直接负责的主管人员处(　　)。

a. 一千元以上五千元以下罚款　　b. 五千元以上五万元以下罚款

c. 十万元以上一百万元以下罚款　　d. 一万元以上十万元以下罚款

76. 境外的机构、组织、个人从事攻击、侵入、干扰、破坏等危害中华人民共和国的关键信息基础设施的活动，国务院公安部门和有关部门并可以决定对其采取(　　)。

a. 冻结财产　　b. 行政拘留　　c. 通报批评　　d. 管制

77. (　　)内容不属于个人信息。

a. IP 地址　　b. 密码　　c. 上网时间　　d. 商业秘密

78. (　　)不属于数据保护范围。

a. 关键设备保护　　b. 个人信息保护　　c. 用户信息保护　　d. 商业秘密保护

79. 国务院电信主管部门、公安部门和其他有关机关在各自职责范围内负责网络安全(　　)。

a. 服务工作　　b. 推广工作

c. 保护和监督管理工作　　d. 监测、防御、处置工作

80. 对法律、行政法规禁止发布或者传输的信息未停止传输、采取消除等处置措施、保存有关记录的，拒不改正或者情节严重的，处(　　)罚款。

a. 五万元以上五十万元以下　　b. 十万元以上五十万元以下

c. 一万元以上十万元以下　　d. 五万元以上十万元以下

81. (　　)不是对建设关键信息基础设施安全技术措施的要求。

a. 同步规划　　b. 同步建设　　c. 同步更新　　d. 同步使用

82. 我国主张建立(　　)的国际互联网治理体系。

a. 开放、和谐、具有中国特色　　b. 多边、开放、具有中国特色

c. 民主、和谐、透明　　d. 多边、民主、透明

83. (　　)负责统筹协调网络安全工作和相关监督管理工作。

a. 国家网信部门　　b. 国务院电信主管部门

c. 公安部门　　d. 电信系统

84. (　　)不需要按照国家有关规定确定其网络安全保护和监督管理职责。

a. 乡政府网信部门　　b. 县政府电信主管部门　c. 市公安局　　d. 省级人民政府

85. 任何个人和组织有权对危害网络安全的行为向网信、电信、公安等部门举报，收到举报的部门应当(　　)。

a. 及时依法作出处理　　b. 拒绝受理

c. 向上级部门请示　　d. 应当及时移送有权处理的部门

86. 关键信息基础设施的运营者采购网络产品和服务，与提供者签订安全保密协议，协议应当明确的内容是(　　)。

a. 明确安全和保密义务与责任　　b. 明确产品性能与服务质量

c. 明确安全维护方式及保障手段　　d. 明确采购数量和交易价格

87. 国家倡导(　　)的网络行为。

a. 诚实守信、注重安全　　b. 诚实守信、健康文明

c. 健康文明、注重安全　　d. 平等自愿、个性特色

88. 确保信息没有非授权泄密，是指(　　)。

a. 完整性　　b. 可用性　　c. 保密性　　d. 抗抵赖性

89. 下列情形，(　　)应当认定为《刑法》第二百五十三条之一规定的“情节严重”。

a. 出售或者提供行踪轨迹信息，被他人用于犯罪

b. 非法获取、出售或者提供行踪轨迹信息、通信内容、征信信息、财产信息二十条

c. 非法获取、出售或者提供住宿信息、通信记录、健康生理信息、交易信息等其他可能影响人身、财产安全的公民个人信息一百条

90. 《网络安全法》明确国家采取措施，(　　)来源于中华人民共和国境内外的网络安全风险和威胁，保护关键信息基础设施免受攻击、侵入、干扰和破坏，依法惩治网络违法犯罪活动，维护网络空间安全和秩序。

a. 监测、防御、控制　　b. 监测、防御、处置

c. 监督、抵御、控制　　d. 监督、抵御、控制

91. 《网络安全法》正式实施之后，网络运营者必须履行的法律义务不包括(　　)。

a. 网络运营者应当按照网络安全等级保护制度的要求，履行安全保护义务

b. 网络运营者开展经营和服务活动，必须遵守法律、行政法规，尊重社会公德，遵守商业道德，诚实信用，履行网络安全保护义务，接受政府和社会的监督，承担社会责任

c. 网络运营者应当为公安机关、国家安全机关依法维护国家安全和侦查犯罪的活动提供技术支持和协助

d. 网络安全事件发生的风险增大时，按照规定的权限和程序，并根据网络安全风险的特点和可能造成的危害，向社会发布网络安全风险预警，发布避免、减轻危害的措施

92. 网络的所有者、管理者和网络服务提供者等网络运营者拒不按照网络安全等级保护制度的要求，履行相关安全保护义务，处(　　)的罚款。

a. 一万元以上十万元以下　　b. 五千元以上一万元以下

c. 十万元以上五十万元以下　　d. 五万元以上十万元以下

93. 网络的所有者、管理者和网络服务提供者等网络运营者拒不按照网络安全等级保护制度的要求，履行相关安全保护义务，直接负责的主管人员会面临(　　)处罚。

a. 拘留 5 天　　b. 罚款　　c. 安全教育　　d. 约谈

94. 《网络安全法》中规定："建设、运营网络或者通过网络提供服务，应当依照法律、行政法规……防范网络违法犯罪活动，维护网络数据的(　　)。"

a. 可用性　　b. 完整性　　c. 保密性　　d. 以上都是

95. 违反《网络安全法》规定，开展网络安全认证、检测、风险评估等活动，或者向社会发布系统漏洞、计算机病毒、网络攻击、网络侵入等网络安全信息的，由有关主管部门责令改正，给予警告；拒不改正或者情节严重的，处一万元以上十万元以下罚款，并可以由有关主管部门责令(　　)，对直接负责的主管人员和其他直接责任人员处五千元以上五万元以下罚款。

a. 暂停相关业务

b. 停业整顿、关闭网站

c. 吊销相关业务许可证或者吊销营业执照

d. 以上都是

96. 以下哪项不是网络运营者的职责(　　)。

a. 遵守法律、行政法规，履行网络安全保护义务

b. 接受政府和社会的监督，承担社会责任

c. 按照章程，加强行业自律，制定网络安全行为规范

d. 保障网络安全、稳定运行，维护网络数据的完整性、保密性和可用性

97. 《网络安全法》中规定："违反本法第二十七条规定，受到治安管理处罚的人员，(　　)内不得从事网络安全管理和网络运营关键岗位的工作；受到刑事处罚的人员，终身不得从事网络安全管理和网络运营关键岗位的工作。"

a. 三年　　b. 五年　　c. 十年　　d. 终身

98. 国家对公共通信和信息服务、能源、交通、水利、金融、公共服务、电子政务等重要行业和领域，以及其他一旦遭到破坏、丧失功能或者数据泄露，可能严重危害国家安全、国计民生、公共利益的关键信息基础设施，在(　　)的基础上，实行重点保护。

a. 网络安全等级保护制度　　b. 网络安全法

c. 国家安全法　　d. 计算机信息系统安全保护条例

99. 《网络安全法》中关于关键信息基础设施的运行安全要求，以下正确的是(　　)。

a. 关键信息基础设施的具体范围和安全保护办法由国家网信部门制定

b. 负责关键信息基础设施安全保护工作的部门分别编制并组织实施本行业、本领域的关键信息基础设施安全规划，并由公安部指导和监督关键信息基础设施运行安全保护工作

c. 建设关键信息基础设施应当确保其具有支持业务稳定、持续运行的性能，并保证安

全技术措施优先规划、优先建设、优先使用

d. 关键信息基础设施的运营者在中华人民共和国境内运营中收集和产生的个人信息和重要数据应当在境内存储

100. 以下关于网络运行安全中一般规定的内容，不准确的是(　　)。

a. 网络运营者应当为公安机关、国家安全机关依法维护国家安全和侦查犯罪的活动提供技术支持和协助。

b. 国家支持网络运营者之间在网络安全信息收集、分析、审计和应急处置等方面进行合作，提高网络运营者的安全保障能力。

c. 有关行业组织建立健全本行业的网络安全保护规范和协作机制，加强对网络安全风险的分析评估，定期向会员进行风险警示，支持、协助会员应对网络安全风险。

d. 网信部门和有关部门在履行网络安全保护职责中获取的信息，只能用于维护网络安全的需要，不得用于其他用途。

101. 《网络安全法》对于个人，说法错误的是(　　)。

a. 明确对公民个人信息安全进行保护

b. 个人信息被冒用有权要求网络运营者删除

c. 个人和组织有权对危害网络安全的行为进行举报

d. 以上都不正确

102. 《网络安全法》对于网络运营者，说法错误的是(　　)。

a. 网络运营者应当加强对其用户发布的信息的管理

b. 限制网络运营者研发有利于未成年人健康成长的网络产品

c. 取缔网络诈骗存在的土壤，明确平台责任

d. 以法律形式明确“网络实名制”

103. 《网络安全法》明确了(　　)内容。

a. 网络空间主权的原则

b. 网络产品和服务提供者的安全义务

c. 网络运营者的安全义务

d. 以上说法均正确

104. 《网络安全法》正式实施，企业关注的重点内容有(　　)。

a. 安全法的责任范围　　b. 企业的安全建设

c. 个人信息使用的规范　　d. 以上说法均正确

105. 关于《网络安全法》的说法，正确的是(　　)。

a. 《网络安全法》是我国网络的基础性法律

b. 任何个人和组织不得窃取或者以其他非法方式获取个人信息

c. 不得非法出售或者非法向他人提供个人信息

d. 贩卖五十条个人信息，影响不大，情节较轻，可不入罪

106. 关键信息基础设施的运营者使用未经安全审查或者安全审查未通过的网络产品或者服务的，(　　)。

a. 由公安机关责令停止使用，处采购金额一倍以上十倍以下罚款

b. 对直接负责的主管人员和其他直接责任人员处一万元以上十万元以下罚款

c. 对直接负责的主管人员和其他直接责任人员处五日以上十五日以下拘留

d. 对直接负责的主管人员和其他直接责任人员由公安机关处十万元以上五十万元以下罚款

107. 根据《网络安全法》第五十九条规定：网络运营者不履行本法第二十一条、第二十五条规定的网络安全保护义务的，由有关主管部门责令改正，给予警告；拒不改正或者导致危害网络安全等后果的，处一万元以上十万元以下罚款，对直接负责的主管人员处(　　)。

a. 五千元以上五万元以下罚款　　b. 十万元以上一百万元以下罚款

c. 一万元以上十万元以下罚款　　d. 五万元以上五十万元以下罚款

108. 为了保障网络安全，维护(　　)主权和国家安全、社会公共利益，保护公民、法人和其他组织的合法权益，促进经济社会信息化健康发展，制定《网络安全法》。

a. 海洋　　b. 陆地　　c. 空域　　d. 网络空间

109. 《网络安全法》规定：网络运营者应当为公安机关、国家安全机关依法维护国家安全和侦查犯罪的活动提供技术支持和协助，以下不属于执法协助内容的是(　　)。

a. 留存数据　　b. 解密数据　　c. 举报犯罪　　d. 接入系统

110. 国家积极开展网络空间治理、网络技术研发和标准制定、打击网络违法犯罪等方面的国际交流与合作，推动构建(　　)的网络空间。

a. 和平　　b. 和平、安全

c. 和平、安全、开放　　d. 和平、安全、开放、合作

111. 省级以上人民政府有关部门在履行网络安全监督管理职责中，发现网络存在较大安全风险或者发生安全事件的，可以按照规定的权限和程序对该网络的运营者的法定代表人或者主要负责人进行(　　)。

a. 开除　　b. 拘留　　c. 罚款　　d. 约谈

112. (　　) 不属于《网络安全法》进行明确解释的概念。

a. 网络安全　　b. 信息安全　　c. 网络运营者　　d. 个人信息

113. 国家对关键信息基础设施，在网络安全(　　)的基础上，实行重点保护。

a. 等级保护制度　　b. IT 供应链保护制度

c. 个人信息保护制度　　d. 认证检测制度

114. 任何个人和组织设立用于实施诈骗的网站、通信群组，尚不构成犯罪，但情节较重的，由公安机关处(　　)拘留。

a. 五日以下　　b. 五日以上十日以下

c. 五日以上十五日以下　　d. 十五日以下

115. 非法向他人提供个人信息，尚不构成犯罪，没有违法所得的，处以(　　)以下罚款。

a. 五万元　　b. 二十万元　　c. 五十万元　　d. 一百万元

116. 个人信息，是指以电子或者其他方式记录的能够单独或者与其他信息结合识别自然人个人身份的各种信息，包括但不限于(　　)。

a. 公民的姓名　　b. 公民的出生日期　　c. 自然人的姓名和出生日期

117. 根据《网络安全法》，关键信息基础设施的运营者在中华人民共和国境内运营中收集和产生的(　　)应当在境内存储。

a. 个人信息和重要数据　　b. 商业秘密数据　　c. 金融财务数据

118. 根据《网络安全法》，实行重点保护的关键信息基础设施，包括一旦遭到破坏、丧失功能或者数据泄露，可能严重危害的不包括(　　)。

a. 国家安全　　b. 国计民生　　c. 公共利益　　d. 个人隐私

119. 公安机关在侦查某诈骗案件时，找到某信息安全公司，要求该公司提供帮助，该公司应该提供(　　)。

a. 资金支持　　b. 技术支持　　c. 法务支持

120. 某信息安全公司收集与其提供的服务无关的个人信息，情节严重，会受到的处罚可能有(　　)。

a. 没收违法所得　　b. 吊销业务许可证　　c. 吊销营业执照　　d. 以上都是

121. 网络公司传输(　　)信息不会涉及违法犯罪行为。

a. 暴力信息　　b. 揭发官员贪污的匿名检举信

c. 张某整容的信息　　d. 未过保护期的电影

122. 根据《网络安全法》，下列哪类主体不属于国家支持组织参与网络安全国家标准、行业标准制定(　　)。

a. 北京大学　　b. 腾讯公司

c. 华为技术有限公司　　d. 浦东新区第一中心小学

123. 郑州云腾信息科技有限公司根据国家有关规定，建立了信息安全投诉制度，符合该制度的表现是(　　)。

a. 在公司网站上公布了投诉热线

b. 收到客户李某投诉后，在三天后受理

c. 对客户投诉公司 CEO 的行为置之不理

124. 某大型网络安全公司在发生大面积个人信息泄露事件后，没有立即启动应急预案，导致风险增大，有关主管部门警告后仍不改正，则应受到的处罚是(　　)。

a. 对该企业罚款八万元

b. 对该企业罚款十三万元

c. 处罚间接导致该事件的员工李某五千元

125. 某白帽子黑客发送给某信息安全公司的漏洞信息设置有恶意程序，导致该公司受到损害，受到有关主管部门警告后拒绝改正，则可能受到的处罚不包括(　　)。

a. 二十万元　　b. 三十万元　　c. 五十万元　　d. 一百万元

126. 以下情形，(　　)不属于《刑法》第二百五十三条第一款规定的“情节特别严重”。

a. 造成被害人死亡、重伤、精神失常或者被绑架等严重后果

b. 造成重大经济损失或者恶劣社会影响

c. 违法所得五千元

127. 《网络安全法》认为从网络安全的角度考虑，网络产品和服务应当(　　)。

a. 可信　　b. 可控　　c. 可用

128. 按照《网络安全法》规定网络关键设备和网络安全专用产品目录的制定/公布和维护部门不包括(　　)。

a. 公安部　　b. 海关总署

c. 工业和信息化部　　d. 国家互联网信息办公室

129. 网信部门和有关部门在履行网络安全保护职责中获取的信息，只能用于(　　)用途。

a. 协助执法　　b. 保护隐私　　c. 调查犯罪　　d. 网络安全

130. 向关键信息基础设施运营者提供网络产品或服务，与采购协议同时应当签订(　　)。

a. 售后持续服务协议　　b. 安全保障承诺

c. 安全保密协议　　d. 不正当竞争限制协议

131. 某市场占有率超过60%的即时通信（工具）服务企业，其存储的个人通信数据在向境外服务器备份前，应当履行以下哪项规定(　　)。

a. 国家安全审查　　b. 跨境安全评估

c. 备份日志留存　　d. 安全风险评估

132. 以下哪项不属于《网络安全法》第四十五条规定的“负有网络安全监督管理职责的部门及其工作人员”(　　)。

a. 国家网信部门　　b. 国务院电信主管部门

c. 公安部门　　d. 上市互联网公司

133. 《网络安全法》明确规定，国家支持研究开发有利于(　　)健康成长的网络产品和服务，依法惩治利用网络从事危害其身心健康的活动。

a. 未成年人　　b. 老年人　　c. 妇女　　d. 残疾人

134. 瑶瑶发现社交平台“你我他”上面充斥了大量煽动分裂言论，向公安机关举报，则公安机关应当(　　)。

a. 对瑶瑶进行精神奖励　　b. 对瑶瑶的个人信息进行保密

c. 对瑶瑶进行人身保护　　d. 对瑶瑶进行物质奖励

135. 电商平台“淘淘”因疏于管理，致使其收集到的公民个人信息泄露，情节较轻，可能对平台直接负责的主管人员和其他直接责任人员处以(　　)。

a. 二十万元以上五十万元以下罚款　　b. 十万元以上二十万元以下罚款

c. 五万元以上十万元以下罚款　　d. 一万元以上十万元以下罚款

136. 购物网站“魅力阳光”存储大量用户个人信息，未采取技术措施和必要措施，导致大量信息泄露，可由有关主管部门责令改正，并对该网站处(　　)以下罚款。

a. 五万元　　b. 二十万元　　c. 五十万元　　d. 一百万元

137. 大型购物网站“玛雅讯”为了更好地进行有针对性的推送服务，进行了下列行为，不符合法律规定的是(　　)。

a. 未经瑶瑶同意收集其购物记录

b. 处理瑶瑶的个人信息且无法识别后向他人提供

c. 按照与瑶瑶的约定处理个人信息

d. 采取技术措施确保瑶瑶的个人信息安全

138. 购票网站“旅途”发生大面积个人信息泄露事件后，没有立即启动应急预案，导致风险增大，有关主管部门警告后仍不改正，则可能受到的处罚包括(　　)。

a. 对该企业罚款八万元　　b. 对该企业罚款十三万元

c. 处罚直接导致该事件的员工八万元

139. 某白帽子黑客发送给某交友网站的漏洞信息设置有恶意程序，导致该公司受到损害，受到有关主管部门警告后拒绝改正，则可能受到的处罚不包括(　　)。

a. 二十万元　　b. 三十万元　　c. 五十万元　　d. 一百万元

140. 电信服务商“长江宽带”为瑶瑶办理网络接入服务，在与瑶瑶签订确认提供服务协议时，要求瑶瑶提供(　　)，若瑶瑶拒绝可能得不到该项服务。

a. 曾用名　　b. 毕业院校

c. 身份证号码　　d. 以前办理过的接入服务情况

141. (　　)不需要在网络安全等级保护制度的基础上，实行重点保护。

a. 基础信息网络　　b. 重要信息系统

c. 规模达到 50 人的社交网站的信息系统　　d. 重要互联网应用系统

142. 关键信息基础设施运营者在中国境内运营中收集的哪项信息可以不在境内存储(　　)。

a. 瑶瑶的身份证号　　b. 林奇的基因信息　　c. 北京市的雾霾指数

d. 能够反映中国经济发展形势的重要数据

143. 下列哪种情况不需要提供并核验身份证信息(　　)。

a. 在营业厅办理手机入网　　b. 至本地网吧上网

c. 在淘宝开设网店　　d. 在实体商城购物

144. 某网络产品的提供者为其产品提供安全维护，下面哪项行为可能引起法律纠纷(　　)。

a. 发现缺陷后及时告知用户

b. 在当事人约定期限内，因事耽误终止一个月后继续提供

c. 在规定期限内持续提供

d. 向用户张某明示产品具有收集其信息功能

145. 以下不属于个人信息的是(　　)。

a. 电话号码　　b. 身份证有效期　　c. 夜跑记录　　d. 出生日期

146. 以下不属于网络安全管理法律法规的是(　　)。

a. 电子商务法　　b. 国家安全法

c. 互联网信息服务管理办法　　d. 计算机信息系统安全保护条例

147. 以下不属于网络安全管理法律的是(　　)。

a. 全国人民代表大会常务委员会关于加强网络信息保护的决定

b. 电信条例

c. 民法总则

d. 全国人民代表大会常务委员会关于维护互联网安全的决定

148. 以下不属于《网络安全法》中的战略、规划的是(　　)。

a. 国家网络空间安全战略　　b. 网络空间国际合作战略

c. 网络可信身份国家战略　　d. 网络活动适用国际法塔林手册

149. 关键信息基础设施保护制度与网络安全等级保护制度比较，说法不正确的是(　　)。

a. 后者基于自主保护原则　　b. 前者范围较后者小

c. 后者是前者的基础　　d. 前者可自愿加入

150. 以下对个人信息主体主动提供个人信息的行为，视为征得个人同意的理解，正确的是(　　)。

a. 拨打国际电话　　b. 跨境购物　　c. 发送电子邮件　　d. 以上都是

【参考答案】

1. b	2. b	3. a	4. c	5. c	6. c	7. b	8. a
9. b	10. c	11. b	12. a	13. d	14. b	15. c	16. d
17. a	18. c	19. a	20. a	21. a	22. c	23. a	24. c
25. a	26. c	27. a	28. b	29. c	30. c	31. c	32. c
33. a	34. b	35. c	36. a	37. a	38. c	39. a	40. b
41. b	42. d	43. c	44. c	45. a	46. b	47. a	48. d
49. a	50. c	51. a	52. c	53. b	54. d	55. a	56. d
57. a	58. a	59. b	60. c	61. d	62. b	63. c	64. d
65. c	66. a	67. b	68. a	69. c	70. b	71. c	72. d
73. c	74. a	75. d	76. a	77. d	78. a	79. c	80. b
81. c	82. d	83. a	84. a	85. a	86. a	87. b	88. c
89. a	90. b	91. d	92. a	93. b	94. d	95. d	96. c
97. b	98. a	99. d	100. b	101. d	102. b	103. d	104. d
105. d	106. b	107. a	108. d	109. c	110. d	111. d	112. b
113. a	114. c	115. d	116. c	117. a	118. d	119. b	120. d
121. b	122. d	123. a	124. a	125. d	126. c	127. a	128. b
129. d	130. c	131. b	132. d	133. a	134. b	135. d	136. d
137. a	138. a	139. d	140. c	141. a	142. c	143. d	144. b
145. b	146. a	147. c	148. d	149. d	150. d